Ontwerp en politiek

Design and Politics

Design and Politics #1

An initiative of the
Ministry of Housing, Spatial Planning
and the Environment

Editorial team
Henk Ovink, Elien Wierenga

Contributions
Mieke Dings, Olv Klijn, Eric Frijters,
MVRDV: Winy Maas, Jeroen Zuidgeest,
Sabina Favaro, Carlo Maria Morsiani

Pictorial essay
Mateusz Herczka

010 Publishers, Rotterdam 2009

Een initiatief van
Ministerie van Volkshuisvesting, Ruimtelijke
Ordening en Milieubeheer (VROM)

Redactie
Henk Ovink, Elien Wierenga

Met bijdragen van
Mieke Dings, Olv Klijn, Eric Frijters,
MVRDV: Winy Maas, Jeroen Zuidgeest,
Sabina Favaro, Carlo Maria Morsiani

Beeldessay
Mateusz Herczka

Uitgeverij 010, Rotterdam 2009

Inhoud

Contents

Mateusz Herczka.

Voorwoord

Als ontwerpers niet meer weten waarom ze ontwerpen. Als bestuurders worden geleid door voortgang en niet door doel en resultaat. Als het proces leidend is en de opgaven, hoe manifest ook, niet worden omarmd dan geeft de inhoud zich gewonnen. Dan worden waan van de dag, proces en reactiviteit onze leidende principes. Maar de opgaven zijn te groot, te manifest en te urgent om dit te laten gebeuren. En we hebben verhalen en verhalenmakers nodig om dit te kunnen vertellen. Bestuurders en ontwerpers zijn verhalenmakers. De confrontatie van die verbeelding, van ontwerpers en bestuurders geeft richting aan de opgaven.

En waar kan dat beter dan in de stad. Daar gebeurt het scherper, maximaler en expliciter. De stad vergroot onze opgaven uit. Confronteert klimaat met segregatie, kwaliteit met werkeloosheid, innovatie met mobiliteit, creativiteit met recessie en economie. De stad staat voor alle opgaven in één. Een maximale confrontatie van verhalen van morgen vandaag. De plaats waar ontwerp en politiek het podium moeten vinden. De stad is dus niet alleen de plek en katalysator waar de confrontatie wordt gegenereerd. Het is ook de plaats waar die confrontatie leidt tot groei en vernieuwing, tot kracht. De stad maakt onze ruimtelijke opgaven politiek. De opgaven zijn manifest. Het ontwerp en de ontwerper moeten weer vol in de arena van de opgaven stappen. Reflectief, agenderend en in gesprek. De politiek vindt haar kracht in die opgaven. Daar waar de vragen, de mensen, de oorsprong van de opgaven ligt. Daar waar onbegrip en onvermogen kunnen worden vertaald vanuit kracht naar de verhalen en naar het bouwen en maken.

Dit boek schetst de geschiedenis van deze verhalenvertellers. Van de denkers, makers en bouwers van Nederland. Het geeft inzicht in hoe

Foreword

When design professionals no longer know why they are designing, when policymakers are driven forward by their own momentum rather than targets and objectives, when process gains the upper hand and the challenges (despite their clarity) are not embraced, then the content loses out. Then passing fads, procedures, and reactivity become our guiding principles. But the challenges we face are too great, too manifest, and too pressing for us to let that happen. And to make that point, we need stories and storytellers. Policymakers and designers are storytellers, and the imaginative confrontation between them helps give direction to our work.

And what better place than the city, where life is edgier, more intense, and more explicit. The city magnifies our challenges, confronting climate change with segregation, quality with unemployment, mobility with innovation, and creativity with economic crisis. The city stands for all our challenges in one, the ultimate confrontation between today's stories of tomorrow, the place where design and politics have to stand up on a soapbox. In other words, the city is not just the site and the catalyst of confrontation. It is also the place where confrontation leads to growth and change, bringing new strength. The city makes our spatial challenges political.

Those challenges are manifest. Design and the designer have to march boldly into the arena of those challenges, contemplating, setting the agenda, and engaging in dialogue. Politics draws its strength from those challenges, from the place where the questions, the public, the origins of the challenges are found. From the place where incomprehension and incapacity can be transformed through strength into stories, and into building and making.

This book sketches the history of these storytellers: the thinkers, makers, and builders of the Netherlands. It provides insight into the ways in which the role and internal structure of spatial planning in the Netherlands has altered over time. With great lucidity, it traces the changing status of designers and policymakers in the spatial planning field, as well as the changing relationship between them.

This look back at the past would not be complete without some reflection on the present. In conversations with design professionals, public administrators, decision-makers, stakeholders, and researchers, we have probed for wide-ranging perspectives from the Netherlands and beyond. The outcome is not one story but many, which make it abundantly clear that focusing on the true challenges, on content rather than process, can help us achieve a breakthrough in our work. And that design and the designer, and politics and the political, can reinforce each other in this way.

Our reflection is linked to an analysis of the international context: the worlds of government bureaucracy, politics, and design. This analysis aims to influence and hone the international agenda, drawing on reflection and experience and bringing the challenges into sharp focus. It is a starting point for design.

With the appointment of a Professor of Design and Politics this autumn at Delft University of Technology, the Netherlands Ministry of Housing, Spatial Planning, and the Environment (VROM) is launching a programme of education, research, and professional practice with design and politics as its central themes. This book seeks to provide inspiration and set the agenda for that programme. It shows why education, research, and practice have to be interconnected, and focused on design and politics.

This book tells many stories: stories of politics and design, of yesterday, today, and tomorrow. Stories to pass on before a new story begins.

Henk W.J. Ovink
Director for National Spatial Planning, VROM

de rol en verhoudingen in de ruimtelijke ordening in Nederland zijn getransformeerd. Door een scherpe terugblik laat het de ontwikkeling zien van de relatie en positie van ontwerpers en bestuurders in de ruimtelijke ordening.

Een terugblik vraagt om een reflectie op vandaag. In gesprekken met ontwerpers, bestuurders, beslissers, belanghebbenden en onderzoekers hebben we gezocht naar de vele percepties in binnen- en buitenland. Dat leidt niet tot één verhaal maar tot vele. Hieruit komt helder naar voren dat de gerichtheid op de echte opgaven, op de inhoud en niet op het proces, ons kan helpen voor een doorbraak in ons handelen. En dat het ontwerp en de ontwerper de politiek en het politieke elkaar daarin versterken. Deze reflectie gaat samen met een analyse van onze internationale context van bureaucratie, politiek en ontwerpwereld. Een analyse die agendeert vanuit een internationaal perspectief. Die probeert de agenda voor ontwerp en politiek te verscherpen vanuit deze reflectie en ervaring en uitvergroot wat de opgaven kunnen zijn. Een analyse die daarmee aanzet tot ontwerpen.

Met de aanstelling dit najaar van de hoogleraar Ontwerp & Politiek aan de TU Delft, start het Ministerie van VROM een onderwijs-, onderzoek- en praktijkprogramma gericht op Ontwerp & Politiek. Dit boek is de inspiratie en agendering voor dit programma. Het laat zien waarom onderwijs, onderzoek en praktijk verbonden moeten worden gericht op ontwerp en politiek.
Dit boek vertelt de vele verhalen. Verhalen van politiek, van ontwerp, van gisteren, van vandaag en van morgen. Verhalen om door te vertellen voor het begin van een nieuw verhaal.

Henk W.J. Ovink
Directeur Nationale Ruimtelijke Ordening VROM

Mateusz Herczka.

Historisch perspectief 1900-2010

Historical Perspective 1900-2010

Mieke Dings

1900-1910: Stadsontwerp op de kaart
1900-1910: Urban Design on the Map

Aan het begin van de twintigste eeuw kwam het uitbreidingsplan als middel om het leefklimaat in de stad te verbeteren op de agenda van de Nederlandse politiek te staan. De situatie in de steden noopte hiertoe: de woningnood was hoog en de gezondheidstoestand ronduit slecht. De Vestingwet uit 1874 bracht enige verlichting door het bouwen buiten de wallen toe te staan, maar de hierna ontstane uitbreidingen gingen vaak aan speculatiebouw ten onder. Gemeentebesturen hadden nauwelijks mogelijkheden om deze situatie te veranderen: de Gemeentewet uit 1851 bood hun dan wel voldoende bevoegdheden om vanuit hun Dienst Publieke Werken verordeningen te maken in het belang van de openbare gezondheid en zo de ergste waterwerken en afvalvoorzieningen aan te pakken, maar invloed op stadsuitbreiding en woningbouw hadden ze niet. Zelfs als de gemeentebesturen wel wilden, zoals in Rotterdam, waar het gemeentebestuur wel wat zag in het Coolpolderplan van de gemeentearchitect W.N. Rose, die eerder het succesvolle Waterplan had ontworpen, dan ontbrak het de gemeente aan wetgeving en financiering om zo'n plan te realiseren. Vaak vergde ieder te onteigenen perceel een aparte wet in het parlement, wat sanerings- en uitbreidingsplannen niet alleen hopeloos ingewikkeld maar ook wel heel traag maakte. Een rapport van de Maatschappij tot Nut van 't Algemeen uit 1896 benadrukte de noodzaak tot ingrijpen door de rijksoverheid nog eens en reikte zulke concrete wetsvoorstellen aan, dat de rijksoverheid in 1901 besloot tot de instelling van de Gezondheidswet en de Woningwet tegelijkertijd. De Woningwet verplichtte iedere gemeente met meer dan 10.000 inwoners om iedere tien jaar een nieuw uitbreidingsplan vast te stellen. Daarnaast maakte de wet het eenvoudiger om gronden te

In the early twentieth century, Dutch policymakers embraced extension plans as a means of improving the urban living environment. Their hand was forced by the situation in the cities, where the housing supply was woefully inadequate, and health conditions were deplorable. The 1874 Fortifications Act (*Vestingwet*) had brought some relief by permitting construction outside city walls. But the city extensions that followed were often unsuccessful, because speculators rushed in to build poorly planned, low-quality housing. It was next to impossible for local authorities to put a stop to this practice. The Municipalities Act (*Gemeentewet*) of 1851 did give them the authority to issue public health regulations through the municipal Public Works Department (*Dienst Publieke Werken*), and so to deal with the most egregious waterworks and waste disposal sites. But they had no influence over urban extension and residential building. Even in places like Rotterdam – where the municipality supported the Coolpolderplan by city architect W.N. Rose, who had previously designed a successful water management plan (the *Waterplan*) – local authorities often lacked the legislative and financial means to carry out such plans. In many cases, the compulsory purchase of land required a separate Act of Parliament for each individual parcel, so that redevelopment and extension plans were not only desperately complicated but also took a very long time to execute. A report in 1896 by the Society for the Public Good (*Maatschappij tot Nut van 't Algemeen*) emphasized the need for central government to step in, and presented such cogent legislative proposals that in 1901 the national authorities passed both a Health Act (*Gezondheidswet*) and a Housing Act (*Woningwet*).

The Housing Act required all towns and cities with a population of more than 10,000 to adopt a new extension plan once every ten years. The act also made it easier to expropriate land and introduced a long-term ground lease system, which included a prohibition on the sale of land belonging to the municipality. And finally, it set out clear standards for new housing and a large package of measures to encourage urban development. All in all, the Act furnished local authorities with quite a few ways of influencing the course of urban expansion. Yet only a few municipalities seized this opportunity. Many small and medium-sized towns had no Public Works Department, and some of them took no action, adopting the convenient position that urban expansion was a matter of private initiative. In fact, the Housing Act had so disappointingly little impact that in 1906 delegates to the national Public Health Convention (*Congres voor Openbare Gezondheidsregeling*) brainstormed measures for putting urban extension plans back on the agenda, from publicity campaigns to barring property developers from the local council. For the first ten years after the Housing Act came into force, only the major cities took significant steps. And when these cities used their powers of compulsory purchase and long-term ground lease, it was not usually as part of a new, comprehensive extension plan, but so that they could carry out their partial extension plans more easily. The extent to which these plans were more than just the street plans required by the Act depended on the level of commitment among local policymakers.

In Amsterdam, the level of commitment was high. Even before the passage of the Housing Act, the local authorities had asked H.P. Berlage (who was already a famous architect by that time) to design a plan for a southern extension of the city. An earlier plan by their own Director of Public Works had proved disappointing. What the local authorities wanted was a plan that would significantly improve the living environment in the city, satisfying not only standards of hygiene (the basis, since the nineteenth century, of many

onteigenen en voerde het een erfpachtsysteem in, waardoor verkoop van gemeentelijke gronden niet meer mogelijk was. Daar kwam nog eens bij dat de wet duidelijke eisen opstelde waar nieuwe woningbouw aan diende te voldoen en dat ze een uitgebreid systeem van stimuleringsmaatregelen in het leven riep. Al met al bood de wet gemeenten nogal wat mogelijkheden om hun uitbreiding in goede banen te leiden. Toch waren er slechts enkele gemeenten die deze mogelijkheden aangrepen. Veel middelgrote en kleine gemeenten die niet over een Dienst Publieke Werken beschikten bleven soms uit eigenbelang de stadsuitbreiding vooral als zaak van het particulier initiatief zien en deden helemaal niets. De effecten van de Woningwet vielen zelfs zo tegen, dat de deelnemers aan het Congres voor Openbare Gezondheidsregeling in 1906 maar zoveel mogelijk stappen formuleerden om het gemeentelijk uitbreidingsplan meer op de agenda te zetten; waaronder publiekspropaganda en het weigeren van grondexploitanten als gemeenteraadsleden. De eerste tien jaar van het bestaan van de Woningwet waren het alleen de grote gemeenten die daadwerkelijk stappen zetten. En deze gemeenten gebruikten met name de mogelijkheden van onteigening en erfpacht, niet om complete uitbreidingsplannen te maken, maar wel om hun gedeeltelijke uitbreidingsplannen eenvoudiger te kunnen realiseren. De mate waarin deze plannen meer werden dan de stratenplannen waar de wet om vroeg was afhankelijk van de inzet van de lokale politiek.

In Amsterdam was die inzet hoog. Nog vóór de instelling van de Woningwet trok de gemeente de op dat moment al vermaarde bouwmeester H.P. Berlage aan om een plan voor de zuidelijke stadsuitbreiding te maken. Dit deed ze nadat het plan dat de eigen directeur Publieke Werken gemaakt had niet aan de verwachtingen bleek te beantwoorden. Het gemeentebestuur wilde immers een plan dat het leefklimaat in de stad aanzienlijk zou verbeteren. Dat betekende dat het plan niet alleen aan hygië-

Kunstnijverheidschool aan de Gabriël Metsustraat door Berlage, deel realisatie eerste Plan Zuid, 1908.
School of Applied Art on Gabriël Metsustraat, designed by Berlage. Part of the First 'Plan South', completed in 1908.

1900-1910

Het eerste Plan Zuid van Berlage was een van de eerste grotere stedenbouwkundige plannen in positie. Vooraanstaande bestuurders, bekend met de verdiensten van Berlage, gaven de ontwerper – en niet hun eigen Dienst
Publieke Werken – alle ruimte om een plan te maken dat 'aan hoge esthetische eisen beantwoordt' en daardoor het
leefklimaat in de stad zou verbeteren. Het plan was tot aan de bestemmingen en stratenwanden gedetailleerd, wat
volgens Berlage onontbeerlijk, maar voor de Woningwet, veel collega-ontwerpers en ingenieurs nog een brug te ver
was. Gezamenlijk zetten de vooruitstrevende gemeentebestuurders en Berlage daarmee de toon voor het ontwerpen
aan de stad in Nederland.

Berlage's first 'Plan South' was one of the first large-scale urban plans to be adopted. Impressed by Berlage's
achievements, senior policymakers gave the architect – rather than their own Public Works Department – carte
blanche to design a plan that would meet 'stringent aesthetic requirements' and thus enhance the city's living environment. Berlage's plan made detailed specifications about land use and street design, which he saw as crucial to
his vision. His comprehensive approach did not square with the Housing Act, and was seen as too radical by fellow
architects and engineers. But this joint venture by the progressive city leaders and Berlage was to set the tone for
urban planning in the Netherlands.

Eerste Plan Zuid, 1904.
First 'Plan South', 1904.

H.P. Berlage.

nische eisen – al in de negentiende eeuw de basis voor veel plannen van de ingenieurs van Publieke Werken – maar ook aan esthetische eisen diende te voldoen. Dit laatste wilde het gemeentebestuur vooral om de leegloop van de stad door de rijken te kunnen keren, een leegloop die aan het eind van de negentiende eeuw steeds grotere vormen begon aan te nemen en een financiële aderlating voor de stad betekende. Het plan moest dus kunnen concurreren met de kwaliteiten van de randgemeenten waar de rijken naartoe trokken en dat deed het plan van de directeur Publieke Werken duidelijk niet. Het bestuur vroeg daarom de theoretisch onderlegde en praktisch ervaren Berlage om in samenwerking met de nieuwe directeur Publieke Werken een plan te maken. Dit resulteerde in het eerste Plan Zuid voor het gebied ten zuidoosten van het Vondelpark, niet te verwarren met het tweede Plan Zuid waar Amsterdam en Berlage internationale bekendheid mee verwierven.

Berlage ontwierp een 'schilderachtig' plan met vele groenvoorzieningen en laanbeplantingen en slechts een geringe bebouwingsdichtheid. Het vele groen en de ruime, hoewel bochtige straten moesten verpesting van het plan door speculatiebouw tegengaan. De Amsterdamse gemeenteraad stemde aarzelend in met het plan, niet alleen omdat de tussentijdse invoering van de Woningwet nog voor de nodige vraagtekens zorgde, maar ook omdat het bestemde grondgebied nog niet volledig in handen van de gemeente was en vooral omdat ze zich afvroeg of de – overigens door haarzelf gewenste - lage bebouwingsdichtheid wel haalbaar was. Na deze instemming volgde snel goedkeuring via Koninklijk Besluit. Waar Berlage in zijn plan de bestemmingen nauwkeurig had weergegeven en zo parken, een theater, volkstuintjes en hoge en lage bebouwing aangaf, vereiste de Woningwet alleen de bestemming van waterwegen, straten en pleinen. Alle overige bestemmingen waren niet rechtsgeldig, zo benadrukte het Koninklijk Besluit nogmaals.

plans by civil engineers at Public Works Departments) but also aesthetic criteria. This interest in aesthetics was inspired in part by the municipality's desire to reverse the flight of wealthy residents from the city – an increasing problem around that time and a serious drain on the municipal finances. The extension plan therefore had to make Amsterdam competitive with the more attractive surrounding towns to which wealthy families were moving. The plan by the old Director of Public Works clearly fell short of accomplishing that goal, so the council asked Berlage, with his theoretical expertise and practical experience, to draft a new extension plan in cooperation with the new Director. The result was the first Plan Zuid ('Plan South'), covering the area to the southeast of Vondelpark – not to be confused with the second Plan Zuid, which later earned Berlage an international reputation.

This first Plan Zuid was a 'picturesque' plan with many green spaces and tree-lined avenues, and a low building density. The plentiful greenery in the wide, twisting streets was intended to prevent the area from being ruined by low-quality speculative housing. The Amsterdam city council agreed to the plan only hesitantly, both because the Housing Act (which had been passed in the meantime) raised thorny questions, and because not all the land in question was owned by the municipality. And above all, even though the city council was in favour of a low-density plan like Berlage's, it was unclear whether such a plan was feasible. Once the council had given its approval, the consent of the national authorities (by Royal Decree) soon followed. But this consent came with restrictions. While Berlage's plan made detailed specifications about land use – indicating, for instance, the locations of parks, a theatre, allotment gardens, low-rises, and high-rises – the Housing Act provided only for the specification of waterways, streets, and squares. All other designated uses were not legally binding, a fact emphasized in the Royal Decree. Yet it was precisely these designated uses that set Berlage's plan apart, by making the desired cityscape clearly visible. This first Plan Zuid convinced the municipality of The Hague to commission Berlage as the designer of its new extension plan. There too, the Head of Public Works, I.A. Lindo, had produced an earlier plan, but the local authorities were looking for something more detailed and specific. At the insistence of Jurriaan Kok, who was a friend of Berlage's and the Hague alderman responsible for public works, the city council decided to compare Lindo's plan and Berlage's Plan Zuid. Impressed by Berlage's work, they asked him to collaborate with Lindo on a new extension plan for The Hague.

Again, Berlage developed a plan that specified most architectural forms and uses, thus presenting a comprehensive picture of the cityscape. He believed this was the only way for a city planner to produce decent work: 'It is a misconception to hold that the town planner's task is limited to defining the street system . . . The town planner must have a mental picture of the different types of cities, squares, streets and parks that will grow out of his designs. But the town planner will not limit himself to this because, in the majority of cases, he will commit to paper his architectural ideas to make the builder take them into consideration'.[1] Berlage was one of the first Dutch urbanists to look at the extension plan as a specification not only of the street plan, but also the general forms and purposes of built objects, but without fleshing out those objects in as much detail as an architect would. This was a new level of design, which quickly became popular among local authorities who realized that urban planning was a crucial means of keeping their city attractive.

After Amsterdam and The Hague, several other municipalities requested urban plans from Berlage. It is interesting to note that these municipalities gave Berlage complete freedom to work out his own ideas. Even though on paper he was collaborating with

Toch waren het juist deze bestemmingen die het plan van Berlage zo uniek maakten; ze maakten het gewenste stadsbeeld daadwerkelijk zichtbaar. Voor het gemeentebestuur van Den Haag was het Plan Zuid de reden om Berlage als ontwerper van het nieuwe uitbreidingsplan aan te trekken. Ook hier lag al een plan, van het hoofd Publieke Werken I.A. Lindo, maar dit was volgens het gemeentebestuur veel te vrijblijvend. Op aandringen van Jurriaan Kok, vriend van Berlage en op dat moment wethouder Publieke Werken, besloot de gemeenteraad het plan te vergelijken met het Plan Zuid. Deze vergelijking viel gunstig uit voor Berlage, die nu de opdracht kreeg om samen met I.A. Lindo een nieuw uitbreidingsplan te ontwerpen.

Berlage ontwierp ook hier een plan dat de bestemmingen en bebouwingsvormen grotendeels aangaf en daarmee een totaalbeeld presenteerde. Dat was volgens hem ook de enige manier om als stadsontwerper goed werk te kunnen leveren: 'Het is een misvatting te denken dat de taak van de stadsontwerper beperkt moet blijven tot het vastleggen van het stratennet. Hij moet zich een voorstelling vormen van de verschillende types steden, pleinen, straten, parken die uit zijn ontwerpen zullen voortvloeien. In de meeste gevallen echter zal de stedenbouwkundige het daar niet bij laten en zijn architectonische ideeën ook daadwerkelijk op papier zetten, zodat de uitvoerder van de gebouwen daar rekening mee kan houden'.[1] Berlage was een van de eerste Nederlandse stedenbouwkundigen die het uitbreidingsplan opvatte als een plan dat niet alleen de stratenstructuren vastlegde, maar ook de massa's en bestemmingen weergaf, zonder ze daarbij zo gedetailleerd als een architect uit te werken. Dat niveau van ontwerpen was nieuw, maar viel al snel in de smaak bij de gemeentebesturen die inzagen dat stedenbouw belangrijk was om hun stad aantrekkelijk te houden. Na Amsterdam en Den Haag wisten verschillende andere gemeentebesturen de weg naar Berlage te vinden.

Interessant is dat deze gemeentebesturen Berlage alle ruimte gaven om zijn ideeën te etaleren. Waar Berlage op papier samenwerkte met de Diensten Publieke Werken, fungeerden de Diensten in de praktijk vooral als informant en vraagbaak en ontvingen de directeuren, Van Hasselt in Amsterdam en Lindo in Den Haag, uiteindelijk een uitgewerkt plan met toelichting retour, dat de gemeenteraad vrijwel meteen daarop aannam. Veel tussentijdse discussie lijkt er in Amsterdam en Den Haag niet te hebben plaatsgevonden. De Diensten gingen vervolgens toezien op de uitvoering van de plannen. Deze gang van zaken geeft aan dat de gemeentebesturen blijkbaar heel wat meer vertrouwen hadden in de stedenbouwkundige Berlage dan in de vaak als technisch ingenieur opgeleide ontwerpers van de Dienst Publieke Werken. Erg verwonderlijk is dat niet gezien de plannen die de Diensten in het verleden hadden gemaakt en die vaak een veel pragmatischer karakter hadden, zoals ook het plan Kalff voor Amsterdam (1877) waarin eigenlijk alleen de straten waren aangegeven en de verdere invulling aan het particulier initiatief was overgelaten. Juist nu de Woningwet de nodige instrumenten instelde om voorbij het pragmatisme te gaan – overigens kende Amsterdam al in 1896 het erfpachtsysteem, dat ze bij de zuidelijke stadsuitbreiding ook inzette – grepen de meest vooruitstrevende bestuurders deze kans om de stad niet gewoon uit te breiden, maar ook echt te ontwerpen. Dat ze daarbij graag gebruikmaakten van de ideeën van de ervaren Berlage in plaats van die van hun eigen Diensten is niet zo gek.

De gemeentebesturen zorgden er zo indirect voor dat Berlage de kans kreeg om de Nederlandse stedenbouw in ontwikkeling te brengen en internationaal onder de aandacht te brengen. Hoewel de ontwerpen van Berlage zeker niet allemaal tot realisatie kwamen – Den Haag breidde zich nog vooral pragmatisch uit – is het dan ook niet verwonderlijk dat het begin van de stedenbouw

Public Works Departments, they served mainly as informants and advisers, and their directors – Van Hasselt in Amsterdam and Lindo in The Hague – ultimately received detailed plans from Berlage with explanatory notes. In each case, the city council appears to have adopted the plan almost immediately, without much preliminary debate. The Public Works Departments then began putting the plans into action. This sequence of events suggests that local authorities had quite a bit more confidence in Berlage, the urban planner, than in the designers at Public Works, many of whom had been trained as technical engineers. And that is hardly surprising, given the plans that Public Works Departments had previously produced, which were much more utilitarian in character than Berlage's. For instance, the Kalff plan for Amsterdam (1877) hardly indicated anything but the streets, leaving everything else in the hands of the private sector. The moment the Housing Act provided them with the tools they needed to move beyond utilitarianism (and it is worth noting that Amsterdam had adopted the ground lease system earlier, in 1896), the city's most progressive leaders seized the opportunity not just to expand the city, but to design it in earnest. Unsurprisingly, they were happy to make use of the ideas of the experienced planner Berlage rather than those of their own Public Works Departments,

So it was that municipal executives indirectly gave Berlage the opportunity to advance the discipline of Dutch urban planning and bring it to the attention of an international public. Although some of Berlage's designs were never built – the extension of The Hague, for instance, remained largely utilitarian in nature – there is good reason that the origins of urban planning in the Netherlands are strongly associated with his name. In the words of contemporary Dutch urbanist Luuk Boelens, 'through the aesthetic and integrated way in which he proceeded, he in fact laid the foundations for the (potential) promise of urban design as a synthesizing force in the political playing field of the increasingly pillarized Netherlands.'[2]

It is certainly true that Berlage's designs served the interests of the city's entire population; although the first Plan Zuid created a district for the wealthy, the lower classes ultimately benefited from the green spaces and other facilities that Berlage envisaged there. This quality gave urban design the potential to rise above party politics, becoming a collective activity. It is worth noting, however, that Amsterdam and The Hague were very early examples of this dynamic. Most local authorities had yet to discover the advantages of Berlage's approach to urban design, and for the time being they either took no action or did little more than was necessary to meet the lenient requirements of the Housing Act.

1 Sergio Polano, *Hendrik Petrus Berlage: Complete Works,* Milan 1988, p. 186.
2 Luuk Boelens, 'Ontwerp en politiek. Een korte relaas van een kwart eeuw persoonlijke ervaringen en opvattingen over het thema' (personal communication), 2009. Translator's note: Pillarization was the segregation of Dutch society and politics along religious and ideological lines, into roughly four main communities (Catholics, Protestants, socialists, and others) with fairly little contact or cooperation between them. The origins of pillarization lie in the nineteenth century, but it was at its strongest in the first half of the twentieth.

in Nederland zo sterk verbonden is aan Berlages naam. Want: 'gegeven de esthetische en integrale manier waarop hij dat deed, fundeerde hij daarmee feitelijk ook de (potentiële) belofte van het stedenbouwkundig ontwerp als een synthetiserende kracht in de politieke krachtsverhoudingen van een steeds sterker verzuild Nederland'.[2] De ontwerpen kwamen immers de hele stedelijke bevolking ten goede: ondanks het feit dat het eerste Plan Zuid vooral voor bewoning door rijken bedoeld was, profiteerden juist ook de lagere klassen van de vele (groen) voorzieningen die Berlage hier projecteerde. Het stedenbouwkundig ontwerp werd daarmee iets om boven partijpolitiek uit te stijgen en gezamenlijk de stad te ontwerpen. Overigens waren Amsterdam en Den Haag wel hele vroege voorbeelden. De meeste gemeentebesturen moesten deze meerwaarde van het stedenbouwkundig ontwerp nog gaan ontdekken en deden voorlopig óf niets óf hielden zich vooral aan de nog enigszins vrijblijvende aanwijzingen uit de Woningwet.

1 Uit: Sergio Polano, *Hendrik Petrus Berlage. Het complete werk,* Alphen aan den Rijn 1988, p. 186.
2 Luuk Boelens, 'Ontwerp en politiek. Een kort relaas van een kwart eeuw persoonlijke ervaringen en opvattingen over het thema' (ingezonden tekst), 2009.

1910-1920: Stedelijke groeimodellen ter discussie
1910-1920: Models of Urban Growth under Debate

Terwijl het eerste plan van Berlage voor Amsterdam-Zuid gemeentelijke goedkeuring kreeg, verscheen in 1906 het door J. Bruinwold Riedel vertaalde boek van de Engelse stedenbouwkundige Ebenezer Howard onder de titel 'Tuinsteden' op de Nederlandse markt. Howards gedachtegoed bood een alternatief voor de concentrische stadsuitbreiding die zich in de meeste grote gemeenten min of meer vanzelf voltrok. Het kwam precies op het goede moment: waar de Woningwet de eerste tien jaar niet zoveel effect had gesorteerd omdat alleen de grote steden aan – meestal nog partiële – uitbreidingsplannen waren begonnen, bogen nu meer gemeentebesturen zich over een meer planmatige uitbreiding van hun stad. Het was vooral het schrikbeeld van uitdijende steden met eindeloze huizenzeeën dat hen hiertoe aanzette. Dit schrikbeeld drong zich van steeds meer kanten op: niet alleen schrijvers en kunstenaars, maar ook steeds meer deskundigen en politici deden er uitspraken over. Sommigen twijfelden openlijk aan de grootstad als samenlevingsvorm. Zo stelde Dirk Hudig, later een vooraanstaand figuur in de Nederlandse planning, in 1909 dat de woonwijze in de steden in strijd was met 'wat voor den mensch als normaal moet worden beschouwd'.[3] Volgens veel critici maakte de stad mensen zenuwziek, schuw, bleek en ongezond. Het alternatief van Howard kwam dan ook als geroepen. Het behelsde de ontwikkeling van verschillende kleine steden op het platteland, die met eigen scholen, winkels en voedselvoorzieningen compleet zelfvoorzienend waren. Het hart van de tuinstad was een park van waaruit verschillende groenstroken de wijken in liepen. De tuinstad combineerde daarmee de overzichtelijkheid, saamhorigheid en het groene karakter van het dorp met de realiteit van de stad. De eerste resultaten waren

In 1906, just as Amsterdam was approving Berlage's first southern extension plan, J. Bruinwold Riedel published a Dutch translation of *Garden Cities of To-Morrow*, a book by the English urbanist Ebenezer Howard. Howard presented an alternative to the concentric growth that was taking place more or less automatically in most major Dutch cities. The timing was perfect: after ten years of near-inaction following the passage of the Housing Act, years in which only the largest Dutch cities had started work on even partial extension plans, a larger number of municipalities were beginning to consider a more systematic approach to urban expansion. Their primary motivation was the horrifying prospect of constantly swelling cities with endless seas of housing. Throughout society, awareness of this danger was growing. Writers, artists, experts, and politicians were all expressing opinions on the subject, some openly questioning whether the metropolis was a viable form of society. For instance, Dirk Hudig, later a leading figure in Dutch planning, said in 1909 that the way people lived in the cities was in conflict with 'what must be considered normal for human beings'.[3] Many critics argued that city life made people neurotic, timid, pale, and unhealthy.

Howard's alternative came as the answer to their prayers. It involved the development of numerous satellite towns in the countryside, all of limited size. These garden cities would have their own schools, shops, and food supply, making them totally self-sufficient. At the heart of each one would be a park, with additional strips of parkland radiating outward from it into the residential districts. The concept of the garden city combined the community spirit, rural setting, and small scale of the village with the reality of the city. The initial results could be seen in the English cities of Liverpool (Port Sunlight, built for the soap manufacturer William Hesketh Lever), Letchworth (Letchworth Garden City), and London (Hampstead Garden Suburb). Howard's ideas were eagerly embraced in the Netherlands, not only by urban planners but also by socialists, industrialists, and leaders in the field of health care, many of whom traveled to England to admire the first garden cities for themselves. One architect in Rotterdam's Department of Public Works (known as the *Dienst Plaatselijke Werken*). returned from such a trip with such enthusiastic stories and intriguing drawings that his director, A.C. Burgdorffer, was soon calling the garden city 'the most ideal solution for the working-class districts of the future'. Not long after that, Burgdorffer began advocating the establishment of a number of garden cities on the left bank of the Maas, the area selected for the future expansion of Rotterdam. By way of the Health Board (*Gezondheidscommissie*), this proposal came to the attention of K.P. van der Mandele, director of the Association of Rotterdam Banks (*Rotterdamsche Bankvereniging*). Mandele took up the cause, in cooperation with other active and influential members of Rotterdam society such as J. Mees and L.J.C.J. van Ravesteyn. In 1913 a company named NV Eerste Rotterdamse Tuindorp ('First Rotterdam Garden Village, Ltd.') was founded, with the aim of developing garden villages for the 'less prosperous social class'.

This company developed Rotterdam's first garden village in close cooperation with the city's Department of Public Works. It already owned the land it needed, but could not carry out its plans without the approval of the municipal executive (*gemeentebestuur*, consisting of the mayor and aldermen), which was advised by the Public Works Committee (*Commissie Plaatselijke Werken*). Burgdorffer was quick to recommend the project; not only were the plans exemplary, but the company was prepared to cover much of the cost of the large-scale project. The municipal executive gave its approval, on the condition that decisions about architecture and building density be presented to it for review. As it

te bewonderen in Liverpool (Port Sunlight van de zeepfabrikant W.H. Lever), Letchworth (Letchworth Garden City) en Londen in Engeland (Hampstead Garden Suburb). De ideeën van Howard vonden gretig aftrek in Nederland, zowel bij stedenbouwkundigen als bij socialisten, ondernemers en voortrekkers in de gezondheidszorg. Velen van hen trokken naar Engeland om de eerste tuinsteden in het echt te bewonderen. Een daarvan was een architect van de Dienst Plaatselijke Werken in Rotterdam. Hij kwam met zulke enthousiaste verhalen en tekeningen terug dat zijn directeur, A.C. Burgdorffer, het tuindorp al snel beschreef als 'de meest ideale oplossing voor arbeiderswijken in de toekomst'. Burgdorffer pleitte dan ook al snel voor de stichting van verschillende tuindorpen op de linker Maasoever, het toekomstige uitbreidingsgebied van Rotterdam. Dit idee kwam de directeur van de Rotterdamsche Bankvereeniging, K.P. van der Mandele, via de Gezondheidscommissie ter ore. Hij pakte het samen met invloedrijke en actieve Rotterdammers als J. Mees en L.J.C.J. van Ravesteyn op. In 1913 was de NV Eerste Rotterdamse Tuindorp, gericht op de ontwikkeling van tuindorpen voor de 'minder gegoede bevolkingklasse', een feit.

De uitwerking van het tuindorp kwam in nauwe samenwerking met de Dienst Plaatselijke Werken tot stand. De NV had de grond voor het gebied al in handen, maar was voor de goedkeuring van haar plannen afhankelijk van het college van B en W, dat zich liet adviseren door de Commissie Plaatselijke Werken. Burgdorffer sprak zich al snel uit voor een gunstig advies richting het college, want de plannen waren niet alleen voorbeeldig, maar de NV was ook nog eens bereid om een groot deel van de kosten van de ruime stedenbouwkundige opzet op zich te nemen. Het college ging akkoord, onder de voorwaarde dat het de bebouwing qua intensiteit en architectuur ter beoordeling kreeg voorgelegd. De samenwerking tussen de NV en de Dienst die hierop volgde was echter zo positief dat het college

Straat Vreewijk, z.j.
Street in Vreewijk, date unknown.

1910-1920

Vreewijk was een van de eerste tuinwijken van Nederland. De directeur van de Dienst Plaatselijke Werken zag het Engelse model door de kleinschalige, behapbare vorm als ideale stedelijke arbeidershuisvesting voor de toekomst; het bood een alternatief voor de eindeloos concentrisch uitbreidende stad. Hij wist invloedrijke ondernemers van zijn visie te overtuigen. Deze ontwikkelden samen met de Dienst een plan waarin het ontwerp een nadrukkelijke rol speelde. Terwijl Verhagen vanuit de Dienst en diens visie op de linker Maasoever het plan nauwkeurig begeleidde, trokken de ondernemers de externe ontwerpers Berlage en Granpré Molière aan. Dit resulteerde in een goede samenwerking en daardoor in een plan dat de gemeenteraad niet kon weigeren. Ontwerpers en bestuurders uit het hele land kwamen naar Rotterdam om de tuinwijk te bewonderen. Daarmee gaf de wijk een impuls aan de positie van het ontwerp binnen de bureaucratie.

Vreewijk was one of the first garden villages in the Netherlands. The director of Rotterdam's Department of Public Works had embraced the English concept of the garden city; he felt that its manageable, small-scale structure represented an ideal solution to the problem of housing workers, as an alternative to the endless expansion of the city in concentric circles. He succeeded in winning over influential entrepreneurs, who joined forces with the Department to develop a plan in which urban design played a prominent role. While Pieter Verhagen took charge on behalf of the Department, carefully supervising the implementation of his extension plan for the left bank of the Maas, the entrepreneurs selected Berlage and Granpré Molière as designers. The partnership went well, resulting in a plan too good for the municipal council to reject. Designers and policymakers flocked to Rotterdam from all over the country to admire the garden village. Vreewijk's success enhanced the status of urban planning within the municipal bureaucracy.

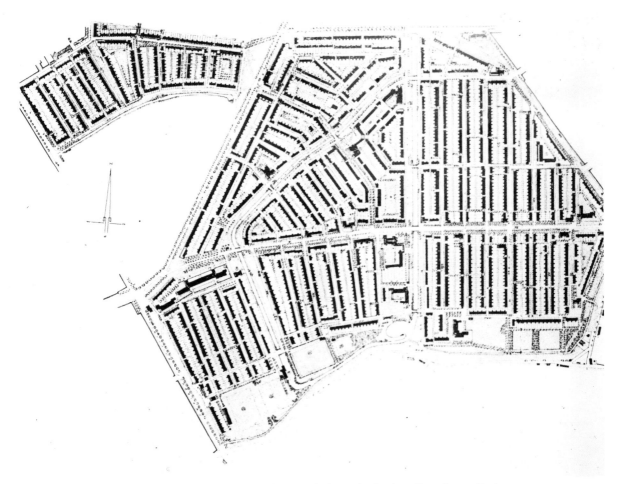

Stedenbouwkundig plan Vreewijk, 1920. In 1928 tijdens een lezing gebruikt door Cornelis van Eesteren.
Vreewijk urban development plan, 1920. Used by Cornelis van Eesteren in a lecture in 1928.

Rotterdamse architecten, 1922. Links M.J. Granpré Molière en P. Verhagen, rechts J.J.P. Oud.
Rotterdam architects, 1922. On the left M.J. Granpré Molière and P. Verhagen, on the right J.J.P. Oud.

niet in hoefde te grijpen. De Dienst schoof haar ontwerper P. Verhagen naar voren om niet alleen het uitbreidingsplan voor de linker Maasoever verder uit te werken, maar ook op basis hiervan de stedenbouwkundige voorwaarden voor het tuindorp Vreewijk op te stellen. De NV nam deze voorwaarden zonder al teveel morren over en de gemeente toonde zich vervolgens ook weer inschikkelijk wat financiën betreft. De door de NV aangetrokken ontwerpers, aanvankelijk alleen Berlage maar later ook Verhagens oud-collega van de Dienst M.J. Granpré Molière, werkten de voorwaarden uit tot een stedenbouwkundig ontwerp waar het college in 1916 mee akkoord ging. Daarop verliet Verhagen de Dienst om zich samen met Granpré Molière met de uitvoering van het tweede deel van de wijk en de woningen bezig te houden. De eerste woningen waren in 1919 gereed.

Vreewijk was daarmee niet het eerste tuindorp in Nederland. Het waren vooral ondernemers die zich tot het idee aangetrokken voelden en zelf overgingen tot de bouw van tuindorpen voor hun arbeiders. Bekend was onder andere het tuindorp 't Lansink in Hengelo, opgericht door de directeur van de machinefabriek van Stork. C.F. Stork, geïnspireerd door een lezing van een inspecteur van de Volksgezondheid, trok in 1909 naar Engeland om onder andere Port Sunlight te bekijken. Twee jaar later was de eerste steen van 't Lansink een feit. Ook Anton Philips, directeur van de Philips fabriek in Eindhoven, besloot rond die tijd – tot de ontdekking gekomen dat de plannen van de gemeente te lang op zich lieten wachten – om zelf naar het voorbeeld van Stork tuindorpen voor zijn arbeiders op te richten. In 1912 waren de eerste straten van Philipsdorp bewoond. Hoewel Vreewijk dus zeker niet het eerste tuindorp was, noch het enige waarin ondernemers zo'n belangrijke rol speelden, kreeg het wel veel meer aandacht. Dat zal niet in de laatste plaats de verdienste zijn geweest van de verschillende bestuursleden van de NV, waarvan er

turned out, however, the cooperation between the company and Public Works went so smoothly that the municipality had no need to intervene. Public Works assigned the urban designer Pieter Verhagen to fill in the details of the extension plan for the left bank of the Maas and, on the basis of the results, to draw up terms of reference for the urban plan for the garden village of Vreewijk. The company accepted these conditions without too much fuss, and the municipality was accommodating with regard to financial matters. Berlage was selected as a designer – on his own at first, but later joined by a former colleague of Verhagen's from Public Works, M.J. Granpré Molière. The two men used the terms of reference to develop a plan, which was approved by the municipal executive in 1916. After that, Verhagen left Public Works to work with Molière on the next stage: building the new district and the housing. The first homes were completed in 1919.

But Vreewijk was not the first garden village in the Netherlands. Industrialists were the group most drawn to the idea, and some of them had their own garden villages constructed for their workers. One well-known example was 't Lansink in Hengelo, established by the director of the machine works at Stork, a manufacturing company run by the Stork family. A lecture by a Dutch public health inspector inspired C.F. Stork to visit Port Sunlight during a trip to England in 1909. Two years later, the foundation stone of 't Lansink had been laid. Around the same time, Anton Philips, the director of the Philips factory in Eindhoven – who had discovered that the municipality would not be making extension plans of its own for some time – decided to follow Stork's example and establish garden villages for his work force. In 1912, residents moved into the first streets of Philipsdorp. But even though Vreewijk was certainly not the first garden village, nor the first in which the private sector played such a major role, it did receive a great deal more attention than its Dutch predecessors. In large part, this was probably due to the efforts of its board members, one of whom announced even before Vreewijk's completion that 'when those ideas have been turned into realities … Rotterdam will be the first major city in the Netherlands where the housing of the future … is actually being built'.[4] Much more influential than these oracular words, however, were the designs by Berlage and Molière, who were kept on their toes by the strict supervision of Rotterdam's Department of Public Works and municipal executive.

Designers and policymakers from all over the country came to Vreewijk to see this example of a successful urban extension. It was primarily through this urban design that Howard's model came to the attention of Dutch municipal leaders, enriching the Dutch debate over urban design and over the status of designers within the municipality. For Public Works in Rotterdam, the construction of Vreewijk meant the completion of part of the plan for the left bank of the Maas. This was a large step in the department's development from a passive or reactive service organization to one that launched initiatives of its own. After Verhagen's departure in 1924, urban development came to occupy an important place in the municipal bureaucracy, in the form of the Architecture and Urban Planning Department (*Hoofdafdeling architectuur en stedenbouw*). In the meantime, alongside its Public Works Department, The Hague had established a separate Urban Development and Housing Department (*Dienst Stadsontwikkeling en Volkshuisvesting*), whose task it was to create a city that would 'contribute to the moral, intellectual, and material elevation of the workers' and 'meet the moral obligation that the municipality has, now that it hosts the Peace Palace and . . . thousands more foreigners can be expected to visit the city'.[5] The above-mentioned Jurriaan Kok, a liberal politician who had been full of praise for Berlage's Plan Zuid, was the driving force behind the establishment of this new department.

In Amsterdam, it was the socialists who showed the greatest enthusiasm for urban development. The first areas of the spacious Plan Zuid district were nearing completion,

een al bij aanvang meldde dat: 'Bij verwezenlijking van die denkbeelden (…) zal Rotterdam dan de eerste groote stad in Nederland zijn waar deze volkshuisvesting van de toekomst (…) tot uitvoering komt'.[4] Van nog grotere invloed echter waren de ontwerpinspanningen van Berlage en Granpré Molière, gestimuleerd door een streng toeziende blik van Plaatselijke Werken en het college. Ontwerpers en bestuurders uit heel Nederland kwamen naar Vreewijk toe om te zien hoe een goede stadsuitbreiding er uitzag. Het model van Howard verwierf daarmee vooral als stedenbouwkundig ontwerp een plaats in de hoofden van stadsbestuurders. Het kwam de discussie over het ontwerpen aan de stad ten goede, en daarmee ook de positie van het ontwerp binnen de gemeentelijke diensten. Voor de Dienst Plaatselijke Werken in Rotterdam betekende de realisatie van Vreewijk en daarmee van een deel van het plan voor de linker Maasoever in ieder geval een flinke stap in de ontwikkeling van een dienstbare en volgende organisatie naar een initiërende. De stadsontwikkeling kreeg hier na het vertrek van Verhagen, in 1924, nadrukkelijk een eigen plek in de vorm van de Hoofdafdeling Architectuur en Stedenbouw. In de tussentijd had Den Haag zelfs naast de Dienst Publieke Werken een aparte Dienst Stadsontwikkeling en Volkshuisvesting opgericht die tot taak had een stad te maken die 'zal bijdragen tot moreele, intellectueele en materieele verheffing van den arbeider' en 'tevens zou de gemeente de moreele verplichting nakomen die ze nu heeft met het Vredespaleis binnen hare grenzen en (…) duizenden vreemdelingen meer onze stad zullen bezoeken'.[5] Het was de liberaal Kok, dezelfde die eerder het Plan Zuid van Berlage had aangeprezen, die de grote pleitbezorger achter de oprichting van deze aparte dienst was.

In Amsterdam waren het vooral socialisten die zich op de stadsontwikkeling stortten. Terwijl de eerste delen van het ruim opgezette Plan Zuid tot realisatie kwamen presenteerde de in 1915 aangetreden burgemeester J.W.C. Tellegen, voorheen directeur van de gemeentelijke Dienst Bouw- en Woningtoezicht of Woningdienst die toezicht hield op de handhaving van de Woningwet, meteen in de eerste vergadering die hij voorzat een ambitieus programma voor de bouw van 3500 woningen, heel wat meer dan in het eerste Plan Zuid waren opgenomen. Deze woningen waren grotendeels voor de arbeidende klasse bedoeld. Tellegen wilde een nieuw Plan Zuid dat het raamwerk kon vormen voor zijn sociale woningbouwambities. Net daarvoor, in 1914, had de socialistische wethouder Volkshuisvesting en Arbeidszaken F. Wibaut Berlage al de opdracht gegeven om het Plan Zuid te herzien, rekeninghoudend met de enorme woningbehoefte en met nieuwe ontwikkelingen als de vestiging van een nieuw station. Berlage ging na overleg met de nieuwe directeur Publieke Werken, A.W. Bos, aan de slag en maakte een plan dat grotendeels aan de ambities van Tellegen beantwoordde. Het tweede Plan Zuid dat hij in 1915 tekende en dat de gemeenteraad in 1917 goedkeurde is het plan dat het beroemde stadsbeeld van Amsterdam-Zuid heeft bepaald, met de straatwanden van sociale woningbouw (75% van het voor woningbouw bestemde terrein), uitmondend op grootse pleinen of groene boulevards met daaraan vaak gebouwen met belangrijke, meestal verheffende sociale of culturele functies.

Na het eerste Plan Zuid, waarvan de realisatie langzaam en twijfelachtig op gang kwam, besloot Tellegen de realisatie van dit tweede plan voortvarend aan te pakken. In de twee jaar die tussen het maken van de tekeningen van Berlage en de goedkeuring ervan door de gemeenteraad lagen, wist Tellegen een klimaat te scheppen dat een goede uitwerking van het plan garandeerde. Zo gaf hij de Woningdienst, met de socialist Arie Keppler als directeur, de taak om de uitvoering van het tweede Plan Zuid aan de hand van de aanwijzingen van Berlage esthetisch gezien streng te reglementeren.

and the city had an energetic new mayor, J.W.C. Tellegen. Before taking office in 1915, Tellegen had served as director of the municipal Housing Department (the *Dienst Bouw- en Woningtoezicht* or *Woningdienst*), which was responsible for enforcing the Housing Act. In the very first official meeting over which he presided as mayor, he presented an ambitious programme for the construction of 3,500 dwellings, many more than were included in the first Plan Zuid. These were intended mainly as homes for the working class. Tellegen wanted a new Plan Zuid that would form the framework for his ambitious social housing plans. Not long before, in 1914, F.M. Wibaut, the socialist alderman responsible for housing and labour issues, had asked Berlage to revise Plan Zuid to take account of the enormous demand for housing and of other developments, such as the construction of a new railway station. After conferring with the new director of public works, A.W. Bos, Berlage set to work and came up with a plan that met most of Tellegen's demands. The second Plan Zuid, which Berlage signed in 1915 and the city council approved in 1917, is the one that created the renowned cityscape of Amsterdam South, where streets lined with social housing (which occupies 75% of the designated residential area) open into grand squares and green boulevards, many of which contain buildings with important (and often socially improving) cultural and community functions.

The execution of the first Plan Zuid had got off to a slow and uncertain start, but Tellegen was determined to move ahead swiftly with the new plan. In the two years after Berlage made the drawings and before they were approved by the city council, Tellegen managed to create a climate that ensured the successful implementation of the plan. For instance, he instructed the Housing Department, whose director was the socialist Arie Keppler, to supervise the aesthetic aspects of the implementation of the second Plan Zuid very strictly, in accordance with Berlage's specifications. What this meant in practice was that the Housing Department only worked with architects 'who could be expected to produce a satisfactory cityscape in a cooperative framework,' as Keppler put it.[6] The independent architect J. Gratama was appointed as supervisor in 1920 and ensured the use of Berlage's characteristic design elements, such as large, imposing perimeter blocks with striking street-facing façades. Furthermore, a number of housing associations (*woningbouwverenigingen*) – the cooperatively organized building societies with primary responsibility for executing the plan – adopted the Amsterdam School style, thanks to the efforts of J.M. van der Mey, who had been hired in 1911 as the artistic adviser to the Buildings Department (*Afdeling Gebouwen*) at Public Works, and his assistants M. de Klerk and P. Kramer. The Housing and Public Works Departments thereby added a stylistic flourish of their own to Berlage's plan. In 1922, a provision on aesthetic criteria (*welstandsbepaling*) was added to the Amsterdam building regulations to protect the district's unique stylistic features.

Amsterdam thus earned a reputation (as Rotterdam had with its garden village) for being a city that took design seriously, even in working-class housing. Berlage's partial extension plans were emphatically based on the concept of the modern metropolis, and the municipality of Amsterdam – in particular, Tellegen and Wibaut – gave Berlage the freedom to take this approach, by purchasing as much land as possible around the city. Even so, Amsterdam had not chosen the path of the metropolis irrevocably. The same year that the city council approved Plan Zuid, it established the Greater Amsterdam Commission (*Commissie Groot Amsterdam*). This body was charged with developing guidelines for the Greater Amsterdam Extension Plan (*Uitbreidingsplan Groot Amsterdam*), the first plan to encompass the entire city. While the Commission, like Berlage, based its work on the concept of the central city, a variety of critics advocated decentralization. Among them was Keppler, who had supervised the

In de praktijk betekende dit dat de Woningdienst alleen die architecten inschakelde 'van wie verwacht werd dat in samenwerking een goed stadsbeeld te verkrijgen was', aldus Keppler.[6] De externe architect J. Gratama werd in 1920 als supervisor aangesteld en zag zo toe op de door Berlage geformuleerde uitgangspunten van de grootse bouwblokken met markante straatgevels. De al in 1911 aangetrokken artistiek adviseur van de Afdeling Gebouwen van de Dienst Publieke Werken, J.M. van der Mey, en zijn werknemers M. de Klerk en P. Kramer, wisten de Amsterdamse Schoolstijl ook bij verschillende woningbouwverenigingen, de belangrijkste uitvoerders van het plan, door te voeren. Daarmee doorleefden de Woningdienst en Dienst Publieke Werken zelf ook het plan van Berlage. Om de kwaliteiten ook wettelijk te verankeren volgde in 1922 nog de opname van een welstandsbepaling in de bouwverordening.

Amsterdam zette zich daarmee, zoals Rotterdam dat met het tuindorp ook al had gedaan, op de kaart als een stad die het ontwerp, ook als het ging om arbeiderswoningen, serieus nam. Berlage nam nadrukkelijk de moderne grootstad als uitgangspunt voor zijn partiële uitbreidingsplannen en de gemeente, vooral Tellegen en Wibaut, gaf hem deze ruimte ook door zoveel mogelijk gronden rondom de stad op te kopen. Daarmee was de keuze voor de grootstad echter niet definitief. In hetzelfde jaar dat de gemeenteraad het Plan Zuid goedkeurde stelde ze de Commissie Groot Amsterdam in. Deze commissie moest zich buigen over richtlijnen voor het Uitbreidingsplan Groot Amsterdam, het eerste plan dat de hele stad moest behelzen. Terwijl de Commissie net als Berlage de centrale stad als uitgangspunt voor de uitbreiding nam, haastten verschillende critici zich om voor decentralisatie te pleiten. Een van hen was Keppler, die als directeur van de Woningdienst de uitvoering van Plan Zuid had begeleid. In plaats van een centrale stad zag Keppler de uitbreiding van Amsterdam in gedecen-

27

traliseerde vorm voor zich. Als voorbeeld droeg hij
de tuindorpen aan die vanaf 1919 aan de overkant
van het IJ tot stand waren gekomen. Keppler was
niet de enige die de stad liever in tuindorpen zag
uiteenvallen: in 1923 begon een Tuinstadcom-
missie onder voorzitterschap van de wethouders
M. de Miranda van Volkshuisvesting en P.W. ter
Haar van Publieke Werken de mogelijkheden van
de stadsuitbreiding in de vorm van een of meer
tuinsteden te onderzoeken. Hun werk resulteerde
uiteindelijk in het ontwerp voor de Gooistad tussen
Hilversum en Bussum. Dit plan riep, behalve onder
sommige Amsterdamse stedenbouwkundigen, ook
onmiddellijk veel weerstand van de gemeenten in
het Gooi op. Het resulteerde in allerhande maatregelen om bebouwing van het natuurschoon in het
Gooi te voorkomen. De Gooise gemeenten waren
hier sowieso sterk in: Laren was in 1912 de eerste
gemeente in ons land die een welstandsbepaling in
de bouwverordening opnam. Tevens richtte ze met
de omringende gemeenten een Centrale Schoonheidscommissie op die alle ontwerpen toetste
en regels voor het behoud van natuurschoon
aanscherpte.

Daarmee vormde het dorp een uitzondering op verschillende andere gemeenten rondom Amsterdam,
zoals Sloten, die vooral hoopte te profiteren van de
groei van Amsterdam en in haar uitbreidingsplan
van 1915 zonder al te veel richtlijnen maar liefst
340.000 mensen wist te accommoderen! Zo
waren zo'n tien tot twintig jaar na de instelling van
de Woningwet de meeste gemeenten wel met
hun toekomstige uitbreiding bezig, de een wat
pragmatischer gedreven dan de andere. De grote
gemeenten hadden inmiddels de eerste ervaringen
met uitbreidingsplannen opgedaan en maakten hun
Diensten klaar om aan de stad te gaan ontwerpen.
Die raakten daar, vaak onder aanvoering van een
vooruitstrevend ontwerper of directeur, langzamerhand ook meer bedreven in. Zo wisten Burgdorffer
en Verhagen de Dienst Plaatselijke Werken tot een

implementation of the first Plan Zuid during
his time as director of the Housing Department. Rather than a central city, Keppler
envisaged the expansion of Amsterdam as
a decentralized process, modelled after the
garden villages that had sprung up across
the IJ since 1919. Keppler was not the only
one who would have liked to see the city
disintegrate into garden villages; in 1923 a
commission chaired by two aldermen, M. de
Miranda (responsible for housing) and P.W.
ter Haar (responsible for public works), began
contemplating an urban extension in the
form of one or more garden cities. Their work
eventually led to the design for a new town
in the rural Gooi region between Hilversum
and Bussum, to be called Gooistad. This plan
immediately raised fierce protests, not only
from some urban planners in Amsterdam,
but also from communities in the Gooi, and it
ultimately provoked all sorts of measures to
prevent building in the Gooi, an area known
for its natural beauty. The municipalities in the
Gooi were in the habit of protecting their landscape; in 1912, Laren had become the first
Dutch municipality to incorporate aesthetic
criteria into its building regulations. Laren and
its neighbouring communities also formed a
joint Central Aesthetics Committee (*Centrale
Schoonheidscommissie*), which reviewed all
draft legislation and regulations to ensure that
the region's natural beauty was preserved as
effectively as possible.

In this regard, Laren was unlike most of the
communities surrounding Amsterdam, such
as Sloten, which wanted nothing more than
to benefit from Amsterdam's growth, and produced an extension plan in 1915 in which it
offered to accommodate as many as 340,000
people, without imposing many guidelines.
This was typical of the situation ten to twenty
years after the introduction of the Housing
Act; most municipalities were making plans for
future growth, some more pragmatically than
others. By this time, the major cities had some
experience with extension plans and were
preparing their public works and housing departments for the next round of urban design

initiatives. Those departments gradually grew more skilled, often under the leadership of a forward-looking urban planner. For example, Burgdorffer and Verhagen managed to change the organizational culture in Rotterdam's Public Works Department, and Keppler was able to establish a more pro-active role for Amsterdam's public works and housing departments, and that is not even to mention the influence of P. Bakker Schut during his tenure as director of the Urban Development Department in The Hague. The system began to work properly; policymakers no longer felt it necessary to engage independent designers for every project. Instead, they saw to it that their own municipal departments had the skills to do the job themselves, or at least to play an advisory role. For such policymakers, the importance of urban design was unquestionable. Berlage's partial plans, plus a range of garden village plans, had shown them that design was a tool for the effective management, and sometimes even the social uplift, of cities and their residents. The question of which urban model was most suitable, the metropolis or the decentralized city, even became a topic of heated debate within local bureaucracies. In 1921 an amendment to the Housing Act officially acknowledged that extension plans could no longer just be street plans, but had to 'establish the general features of the future cityscape.'

3 D. Hudig, 'Het woningvraagstuk', in J. Gerritsz, *Modern Gemeentebeheer,* Rotterdam 1909, p. 280, as quoted in Theo Beckers, *Planning voor vrijheid. Een historisch-sociologische studie van de overheidsinterventie in rekreatie en vrije tijd,* Wageningen 1983, p. 96.
4 L.J.C.J. van Ravesteyn, *Over de volkshuisvesting te Rotterdam, brochure samengesteld voor het tiende Internationaal Woningcongres te 's-Gravenhage,* 1913, p. 41, as quoted in Steenhuis, 2007, p. 121.
5 This is a combination of quotes from two sources: P. Bakker Schut, as quoted in Han Meyer & Marjolein de Jong, 'Urbanism: Science, Technology, Social Work, Art?', in *The Architectural Annual 1998-1999,* Rotterdam 2000; and J. Jurriaan Kok, *Handelingen Gemeenteraad Den Haag,* 1918, as quoted in Meyer & Van den Burg, 2005, p. 65.
6 Hans van der Cammen & Len de Klerk, *Ruimtelijke ordening van grachtengordel tot VINEX-wijk,* Houten 2008, p. 96.

nieuwe houding te bewegen en zo wisten Bos en Keppler de Dienst Publieke Werken en Woningdienst steeds proactiever te laten opereren. Om over de rol van P. Bakker Schut als directeur van de Dienst Stadsontwikkeling in Den Haag nog maar te zwijgen! Het systeem begon te werken: bestuurders voelden zich niet meer altijd genoodzaakt om ontwerpers van buitenaf in te huren, maar brachten hun eigen Diensten in positie om dit te doen of om zelf een adviserende rol te vervullen. Het belang van ontwerpen aan de stad stond voor hen buiten kijf: de deelplannen van Berlage en diverse tuindorpplannen hadden hun doen inzien dat het ontwerp een middel was om de stad en haar inwoners in goede banen te leiden, soms zelfs te verheffen. De vraag welk stadsmodel zich daar het beste voor leende, de grootstad of de gedecentraliseerde stad, was zelfs inzet voor hoogoplopende bestuurlijke discussies. In 1921 erkende ook de Woningwet in een wijziging dat het uitbreidingsplan niet langer alleen een stratenplan kon zijn, maar ook 'de hoofdlijnen van het toekomstig stadsbeeld moet vaststellen'.

3 D. Hudig, 'Het woningvraagstuk', in: J. Gerritsz, *Modern Gemeentebeheer,* Rotterdam 1909, p. 280. Uit: Theo Beckers, *Planning voor vrijheid. Een historisch-sociologische studie van de overheidsinterventie in rekreatie en vrije tijd,* Wageningen 1983, p. 96.
4 L.J.C.J. van Ravesteyn, *Over de volkshuisvesting te Rotterdam, brochure samengesteld voor het tiende Internationaal Woningcongres te 's-Gravenhage,* 1913, p. 41. Uit: Steenhuis, 2007, p. 121.
5 Samenvoeging van twee citaten. Eerste: P. Bakker Schut, geciteerd in: Han Meyer, Marjolein de Jong, 'Urbanism: Science, Technology, Social Work, Art?', in: *The Architectural Annual 1998-1999,* Rotterdam 2000. Tweede: J. Jurriaan Kok, *Handelingen Gemeenteraad Den Haag,* 1918. Uit: Meyer, Van den Burg, 2005, p. 65.
6 Uit: Hans van der Cammen en Len de Klerk, *Ruimtelijke ordening van grachtengordel tot VINEX-wijk,* Houten 2008, p. 96.

1920-1930: Bovengemeentelijke opgaven op de agenda
1920-1930: Moving beyond the Municipal Level

De discussie over de grootstad versus het decentrale stadsmodel die tijdens het werk van de Commissie Groot Amsterdam in alle hevigheid losbarstte, raakte aan een schaalniveau dat hoger was dan dat van het stedelijke uitbreidingsplan. Hoewel het de inzet van de Commissie was om een Schemaplan voor de hele stad te presenteren, brachten vooral de ideeën van De Miranda en Keppler (als directeur van de Woningdienst tevens lid van de Commissie) voor tuinsteden het gewest als leefruimte van de stad onder de aandacht. Gezien de opgaven die er lagen was dat niet vreemd: de steden dienden niet alleen enorme hoeveelheden, liefst goede woningen te bouwen, maar ook de industrie de nodige ruimte te geven, het verkeersvraagstuk te regelen en dan nog eens voldoende ruimte voor de ontspanning van de stedelijke bevolking over te houden. Het was onmogelijk om al deze wensen binnen de centrale stad te realiseren, zo meende onder anderen Keppler. Een gedecentraliseerde stadsuitleg, liefst in de vorm van nieuwe tuindorpen, was volgens hem nodig om de verkeersdruk te verminderen en daardoor beter te kunnen reguleren en om de stedelingen daarnaast voldoende ruimte te geven om aan kleinschalige, recreatieve land- en tuinbouw te doen. Keppler bepleitte nog niet letterlijk de noodzaak van een visie op het gewest; hij zag zelf Amsterdam-Noord nog als geschikte locatie voor de tuindorpachtige uitleg. De gemeente had net flinke stukken grond van de omliggende gemeenten geannexeerd – zelfs zoveel dat Amsterdam enige tijd de grootste agrarische gemeente was – en de gemeenteraad bevond zich dan ook in de comfortabele positie om een echte discussie over het gewestelijk schaalniveau nog even voor zich uit te stellen.

The debate about the metropolis versus the decentralized model of urban development – which raged on while the Greater Amsterdam Commission (*Commissie Groot-Amsterdam*) went about its work – was concerned with a larger scale than the urban extension. Although the Commission initially intended to produce a Schematic Plan (*Schemaplan*) for the entire city, it later turned its attention to the possibility of establishing garden cities elsewhere in the region. This change of heart was largely due to the influence of De Miranda and Keppler (as the director of the Housing Department, Keppler was also a member of the Commission)and is understandable, given the challenges that were then confronting Dutch cities. Not only was it imperative to build enormous numbers of homes (preferably of decent quality), but municipalities also had to leave room for industry, solve the problem of traffic, and reserve enough space for urban recreation areas. Keppler (like some other Dutch planners) believed that the central city model could not possibly meet all these needs; instead, he argued, a decentralized urban extension was necessary, preferably in the form of new garden villages, to reduce the volume of traffic and thereby permit better traffic regulation, and to leave city-dwellers with enough space for small-scale, recreational gardening and agriculture. Keppler did not explicitly claim that it was necessary to take a regional perspective; his personal view was that Amsterdam North was a suitable location for this garden village extension. The municipality had just annexed large areas of land from the surrounding communities – so much land, in fact, that for a time Amsterdam was the country's largest agricultural producer – and this put the city council in the comfortable position of being able to postpone serious debate about the regional level.

In the early 1920s, the regional outlook was familiar only to a small group of progressive Dutch thinkers and urban designers, who had been exposed to the ideas of the English biologist Patrick Geddes and his intellectual heirs, such as Patrick Abercrombie in England and Lewis Mumford in the United States. One of them was Dirk Hudig, a legal expert and official at the Dutch Housing Institute (*Nederlandsch Instituut voor Volkshuisvesting*), founded in 1918. In retrospect, he commented, 'when I myself, in 1922 . . . argued in favour of seeing the area surrounding Amsterdam, from the sea to beyond Amersfoort and far into the pastures to the north and south, as a unified whole, I had the feeling I would be ridiculed as a dreamer. Less than two years later . . . the desirability of regional plans was a generally accepted fact.'[7] Hudig regarded big cities as uneconomical and unmanageable, believing the region or province was a better level at which to regulate the continuing process of industrialization. As he saw it, regional planning would enable more effective management of population movements, housing, nature conservation, recreation, and traffic. Hudig's ambition was to 'create order', for the purpose of achieving a better synthesis between urban and rural areas. In his own words, he was motivated by 'the desire to restore the shattered unity between urban life and nature, where the voice of the All-Life speaks so much more clearly.'[8] Following the example of the English and American scholars mentioned above, Hudig proposed a regional plan that would create order by establishing a general framework for municipal extension plans.

It was chiefly due to his efforts that within a few years regional planning had gained widespread recognition in the Netherlands. By then he had become the director of his policy institute, which had changed its name to the Dutch Institute for Housing and Urban Planning (*Nederlandsch Instituut voor*

De gewestelijke schaal was begin jaren twintig dan ook nog vooral het terrein van enkele vooruitstrevende onderzoekers en ontwerpers die er via de ideeën van de bioloog Patrick Geddes uit Engeland en navolgers als Patrick Abercrombie en Lewis Mumford in Amerika mee bekend waren geworden. Dat was in Nederland nog maar een kleine kring. Niet voor niets schetste een van hen, de jurist en medewerker D. Hudig van het in 1918 opgerichte Nederlandsch Instituut voor Volkshuisvesting, later terugkijkend: 'Ik herinner mij zelf hoe ik, toen ik in 1922 (…) de wenschelijkheid bepleitte om het geheele gebied rondom Amsterdam, van de zee af tot voorbij Amersfoort en naar het Noorden en Zuiden ver de weilanden in, als een geheel te bezien, het gevoel had voor een fantast te zullen worden uitgekreten. Nog geen twee jaar later (…) was de wenschelijkheid van gewestelijke plannen een voldongen feit'.[7] Hudig zelf beschouwde de grote stad als oneconomisch en onbestuurbaar. Volgens hem bood het gewestelijke of regionale schaalniveau een beter kader om de voortschrijdende industrialisatie te reguleren en de bevolkingsstromen, de huisvesting, het natuurbehoud, de ontspanning en het verkeer beter over de ruimte te kunnen verdelen. Hij wilde 'orde scheppen' om zo een betere synthese tussen stad en land te bewerkstelligen ofwel gehoor te geven aan 'het verlangen om de verbroken eenheid tusschen het stadsleven en de natuur, waar de stem van het Alleven zoo veel duidelijker spreekt, te herstellen'.[8] In navolging van bovengenoemde internationale onderzoekers zag Hudig de oplossing in een ordescheppend gewestelijk plan dat de kaders aangaf voor de verschillende stedelijke uitbreidingsplannen.

Het was vooral aan hem te danken dat het gewestelijke schaalniveau hier binnen enkele jaren op de agenda stond. Als directeur van het inmiddels tot Nederlandsch Instituut voor Volkshuisvesting en Stedebouw (NIVS) omgedoopte instituut had hij in een paar jaar tijd een aanzienlijke hoeveelheid

Slotermeer, deel realisatie AUP, 1957.
Slotermeer, part of the AUP area, completed in 1957.

1920-1930

Met het Algemeen Uitbreidingsplan van Amsterdam zetten Van Eesteren en Van Lohuizen niet alleen het gewestelijk plan, maar ook de wetenschappelijk onderbouwde planning in Nederland – en grotendeels ook internationaal – op de kaart. Overigens deden ze dat vanuit de bureaucratische context van de onder Publieke Zaken ressorterende Afdeling Stadsontwikkeling. Onderzoekers en ontwerpers hadden de provinciale en gemeentebestuurders – vooral in de regio's die zich door hun natuurschoon of industrie het snelst ontwikkelden – langzamerhand doen inzien dat de gewestelijke schaal beter beantwoordde aan de opgaven dan de gemeentelijke schaal. Terwijl Noord-Holland als eerste provincie een vanuit informele streekplannen werkende adviescommissie voor de uitbreidingsplannen opstelde en diens adviezen omarmde, bood de gemeente Amsterdam met een uitzonderlijk goede grondpositie de Dienst Publieke Werken de ruimte om op basis van diepgravend onderzoek een eerste gewestelijk plan te maken en te realiseren. Andere pogingen hiertoe kwamen door het gebrek aan de benodigde grond, het ontbreken van wettelijke instrumenten of het wegvallen van politieke interesse nog niet van de grond.

With their Greater Amsterdam Extension Plan, Cornelis van Eesteren and T.K. van Lohuizen succeeded in putting both regional planning and carefully researched urban planning on the map, not just in the Netherlands, but also to a large extent abroad. Both were now officials, employed in the newly created Urban Development Section of Amsterdam's Public Works Department. Researchers and urban designers had gradually convinced provincial and municipal authorities – especially in those regions that were developing fastest, due to their natural beauty or industry – that a regional approach was more effective than a municipal one. North Holland was the first province to set up an advisory committee on extension plans, working from informal regional plans, and to take its recommendations to heart. The municipality of Amsterdam, with the benefit of its large land holdings, was able to give the public works department leeway to draw up and implement the first regional plan based on rigorous surveys. Elsewhere, similar attempts failed to get off the ground, due to difficulty acquiring the land, a lack of legal instruments, or flagging political interest.

Perspectief AUP, vogelvlucht over Sloten, 1934.
Bird's-eye view of Sloten, part of the AUP area, 1934.

Afdeling Stadsontwikkeling Amsterdam, 1930. Cornelis van Eesteren boven, zevende van links.
Urban Development Section, Amsterdam, 1930. Cornelis van Eesteren is the seventh from the left on the top row.

ontwerpers, onderzoekers en bestuurders om zich heen verzameld die net als hij van mening waren dat het gemeentelijk schaalniveau te klein was voor de aan de orde zijnde opgaven. Velen van hen gaf hij een plek in de Stedenbouwkundige Raad van het Instituut die onder voorzitterschap van Granpré Molière stond. Hierin zaten invloedrijke en tegelijkertijd vooruitstrevende personen als de burgemeester van Utrecht, J.P. Fockema Andreae, de directeuren stadsontwikkeling van de grote steden, P. Bakker Schut voor Den Haag, A.W. Bos voor Amsterdam en W.G. Witteveen voor Rotterdam en de stedenbouwkundige Verhagen. Met steun van deze Raad en andere vrienden en collega's wist Hudig het voor elkaar te krijgen om in 1924 het congres van de International Garden Cities and Town Planning Association, voor de gelegenheid het Internationaal Stedenbouwcongres genoemd, naar Amsterdam te halen. Geheel conform de interesse van de bij de Association aangesloten leden was het thema van het congres het gewestelijke plan. Niet de wenselijkheid van dit plan stond centraal, want daar waren de meeste leden het wel over eens, maar eerder de vraag hoe dit er uiteindelijk uit moest zien: centraal of decentraal, met groene 'vingers' of juist lobben? Hudig haalde verschillende specialisten uit binnen- en buitenland bij elkaar, vroeg hun om adviezen en bood hun een interessant excursieprogramma, waaronder een rondvlucht boven Amsterdam, in de hoop vervolgens de te berde gebrachte expertise te kunnen bundelen tot een handleiding voor het gewestelijk plan in Nederland.

Hudigs opzet slaagde wonderwel. Behalve vermaarde ontwerpers als Howard, Raymond Unwin, H.V. Hubbard, Fritz Schumacher en uiteraard ook Berlage en Keppler, waren ook vooraanstaande bestuurders aanwezig, waaronder bekenden van Hudig, zoals Fockema Andreae en de burgemeester van Rheden H.P.J. Bloemers. Ook zij zagen heil in het gewestelijk plan als middel om de opgaven beter te kunnen ordenen en de natuur bij en tussen

Volkshuisvesting en Stedebouw; NIVS). In just a few years' time he had established a large circle of urban designers, researchers, politicians, and public officials who shared his conviction that the municipality was not a large enough scale on which to address the challenges facing the country. Hudig appointed many members of this circle to the institute's Urban Planning Council (*Stedenbouwkundige Raad*), chaired by Granpré Moliere. This council included many influential and progressive individuals, such as the mayor of Utrecht, J.P. Fockema Andreae, the urban planner Pieter Verhagen, and the directors of urban development for the major cities: Piet Bakker Schut for The Hague, A.W. Bos for Amsterdam, and W.G. Witteveen for Rotterdam. With the support of the council, along with other friends and associates, Hudig managed to have Amsterdam chosen as the location for the 1924 conference of the International Garden Cities and Town Planning Association, an event dubbed the International Town Planning Conference. The theme of the conference, regional planning, was a hot topic among the Federation's members. The issue was not whether regional planning was the right approach – since most of them agreed that it was – but what form it should ultimately take: centralized or decentralized, with 'fingers' or 'lobes' of parkland? Hudig assembled a range of specialists from the Netherlands and elsewhere, asked them for advice, and offered them an interesting programme of excursions, including a flight above Amsterdam, in the hope of distilling their collective expertise into a set of guidelines for regional planning in the Netherlands.

Hudig's strategy was astonishingly successful. The event drew renowned urban designers such as Howard, Raymond Unwin, H.V. Hubbard, Fritz Schumacher, and of course Berlage and Keppler, as well as leading politicians and public officials, many of whom were close associates of Hudig's, such as Fockema Andreae and the mayor of Rheden, H.P.J. Bloemers. Like Hudig, they believed in the power of regional planning to mount a more organized response to the challenges ahead and protect natural areas around and between the cities from unbridled development. What interested them most were the lectures on the administrative side of regional planning. Was there a need for a board with supreme authority over a large conurbation or urban region (*stadsgewest*)? Or would it be enough for provincial authorities to issue guidelines that each municipality could apply to its own expansion plans as it saw fit? The participants were not entirely satisfied with either approach. M. Roegholt, one of the speakers, suggested a middle way; an institution for public-law cooperation between a province and its municipalities, which would allow the municipalities a great deal of autonomy. The municipal official and legal scholar G.A. van Poelje also favoured an arrangement of this kind, pointing to similar regional bodies in other countries, such as the city planning board in America, the regional committee in England, and the Siedlungsverband in Germany. Although this approach appealed to most of his audience – partly because administrative boards of provincial and municipal officials already existed – no firm conclusion was reached during the conference. Likewise, the participants did not settle on the most desirable form for the provincial plan, though most of the politicians and officials present were inclined to base their plans on the reality of the expanding central city.

Even so, it was an eye-opening event, thanks to the relevance of the theme and the impressive group of experienced specialists that Hudig had assembled to discuss it. The conference gave a powerful stimulus to the young field of urban planning and the related disciplines that were represented at the conference, such as philosophy, economics, sociology, and public administration. One year later, the NIVS issued the main Dutch preliminary advisory reports on these topics. The institute's Urban Planning Council took on board much of the content of these

de steden voor dichtgroei te kunnen behoeden. Voor hen waren vooral de lezingen over de bestuurlijke kant van het gewestelijk plan interessant: was er een oppermachtig stadsgewest als lichaam nodig, of volstonden richtlijnen van het gewest, die alle gemeenten dan naar eigen inzicht in hun uitbreidingsplannen dienden te verwerken? Aanwezigen vonden eigenlijk beide vormen niet voldoen. M. Roegholt, een van de sprekers, stelde een middenweg voor, een instelling van publiekrechtelijke samenwerking tussen provincie en gemeenten, met vervolgens wel veel autonomie voor die gemeenten zelf. Ook de jurist G.A. van Poelje neigde naar zo'n regeling. Hij verwees daarbij naar de verschillende gewestelijke lichamen die in het buitenland actief waren, zoals de City Planning Board in Amerika, het Regional Committee in Engeland en het Siedlungsverband in Duitsland. Hoewel de meeste toehoorders zich hier, mede met het oog op de reeds bestaande bestuurlijke besturen van provincies en gemeenten, wel in konden vinden kwam het tijdens het congres niet tot een conclusie. Ook niet over de meest wenselijke vorm van het gewestelijk plan, al voelden de meeste aanwezige bestuurders er vooral voor om de realiteit van de gegroeide centrale stad als uitgangspunt te nemen.

Het actuele thema en de manier waarop Hudig dat in een programma met ervaren deskundigen had weten te verwerken zorgde voor een succesvolle kennisuitwisseling. Het congres gaf daarmee een enorme impuls aan de volwassenwording van het vak stedenbouw, planning en de daaraan grenzende disciplines die ook tijdens het congres vertegenwoordigd waren, zoals filosofie, economie, sociologie en bestuurskunde. Een jaar na het congres gaf het NIVS de belangrijkste Nederlandse preadviezen uit. De Stedenbouwkundige Raad van het NIVS nam een groot deel van de inhoud over en ontwikkelde zich hiermee tot een cruciaal studie- en discussieplatform over kwesties rond de gewestelijke of regionale stedenbouw. Overigens bleef in de Stedenbouwkundige Raad ook de kruisbestuiving tussen ontwerpers en bestuurders voortbestaan. Het was juist deze kruisbestuiving die maakte dat beiden begrip kregen voor elkaars overwegingen en knelpunten. Zo ontwikkelden bestuurders veel gevoel voor ontwerp en ontdekten ontwerpers de beleidsmatige kant van het plan en wisten zo met veel zelfverzekerdheid hun ontwerpen te presenteren. Desondanks duurde het nog enige tijd voordat de vooruitstrevende ideeën van de leden van de Stedenbouwkundige Raad ook daadwerkelijk ingang vonden. Het gebrek aan wettelijke regelingen maakte het werken op de gewestelijke schaal immers tot een vrijblijvende exercitie. Dat bleek onder andere uit de ontvangst van het zoneringsplan voor de Mijnstreek in Zuid-Limburg. Uit angst voor chaotische toestanden in de mijnstreken, waar de bouwwoede iedere natuurruimte dreigde te overwoekeren, had de regering een speciale commissie ingesteld 'tot onderzoek naar de sociaal-hygiënische toestand in Zuid-Limburg' en deze had al in 1919 de vermaarde architect Jos Cuypers de opdracht gegeven om een zoneringsplan te maken. Cuypers maakte een overzichtelijk en realistisch plan waarin hij op de bestaande succesvolle mijnkolonies voortbouwde, enkele nieuwe bebouwingszones aanwees en waardevolle natuurgebieden spaarde. Hoewel gemeenten vooraf hadden laten weten zich aan het plan te houden bleek de realiteit weerbarstiger: van het plan kwam niets terecht. Zelfs de gemeenten op de Utrechtse Heuvelrug, die halverwege de jaren twintig na enig aandringen van Fockema Andreae vanuit de Vereniging Nederlandse Gemeenten (VNG) zelf aangaven wel wat te zien in een gewestelijk plan 'van het zoo schoone en belangrijke Oostelijke gedeelte onzer provincie' – dit overigens als reactie op de wens van het NIVS om eens een proefplan te maken – waren uiteindelijk toch te bevreesd om bij acceptatie van het plan hun autonomie te verliezen. En dat terwijl het ontwerp dat Granpré Molière, P. Verhagen en A.J.Th.

reports, and in the process became a crucial forum for the study and discussion of issues relating to provincial and regional planning. The council continued to benefit from the interaction between urban planning and policymakers, which gave each group greater insight into the factors and obstacles that were important to the other. The policymakers on the board developed a strong feel for design, and the designers gained an understanding of policy issues in urban planning, and could therefore present their designs with greater confidence. Nevertheless, it took some time before the progressive ideas of the members of the Urban Planning Council were adopted in practice. The lack of rules with binding legal force sometimes made planning on the provincial scale a mere intellectual exercise, divorced from reality. That became clear, for instance, when a land-use plan was presented for the Mijnstreek, the coal-mining region of southern Limburg. The Dutch government, fearing that the frenzied industrial development of the region would lead to chaos and overrun the remaining pockets of nature, appointed a special committee 'to investigate the socio-hygienic conditions in southern Limburg'. By 1919, this committee had asked the celebrated architect Jos Cuypers to draw up a land-use plan. Cuypers produced a well-organized and realistic plan that built on successful existing mining communities, designated a few new zones for construction, and preserved valuable nature areas. Although the municipalities involved had pledged beforehand that they would abide by the plan, in the end they were not as obliging; in fact, they disregarded it completely.

This was by no means an isolated case. In the mid-1920s, the NIVS became interested in making a pilot plan for the Utrechtse Heuvelrug (a ridge of sandhills in the province of Utrecht). After some prodding by Fockema Andreae, through the Association of Netherlands Municipalities (*Vereniging Nederlandse Gemeenten*; VNG), the relevant villages and towns agreed that a regional plan might hold certain advantages 'for the beautiful and important Eastern portion of our province'. But they ultimately refused to adopt the plan, afraid that it would compromise their autonomy. Their refusal is especially striking considering the high quality of the plan by Granpré Molière, P. Verhagen en A.J.T. Kok, which included effective proposals to rein in the construction of the private villas that many feared would destroy the continuity of the landscape, as well as measures to preserve the appeal of the region while setting aside enough recreation areas for city-dwellers. These measures included parkways and clusters of country villas. Despite such disappointments, initiatives of this type did give great urbanists such as J.M. de Casseres plenty of opportunities to hone their regional planning skills. And the Urban Planning Council did eventually achieve real-world successes: in 1925, with the help of two Amsterdam aldermen and the director of Amsterdam's Housing Department, Hudig convinced the provincial executive (*Gedeputeerde Staten*) in North Holland to establish a Permanent Committee for Extension Plans (*Vaste Commissie voor Uitbreidingsplannen*). This commission took over tasks that for some time had been carried out unofficially by the North Holland water boards (*waterschappen*), such as reviewing municipal extension plans in the light of 'requirements of mutual cohesion, in the fields of urban expansion, traffic, natural beauty, and so forth, meaning cohesion both with adjoining municipalities and, more broadly, with the entire setting in which the plan will have to be carried out in the short or long term'.[9] Given the turbulent and almost unmanageable developments taking place in the Amsterdam area, this was a welcome addition to the existing set of regulatory mechanisms. Two members of the Urban Planning Council at the NIVS, Hudig and Granpré Moliere, were appointed to the new Permanent Committee. Other prominent committee members included A.W. Bos and H.M. Dudok, the former in his role as Director

Kok voor de Heuvelruggemeenten uittekenden met succesvolle voorstellen kwam om gevreesde versnippering van de Heuvelrug door particuliere villabouw te voorkomen, de allure van het gebied te behouden en ondertussen toch voldoende ruimte te bieden aan recreërende stedelingen. Zo stelden ze onder andere *parkways* en geconcentreerde landhuisbebouwing voor. Dit soort initiatieven maakte wel dat grote stedenbouwkundigen, waaronder ook J.M. de Casseres, volop op de schaal van het gewestelijk plan konden oefenen. En uiteindelijk boekte de Stedenbouwkundige Raad dan ook in de praktijk succes: in 1925 stelden Gedeputeerde Staten van Noord-Holland op aandringen van Hudig en de medestanders die hij in twee Amsterdamse wethouders en de directeur van het Amsterdamse Bouw- en Woningtoezicht gevonden had, de Vaste Commissie voor Uitbreidingsplannen Noord-Holland in. Deze commissie nam de taken op zich die de Waterschappen in Noord-Holland al enige tijd officieus uitvoerden, namelijk de toetsing van de gemeentelijke uitbreidingsplannen aan 'de eischen van onderling verband op het gebied van stadsuitbreiding, verkeerswezen, natuurschoon als anderszins, zoowel met aangrenzende gemeenten als, nog ruimer, met de geheele omgeving, waarin het plan binnen korteren of langeren tijd tot uitvoering zou moeten komen'.[9] Juist in de streek rondom Amsterdam was dat, gezien de onstuimige en nauwelijks te controleren ontwikkelingen, een welkome aanvulling op het bestaande apparaat. Twee leden van de Stedenbouwkundige Raad van het NIVS, namelijk Hudig en Granpré Molière, kregen ook een plek binnen de Vaste Commissie. Verder waren A.W. Bos en H.M. Dudok, de eerste als directeur Publieke Werken Amsterdam en de laatste als directeur Stadsontwikkeling van Hilversum, belangrijke participanten in de Vaste Commissie. De Vaste Commissie bood het NIVS dé mogelijkheid om de ideeën zoals die in de Stedenbouwkundige Raad ter tafel kwamen in de praktijk te brengen. Hoewel de wettelijke bevoegdheden van de Vaste Commissie niet verder reikten dan het adviseren van gemeenten over hun uitbreidingsplannen, werkte ze achter de schermen op een veel hoger schaalniveau. Zo toetste ze al haar – soms ook ongevraagde – adviezen aan globale streekplannen die ze voor eigen gebruik opstelde. Voor de zich snel ontwikkelende streken zoals het Gooi, de duinstreek en de Zaanstreek lagen deze streekplannen klaar. Hoewel gemeenten zich hier uiteraard niet aan hoefden te houden zorgde de betrokkenheid van Bos en Dudok er in ieder geval voor dat de plannen voor het Gooi en de Zaanstreek grotendeels als leidraad fungeerden voor de uitbreiding van Amsterdam en Hilversum. Dat betekende dan ook dat toen de gemeente Amsterdam hier halverwege de jaren twintig op basis van het Schemaplan Groot Amsterdam mee aan de slag wilde, de Stedenbouwkundige Raad en de Vaste Commissie hierin een kans zagen om hun ideeën over gewestelijke planning in de praktijk te brengen. In 1925 hadden leden van het NIVS al kritiek geuit op de beperkte samenhang tussen stad en land in het Plan Zuid van Berlage. Later vroeg het NIVS de Rotterdamse stadsarchitect W.G. Witteveen om een alternatief plan te tekenen voor Amsterdam-West, overigens onder betaling van de Groep Groot Amsterdam, die intern zo verdeeld was dat ze ook wel een plan van buitenaf kon gebruiken. Verdeeldheid was ontstaan tussen Bos, die geloofde in concentrische stadsuitbreiding en Keppler die samen met andere deskundigen uit kringen rond de Stedenbouwkundige Raad van het NIVS op zoek was naar een nieuwe vorm om het moderne stadsleven te ordenen. Deze onenigheid liep zo hoog op, dat de behoefte aan een nieuw plan onomstotelijk vast was komen te staan. Het Schemaplan was daarmee van tafel, nog voordat de gemeenteraad het gezien had.

Uiteindelijk wisten Hudig en andere leden van de Stedenbouwkundige Raad via goed contact met

of Public Works in Amsterdam and the second as Director of Urban Development in Hilversum.

The Permanent Committee gave the NIVS the chance to put the ideas proposed by the Urban Planning Council into action. Although the committee's legal mandate extended no further than advising municipalities on their extension plans, it was at work behind the scenes on a much larger scale. Often, it did not wait to be asked before giving advice, and it based its recommendations on general regional plans that it drew up for its own use. It had plans of this type ready and waiting to be carried out, for regions such as the Gooi, the North Holland dunes, and the Zaanstreek. Although municipalities were under no obligation to take the committee's advice, Bos and Dudok wielded enough influence that the plans for the Gooi and the Zaanstreek were taken as a general framework for the expansion of Amsterdam and Hilversum. And when the municipality of Amsterdam decided, in the mid-1920s, that it was ready to start its next round of expansion on the basis of the Greater Amsterdam Schematic Plan (*Schemaplan Groot Amsterdam*), the Urban Planning Council and Permanent Committee saw a golden opportunity to put their ideas about regional planning to the test. Earlier, in 1925, members of the NIVS had criticized the lack of cohesion between the city and countryside in Berlage's Plan Zuid. The NIVS later asked the Rotterdam city architect W.G. Witteveen to draft an alternative plan for Amsterdam West, paid for by the Greater Amsterdam Group (*Groep Groot Amsterdam*), which suffered from such serious internal divisions that was sorely in need of an outside perspective. Bos, who believed in concentric urban expansion, had come into conflict with Keppler, one of a group of experts associated with the Urban Planning Council who were in search of a new mode of organization for modern urban life. This conflict grew so heated that no one could deny the need for a new plan, and the Schematic Plan was abandoned even before the city council had seen it.

Thanks to their good relationship with W.A. de Graaf, Amsterdam's new director of public works, Hudig and his allies on the Urban Planning Council saw many of their ideas adopted. Soon afterwards, Amsterdam's Public Works Department was reorganized, with a separate Urban Development Section (*Afdeling Stadsontwikkeling*) reflecting the growing importance of the field. To work in this section, De Graaf hired the researcher T.K. van Lohuizen and, somewhat later, the modern designer Cornelis van Eesteren. Hudig recommended both appointments and was instrumental in convincing Van Eesteren to take the job. Van Lohuizen and Van Eesteren proved to be a formidable duo, and together they introduced Geddes' survey-before-plan methodology in Amsterdam. Van Lohuizen had learned about this methodology while working for the Urban Development Department in The Hague and the Municipal Housing Department (*Gemeentelijke Woningdienst*) in Rotterdam, who had commissioned him to survey the west of the province of South Holland. He had produced a voluminous report – 'of a length perhaps equalled only by the one compiled for New York'[10] – with maps indicating the degrees of concentration and decentralization of urban centres and villages in the area between Rotterdam, The Hague, and Utrecht. This report led the provincial executive of South Holland to establish an Advisory Committee for Extension Plans, on the model of the Permanent Committee in North Holland. The new committee was literally instructed to 'develop a sketch of a regional plan' so that municipal extension plans could be reviewed for consistency with a more general framework. It commissioned the architectural firm of Granpré Moliere, Verhagen, and Kok to work out the details of this regional plan on the basis of Van Lohuizen's survey. This project was the source of Van Lohuizen's experience with the regional level, rigorous research, and the final step from survey to plan. Van Eesteren, who did not have as much experience of this kind, realized that Van Lohuizen could make a

de nieuwe directeur Publieke Werken, W.A. de Graaf, alsnog een groot deel van hun ideeën door te drukken. Zo volgde al snel een reorganisatie van de Dienst met een meer nadrukkelijke rol voor de stadsontwikkeling in de vorm van een aparte afdeling. De Graaf trok hier de onderzoeker Th.K. van Lohuizen en later ook de moderne ontwerper Cornelis van Eesteren voor aan, op advies en – in het geval van Van Eesteren – door bemiddeling van Hudig. Dit duo bleek een gouden greep te zijn. Samen introduceerden Van Lohuizen en Van Eesteren de reeds door Geddes op de kaart gezette 'survey before plan'-methodiek. Van Lohuizen was hier door zijn werk voor de Dienst Stadsontwikkeling in Den Haag en de Gemeentelijke Woningdienst in Rotterdam al bekend mee. Deze gaven hem aan het begin van de jaren twintig de opdracht om onderzoek te doen naar het gebied Zuid-Holland West. Het resulteerde in een uitgebreide studie – 'van een omvang, als wellicht alleen door dat ten behoeve van New York geëvenaard'[10] – met kaartmateriaal naar de concentratie en decentralisatie van de stedelijke kernen en dorpen in het gebied tussen Rotterdam, Den Haag (Holland) en Utrecht. Deze studie vormde voor Gedeputeerde Staten van Zuid-Holland in 1929 de aanleiding om naar het voorbeeld van de Vaste Commissie ook een Adviescommissie voor uitbreidingsplannen op te richten, die zelfs letterlijk de opdracht kreeg 'een schets van een streekplan te ontwerpen' om zo de afzonderlijke uitbreidingsplannen van de gemeenten aan een groter plan te kunnen toetsen. Deze commissie vroeg het bureau van Granpré Molière, Verhagen en Kok om dit streekplan op basis van het materiaal van Van Lohuizen verder uit te werken. Van Lohuizen had zodoende voldoende ervaring met de gewestelijke schaal, het wetenschappelijke onderzoek hiernaar en de uiteindelijke verwerking tot een plan. Van Eesteren had deze ervaring niet zo sterk, maar wist de bijdrage die Van Lohuizen kon leveren aan zijn visie op moderne stedenbouw als een manier om goed onderzochte functies logisch te ordenen op waarde te schatten. Al snel ontstond dan ook een intensieve samenwerking tussen onderzoek en ontwerp, waarbij de fasen van 'survey' en 'plan' dwars door elkaar heen liepen.

Beiden lieten zich inspireren door internationale ontwikkelingen op dit gebied. Die waren er, vooral na het congres in 1924, voldoende. De 'survey before plan'-methodiek vond onder verschillende onderzoekers en stedenbouwkundigen navolging. De laatsten kwamen onder aanvoering van Le Corbusier vanaf 1928 om de zoveel jaar samen tijdens de Congrès Internationaux d'Architecture Moderne (CIAM). Het eerste congres vond in 1928 in La Sarraz in Zwitserland plaats en de deelnemers – waaronder uiteraard ook Van Eesteren – ondertekenden hier de Verklaring van La Sarraz die de koerswijziging van de civieltechnische stedenbouw naar de moderne stedenbouw als volgt onder woorden bracht: 'Stedenbouw is de organisatie van het collectieve leven in de stad en op het land. Stedenbouw kan nimmer op grond van voorafgaande esthetische overwegingen worden bepaald. De essentie is ordening van de functies'.[11] Volgens CIAM ging het dan om de functies wonen, werken, verkeer en recreatie. Alvorens deze functies in een plan te kunnen ordenen, was onderzoek volgens CIAM cruciaal. Van Lohuizen was voor Van Eesteren dan ook van onschatbaar belang. Gezamenlijk kozen ze methoden om de toekomstige bevolkingssamenstelling, de benodigde voorzieningen, de werkgelegenheid, de groenbehoefte en andere cruciale gegevens voor de planvorming in kaart te brengen. Ze gingen zo voortvarend te werk, dat in 1933, terwijl menig CIAM-lid zich net in de betekenis van 'survey before plan' op de gewestelijke schaal begon te verdiepen, Van Lohuizen en Van Eesteren tijdens de vierde CIAM-bijeenkomst al hun wetenschappelijk onderbouwde, voorlopige Algemeen Uitbreidingsplan van Amsterdam (AUP) konden tonen. Dit was daarmee niet alleen een van

valuable contribution to his vision of modern urban planning as a way of bringing logic and order to well-researched functions. The two men had soon established an intense collaboration between research and design, in which the survey and plan stages were thoroughly intertwined.

Both drew inspiration from international developments in the field, which was seething with activity, especially after the 1924 conference. Many researchers and urban planners were adopting the survey-before-plan methodology. Starting in 1928, this intellectual community met once every few years for the Congrès Internationaux d'Architecture Moderne (CIAM), headed by Le Corbusier. Their first meeting, known as CIAM I, took place in La Sarraz, Switzerland, and the participants – who of course included Van Eesteren – signed the Declaration of La Sarraz, which described the shift from urban planning based on civil engineering to modern urban planning: 'Town planning is the organization of the functions of collective life; it extends over both the urban agglomerations and the countryside . . . Urbanization cannot be conditioned by the claims of a pre-existent aestheticism: its essence is of a functional order.'[11] According to CIAM, these functions were living, working, traffic, and recreation, and it was essential to study them properly before addressing them in a plan. Accordingly, for Van Eesteren, Van Lohuizen was a priceless resource. Together the two men found ways of obtaining all sorts of information that was critical to planners, such as the future population of a region, the utilities and public services needed, the employment situation, and the demand for green spaces. They threw themselves into their work with such energy that by CIAM IV in 1933, when many CIAM members were still grappling with the meaning of 'survey before plan' at the regional level, Van Lohuizen and Van Eesteren presented a carefully researched provisional version of their General Extension Plan (*Algemeen Uitbreidingsplan*; AUP) for Amsterdam. Not only was it one of the first plans to emphasize the regional approach, but more importantly, it was one of the first to be based on rigorous research, which had been carried out at the regional level. Even before the 1933 conference, the members of CIAM had recognized Van Eesteren's exceptional qualities, making him their president in 1930.

The AUP was internationally acclaimed and conclusively shifted the focus away from civil-engineering approaches to urban planning, such as Berlage's, and towards a planning approach with the depth and rigour of a science. In 1929, the Dutch planner J.M. de Casseres coined the term 'planology' (*planologie*) for this approach. Unlike aesthetic or civil-engineering plans, new-style urban plans gave a precise description of each residential district, work setting, traffic network, and recreation area, but above all, they showed how these disparate elements could fit together coherently. At the same time, such plans generally betrayed a predilection for row houses and high-rise buildings. The separation of urban planning (or 'planology'), with its organizational role, from the level of architecture and the cityscape led to the emergence of a new type of planner. Before the 1920s, urban designers had often produced comprehensive plans that specified the masses and volumes of the buildings (as far as possible) and sometimes even included designs for monuments. Because of the role that Van Eesteren assumed in Amsterdam – and which he was able to assume thanks to Amsterdam's large land holdings, the confidence placed in him by the public works department, and his successful partnership with Van Lohuizen – the urban planner became someone whose primary task was to develop a general plan for an urban region, on the basis of a thorough survey. For a long time, many urban planners associated with the NIVS had aspired to play such a role. Under Hudig's leadership, they had tried to persuade various municipalities that regional planning based on careful research was the solution to their problems. Now, Van Eesteren

de eerste plannen waarin de gewestelijke schaal zo'n nadrukkelijke rol speelde, maar vooral een van de eerste plannen van een wetenschappelijk onderbouwde planning en dat op de schaal van het gewest. Niet voor niets koos CIAM Van Eesteren al in 1930 tot voorzitter.

De internationale viering van dit plan betekende een definitieve focusverschuiving van de civieltechnische stedenbouw van Berlage in de richting van wetenschappelijke planning. De stedenbouwkundige J.M. de Casseres introduceerde in 1929 hier het woord planologie voor. In tegenstelling tot het esthetische of civieltechnische plan deed het plan nieuwe stijl geen uitspraak over de exacte invulling van de verschillende woonwijken, werklocaties, verkeer- en vrijetijdslandschappen, maar ordende het vooral de onderlinge samenhang hiervan. Ondertussen klonk overigens meestal wel een voorliefde voor strokenbouw en hoogbouw door. Met de loskoppeling van de ordenende stedenbouw of zelfs planologie en de hierbij behorende architectuur of het stadsbeeld, ontstond een nieuw type ontwerper. Tot aan de jaren twintig ontwierp de stedenbouwkundige vaak een totaalwerk, waarin massa's en volumes zoveel mogelijk waren aangegeven, soms zelfs tot monumenten aan toe. Door de rol die Van Eesteren in Amsterdam innam – en die hij door de uitzonderlijke grondpositie van Amsterdam, het vertrouwen dat de Dienst hem schonk en de succesvolle samenwerking met Van Lohuizen ook kon innemen – was de stedenbouwkundige nu vooral iemand die op basis van gedegen onderzoek een overzichtsplan voor het stadsgewest ontvouwde. Het was een rol die veel van de bij het NIVS aangesloten stedenbouwkundigen al lange tijd ambieerden. Waar zij onder aanvoering van Hudig nog verschillende gemeentebesturen probeerden te overtuigen van het oplossend vermogen van wetenschappelijk onderbouwde planning op de gewestelijke schaal, kon Van Eesteren dit nu in de praktijk brengen. Menig bestuurder, die al wel aanvoelde dat de opgaven vooral op deze schaal speelden, raakte door het diepgravende onderzoek en de manier waarop Van Eesteren dit in zijn plan verwerkte, overtuigd.

De onderzoekende en overzichthoudende ontwerper paste perfect binnen de gemeentelijke structuur en Van Eesteren floreerde dan ook binnen de muren van de Afdeling Stadsontwikkeling. Hij wreef zich in zijn handen met een steeds groter wordende staf om al het planologisch onderzoek mee te kunnen doen. Overtuigd door het belang van onderzoek en ontwerp om aan de vele grootschalige opgaven het hoofd te kunnen bieden had De Graaf als directeur van de Dienst Publieke Werken een flinke staf rondom de stadsontwikkeling opgebouwd. En dat was niet alleen in Amsterdam zo: waar de jaren tien al voor een eerste uitbreidingsgolf van de Diensten had gezorgd en in Den Haag zelfs een aparte Dienst voor de Stadsontwikkeling naast de Dienst Publieke Werken was ingesteld, brachten de jaren twintig dit proces weer een stuk verder. Zo vonden in Rotterdam in 1931 uitgebreide gemeenteraadsdiscussies plaats over de vraag of een aparte Dienst Stadsontwikkeling wenselijk was. Waar Publieke Werken diende te adviseren over technische zaken, zou Stadsontwikkeling de wetenschappelijke en esthetische aspecten moeten behartigen. Een kleine meerderheid stemde uiteindelijk voor. Zo landde de nieuwe manier van planning, op de kaart gezet door de onvermoeibare Hudig en de bij hem aangesloten onderzoekers, ontwerpers en bestuurders, uiteindelijk ook in de gemeentelijke en provinciale bureaucratie.

was putting this philosophy into action. Many policymakers had already sensed that this was the level on which the challenges of urban development had to be faced, and they were won over by the in-depth research involved and the way Van Eesteren incorporated it into his plans.

The image of the urban designer as a researcher and planner fit perfectly into the municipal structure, and Van Eesteren flourished at the Urban Development Section. He was delighted with his growing staff, who could carry out more and more 'planological' research with him. De Graaf, the Director of Public Works, was a firm believer in research and design as a response to the formidable challenges facing the city, and he made certain that the Urban Development Section was well staffed. Around the same time, planning bureaucracies in other Dutch cities were also expanding; after a first wave of growth in the 1910s, during which The Hague had established a separate Urban Development Department alongside its Department of Public Works, the 1920s saw the next stage in the process. By 1931, there was extended debate in the Rotterdam city council about whether a separate Urban Development Department would be a good idea. While the Public Works Department gave advice on technical matters, the Urban Development Department would be expected to focus on research and aesthetic issues. A slight majority of the Rotterdam City Council voted in favour of the new department. And it was through victories of this kind that the new approach to planning, pioneered by the indefatigable Hudig and his circle of researchers, planners, politicians, and officials, gradually found its way into municipal and provincial bureaucracies.

7   D. Hudig, 'Gewestelijke plannen', *De socialistische Gids,* nummer 7, 1926, pp. 577-602, p. 582. Uit: Koos Bosma, *Ruimte voor een nieuwe tijd. Vormgeving van de Nederlandse regio,* Rotterdam 1993, p. 151.

8   Hudig, 1926, p. 592. Uit: Bosma, 1993, p. 153.

9   C. Thomèse, 'De Vaste Commissie voor uitbreidingsplannen in Noord-Holland', *Gemeentebestuur,* nr. 8, 1928, pp. 319-331, p. 323. Uit: Steenhuis, 2007, p. 227.

7   D. Hudig, 'Gewestelijke plannen', *De socialistische Gids,* no. 7, 1926, pp. 577-602, at p. 582, as quoted in Koos Bosma, *Ruimte voor een nieuwe tijd. Vormgeving van de Nederlandse regio,* Rotterdam 1993, p. 151.

8   Hudig, 1926, p. 592, as quoted in Bosma, 1993,

p. 153. Translator's note; The 'All-Life' (*Alleven*) is a pantheistic term associated with the early nineteenth-century Dutch author Johannes Kinker, who was strongly influenced by Kant and Spinoza.

9 C. Thomèse, 'De Vaste Commissie voor uitbreiding splannen in Noord-Holland', *Gemeentebestuur*, no. 8, 1928, pp. 319-331, at p. 323, as quoted in Steenhuis, 2007, p. 227.

10 'Gewestelijke plannen', in: *De Woningwet 1902-1929,* n.p., 1930, p. 136, as quoted in Steenhuis, 2007, p. 188.

11 Van der Cammen & De Klerk, 2008, p. 125. English version from Ulrich Conrads, *Programs and Manifestoes on 20th-century Architecture*, p. 110.

10 'Gewestelijke plannen', in: *De Woningwet 1902-1929,* z.pl., 1930, p. 136. Uit: Steenhuis, 2007, p. 188.

11 Uit: Van der Cammen, De Klerk, 2008, p. 125.

1930-1940: Naar het nationale plan
1930-1940: Towards a National Plan

Het gewestelijk plan of het streekplan, waarvan in de jaren twintig al verschillende informele varianten waren ontstaan, kreeg in 1931 ook een formele status. Dat wil zeggen dat het nog altijd op basis van vrijwillige samenwerking tussen gemeenten tot stand moest komen, maar als het eenmaal was goedgekeurd door Gedeputeerde Staten, het ook een bindende werking had. Deze status maakte dat de provincies in het westen van het land – waar de bovengemeentelijke opgaven en ruimtedruk het grootst waren – de nodige onderzoekers en ontwerpers inzetten om de reeds bestaande informele streekplannen te versterken en nieuwe streekplannen op te stellen. Daarbij zetten ze de belangrijkste gemeenten onder druk om aan het opstellen van de plannen mee te werken. Die gingen daar, gewend als ze waren aan enige inmenging van hogerhand in de vorm van het NIVS, de Vaste Commissie van Uitbreidingsplannen in Noord-Holland en later ook het naar dit voorbeeld opgerichte Instituut voor Stad en Landschap in Zuid-Holland, meestal wel mee akkoord. De meerwaarde van een grootschaliger plan had zich aan hen al bewezen; onder andere de gemeenten Amsterdam en Hilversum maakten dankbaar gebruik van de adviezen van het NIVS en de Vaste Commissie om de opgaven in een groter verband te zien en zo de natuurruimte om de steden voor recreatie te behouden. Ze zagen vooral dit laatste als een grote, bovengemeentelijke zorg in het zich snel ontwikkelende en daardoor snel dichtgroeiende westen. Dat deze zorg voor het oosten van het land nog nauwelijks speelde, bleek wel uit het feit dat de provincies en gemeenten hier het streekplan als compleet onnodig instrument aan de kant schoven en er zelfs kritiek op uitoefenden. In het westen vingen ondertussen verschillende streekplancommissies – bestaande uit gemeente-

The regional or provincial plan, which had emerged in the Netherlands during the 1920s in various informal guises, acquired a formal status in 1931. Such plans were still based on voluntary cooperation between municipalities, but once approved by the provincial executive, they were legally binding. This new status led the western Dutch provinces – where space was in shortest supply and the supra-municipal challenges were most serious – to engage the services of a considerable number of researchers and urban designers to augment their existing informal regional plans and draw up new, official ones. At the same time, these provinces put pressure on the most important municipalities to assist in the development of these plans. Most of the time, the municipalities complied, accustomed as they were to receiving orders from higher authorities: at the national level, the NIVS; and at the provincial level, North Holland's Permanent Committee for Extension Plans, and the body in South Holland modelled after it, the City and Landscape Institute (*Instituut voor Stad en Landschap*). The advantages of planning on a larger scale had already become apparent. Cities such as Amsterdam and Hilversum were happy to receive advice from the NIVS and the Permanent Committee; by giving them a broader perspective on the challenges they faced, this helped them to find ways of preserving the natural areas around the cities for recreational purposes. Setting aside recreation areas was a major concern of municipal authorities in the west, where urban growth was rapidly consuming all the available space. In the east of the country, where this problem rarely arose, provinces and municipalities dismissed or even criticized regional plans as utterly superfluous.

Meanwhile, in the west, a variety of regional planning committees (*streekplancommissies*) were setting to work. These committees were composed of municipal and provincial officials and headed by a researcher or urban designer, in keeping with the much-praised survey-before-plan methodology. Their work took many years to complete. Because these committees did not usually have the authority to review municipal extension plans, municipalities had a free hand to develop whatever sorts of extensions they liked. Some regional plans ran into practical difficulties, either because municipalities wanted complete control over their own development or, in many cases, because the regional plan proved unable to cope with all sorts of unforeseen contingencies. To avoid this problem, many urban planners, including Verhagen, made clever use of the legal concept of an outline plan. The 1931 amendment to the Housing Act had not only introduced the regional plan, but also made a distinction between two kinds of plans: the outline plan (*plan in hoofdzaak*) and the articulated plan (*plan in onderdelen*). The outline plan often grew out of the regional plan, but sketched developments in the distant future, while the articulated plan designated sites where specific building projects would take place soon. In the 1930s, regional plans were still in development in most Dutch provinces, and so had not yet been approved. As an interim measure, Verhagen used the outline plan to designate areas around the city as rural and subject them to special restrictions on building. Thanks to his skilful use of the possibilities presented by legal and policy frameworks, he managed to prevent rampant urban expansion into the surrounding countryside. This was no small feat in the densely populated west of the Netherlands, where housing and industry were competing for space, and people had fewer and fewer places to go for recreation.

Even though in the west of the country regional planning had got off to an energetic start, by 1937 only one regional plan had been approved by both the provincial executive and the national authorities: namely, the plan for Zeeuws-Vlaanderen, in the far southwest. This was because preliminary research was taking longer than expected – for instance, De Casseres was having serious difficulty

lijke en provinciale ambtenaren onder leiding van een onderzoeker en/of ontwerper – geheel in lijn met de inmiddels alom geroemde 'survey before plan'-methodiek aan met het onderzoek naar de behoeften en opgaven op streekniveau. Dit werk nam veelal jaren in beslag. Omdat de streekplan-commissies meestal niet in de positie waren om tussentijds de uitbreidingsplannen van gemeenten te toetsen, hadden deze nog alle ruimte om hun uitbreidingsplannen naar eigen inzicht uit te werken. De praktijk zat het streekplan in wording daardoor nogal eens in de weg, soms omdat bepaalde gemeenten de plannen liever in eigen hand hielden, maar vaak omdat ze allerhande ongewenste ontwikkelingen met de huidige instrumenten niet tegen konden gaan. Daarom maakten verschillende stedenbouwkundigen, waaronder Verhagen, in de tussentijd ook wel gebruik van een slimme uitleg van het plan in hoofdzaak. De woningwetwijziging van 1931 introduceerde behalve het streekplan ook meteen een onderscheid tussen het uitbreidingsplan in hoofdzaak en het plan in onderdelen. Het plan in hoofdzaak gaf de ontwikkelingen voor de verre toekomst – dikwijls voortkomend uit het streekplan – aan en het plan in onderdelen legde voor de gronden die in de nabije toekomst bebouwd gingen worden de bestemmingen vast. Verhagen gebruikte in afwachting van streekplannen die gedurende de jaren dertig in de meeste provincies nog in de maak en dus niet goedgekeurd waren, dikwijls ook wel het plan in hoofdzaak om het landelijk gebied om de stad als zodanig te bestemmen en hier speciale bebouwingsvoorschriften aan te koppelen. Zo wist hij door goede kennis van de beleidsmatige speelruimte ongecontroleerde groei van het buitengebied tegen te gaan. En dat was geen overbodige luxe in de drukbevolkte streken van ons land, waar woningbouw en industrie vochten om de ruimte en waar de recreatiemogelijkheden voor de bevolking steeds verder inkrompen. Ondanks het voortvarende begin met het maken

Woonwijk bij de Batafabriek in Best, deel realisatie gewestelijk plan voor het zuidoostelijk deel van Noord-Brabant, 1940.
Residential area near the Bata shoe factory in Best. Part of the regional plan for the southeastern region of North Brabant,
completed in 1940.

1930-1940

Hoewel veel ontwerpers al in de jaren twintig en dertig de gewestelijke schaal als basis voor hun stedelijke uitbreidingsplannen namen erkende de Woningwet pas in 1931 het streekplan als wettelijke figuur. In de meeste provincies
ontstonden nu – mede onder druk van lokale en provinciale bestuurders – streekplancommissies; in Brabant zelfs
een provinciale Technische Dienst voor streekplannen, met De Casseres aan het hoofd. Zij vingen aan met grondig
en langdurig onderzoek naar de streek. Door de halfslachtige wettelijke regeling, de crisis en de belangenverstrengelingen tussen partijen op de regionale schaal, kwamen veel plannen niet verder dan de onderzoekstafel. Ondertussen
dreigde vooral de natuurruimte het onderspit te delven. Daarom nam de behoefte aan nationale planning toe. Het
waren de Duitse bezetters die de reeds voorbereide stap van het streekplan naar het nationaal plan bestendigden
door de uitbouw van de bureaucratie in de vorm van de RNP. Veel ontwerpers en bestuurders vonden de RNP te
controlerend, maar zagen het desondanks wel als een belangrijke stap om hun ideaal van een wetenschappelijk
onderbouwde en naar lagere schaalniveaus uitgebouwde nationale planning te realiseren.

Although many urban designers in the 1920s and 1930s conceived of their urban extension plans in regional terms, it
was not until 1931 that the Housing Act gave regional plans statutory status. Regional planning committees sprang up
in most provinces (partly in response to pressure from local and provincial policymakers). North Brabant even set up
a regional planning department headed by J.M. de Casseres, which commenced by carrying out thorough, long-term
surveys of the region. But inadequate legislation, the economic crisis and a conflict of interests at regional level meant
that many plans got no further than the drawing table. As a result, areas of natural beauty came under threat, increasing
the need for national planning. It was the German occupiers who took the step from regional to national planning by expanding the central bureaucracy to include a State Office for the National Plan. Many urban planners and policymakers
disliked the Office's authoritarian tendencies, but nevertheless saw it as an important step towards their long-cherished
ideal of a national planning system rooted in rigorous surveys and branching out into smaller-scale projects.

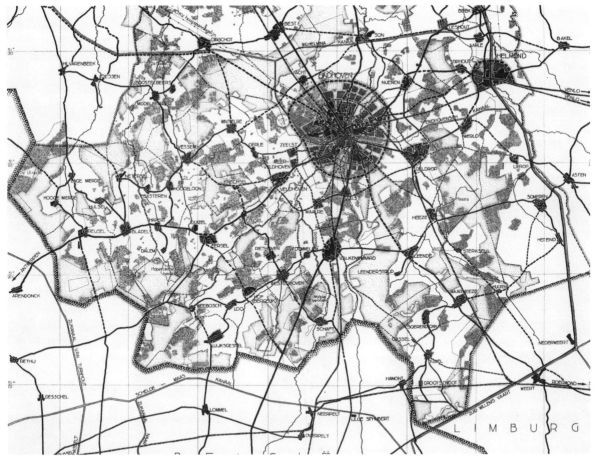

Gewestelijk plan voor het zuidoostelijk deel van Noord-Brabant, circa 1931.
Regional plan for the southeastern region of North Brabant, circa 1931.

De Casseres in zijn werkkamer.
De Casseres in his office.

van streekplannen in het westen van het land, was uiteindelijk in 1937 nog slechts één streekplan zowel door Gedeputeerde Staten als het Rijk goedgekeurd: dat van Zeeuws-Vlaanderen. Dit had te maken met het feit dat het onderzoekswerk meer tijd kostte dan verwacht – zo had De Casseres de grootste moeite om het survey voor de hele provincie uit te voeren en hielp een excursie naar het AUP met toelichting van Van Lohuizen hem om in te doen zien dat 'survey before plan' beter als 'survey with plan' uitgelegd kon worden – en met het feit dat de crisis die naar aanleiding van de beurskrach in 1929 in de Verenigde Staten ontstond en in de jaren dertig ook ons land bereikte andere prioriteiten met zich meebracht. De enorme door de crisis veroorzaakte werkloosheid vroeg om de snelle aanwijzing van een aantal concrete uitvoeringsprojecten. Zo kwam het Amsterdamse Bosplan, een van de belangrijkste onderdelen van het AUP, tot stand. Ook de drooglegging en inrichting van de Wieringermeerpolder en de IJsselmeerpolders was een van de werkverschaffingsprojecten. Sommige projecten waren bij deze stroomversnelling gebaat. Andere projecten kwamen echter zonder een goede ruimtelijke doordenking tot stand. Het NIVS liet dan ook geen kans onbenut om zijn visie op de inrichting van de polders ten gehore te brengen. De kritiek van het NIVS spitste zich vooral toe op de voorrangsrol die de landbouw kreeg: zo maakte in de periode 1924-1939 maar liefst 10.000 hectare natuur plaats voor landbouw. Het NIVS wilde dat de rijksoverheid en de Dienst voor de Werkverschaffing de landbouwbelangen beter af gingen wegen tegen de belangen van het natuurschoon en de recreatie. De natuurbeschermingsbeweging was het daarin uiteraard met het instituut eens. Het duurde echter nog tot het eind van de jaren dertig voordat hun roep enige weerklank kreeg.

Ook voor de praktijk van de gemeentelijke uitbreidingsplannen betekende de crisis een flinke domper. Terwijl het aandeel van overheidsuitgaven

carrying out a survey of the entire province of North Holland. A helpful excursion to the AUP area was organized, with commentary by Van Lohuizen, during which De Casseres came to understand that in the phrase 'survey before plan', the 'before' should not be taken too literally. Another major setback was the global economic depression following the 1929 stock market crash in the United States. This crisis reached the Netherlands in the 1930s, bringing a new set of political priorities. To deal with the staggering level of unemployment, Dutch authorities quickly started work on a number of well-defined construction projects, such as Amsterdam's main city park, the Amsterdamse Bos, one of the main elements of the AUP. Another example of unemployment relief work was a massive project involving the creation of several new polders (tracts of reclaimed land): the IJsselmeerpolders and the Wieringermeerpolder.[12] Some projects benefited from this rush to build, but others were carried out without sufficient attention to planning issues. The NIVS seized any and every opportunity to put forward its point of view on the design of the new polders. Above all, it criticized the high priority assigned to agriculture; between 1924 and 1939 no less than 10,000 hectares (about 25,000 acres) of natural areas were brought into agricultural use. The NIVS wanted the national authorities and the Unemployment Relief Agency (*Dienst voor de Werkverschaffing*) to take fuller account of other, competing interests, especially natural beauty and recreation. Unsurprisingly, the nature conservation movement wholeheartedly agreed. Yet it was not until the end of the 1930s that public authorities began to take this perspective seriously.

The crisis also seriously impeded the execution of municipal extension plans. While public expenditure rose from 4% to 22.4% of national income between 1930 and 1938, the role of government in housing temporarily grew smaller. As a result, large parts of extension plans that had already been approved had to be adapted to the straitened circumstances. For instance, Bos en Lommer, one of the first districts based on the modernist AUP, ended up being much more densely built-up and cramped than had been envisaged. In most new districts, private investors took over where the public sector left off. The result was generally closed perimeter blocks of middle-class housing; these 1930s dwellings are still popular in Amsterdam today. Working-class housing was built less frequently in this period. These closed perimeter blocks were anathema to urban designers with a modernist outlook. Ben Merkelbach was swift to decry the 'cheerless mediocrity' of the new buildings being constructed within the framework of the modernist AUP, and he demanded that the municipality step in to ensure 'a culturally and architecturally sound residential district and urban extension'.[13] Merkelbach's vision of a sound district is described in an advisory report that he co-authored with W. van Tijen, *De organische woonwijk in open bebouwing* ('The Organic Residential District with Low-Density Construction'). This report was soon embraced as a model by modernist urban designers – who formed two groups in the Netherlands, de 8 ('the 8') in Amsterdam and Opbouw ('Advancement' or 'Construction') in Amsterdam. Merkelbach and Van Tijen recommended an organic structure for residential districts, with logical placement of the dwellings in the district and the district in the city, as well as careful orientation of the dwellings with respect to their surroundings and to the sun, and they frowned on residential building along traffic arteries. Although their report did not say so explicitly, the two modernist architects advocated open building blocks. Open blocks were easy and economical to build, because they could be mass-produced and made out of concrete – bricks were expensive during the depression. Later, the modernists had the opportunity to put these proposals to the test in the Landlust district of Amsterdam, as well as in a section of Bos en Lommer that was completed later. Although most dwellings were still executed in the 'traditional' style, municipal departments and housing associations in the major cities gave modernist planners more and more freedom.

in het totale nationale inkomen tussen 1930 en 1938 van 4 tot 22,4 procent steeg, nam de rol van de overheid in de woningproductie tijdelijk af. Dat betekende dat grote delen van eerder vastgestelde uitbreidingsplannen op een andere manier tot stand kwamen dan bedoeld. Zo kreeg de wijk Bos en Lommer, een van de eerste wijken die invulling gaf aan het moderne AUP, een veel krappere en dichtere bebouwing dan de bedoeling was. In de meeste nieuwbouwwijken namen particuliere investeerders het over. Dit resulteerde meestal in de bouw van middenklassenwoningen in gesloten bouwblokken, de nu nog altijd populaire jarendertighuizen. Arbeiderswoningen verrezen in deze periode minder. De bouwblokken vormden een doorn in het oog van de moderne ontwerpers. Ben Merkelbach klaagde dan ook al snel over de 'troosteloze middelmatigheid' waar het moderne AUP mee werd ingevuld en eiste dat het stadsbestuur een duidelijke rol zou spelen om 'een cultureel en architectonisch verantwoorde woonwijk en stadsuitbreiding' te bewerkstelligen.[12] Hoe hij zo'n verantwoorde woonwijk voor zich zag beschreef hij samen met W. van Tijen in het advies 'De organische woonwijk in open bebouwing'. Dit advies ging onder moderne ontwerpers - in Nederland verenigd in 'de 8' in Amsterdam en 'Opbouw' in Rotterdam - al gauw als voorbeeldig model gelden. Het beval een organische wijkopbouw aan, dat wil zeggen op een logische plek van de woningen in de wijk en de wijk in de stad, een goed doordachte oriëntatie van de woningen op de omgeving en zon en het wees woningbouw langs verkeersstraten af. Hoewel het niet met zoveel woorden in het advies geschreven stond waren de moderne architecten voorstander van open bouwblokken die via seriematige productie tot stand konden komen en meestal van betonelementen waren en daardoor eenvoudig en goedkoop te bouwen waren; baksteen was duur in de crisisjaren. De modernen kregen later in Amsterdam de kans om de wijk Landlust in te vullen

en daarna het latere deel van Bos en Lommer alsnog volgens hun ideeën op te bouwen. Hoewel het
percentage 'traditionele' woningen nog altijd groter
bleef, gaven de Diensten van de grote steden en
de hier gevestigde woningbouwverenigingen de
moderne ontwerpers steeds meer ruimte.
Terwijl op het niveau van het stadsontwerp de
discussie tussen de moderne en traditionele
ontwerpers als Granpré Molière, Verhagen en J.F.
Berghoef tot een ware stammenstrijd uitgroeide,
vonden ze elkaar wel in hun behoefte aan planning
op de grotere schaal. Hun ideeën over de uitwerking konden wel botsen – bekend is de weerstand
die De Casseres met zijn 'mechanistisch-materia-
listische levensbeschouwing die niet overeenkomt
met de katholieke' opriep, vooral onder de gelovige
en meer op kleinschaligheid gerichte leerlingen van
Granpré Molière[13] – maar ze zagen streekplanning
allemaal als noodzaak om ongecontroleerde dichtgroei te voorkomen en dachten veelal gezamenlijk
na over manieren om de streekplannen ook daadwerkelijk doorgevoerd te krijgen. In veel provincies
lukte dat nog niet zo goed. Het streekplanwerk
bleek hopeloos ingewikkeld, niet alleen vanwege de
lange surveys en de voor vertraging zorgende crisis,
maar vooral door de enorme belangenverstrenge-
ling op de regionale schaal. Rijkswaterstaat en
de Provinciale Waterstaten hadden zo hun eigen
ideeën over toekomstige wegtracés, de verschillende overheden werkten elkaar meningmaal tegen
en ook grote ondernemers wisten de nodige ontwikkelingen door te drukken. Illustratief is de situatie
in Brabant, waar de provincie in 1931 op advies van
de Commissaris van de Koningen, A. van Rijckevorsel, één Streekplandienst in het leven had geroepen
met De Casseres aan het hoofd om vanuit hier
alle streekplancommissies te coördineren en over
uitbreidingsplannen te adviseren. In de praktijk was
deze Dienst echter minimaal vijf jaar bezig om een
goede samenwerking met Waterstaat voor elkaar te
krijgen, werd ze gedwarsboomd door de Inspecteur

Though the modernists stood in opposition to traditional urban designers – such as
Granpré Moliere, Verhagen, and J.F. Berghoef
– on issues of urban design, the two camps
agreed that there was a need for large-scale
planning. Of course, when they turned to the
specifics, they often had contrasting views. It
is well-known that De Casseres' 'mechanistic-
materalistic ideology', which was 'incompatible
with Catholicism', tended to alienate traditionalists such as Granpré Moliere's students, many
of whom were religious and tended to take a
small-scale approach.[14] But modernists and
traditionalists alike regarded urban planning
as an essential tool for stemming rampant,
all-consuming urban expansion, and they often
put their heads together to find ways of getting
regional plans implemented. In many provinces,
the road to implementation was a rocky one.
Regional planning was a dismayingly complex
process, and not only because of time-consuming surveys and delays caused by the economic crisis. There was an even greater obstacle:
conflicts of interest at the regional level. The
'Waterstaten' – the national Ministry of Public
Works and Water Management (*Ministerie van
Waterstaat*, later known as *Rijkswaterstaat*) and
its provincial counterparts (the *Provinciale Waterstaten*) – formed a bloc with its own strong
views about future traffic routes; different levels
of government often sabotaged one another's
plans; and major companies sometimes used
their clout to ensure the completion of their
pet projects.[15] A case in point is the province
of North Brabant, which had established a
Regional Planning Department (*Streekplandienst*) in 1931 on the recommendation of the
Queen's Commissioner (*Commissaris van de
Koningin*), A. van Rijckevorsel.[16] De Casseres
was appointed to head this department, which
was charged with coordinating all the regional
planning committees and giving advice on
extension plans. In actuality, however, it took
the department at least five years to establish
a good working relationship with the public
works ministry, owning to continual interfer-
ence by the Inspector of Housing, G. Bolsius,
who did not share De Casseres' vision of an

industrialized Brabant. The electrical giant Philips, which was based in the province, also kept a close eye on the planning process and intervened at times to protect its interests. De Casseres found it impossible to carry out a sound, objective survey and use the results to draw up a plan on which all these parties could agree. Even Van Rijckevoorsel, the very person who had chosen De Casseres as director of the Regional Planning Department, eventually gave up the fight. The department remained in existence, but De Casseres was kindly asked to resign.

Brabant's Regional Planning Department was not alone in struggling with such problems. On the contrary, all the regional planning committees had to deal with opposition from special interests, particularly the agricultural sector (mentioned above) – which exerted its influence through the Ministry of Agriculture and Fisheries (*Departement van Landbouw en Visserij*) and the Unemployment Relief Agency – and the Waterstaten. While the statutory framework for land-use planning was still fairly shaky, and the process was generally dependent on the goodwill of provincial and local authorities, the Waterstaten had an influential lobbyist in The Hague (the seat of the national government): Cornelis Lely, a former minister and the mastermind behind the Zuiderzee Works. Lely saw to it that plans for new roads almost always took precedence over integrated spatial plans, most of which were still in development. In 1924, Hudig responded by establishing a Roads Commission (*Wegencommissie*) within the NIVS to review plans by the Ministry of Public Works and the provincial Public Works Departments. This strategy proved modestly successful in 1927, when the public works departments presented a plan for the Dutch road network (the *Rijkswegenplan*). The Roads Commission was permitted to comment on the plan. But for the time being, it had no authority to do more than comment, and regional planning committees often had to give up their plans for nature conservation and recreation because roads and agriculture were given priority. These developments took

voor de Volkshuisvesting, G. Bolsius, die de visie van De Casseres op een industrieel Brabant niet deelde én hield Philips de planvorming nauwlettend in de gaten om in te grijpen op momenten dat haar belangen in het geding kwamen. Het was voor De Casseres onmogelijk om een goede, objectieve survey te doen en vervolgens alle gegevens te verwerken tot een plan waar deze partijen zich allemaal in konden vinden. Uiteindelijk gaf zelfs Van Rijckevoorsel, degene die De Casseres voor de functie van directeur van de Streekplandienst gevraagd had, het op. De Streekplandienst bleef bestaan, maar De Casseres kreeg het vriendelijke verzoek ontslag te nemen.

Van dit soort belangenverstrengelingen had niet alleen de Brabantse Streekplandienst last. Een flinke bedreiging voor alle streekplancommissies vormde, behalve de hierboven genoemde invloed van de landbouw via het Departement van Landbouw en Visserij en de Dienst voor de Werkverschaffing, ook de invloed van de Waterstaten. Waar de ruimtelijke planning het voorlopig nog met halfslachtige wettelijke bepalingen moest doen en vooral afhankelijk was van de bereidheid van provinciale en gemeentelijke bestuurders, hadden de Waterstaten in de persoon van minister Cornelis Lely een invloedrijke lobbyist in de Haagse politiek. Zodoende kregen wegenplannen in de praktijk vrijwel altijd voorrang op de meestal nog in de maak zijnde integrale ruimtelijke plannen. Niet voor niets richtte Hudig in 1924 dan ook al binnen de muren van het NIVS een Wegencommissie op, om zo de plannen van Rijkswaterstaat en de Provinciale Waterstaten van commentaar te kunnen voorzien. Met enig succes, want toen de Waterstaten in 1927 het Rijkswegenplan presenteerden kreeg de Wegencommissie – overigens na eigen verzoek hiertoe – gelegenheid om commentaar te leveren. Maar daar bleef het voorlopig bij, met als gevolg dat veel streekplancommissies de gronden die zij voor natuur en recreatie aanwezen uiteindelijk moesten opgeven omdat er al een weg was aangelegd of landbouw plaatsvond. De ontwikkelingen in de praktijk gingen zo snel en waren zo weinig integraal dat het NIVS eind jaren dertig pleitte voor het maken van een nationaal plan om de dreigende dichtslibbing van het land te voorkomen. Dit plan diende dan vooral de belangen te dienen die te groots en kwetsbaar waren om in streekplannen te regelen, zoals de aanwijzing van natuur- en recreatiegebieden. De natuurbeschermingsorganisaties en diverse andere organisaties op het gebied van toerisme hadden in 1939 al een lijst met de belangrijkste natuurgebieden opgesteld, op basis waarvan het Departement van Opvoeding, Wetenschap en Kultuurbescherming (OW&K) in 1940 de eerste aankopen regelde.

De noodzaak om deze gebieden via een nationaal plan te bestemmen drong pas later tot de rijksoverheid door. Net als bij de gewestelijke plannen hadden bestuurders eerst meer onderzoek nodig om hen te overtuigen. Dat was dan ook volop in ontwikkeling. Al in 1935 bogen Van Lohuizen en de onderzoeker G.T.J. Delfgaauw zich over een sociaal-ruimtelijk profiel van heel Nederland, met een onderverdeling naar de grote steden, landelijke streken met natuurwaarden, landelijke streken onder invloed van de industrie en landelijke streken buiten de invloed van de grote steden. Enkele jaren later bracht de bouwkundig ingenieur en Delftse promovendus W.B. Kloos de ideeën een stap verder door de publicatie van zijn proefschrift 'Het Nationaal Plan. Proeve eener beschrijving der planologische ontwikkelingsmogelijkheden voor Nederland' (1939). Kloos pleitte voor de instelling van een rijksdienst die de samenhang tussen vier nationale plannen diende te bewaken: het natuurruimteplan, het nationaal verkeersplan, het nationaal bebouwingsplan en het nationaal landbouw- en nijverheidsplan. Gesteund door de internationale ontwikkelingen op dit gebied, zoals de regionale agrarische planning in het kader van de New Deal in Amerika en de centralistische planning in Duitsland

place so rapidly and so chaotically that by the late 1930s the NIVS was calling for a national plan to prevent runaway development from paving over the country. This plan was intended primarily to protect major public interests that were losing out in regional planning, such as the need for nature and recreation areas. Nature conservation groups and organizations in the tourist sector drew up a list of the most significant nature areas in 1939, and in 1940 the Department of Education, Science, and Cultural Protection (*Departement van Opvoeding, Wetenschap en Kultuurbescherming*; OW&K), arranged the first purchases.[17]

The national authorities did not realize until later how essential it was to protect these areas with a national plan. It would take more research data to win over policymakers, just as in the case of provincial plans. But that data was rapidly being generated. In 1935, Van Lohuizen and the researcher G.T.J. Delfgaauw began compiling a socio-spatial profile of the entire country, dividing the territory into major cities, rural areas of natural significance, rural areas affected by industry, and rural areas outside the spheres of influence of the major cities. A few years later, the building engineer W.B. Kloos, a doctoral candidate in Delft, took these ideas one step further in his thesis *Het Nationaal Plan. Proeve eener beschrijving der planologische ontwikkelingsmogelijkheden voor Nederland* ('The National Plan: An attempt to describe the possibilities for development through spatial planning in the Netherlands', 1939). Kloos argued for the establishment of a national government department that would ensure consistency between four national plans: one for nature areas, one for traffic, one for building, and one for agriculture and industry. This study rode the tide of international developments such as regional agricultural planning under the New Deal in America and central planning in Germany and the Soviet Union, and eventually came to the attention the national authorities. They responded by establishing the Frederiks Commission, tasked with considering whether and how to amend the Housing Act. The Commission recommended planning procedures at local, regional, and national level, and suggested several ways of giving urban planning a more prominent place in the Housing Act regime, in part through more detailed land-use plans. But on 10 May 1940, before the Housing Act could be amended, the Germans invaded the Netherlands. A year later, on 15 May 1941, the occupying regime issued a Basic Decree (*Basisbesluit*) establishing a State Office for the National Plan (*Rijksdienst voor het Nationale Plan*; RNP). The Germans also called on the expertise of the Frederiks Commission to draft a new land-use planning act. Through a series of implementing orders, they established Provincial Planning Departments (*Provinciale Planologische Diensten*) and the RNP's Head Office (*Bureau van de Rijksdienst*).

Soon after, on 27 August 1942, came an ordinance (*verordening*) stating that the National Plan was in preparation. Under this ordinance, when provinces were developing regional plans, the relevant municipalities could be compelled to contact them. The provincial authorities – specifically, the Provincial Spatial Planning Agencies, which popped up everywhere in the place of the former regional plan committees and departments, and which were advised by permanent committees (*vaste commissies*) of experts – could then nullify all provisions of municipal law that conflicted with the regional plan. Pending the completion of the regional plans, the RNP was authorized to lodge objections to measures affecting rural areas, a power not subject to any further restrictions or specifications. All it had to do was invoke the National Plan Ordinance. This gave the RNP the ability to preserve areas of natural beauty, without the need to purchase the land in question. Taken as a whole, this system of rules made the RNP appear authoritarian and controlling. Although some urban planners and policymakers expressed their dislike for this system, there were plenty of others – such as Fockema Andreae – who were pleased with the opportunities it gave them to put their long-cherished ideals into practice. Meanwhile, at the national level, the Department of Public

en de Sovjetunie, wisten deze door onderzoek onderbouwde pleidooien de rijksoverheid uiteindelijk te bereiken. Die riep daarop de Commissie Frederiks in het leven, die zich diende te buigen over een mogelijke herziening van de Woningwet. De commissie stelde planning op zowel het plaatselijke, regionale en landelijke niveau voor, en ontwierp verder vooral regelingen om stedenbouw beter in de Woningwet te verankeren door middel van onder meer gedetailleerde bestemmingsplannen. Nog voordat de Woningwet hier op kon worden aangepast vielen de Duitsers ons land binnen en kondigden ze op 15 mei 1941 bij Basisbesluit de instelling van een Rijksdienst voor het Nationale Plan (RNP) af. Tevens benutten ze de expertise van de Commissie Frederiks om een nieuwe ruimtewet te ontwerpen. In uitvoeringsbeschikkingen regelden ze de officiële instelling van de Provinciale Planologische Diensten en de organisatie van het Bureau van de Rijksdienst.

Snel daarop, namelijk op 27 augustus 1942, volgde een verordening dat het Nationale Plan in voorbereiding was. Deze verordening maakte het allereerst mogelijk om gemeenten die lagen in een gebied waarvoor de provincie een streekplan aan het maken was te dwingen om contact op te nemen met die provincie. De provincie – in de vorm van Provinciale Planologische Diensten die nu opeens overal opdoken om de oude streekplancommissies of -diensten te vervangen en die werden geadviseerd door een 'vaste commissie' van deskundigen – zorgde dan dat alle gemeentelijke bepalingen in strijd met het streekplan kwamen te vervallen. In afwachting van de streekplannen kreeg de RNP tevens de bevoegdheid om bezwaar te maken tegen ingrepen in het landelijk gebied, zonder daar verdere eisen of uitwerkingen aan te verbinden. Een beroep op de verordening van het Nationale Plan was voldoende. Zo wist de RNP het behoud van natuurschoon, ook zonder het middel van grondaankoop, te regelen. Het hele stelsel van regels gaf de RNP naar buiten toe een autoritair, beheersend en controlerend gezicht. Hoewel verschillende stedenbouwkundigen en bestuurders er hun afkeer van uitspraken, waren er ook voldoende, waaronder Fockema Andreae, die blij waren met de kansen die ze nu eindelijk kregen om eerder geformuleerde idealen in de praktijk te brengen. De Departementen van Waterstaat en Landbouw en Visserij vreesden ondertussen vooral voor concurrentie.

Intern werkte een team van Nederlandse onderzoekers en stedenbouwkundigen vol enthousiasme aan de vraag hoe het nationale plan – dat overigens van meet af aan door de Duitse bezetter als een geheel van facetplannen en nationale richtlijnen was ingezet – diende te worden ingevuld. F. Bakker Schut, de broer van de Haagse gemeentearchitect en voormalige inspecteur van de volkshuisvesting, was directeur van het Bureau van de Rijksdienst en bovengenoemde Kloos was stafmedewerker. Ze vingen voortvarend met onderzoeken aan. Het onderzoek dat reeds voor het opstellen van de streekplannen was verricht, evenals het aanvullende onderzoek van toponderzoekers als Van Lohuizen en Delfgaauw, vormde samen met de eerste ideeën van Kloos een basis om op voort te borduren. In 1944 presenteerden de gebroeders Bakker Schut hun eerste ideeën in het boek *Planologie*. Het boek sprak van de noodzaak van een vloeiende reeks van plannen van internationaal tot gemeentelijk niveau en bevatte alle verschillende elementen van de ruimtelijke ordening (verkeer, natuurruimte, etc.). Om alle schaalniveaus en elementen te overzien was volgens hen aanvullend onderzoek nodig. Kloos adviseerde per opgave de vorming van een 'brain trust' van onderzoekers van diverse pluimage. Ondertussen doceerde Van Lohuizen op zijn beurt vanuit de Universiteit van Amsterdam de kracht van het wetenschappelijke onderzoek, dat de ontwerper ervoor behoedt 'zijn plan te baseren op voorstellingen, welke in werkelijkheid niet belichaamd zullen worden'.

Works and Water Management (*Departement van Waterstaat*) and the Department of Agriculture and Fisheries (*Departement van Landbouw en Visserij*) were mainly concerned that they would have to compete with the RNP for authority.

Within the RNP, a team of Dutch researchers and urban planners set to work enthusiastically, looking at how to organize the national plan – which right from the start had been viewed by the German occupiers as a integrated set of specialized plans and national guidelines. F. Bakker Schut, the brother of the municipal architect in The Hague and the former Inspector of Housing (*Inspecteur voor de Volkshuisvesting*), was the director of the RNP's Head Office, and the aforementioned W.B. Kloos was a member of his staff. Without delay, they launched research projects that built on the pre-war studies carried out for the regional plans, as well as on the work of leading researchers such as Van Lohuizen and Delfgaauw and, of course, on Kloos' earlier proposals. In 1944, Frits Bakker Schut and his brother Piet, mentioned above, presented their initial ideas in the book *Planologie* ('Spatial Planning'), which emphasized the need for an unbroken series of plans from the international to the municipal level and covered the diverse aspects of spatial planning (traffic, nature conservation, etc.). The authors contended that more research was needed to form a clearer picture of all the levels and issues involved. Kloos recommended that a 'brain trust' of researchers from a range of fields be set up for each major project. At the same time, Van Lohuizen was using his teaching position at the University of Amsterdam to proclaim the power of scientific research, which he argued would keep urban designers from basing their plans 'on assumptions that will not actually materialize'.

As we have seen, the Germans gave a tremendous impetus to a shift towards national planning that had already been set in motion by researchers and urban designers. After years of bureaucratic infighting, the Basic Order transformed regional plans into binding, supra-municipal documents and established national plans as an overarching framework. This was a break with the voluntary nature of earlier regimes, such as the 1931 amendment to the Housing Act, and represented a breakthrough for large-scale planning, which had, until then, had difficulty getting off the ground. In other words, the debates of the 1920s and 30s had generated plenty of innovative ideas, but despite the good intentions of many policymakers, these ideas did not usually stand a ghost of a chance without a binding legal framework. Once the planning act and the Basic Decree had established a solid statutory regime, the RNP could apply its tried and tested survey-before-plan method with renewed vigour. Research was the RNP's strong point, even more so than design. Above all, the RNP believed in working in teams, so that from the very start the designer could work towards synthesis. Many experienced researchers and designers were itching to put their skills to use, and to lead all levels of Dutch government down the road to modern planning. A new approach to planning – grounded in a national plan, fed by rigorous research, and branching out into smaller-scale projects – had taken firm root.

Zo brachten de Duitsers het proces van nationale planning dat al door onderzoekers en ontwerpers in gang was gezet in een stroomversnelling. Het basisbesluit maakte het streekplan na jarenlang rommelen eindelijk tot een dwingend bovengemeentelijk plandocument en wees het nationaal plan aan als een overkoepelend kader hiervoor. De vrijblijvendheid die de Woningwetwijziging uit 1931 nog in zich had was definitief voorbij. Dit betekende een doorbraak voor de grootschalige planning die tot dan toe nog slechts moeizaam van de grond was gekomen. Dat wil zeggen: de jaren twintig en dertig hadden volop vernieuwende ideeën en concepten voortgebracht, maar zonder dwingende wetten maakten deze – ondanks goede bedoelingen van verschillende bestuurders – dikwijls geen schijn van kans. Terwijl de ruimtewet en het Basisbesluit een sterk stelsel van wetten invoerden zette de RNP nog eens de inmiddels veelbeproefde werkwijze van 'survey before plan' op de kaart. Onderzoek was binnen de RNP zelfs sterker vertegenwoordigd dan ontwerp. De RNP bepleitte vooral het werken in teams, zodat de ontwerper vanaf het begin af aan kon werken naar synthese. Verschillende ervaren onderzoekers en ontwerpers zaten klaar om hun verantwoordelijkheid te nemen en de rijksoverheid, maar ook de provinciale en stadsbesturen, de weg naar planning te wijzen. De institutionalisering van een wetenschappelijk onderbouwde en naar lagere schaalniveaus uitgebouwde nationale planning was een feit.

12 Translator's note: The large lake in the middle of the Netherlands known as the IJseelmeer used to be an inland sea, the Zuiderzee, until it was enclosed with an immense dam, the Afsluitdijk, in the 1920s and early 1930s. The land reclamation project mentioned here was part of the same vast project, known as the Zuiderzee Works (*Zuiderzeewerken*).

13 As quoted in Van der Cammen & De Klerk, 2008, p. 144.

14 *Dagblad van Noord-Brabant,* 20 March 1935, as quoted in Bosma, 1993, p. 271.

15 Translator's note: Neither Rijkswaterstaat nor the Provinciale Waterstaten should be confused with the water boards (*waterschappen*) mentioned elsewhere, which cover a smaller area than provinces and form a separate level of government.

16 Translator's note: The Queen's Commissioner is a public official appointed by the national government to serve as chair of the provincial executive, a role analogous to that of the mayor (*burgemeester*) on the municipal level.

17 Translator's note: The Netherlands had been invaded by Germany in May 1940, and the department mentioned here was part of the occupying regime; see the end of this section and the following one.

12 Uit: Van der Cammen, De Klerk, 2008, p. 144.

13 *Dagblad van Noord-Brabant,* 20 maart 1935. Uit: Bosma, 1993, p. 271.

1940-1950: Centrale planningsmachinerie op dreef
1940-1950: Central Planning in Full Swing

Terwijl de RNP zich binnenskamers nog vooral op onderzoek naar nationale opgaven richtte, wierp de oorlog zoveel urgente vraagstukken op dat in de praktijk een nieuwe en sterk centraal geleide planningsmachinerie ontstond. Enkele grote steden, waaronder Middelburg en Rotterdam, waren al aan het begin van de oorlog flink getroffen; later kwamen daar nog veel meer dorpen en steden bij. De bombardementen leidden tot de verwoesting van belangrijke industriële complexen en van complete stadsdelen waardoor vele mensen – alleen in Rotterdam al 80.000 – zonder woning kwamen te zitten. De zwaar getroffen steden zagen zich dan ook voor de taak gesteld om in ieder geval het stadscentrum en de woonwijken zoveel mogelijk weer op te bouwen. Middelburg was een van de eerste steden waarin het gemeentebestuur nog tijdens de bezetting – en het liefst nog voordat de Rotterdamse haven alle wederopbouwgelden naar zich toe zou trekken – kon starten met de wederopbouw. Dit gebeurde met hulp en later ook onder toeziend oog van de rijksoverheid. Generaal Winkelman, die na het vertrek van Wilhelmina en de ministers regeringsgezag had gekregen, riep nog voordat de Duitsers hem dit weer afnamen ingenieur J.A. Ringers uit tot Commissaris voor de Wederopbouw, onderdeel van het Departement van Waterstaat. In twee Wederopbouwbesluiten regelde hij dat Ringers de algehele leiding over de wederopbouw kreeg, waarbij de rest van het overheidsapparaat dienstbaar diende te zijn aan zijn plannen. Ook gaf hij Ringers de bevoegdheid om per decreet gronden te onteigenen door de oorspronkelijke eigenaren een schadevergoeding te bieden. Ringers verplichtte de eigenaren dan wel op een andere locatie te herbouwen. Ringers pakte zijn nieuwe bevoegdheden met voortvarendheid

As the RNP turned inward, focusing most of its energy on research into the challenges facing the nation as a whole, the war created so many pressing issues that in practice a new and highly centralized planning system came into being. Several Dutch cities, including Middelburg and Rotterdam, had been hit hard in the early stages of the war, and many other towns and villages were bombarded later. Major industrial complexes had been destroyed, as well as entire districts of major cities, leaving many people homeless – 80,000 in Rotterdam alone. These deeply scarred towns and cities had to rebuild at least their centres and residential districts, as well as they could. Middelburg was one of the first cities to take up this task. While the occupation was still in progress, its municipal leaders rushed to begin before Rotterdam could claim all the funding for reconstruction. They were supported, and later supervised, by the national authorities. For a brief period after Queen Wilhelmina and the cabinet fled to England and before the Germans seized power, the Dutch general Henri Winkelman had been the acting head of government. During that time, he had managed to appoint the engineer J.A. Ringers as Commissioner for Reconstruction (*Commissaris voor de Wederopbouw*) in the Department of Public Works and Water Management. In two Reconstruction Decrees (*Wederopbouwbesluiten*), Winkelman gave Ringers complete authority over reconstruction and ordered the rest of the national bureaucracy to help him carry out his plans. He also gave Ringers the power to expropriate land by decree. Ringers softened the blow, however, by compensating the owners of expropriated sites if they agreed to rebuild elsewhere.

Ringers threw himself into his new duties. In Middelburg, for instance, he saw to it that bombarded areas of the city centre were rapidly expropriated and cleared. Then he began his search for urban planners. Because his own staff was small and consisted mainly of engineers, he asked the NIVS and its Urban Planning Council to appoint a national Advisory Committee on Urban Planning that could help him produce high-quality reconstruction plans. P. Bakker Schut, M.J.I. de Jonge van Ellemeet, and L.S.P. Scheffer were appointed to this committee. Right at the start, Scheffer suggested that they would probably not have to intervene too often, 'because in most cases, and in the most important ones, there are already expert parties at work'.[18] This was a reference to the municipal departments for urban planning and public works, whose officials were generally competent to handle the situation, especially in the major cities. Middelburg did not have a department of this kind, but nevertheless proved perfectly capable of handling the job on its own. While Ringers was still searching for a qualified planner, the municipal authorities engaged Scheffer and Verhagen in an advisory role. In consultation with Ringers, the municipality then appointed Scheffer and its public health inspector as advisers and Verhagen as its urban planner. These three experts jointly decided that the reconstruction plan for Middelburg should be consistent with the plans for the overall development of the region (Walcheren, part of the province of Zeeland). While the largely medieval town of Middelburg had once been a flourishing commercial centre, by the mid-twentieth century tourism had become the main industry. The design team believed that to make sure the town remained attractive to tourists, they had to do justice to its primary characteristics: its demolished system of concentric rings, its continuous street walls, and the established scale of its streets and buildings.

The result was a plan that restored the structure of the medieval town as far as possible. The design team developed strict specifications for the three-dimensional implementation of the plan, and the intended uses of the buildings were described with

op. Zo zorgde hij ervoor dat in Middelburg binnen de kortste keren de gebombardeerde plekken in de binnenstad waren onteigend en leeggeruimd. Nu kon de zoektocht naar mogelijke ontwerpers beginnen. Omdat Ringers zelf slechts met een kleine staf van voornamelijk ingenieurs werkte, nam hij contact op met het NIVS en de Stedenbouwkundige Raad om een hem ter zijde staande nationale adviescommissie Stedebouw in te stellen en zo de kwaliteit van de wederopbouwplannen te kunnen bewaken. P. Bakker Schut, M.J.I. de Jonge van Ellemeet en L.S.P. Scheffer namen deze taak op zich. Scheffer sprak al bij aanvang de verwachting uit dat ze niet al te vaak in zouden hoeven grijpen, 'omdat in de meeste en juist ook in de belangrijkste gevallen reeds deskundige krachten aan het werk zijn'.[14] Daarmee doelde hij op de vaak goed uitgeruste Diensten die vooral in de grote steden de nodige deskundigheid bezaten. In Middelburg was zo'n Dienst niet aanwezig, maar ook hier bleek de gemeente zich uitstekend zelf te kunnen redden. Want terwijl Ringers nog druk doende was om hier een geschikte ontwerper voor te vinden, bleek het gemeentebestuur Scheffer en Verhagen al als adviseurs te hebben aangetrokken. In overleg met Ringers koos het bestuur voor een constructie waarbij Scheffer en de Inspecteur van de Volksgezondheid als adviseurs optraden en Verhagen als ontwerper. Gezamenlijk besloten ze dat het wederopbouwplan moest passen binnen de ontwikkelingen van Walcheren als geheel. Waar Middelburg ooit een florerende handelsstad was geweest stond nu vooral de toeristische functie van de grotendeels middeleeuwse stad in het Zeeuwse ommeland centraal. Om die functie te handhaven, moest volgens het team een plan ontstaan dat recht deed aan de belangrijkste karakteristieken van de stad: namelijk de verwoeste ringstructuur, de gesloten straatwanden en de bestaande schaal van straat en bebouwing.

Dit resulteerde in een plan dat de middeleeuwse

Dirkslandstraat Pendrecht, 1955.
Dirkslandstraat, Pendrecht, 1955.

1940-1950

De oorlogsschade bood Rotterdam de nodige kansen om de binnenstad grondig te transformeren. Een uitgebreid systeem van bevoegdheden stond Regeringscommissaris Ringers en zijn latere gedelegeerde Van der Leeuw hiervoor ter beschikking. Zo riep Ringers twee nieuwe diensten in het leven, in feite voorposten van het Regeringscommissariaat. Deze functioneerden echter al snel niet meer naar behoren: na diverse kritieken op de traditionele ontwerpopvattingen die stadsarchitect Witteveen er op nahield en conflicten over het vertragende kwaliteitscontrolesysteem dat hij invoerde, bracht Van der Leeuw in 1943 de ontwerpers van de OPRO in positie. Van Traa, opvolger van Witteveen bij de dienst, werkte hier gewillig aan mee. Hoewel het Basisplan dat hier uit voortkwam vooral een pragmatisch plan was, legde Van der Leeuw met zijn ideeën en contacten wel de basis voor de bloeiende wederopbouw van Rotterdam na de bezetting. Van Tijen, een van de leden van de OPRO, lag aan de basis van de wijkgedachte, met Pendrecht als ruimtelijk voorbeeld. De wijkgedachte zou een groot deel van de naoorlogse uitbreidingswijken bepalen. Overigens wierp de centralistisch georganiseerde wederopbouw niet overal zoveel vruchten af als in Rotterdam, waar bestuurders, ondernemers en ontwerpers elkaar versterkten, maar leidde deze op veel plekken juist tot onnodige vertraging.

The widespread destruction caused by the wartime bombing of Rotterdam gave urban planners the opportunity to radically modernize the city centre. To this end, the Commissioner for Reconstruction, J.A. Ringers and his successor C. van der Leeuw were given wide-ranging powers. Ringers started by establishing two new municipal departments, which operated under the authority of his National Government Reconstruction Commission. These soon ceased to function satisfactorily, however. Following criticism of the conservative approach of the city architect W.G. Witteveen and conflicts about the delays caused by his new quality control system, Van der Leeuw set up the Rotterdam Reconstruction Commission in 1943. C. van Traa, who succeeded Witteveen, was happy to follow his lead. Although the resulting Basic Plan was largely pragmatic, Van der Leeuw, with his ideas and contacts, did lay the foundations for the successful reconstruction of Rotterdam after the occupation. W. van Tijen, a member of the Commission, pioneered the notion of the neighbourhood as a basic unit of urban planning, as exemplified by the design of the Pendrecht district. The focus on neighbourhoods was to influence much postwar urban expansion. Elsewhere in the country, centrally organized reconstruction did not produce the same impressive results it did in Rotterdam, where policymakers, business and urban designers worked together particularly well. Indeed, the centralized approach often had the effect of delaying, rather than facilitating progress.

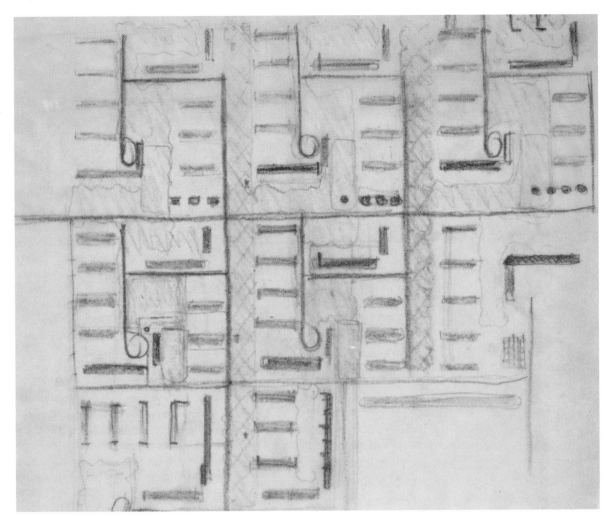

Stedenbouwkundige schets Pendrecht, 1949.
Urban planning sketch of Pendrecht, 1949.

Lotte Stam-Beese.

structuur van de stad zoveel mogelijk herstelde, de driedimensionale uitwerking hiervan sterk reguleerde en zelfs nauwkeurig de bestemmingen van de panden aangaf. Het gemeentebestuur was lovend en ook Ringers ging akkoord. Verhagen ging als directeur van de Stichting Herbouw Middelburg de uitvoering van het plan coördineren. Dit deed hij door architecten te selecteren die zich naar de Middelburgse sfeer wensten te voegen. Daarbij kreeg hij hulp van de provinciale architectenselectiecommissie die Ringers in zeven provincies in het leven had geroepen. Deze commissies stelden lijsten van erkende architecten op. Door middel van deze commissies hoopte Ringers zich enerzijds te verzekeren van de nodige kwaliteit en anderzijds zoveel mogelijk vast te houden aan het specifieke karakter van regio's en provincies. Het selectiesysteem riep al snel de nodige weerstand van de moderne architecten op die in Middelburg niet aan het werk kwamen en het plan sowieso 'een groot decor en een onwerkelijke wereld' vonden. Terwijl het team ter verdediging vooral wees op de toeristische functie van Middelburg, lichtte Ringers toe: 'Iedere getroffene mag zijn eigen architectenkeuze voorleggen aan de architectencommissies. Slechts daar, waar het karakter van het te bouwen stadsdeel bijzondere maatregelen eist, bijvoorbeeld in Middelburg, wordt een strengere selectie en een bewuste beperking van het aantal architecten toegepast'.[15]

Noch Ringers, noch Verhagen kreeg de kritiek weerlegd. Veel ontwerpers vereenzelvigden Verhagen, die toch altijd een vooruitstrevende stedenbouwkundige was geweest, nu met de Delftse School, een architectuurstroming die indertijd als traditionalistisch te boek stond. Toch waren beiden ook betrokken bij de wederopbouw van Rotterdam, die min of meer gelijktijdig met die van Middelburg plaatsvond en die al snel als toonvoorbeeld van moderniteit gold. De situatie was hier dan ook compleet anders: Rotterdam was een havenstad

great precision. The municipal authorities were delighted, and Ringers also approved. Verhagen became the director of the Stichting Herbouw Middelburg ('Middelburg Rebuilding Foundation'), responsible for coordinating the implementation of the plan. His approach was to select architects who were willing to adapt to Middelburg's unique atmosphere, and he was assisted by Zeeland's architect selection committee, one of seven such provincial committees established by Ringers to draw up lists of certified architects. Ringers' hope was that these committees would ensure both the quality of architectural work and its suitability to the distinctive character of the province or region in question. But the certification system soon drew objections from modern architects, who were not hired to work in Middelburg and derided the plan as 'a big set-piece and an unreal world'. The design team defended its plan by pointing out the importance of tourism in Middelburg, and Ringers added, 'Any party affected [by an urban plan] may propose an architect to the selection committee. Only in places where the character of the district to be built requires special measures – in Middelburg, for instance – will stricter selection take place, with a deliberate restriction of the number of architects'.[19]

Neither Ringers nor Verhagen managed to satisfy the critics. Though Verhagen had always been a progressive urban planner, many people identified him with the Delft School (Delftse School), an architectural movement seen as traditionalist. Yet both Ringers and Verhagen were also involved in the reconstruction of Rotterdam, which took place at more or less the same time as that of Middelburg and was soon drawing praise as a shining example of modernism. The situation there was entirely different: Rotterdam was one of the world's great port cities, and even before the war ambitious plans had been developed for the region. The Rotterdam authorities tried to take advantage of the wartime situation to modernize the city centre in many ways. This is why, directly after the bombardment, the municipality instructed city architect W.G. Witteveen to modify Rotterdam's urban plan, on which he had already been working, and to shift the planning process into high gear. Within a month, Witteveen presented his new plan, which reserved space for many major new roads and and all sorts of activities in the centre. While the German advisers decided to withhold judgment, believing that Hitler was bound to reject a plan so manifestly Dutch in character, Ringers swiftly appeared on the scene in his supervisory role. Just as in Middelburg, he immediately expropriated the land needed and began to clear it. But unlike in Middelburg, where municipal leaders had had some say in the planning process, in Rotterdam, Ringers himself established two new municipal departments: the Reconstruction Implementation Department (*Dienst Uitvoering Wederopbouw*; DIWERO) and the Rotterdam Urban Plan Advisory Office (*Adviesbureau Stadsplan Rotterdam*; ASRO), headed by Witteveen. He placed these departments under the direct authority of his own National Government Reconstruction Commission (*Regeringscommissariaat voor de Wederopbouw*), so that he would be informed of any German meddling.

At first, Ringers threw his full support behind Witteveen's hastily completed reconstruction plan. He argued that its implementation should be placed in good hands: 'a new city is practically being built here, so it is necessary to proceed with double caution. As far as architects go, there is a great deal of chaff among the wheat, and the clients are not usually experts.'[20] Just as in Zeeland, Ringers had established an architect selection committee for the province of South Holland (which included Rotterdam). But to Witteveen's mind, certification by this committee was not a sufficient guarantee that his plan would be carried out satisfactorily, and so he decided to appoint a supervisor for each zone defined in the plan. The committee had no objection to this approach, but wished to appoint the supervisors itself, a proposal Witteveen

van wereldformaat, waarvoor in de jaren dertig al ambitieuze streekplannen ontwikkeld waren. Het gemeentebestuur hier probeerde de oorlogssituatie te benutten om vele moderniseringswensen voor de binnenstad door te drukken. Daarom gaf het direct na het bombardement, dus nog voordat de Duitsers zich meldden, de stadsarchitect Witteveen de opdracht om het stadsplan, waar hij toch al mee bezig was, aan te passen en in een stroomversnelling te brengen. Binnen een maand presenteerde Witteveen zijn nieuwe plan. Het bood volop ruimte aan verkeersdoorbraken en aan allerhande activiteiten in de binnenstad. Terwijl de Duitse adviseurs besloten om zich voorlopig afzijdig te houden van het plan – ze dachten dat Hitler het al zo Hollandse plan uiteindelijk toch wel af zou keuren – was Ringers snel ter plaatse om de functie van toezichthouder naar zich toe te trekken. Net als in Middelburg onteigende hij meteen de grond en begon met puinruimen. Maar waar het gemeentebestuur van Middelburg nog enige inbreng in de planvorming had gehad, riep Ringers nu zelf uit het bestaande stedelijk apparaat twee nieuwe diensten in het leven: de Dienst Uitvoering Wederopbouw (DIWERO) en het Adviesbureau Stadsplan Rotterdam (ASRO) met Witteveen aan het hoofd. Hij maakte deze diensten tot directe voorposten van het Regeringscommissariaat voor de Wederopbouw en zorgde er zo voor dat de Duitsers bij eventuele toekomstige bemoeienis niet om hem heen konden.

Aanvankelijk schaarde Ringers zich vrijwel volledig achter het wederopbouwplan dat Witteveen zo snel had uitgewerkt. Hij pleitte er vooral voor om de uitvoering in goede handen te houden, omdat 'hier practisch een nieuwe stad wordt gebouwd, hier moet dus met dubbele zorg worden gehandeld. Bij de architecten zit veel kaf onder het koren en de opdrachtgevers zijn meestal geen deskundigen'.[16] Net als in Zeeland had hij ook voor Zuid-Holland een speciale architectencommissie in het leven geroepen. Witteveen beschouwde de erkenning van de door deze commissie voorgedragen architecten alleen niet als voldoende waarborg voor een goede uitvoering van zijn plannen en verkoos daarom supervisoren aan te wijzen voor de verschillende zones in het plan. De commissie wilde hier wel in mee gaan, maar wenste dan zelf de supervisoren aan te wijzen. Daar kon Witteveen zich weer niet in vinden. Het conflict eindigde in een compromis: Witteveen en de commissie wezen samen de supervisoren aan en brachten een categorisering in zowel het plan als de architecten van de lijst aan. Dit kwaliteitscontrolesysteem zat strak maar ook ingewikkeld in elkaar. Een bouwer met architect diende zich eerst te melden bij de commissie, die vervolgens uitzocht waar deze volgens de categorisering wel en niet mocht werken. Als dit eenmaal duidelijk was kon de architect een plan maken dat hij vervolgens weer aan de supervisor moest voorleggen. Die moest bewaken in hoeverre het plan paste binnen het totaalplan Witteveen. Op basis van welke kwaliteitsregels was hun echter vaak niet duidelijk. Het systeem leidde tot frustratie en bracht de nodige vertraging met zich mee. Met als gevolg dat in 1942, toen door de 'Ostkolonisation' de Duitsers hun aandacht van de Rotterdamse haven verlegden richting het oostfront, en door het onzekere toekomstperspectief de aanvankelijk ingezette 'run' op percelen stokte, de meeste plannen nog op de tekentafels lagen. Nu raakte ook Ringers in conflict met Witteveen. Waar Ringers vanuit zijn geloof dat de oorlog snel voorbij zou zijn graag wilde doorpakken, wilde Witteveen dit alleen als het rijk de investeringen zou verhogen. Uiteindelijk leidden alle conflicten bij elkaar tot ziekte en vervolgens vertrek van Witteveen in 1944.

Opmerkelijk is dat Ringers, die inmiddels vanwege andere activiteiten door de Duitsers gevangengenomen was, de industrieel C. van der Leeuw tot zijn gedelegeerde maakte. Van der Leeuw maakte onderdeel uit van de Kleine Kring van

could not accept. The conflict ended in a compromise: Witteveen and the commission appointed the supervisors jointly, and they divided both the elements of the plan and the certified architects into several categories. This quality control system was rigorous but complex. A building company selected for a project had to propose an architect to the committee, which then looked up the zones where the architect was and was not allowed to work. Once this check was complete, the architect could draw up a plan, which he then had to submit to the zone supervisor. This supervisor's job was to make sure that the architectural plan was compatible with Witteveen's general urban plan, but it was often unclear what standards of quality were supposed to guide supervisors in their work. The system led to frustration and delays. As a result, in 1942 – when the Germans shifted their attention from the port of Rotterdam towards the eastern front as part of their policy of *Ostkolonisation*, and the uncertain prospects for the future brought an end to the initial run on land – most of the plans were still on the drawing board. At this point, Ringers and Witteveen came into conflict; Ringers, who believed the war would soon be over, was eager to push ahead, while Witteveen was unwilling to continue until the national authorities agreed to provide more funds. The stress of this conflict ruined Witteveen's health, and he resigned in 1944.

By that time, Ringers had been imprisoned by the Germans for other activities. In a surprising move, he had appointed the industrialist C. van der Leeuw as his substitute. Van der Leeuw was a member of the Inner Circle (*Kleine Kring*) of the Club Rotterdam, a group of progressive businessmen who regularly spoke out about all sorts of issues affecting the city. The Circle had no formal authority, but its members were highly influential, Ringers maintained good relations with the business community, and when the Circle criticized the Witteveen plan, the news soon reached his ears. The Circle's members felt that the plan was too traditional, too formal, and too fixated on the pre-war situation. They expected the post-war world to be quite different. Despite the economic malaise that Rotterdam was suffering at that time, it seemed clear to the Circle's members that after the war Rotterdam would play a key economic role. They therefore wished to see a plan that emphasized the business sector, as well as cultural values such as community-building. But because it was still unclear to them what precise form such a plan might take, they had no specific proposals to show Witteveen. By appointing Van der Leeuw, one of the driving forces within the Circle, as his replacement, Ringers gave the industrialists a chance to transform their criticisms into a plan of their own. From an early stage, Van der Leeuw made a distinction between the two-dimensional urban plan and its execution in three dimensions. This distinction provided the flexibility needed while negotiations with building companies were still in progress. Furthermore, Van der Leeuw's idea of a modern urban plan was one that was general in nature, drawn up by a team of experts. Witteveen's still inexperienced successor at the ASRO, Cornelis van Traa, was kept informed as Van der Leeuw brought together a number of modern architects – including Van den Broek, Verhagen, and Van Tijen – to form the Rotterdam Reconstruction Commission (OPRO), an independent body charged with proposing modifications to Witteveen's plan.

The urban planners on the OPRO had, in the 1930s, all experimented with new forms of housing in Rotterdam's Bergpolder district and elsewhere. Some of them had contributed to the report *Woonmogelijkheden in het nieuwe Rotterdam* ('Residential possibilities in the new Rotterdam'), published in 1941, which presented an alternative to Witteveen's highly formal plan for Kralingen. This alternative proposal divided up urban space in a new way, mixing together dwellings for different socioeconomic groups. Van der Leeuw saw in this design an echo of the Circle's criticisms of Witteveen and its desire to build community, and with that in mind, he

de Club Rotterdam, een groep vooruitstrevende ondernemers die regelmatig hun stem lieten horen over uiteenlopende zaken in de stad. De Kring had geen formele bevoegdheden, maar was vanwege haar samenstelling zeer invloedrijk. Haar kritiek op het plan Witteveen bereikte Ringers, die zelf goede contacten met het bedrijfsleven onderhield, dan ook al snel. De Kring vond het plan traditioneel, formeel en teveel berusten op de vooroorlogse situatie, terwijl ze in de naoorlogse situatie cruciale veranderingen voorzagen. Voor haar was het, ondanks de economische malaise van dat moment, duidelijk dat Rotterdam na de oorlog een cruciale economische positie ging krijgen. Daarom wenste de Kring een plan met veel ruimte voor het zakelijke aspect en daarnaast aandacht voor culturele waarden zoals gemeenschapsvorming. Maar hoe deze wensen in een plan te vertalen was voor hen nog de vraag. Daarom konden ze ook nooit met concrete alternatieven bij Witteveen aankloppen. Door de benoeming van Van der Leeuw, een van de stuwende krachten binnen de Kring, gaf Ringers de Kring alsnog de kans om de kritiek in een plan om te zetten. Al snel riep Van der Leeuw een scheiding in tussen het tweedimensionale stadsplan en de driedimensionale opbouw. Zo'n scheiding waarborgde flexibiliteit, nodig omdat onderhandelingen met ondernemers nog in volle gang waren. Van der Leeuw zag het moderne plan bovendien als een globaal plan, opgesteld door een team van experts. Daarom riep hij met medeweten van C. van Traa, de nog onervaren opvolger van Witteveen bij de ASRO, de hulp in van verschillende moderne architecten, waaronder Van den Broek, Verhagen en Van Tijen, die zich samenvoegden tot de Commissie Opbouw Rotterdam (OPRO), een commissie die zelfstandig veranderingen in het plan Witteveen ging voorbereiden.

De ontwerpers van de OPRO hadden allen in de jaren dertig al geëxperimenteerd met nieuwe woonvormen in onder andere Bergpolder en een deel van hen had meegewerkt aan de in 1941 verschenen studie *Woonmogelijkheden in het nieuwe Rotterdam*. Deze studie presenteerde een alternatief voor het sterk formele plan van Witteveen voor Kralingen. Hiertegenover stelden de ontwerpers een nieuwe verkaveling met als basis een sociaal-economische menging van woonvormen. Van der Leeuw herkende hierin de kritiek op Witteveen en de zoektocht van de Kring naar gemeenschapsvorming en vroeg hun daarom het wederopbouwplan van Witteveen te vernieuwen. Terwijl op papier het ASRO de maker van het plan bleef plaatste Van der Leeuw feitelijk de ontwerpers van OPRO bovenaan en dankte hij Van Traa later voor zijn medewerking. Het betekende in de praktijk dat de ontwerpers hun ideeën influisterden bij Van Traa, die deze zoveel mogelijk in het plan trachtte te integreren. Omdat deze ideeën varieerden van het schaalniveau van de vormgeving tot een opmerking over de ideologie bleef het plan vooral een globaal en flexibel plan, eigenlijk meer een programma voor de binnenstad. Dat was dan ook de voornaamste kritiek van Van Eesteren, die Van der Leeuw er ook bijhaalde, op het plan. Toch wijzigde deze kritiek het plan niet fundamenteel. Van der Leeuw wilde immers vasthouden aan de flexibiliteit van het plan en het maken ervan door een team. Hoewel de kritieken uiteindelijk wel resulteerden in het besluit het plan Witteveen los te laten en een nieuw Basisplan te maken, bleef het nog altijd een vooral programmatisch en fragmentarisch plan dat geen uitspraken deed over de toekomstige uitbreidingen. Al snel bleek de grootste kracht van het in 1946 door de gemeenteraad vastgestelde plan dan ook vooral de eenvoudige bijstelling ervan te zijn, waardoor het mogelijk was het continu aan te passen aan nieuwe ontwikkelingen. Zo eindigde het plan, dat met de benoeming van Van der Leeuw en zijn raadpleging van een team van experts zoveel beloften voor vernieuwing in zich had, vooral als pragmatisch document.

asked the OPRO group to modernize Witteveen's plan. Although on paper the ASRO was responsible for the plan, in fact Van der Leeuw assigned the OPRO designers the leading role. He later thanked Van Traa for going along with this approach, which meant in practice that the planners discreetly passed on their ideas to Van Traa, who tried to integrate as many of them as possible into the plan. Because these ideas varied in scale – from formal details to observations about the underlying ideology – the plan remained general and flexible in nature, more of a programme for the city centre. That was, in fact, the main criticism from Van Eesteren, whom Van der Leeuw had also invited to participate. This criticism did not bring about fundamental changes, because Van der Leeuw was unwilling to sacrifice the plan's flexibility and its collective nature. Instead, the criticism ultimately led to the decision to abandon the Witteveen plan and develop a new Basic Plan (*Basisplan*). But this new plan was also largely programmatic and fragmentary in character, saying nothing about the nature of future urban extensions. It quickly became clear that the greatest advantage of the Basic Plan, which was adopted by the city council in 1946, was its continual adaptability to changing circumstances. And so the plan that had held out such bright prospects of a new approach when Van der Leeuw first set to work with his team of experts ended up more or less as a set of rough-and-ready guidelines.

This is not to imply, however, that the urban planners involved had no other intellectual contributions to make. Many of them were in favour of plans that left the third dimension unspecified, but they all emphasized the importance of a comprehensive vision of the city. Nothing of the kind emerged with any clarity from the Basic Plan, but two other documents published in 1946 did express such a vision. One was a brochure written by the ASRO to accompany the Basic Plan, *Het nieuwe hart van Rotterdam* ('The new heart of Rotterdam'). The other was a book about the neighbourhood unit concept by Alexander Bos, the director of Rotterdam's Housing Department: *De toekomst der stad: de stad der toekomst* ('The Future of the City: the City of the Future'). The brochure looked at the city primarily as the dwelling place of a community and emphasized how flexible the city had to be in order to meet changing needs and requirements. It also acknowledged that the Basic Plan was nothing more than a basis for further joint development. Bos' book was more outspoken. It represented the conclusions of a search for new modes of housing that had been going on since the publication of Van Tijen's *De organische woonwijk in open bebouwing* and *Woonmogelijkheden in het nieuwe Rotterdam* (see above). Van Tijen had set up an independent study group called the Core Group for Residential Architecture (*Kerngroep voor woningarchitectuur*), consisting of both traditional and modern urban designers, to identify the proper architectural principles for approaching the residential housing challenges of the future. The group's first conclusions were that there was a strong need for community life and social interaction, that high-rise buildings were not suitable for families with children, that it could be a good idea to mix social and ethnic groups and modes of housing, and that housing should, as far as possible, reflect the character of the region. To work with these conclusions, Van Tijen brought together a number of prominent Rotterdam figures with a demonstrated commitment to social issues. This think tank, which included Bos and was called the Bos Commission (*Commissie-Bos*), continued to work out the fundamental social, economic, and planning principles for postwar housing construction.

The Bos Commission believed that the city was too large and impersonal to permit satisfactory individual development. In fact, the Commission's members thought the world was in a crisis 'in which a process of general psychological deracination is gradually coming to expression'.[21] They argued that to combat this deracination, community life

Dat betekende niet dat daarmee ook de ideeën van de betrokken ontwerpers waren uitgespeeld. Veel ontwerpers hadden gepleit voor een plan waarin driedimensionale vormgeving geen rol speelde, maar hadden wel allemaal het belang van een totaalvisie op de stad benadrukt. Die kwam in het Basisplan nauwelijks naar voren. In 1946 verschenen twee documenten die lieten zien dat die visie er wel was: de door ASRO geschreven brochure *Het nieuwe hart van Rotterdam* met daarin het Basisplan en het door A. Bos, directeur van de Rotterdamse Dienst Volkshuisvesting, geschreven *De toekomst der stad: de stad der toekomst* over de wijkgedachte. *Het nieuwe hart van Rotterdam* benadrukte de stad als woonplaats van de gemeenschap en de flexibiliteit die de stad daarom in zich moest hebben om aan de veranderde behoeften en eisen te voldoen. De brochure erkende ondertussen ook dat het Basisplan nog niet meer dan een grondslag was, waar men nu gezamenlijk op voort diende te bouwen. Uitgesprokener was wat dat betreft het tweede document. Dit was het resultaat van de zoektocht naar nieuwe woonvormen, die Van Tijen na de publicatie van *De organische woonwijk in open bebouwing* en *Woonmogelijkheden in het nieuwe Rotterdam* in de door hem opgerichte Kerngroep voor woningarchitectuur, een zelfstandige studiegroep, had voortgezet. De kerngroep, die zowel uit traditionele als moderne ontwerpers bestond, bracht de gewenste bouwkundige beginselen voor de woningbouwopgave van de toekomst in kaart. De eerste conclusies van de kerngroep waren dat de behoefte aan gemeenschapsleven en sociale interactie groot was, dat hoogbouw voor gezinnen niet gewenst was, dat menging van bevolkingsgroepen en woonvormen aantrekkelijk kon zijn en dat de woningbouw verder zoveel mogelijk het karakter van de streek diende weer te geven. Op basis van deze conclusies bracht Van Tijen een denktank van breed maatschappelijk betrokken Rotterdammers bij elkaar, waaronder ook Bos. Deze denktank, de Commissie-Bos genoemd, werkte vanaf 1943 de sociale, economische en stedenbouwkundige uitgangspunten voor de naoorlogse woningbouwopgave verder uit.

De Commissie-Bos was van mening dat de stad te groot en te massaal was om een goede ontplooiing van het individu mogelijk te maken. Sterker nog, volgens de Commissie-Bos verkeerde de wereld in een crisis 'waarin een proces van algemene geestelijke ontworteling steeds sterker tot uitdrukking komt'.[17] Om deze ontworteling verder te voorkomen pleitte de commissie voor een herstel van het gemeenschapsleven, vooral in de grote steden. Een belangrijke sleutel daartoe was volgens de commissie het Amerikaanse concept van de 'neigbourhood unit'. Kern van het concept was de onderverdeling van de steeds groter wordende stad in meerdere 'units' van 15.000 mensen met eigen voorzieningencentra. De 'unit' bood zodoende alles wat haar bewoners nodig hadden en vormde zo een schakel tussen het individuele woonhuis en de grote stad. Het was een stad in het klein, met allerhande leeftijden en levensfasen door elkaar heen en een gemeenschapscentrum als plek van samenkomst. Als voorbeeld van een eerder ontstane organische woonwijk, maar dan zonder deze specifieke stedenbouwkundige opzet, noemde de Commissie-Bos het tuindorp Vreewijk. Ook nam de commissie een door Van Tijen uitgewerkt voorbeeld op van hoe de wijkgedachte invulling kon geven aan de naast Vreewijk gelegen stadsuitbreiding Zuidwijk op de linker Maasoever. De brochure sprak van een nieuw concept, dat Rotterdam als eerste moest uitproberen want 'Rotterdam [kan], wanneer het wil, het grote sociale centrum van Nederland worden'.[18] Deze ambitie paste uitstekend binnen de gemeenschapsvorming die de Kring eerder als een van de belangrijkste naoorlogse veranderingen zag. Omdat het hier om een uitbreidingsplan en geen wederopbouwplan ging, had het Regeringscommissariaat hier echter niets over te zeggen. Het was

had to be restored, especially in the major cities, and they were convinced that one essential tool was the American concept of the neighbourhood unit. Essentially, this involved subdividing the growing city into units of about 15,000 inhabitants, each with its own shops and services. The 'unit' supplied everything its inhabitants needed, forming a transitional level between the individual home and the big city. It was a city in miniature, bringing together all ages and phases of life, with a community centre where they could meet. The Commission gave an example of an organic Dutch neighbourhood that had emerged in the past, even though its planners had not thought of it in those terms; namely, the garden village of Vreewijk. They also presented a detailed example, produced by Van Tijen, of how the neighbourhood unit concept could be used in the planned urban extension area of Zuidwijk, adjacent to Vreewijk on the left bank of the Maas. The brochure spoke of a new idea that Rotterdam should be the first city to test, because 'if it so chooses, Rotterdam can become the great social centre of the Netherlands'.[22] This ambition was a perfect expression of the community spirit that the Inner Circle had predicted would be one of the leading tendencies after the war. Because the plan in question was for urban extension rather than reconstruction, however, the National Government Commission could not pursue the matter further. It was thanks mainly to the enthusiasm of Rotterdam's Housing and Urban Development Departments, which had leapt back into action after the war, that the neighbourhood unit concept came into use in Rotterdam and spread from there all across the Netherlands.

The urban planner Lotte Stam-Beese, who had studied with Van Tijen and was working at Urban Development, applied the neighbourhood unit concept in her plan for the Pendrecht district, with 6,300 dwellings in total. Stam-Beese introduced a small-scale basic unit known as the stamp (*stempel*). Each stamp was a microcosm of the larger community, with a combination of single-family homes, flats for families with no children, and housing for the elderly. The buildings were separated by strips of greenery, most of which were for semi-public use. Stam-Beese hoped (in vain, as it turned out) that the different groups of residents would all make avid use of these outdoor areas, getting to know each other in the process. A number of stamps formed a neighbourhood, with a community centre and schools in the middle and large green spaces on the periphery. Four such neighbourhoods made up the district. A number of architects designed buildings for the stamps that made up Stam-Beese's plan, working under her supervision. The neighbourhood concept introduced a new role for urban planners: determining the general configuration of a district in terms of stamps and neighbourhoods, and allowing architects and landscape architects to fill in the details. This project earned Rotterdam its promised status as a 'social centre'. The diversity of the district's residents made it uniquely representative of an open, democratic society, while its small scale and the attention to detail in its implementation reinforced the close-knit neighbourhood quality. Numerous policymakers and urban planners came to visit this paradigm of the neighbourhood unit concept, which offered them an ideological framework in which to pursue their ambitious postwar housing programme.

As the outlying districts of Rotterdam came into the national and international spotlight, the ASRO (still in charge of Rotterdam's reconstruction) was working hard to redevelop the city centre. That was not easy; in those uncertain economic times, many businesses were unable or unwilling to make major investments, even in the port industry. The ASRO and the Chamber of Commerce decided to set the ball rolling; in 1944, in cooperation with a wholesale business, they made an initial plan for the construction of the Groothandelsgebouw (Wholesale Building), which would house a number of businesses in the wholesale

vooral aan het enthousiasme van de na de bevrijding weer volop actieve Dienst Volkshuisvesting en de Dienst Stadsontwikkeling, met medewerkers als Bos, W.F. Geyl en Lotte Stam-Beese te danken dat de wijkgedachte in Rotterdam ingang vond en zich vervolgens vanuit daar over heel Nederland verspreidde.

De ontwerpster Stam-Beese, afgestudeerd bij Van Tijen en inmiddels werkzaam bij de Dienst Stadsontwikkeling in Rotterdam, introduceerde in Pendrecht de stempel als basiseenheid van de 'unit' van in totaal 6300 woningen. Een stempel weerspiegelde de gemeenschap, want deze bestond uit een combinatie van gezinswoningen, flats voor gezinnen zonder kinderen en seniorenwoningen. Hiertussen bevonden zich groenstroken, het merendeel voor semiopenbaar gebruik. Stam-Beese hoopte tevergeefs dat de verschillende bewonersgroepen zich deze stroken vanzelf zouden toe-eigenen en elkaar hier zouden ontmoeten. Verschillende stempels samen vormden een buurt, met het voorzieningencentrum en de scholen in het midden en brede groenstroken aan de randen. Vier buurten waren een wijk. Diverse architecten vulden de stempels van Stam-Beese met bebouwing in terwijl ze zelf de supervisie hield. De wijkgedachte bracht zo een nieuwe rol voor de stedenbouwkundige met zich mee: deze bepaalde de configuratie van de wijk in buurten of stempels en liet de precieze invulling hiervan aan architecten en landschapsarchitecten over. Het resultaat gaf Rotterdam de reeds voorspelde positie als sociaal centrum: de wijk straalde door de mix van bewonersgroepen het ideaal van een open, democratische samenleving in optima forma uit, terwijl de kleinschaligheid en precieze uitwerking ervan de geborgenheid van de gedachte illustreerden. Diverse bestuurders en ontwerpers kwamen kijken naar deze voorbeeldige uitwerking van de wijkgedachte. Deze bood hun het ideologische kader om het ambitieuze naoorlogse woningbouwprogramma mee op te bouwen.

Terwijl de Rotterdamse wijken nationaal en internationaal in de aandacht kwamen te staan, probeerde de voor het wederopbouwplan nog altijd in positie zijnde ASRO ook de nodige ontwikkelingen in de binnenstad op gang te brengen. Dit ging moeizaam: de economische onzekerheid maakte dat veel ondernemers, zelfs die in de havensector, niet meteen konden en durfden te investeren. Daarom besloten de ASRO en Kamer van Koophandel zelf maar de eerste impulsen te geven. Samen met een grossiersbedrijf werkten ze al in 1944 het eerste plan uit voor de oprichting van een Groothandelsgebouw. Zo'n gebouw had als voordeel dat het meerdere ondernemers kon verenigen en betekende daarom niet alleen kostenbesparing en ruimtebesparing maar zorgde ook voor een coherenter stadsbeeld. Een adequate samenwerking van overheid en bedrijfsleven maakte de realisatie van het Groothandelsgebouw bij het Centraal Station mogelijk. Het gebouw was en bleef een uitzondering temidden van de sober uitgewerkte bedrijfspanden die her en der verrezen. Het College van Supervisoren – een mix van ambtelijke en niet-ambtelijke ontwerpers die het systeem van zone-supervisoren overnam en die samen de uitvoering van het Basisplan bewaakten – maakte zich zorgen om de kwaliteit van de binnenstad. Met veel enthousiasme onthaalde het dan ook het vooruitstrevende plan dat Van den Broek in 1946 lanceerde voor een winkelstraat met uitbreidbare winkels en daarachter hoge woongebouwen. Van Traa maakte hiervoor direct ruimte binnen het Basisplan en in 1948 gingen Van den Broek en Bakema aan de slag met wat later de Lijnbaan zou worden. Net als Maaskant met het Groothandelsgebouw had gedaan, haalden Van den Broek en Bakema hun inspiratie ook uit Amerika, het land dat het plan uiteindelijk ook weer veel onder de aandacht zou brengen. Zo groeide in binnen- en buitenland het beeld van Rotterdam als een zeer vooruitstrevende stad, waar overheid en bedrijfsleven uitzonderlijk

sector, not only saving money and space but also making the cityscape more coherent. Good working relations between the public authorities and the business sector made the Groothandelsgebouw project successful, and the building was erected near Rotterdam's Central Station. The building stood out, and still does, amid the drab office buildings that were appearing all over the city. The Board of Supervisors – a group of urban planners from inside and outside the public sector, who had assumed responsibility for supervising Rotterdam's zoning system and for overseeing the execution of the Basic Plan – were concerned about the quality of the city centre, It was with great enthusiasm that they reviewed a forward-looking plan, submitted by Van den Broek in 1946, for a shopping street with shops that were easy to expand and high-rise residential buildings behind them. Van Traa immediately incorporated this project into the Basic Plan, and in 1948 Van den Broek and Bakema started work on the street that later became known as the Lijnbaan. Maaskant, the designer of the Groothandelsgebouw, had based it on buildings in America, and that was also the source of Van den Broek and Bakema's inspiration. (Later, America was also the country where Van den Broek and Bakema's plan first came to wide public attention.) Bit by bit, in the Netherlands and abroad, Rotterdam built up a reputation as a highly innovative city, where the public and private sectors enjoyed an outstanding partnership and modern planners had plenty of latitude to work out their concepts of urban design. Although not many new buildings were actually standing by the end of the 1940s, this reputation was mostly deserved. In pursuing his vision for the future, Van der Leeuw had created a climate in which trailblazing planners and businesspeople worked together closely and the municipality facilitated urban development.

The centralized national reconstruction system – which Rotterdam had managed to escape thanks to Van der Leeuw's exceptional status during the war – remained in place after the country was liberated. Many other national ministries devolved as much of their authority as possible to lower levels of government in reaction against Nazi centralism, but in the case of reconstruction, the shortage of building materials made top-down supervision necessary. After the war, Ringers returned as Minister of Public Works and Reconstruction (*Minister van Openbare Werken en Wederopbouw*). He established a Board of General Commissioners for Reconstruction (*College van Algemeene Commissarissen voor den Wederopbouw*) as the main supervisory body, with Verhagen serving as its urban planning expert. This Board supervised reconstruction planning mainly through an existing system of provincial, regional, and local offices such as the ASRO and DIWERO in Rotterdam, and it provided advice or assistance as needed. Because Verhagen had little confidence in the ability of individual towns and regions to draw up high-quality reconstruction plans in those hectic times, he developed urban planning regulations for reconstruction, which were approved by the Board. These regulations made all urban development activities subject to review, and consequently, every municipality with plans of any kind had to have its own urban planning supervisor. From his office in The Hague, Verhagen was thus able to safeguard the quality of all Dutch reconstruction plans, even in the smallest municipalities. Many municipal leaders objected to the continual erosion of their power and compared the national authorities to enlightened despots, but for planners, these regulations were a golden opportunity to put concepts developed during the war into practice. Many modernist planners had already found work in the major cities at an earlier stage, but after the war, Delft School planners were also given assignments, generally in smaller towns – to the frustration of Van Tijen, who complained about the situation to Verhagen. But Verhagen dismissed these complaints, saying that every municipality had the right to choose its own planners; the centralized sys-

goed samenwerkten en moderne ontwerpers alle ruimte kregen om de stad vorm te geven. Hoewel er aan het eind van de jaren veertig nog niet veel overeind stond, klopte dit beeld wel grotendeels: Van der Leeuw had op basis van zijn toekomstvisie een klimaat geschapen waarin hij vooruitstrevende ontwerpers en ondernemers nader tot elkaar had gebracht en waarin de ambtelijke diensten ontwikkelingen mogelijk maakten.

De nationale centralistische opzet van de wederopbouw – waar Rotterdam door de bijzondere positie van Van der Leeuw tijdens de oorlog aan had weten te ontkomen – bleef ook na de bevrijding gehandhaafd. Waar veel andere ministeries als reactie op het Duitse centralisme zoveel mogelijk taken aan lagere overheden afstonden, maakte het tekort aan bouwmaterialen enig toezicht van hogerhand op de wederopbouw noodzakelijk. Ringers kwam na de oorlog terug als minister van Openbare Werken en Wederopbouw. Als belangrijkste staf voor de wederopbouw stelde hij een College van Algemeene Commissarissen voor den Wederopbouw in met Verhagen als stedenbouwkundig expert. Dit college hield via een grotendeels nog bestaand systeem van provinciale, regionale en lokale bureaus zoals ASRO en DIWERO in Rotterdam toezicht op de wederopbouwplannen en verleende waar nodig advies of assistentie. Omdat Verhagen weinig vertrouwen had in het vermogen van steden en regio's om in deze drukke tijden kwalitatief goede wederopbouwplannen tot stand te doen komen, ontwikkelde hij een stedenbouwkundige regeling voor de wederopbouw die het College accepteerde. Deze regeling stelde voor iedere ingreep stedenbouwkundige toetsing verplicht. Daarom diende voortaan iedere getroffen gemeente over een stedenbouwkundig supervisor te beschikken. Zo waarborgde Verhagen vanuit Den Haag de nodige kwaliteit van de wederopbouwplannen, ook die van de kleine gemeenten. Veel gemeentebesturen waren het niet eens met de voortdurende inperking van hun macht en vergeleken de Haagse autoriteiten wel met verlichte despoten. Voor ontwerpers bood de regeling gouden kansen om de tijdens de oorlog ontwikkelde concepten in de praktijk te brengen. Terwijl moderne ontwerpers vaak al aan de slag waren in de grote steden, kregen de Delftse Schoolontwerpers nu de nodige opdrachten in kleinere gemeenten, dit tot frustratie van Van Tijen, die zich hierover zelfs tevergeefs bij Verhagen beklaagde. Volgens hem mocht in principe iedere gemeente haar eigen ontwerpers kiezen; het centralistische systeem hield alleen toezicht. Terwijl zo op verschillende plekken goede plannen tot stand kwamen, verliep de wederopbouw niet zo snel als door Ringers gehoopt: bij zijn aftreden in 1949 noemde hij vooral het ambtelijke geharrewar, onnodige hinder en competentiestrijd.

tem was purely supervisory. Though in many places this approach led to the development of sound plans, reconstruction was not as swift as Ringers had hoped; when he retired in 1949, he recalled mainly bureaucratic bickering, pointless delays, and turf wars.

14 D. Hudig, 'Gewestelijke plannen', *De socialistische Gids,* nummer 7, 1926, pp. 577-602, p. 582. Uit: Koos Bosma, *Ruimte voor een nieuwe tijd. Vormgeving van de Nederlandse regio,* Rotterdam 1993, p. 151.

15 Hudig, 1926, p. 592. Uit: Bosma, 1993, p. 153.

16 C. Thomèse, 'De Vaste Commissie voor uitbreidingsplannen in Noord-Holland', *Gemeentebestuur*, nr. 8, 1928, pp. 319-331, p. 323. Uit: Steenhuis, 2007, p. 227.

17 'Gewestelijke plannen', in: *De Woningwet 1902-1929,* z.pl., 1930, p. 136. Uit: Steenhuis, 2007, p. 188.

18 Uit: Van der Cammen, De Klerk, 2008, p. 125.

18 Minutes of the Stedenbouwkundige Raad, 1 July 1940, p. 3. NAi, Siebers Archive, inv. no. d14, as quoted in Steenhuis 2007, p. 306.

19 'Officieele mededeelingen', *Bouwkundig Weekblad Architectura,* 1941 b, p. 126, as quoted in Steenhuis, 2007, p. 319.

20 Rotterdam, Gemeentearchief (Municipal Archives). ASRO Archive, 156. Meeting between Ringers, Mouton, Graeff, and Brautigam, 19 January 1942, as quoted in Cor Wagenaar, *Welvaartsstad in wording. De wederopbouw van Rotterdam 1940-1952,* Rotterdam 1992, p. 204.

21 A. Bos, *De stad der toekomst. De toekomst der stad,* Rotterdam 1946, p. 7, as quoted in Wagenaar 1992, p. 267.

22 Ibid., p. 34, as quoted in Wagenaar 1992, p. 270

1950-1960: Planconcepten in de maak
1950-1960: Planning Concepts in Development

De Rijksdienst voor het Nationale Plan, die zich in de jaren veertig vooral aan onderzoek had gewijd, liet in de jaren vijftig opnieuw van zich horen. Dat deed ze vanuit het Ministerie van Wederopbouw en Volkshuisvesting, dat de RNP direct na de oorlog al inlijfde. Het naar buiten treden van de RNP was niet voor niets: de industrie had zich na de oorlog snel hersteld, zelfs zo snel dat het Bruto Nationaal Product vanaf 1950 alweer met 5% per jaar toenam, maar dat herstel kwam vooral de grote steden ten goede. Met als gevolg een enorme concentratie van industrie en werkgelegenheid en daardoor een enorme bevolkingsaanwas. De steden groeiden snel en gingen dat nog sneller doen toen het Ministerie van Landbouw inzette op mechanisatie van de landbouw en veel arbeiders uit de agrarische streken naar de steden trokken. Groot vraagstuk was dan ook of de industrie de ruimte moest krijgen om zelf de vestigingsplaats te kiezen, of dat de overheid de keuze voor haar diende te maken. De Industrialisatienota was hier duidelijk over: voor het herstel van de economie was het van belang dat een ondernemer een vrije vestigingskeuze had. Ondertussen bood de rijksoverheid echter door de Marshallgelden mogelijk gemaakte financiële steun aan de ontwikkelingsgebieden, zoals Oost-Friesland, Oost-Groningen, Oost-Drenthe, Noordoost Overijssel, de kop van Noord-Holland en het noorden van Limburg. Daarmee hoopte de rijksoverheid de economie hier te stimuleren en de werkloosheid te verminderen. Het tegenstrijdige was dan wel weer dat diezelfde rijksoverheid de grotendeels werkloze bevolking een premie aanbood indien ze bereid waren te verhuizen naar het drukke westen. Tussen het einde van de Tweede Wereldoorlog en 1960 nam de bevolking van de drie westelijke provincies dan ook toe van 4,3 tot 5,4 miljoen.

The State Office for the National Plan (RNP), which had focused primarily on research in the postwar 1940s, began to make its presence known again in the 1950s. It operated out of the Ministry of Reconstruction and Housing (*Ministerie van Wederopbouw en Volkshuisvesting*), into which it had been incorporated immediately after the war. Its re-emergence was a response to the rapid recovery of Dutch industry after the war; from 1950 onward, the Gross National Product rose by 5% a year, primarily due to economic growth in the major cities. This led to dense concentrations of industry and employment and therefore to mass migration. The cities were growing fast, and the Ministry of Agriculture (*Ministerie van Landbouw*) was accelerating the process by promoting mechanized agriculture, which drove many labourers from farming regions into the cities. One major issue was whether government should give companies the freedom to choose their own sites or make those choices for them. A national policy document on industrialization (the *Industrialisatienota*) provided a clear answer: for the sake of economic recovery, it was important to grant businesses freedom of establishment. Meanwhile, the national authorities were offering financial support under the Marshall Plan to underdeveloped areas, such as the east of the provinces of Groningen, Friesland, and Drenthe, the northeast of Overijssel, the northern tip of North Holland, and the north of Limburg. It was hoped that this would foster economic growth and create employment. But another, somewhat contradictory national policy offered people in the same underdeveloped areas, who were mostly unemployed, a premium for moving to the densely populated west of the country. Between the end of the Second World War and 1960, the population of the three western provinces rose from 4.3 to 5.4 million.

The RNP was concerned about the explosive growth of the cities in the west. In 1949 Frits

Bakker Schut, who was still the director of the RNP, sent the Minister of Reconstruction and Housing, Joris in 't Veld, a report entitled *De verspreiding van de bevolking in Nederland* ('The distribution of the Dutch population'), which contained a number of recommendations for population dispersal. This drew the ire of the Ministry of Economic Affairs: how dare urban planners stick their noses into economic issues like demographic distribution! This reaction illustrates what a difficult position the RNP was in. Within the Ministry of Reconstruction and Housing, it was embroiled in a continual struggle for authority – according to the 1941 Basic Decree, the RNP was responsible for overseeing municipal planning, but the Inspector of Housing gave advice at the approval stage, and the Board of General Commissioners for Reconstruction was responsible for adopting the reconstruction plans. At the same time, the RNP had opponents outside the Ministry, such as Zeeland's Inspector of Public Housing, who protested that in the field of urban planning, the RNP should not act as 'the entire country's shepherd'.[23] Meanwhile, the Ministry of Public Works was demanding a role in the approval of regional plans, and the Ministry of Agriculture, Fisheries, and Food Supply had set up its own spatial planning committee, to which the RNP had to turn if it wanted information. Bakker Schut remained adamant that the RNP had to become part of a kind of Ministry of General Affairs, where it could supervise all forms of planning: not only physical, but also economic, social, and cultural. In 1949, however, he gave up the fight, handing over his position as director to Jasper Vink.

During his first years in office, Vink did everything he could to strengthen the influence of the RNP. He placed RNP staff members on all sorts of boards and committees at various ministries, and encouraged them to make professional contacts, write articles, and give talks. The fifty members of the RNP's staff had high expectations to meet. Vink also did everything he could to expand the RNP and recruit the most qualified individuals. He was successful: L.S.P. Scheffer joined the RNP as

De RNP maakte zich zorgen om de explosieve groei van de grote steden in het westen. De directeur van de RNP, nog altijd Bakker Schut, stuurde in 1949 de studie 'De verspreiding van de bevolking in Nederland' met diverse adviezen voor de verspreiding naar de minister van Wederopbouw en Volkshuisvesting, J. in 't Veld. Hiermee haalde de RNP de woede op de hals van het Ministerie van Economische Zaken: hoe durfden de stedenbouwers en planologen zich met economische spreiding te bemoeien! Deze reactie was illustratief voor de moeizame positie van de RNP indertijd: deze had niet alleen binnen het Ministerie van Wederopbouw en Volkshuisvesting een continue strijd over verantwoordelijkheden – volgens het Basisbesluit uit 1941 was de RNP belast met het toezicht op de gemeentelijke plannen, maar moest de Inspecteur van de Volkshuisvesting adviseren bij de goedkeuring hiervan en regelde het College van Algemene Commissarissen van de Wederopbouw de vaststelling van de wederopbouwplannen – maar ook daarbuiten. Volgens de Zeeuwse inspecteur voor de Volkshuisvesting moest de RNP zich niet als 'de algemeen stedenbouwkundige herder van ons land' gedragen.[19] Inmiddels had het Ministerie van Waterstaat een positie binnen de goedkeuring van streekplannen opgeëist en had het Ministerie van Landbouw, Visserij en Voedselvoorziening een eigen commissie voor ruimtelijke ordening ingesteld. De RNP moest daar maar langskomen als ze informatie wilde. Ondertussen bleef Bakker Schut maar benadrukken dat de RNP een rol moest krijgen binnen een soort Ministerie van Algemene Zaken, om vanuit daar niet alleen de ruimtelijke, maar ook de economische, sociale en culturele planning te leiden; totdat hij hier in 1949 zat van werd, ontslag nam en zijn taken aan de nieuwe directeur J. Vink overdroeg.

Ook Vink deed er de eerste jaren alles aan om de positie van de RNP te verbeteren. Hij zorgde ervoor dat de medewerkers van de RNP plaatsnamen in

Palenstein, deel realisatie groeikern Zoetermeer, 1968.
Palenstein, part of the overspill town of Zoetermeer, 1968.

1950-1960

Het rapport De ontwikkeling van het westen des lands, opgesteld door een commissie van bestuurders, onderzoekers en ontwerpers, presenteerde voor het eerst een globaal planconcept voor een enorme regio. De omslag
van het rapport toonde al de essentie: de ontwikkeling van de Randstad in uitwaartse richting. Spreiding was een
adagium waar de RNP al lang in geloofde, maar dat in de praktijk nog nauwelijks plaatsvond. Andere opgaven, zoals
het herstel van de economie en de woningbouwproductie, kregen voorrang van de rijksoverheid. Daarom groeiden
de steden in het westen snel en vaak zonder gedegen visie. Hoewel het concept voorlopig dus vooral op papier
bestond, was het wel zo krachtig dat het – samen met de schrikbarende brochure Het westen en overig Nederland
– tot nationaal beleid voor de ruimtelijke ordening aanzette. In 1960 verscheen de eerste Nota inzake de ruimtelijke
ordening en waren tevens de nodige sturingsmiddelen in voorbereiding. De onderzoekers en ontwerpers van de RNP
en het CPB waren er vanuit inhoudelijke argumentatie en vooruitkijkende planconcepten in geslaagd om de ruimtelijke ordening op beleidsniveau een volwaardige rol naast en soms zelfs boven economische ordening te geven.

The report The Development of the West of the Country, drawn up by a committee of policymakers, researchers
and designers, presented the first comprehensive planning concept for a huge region. The essence of the plan was
displayed on its cover, with its image of the Randstad conurbation spreading outwards. Dispersal had long been a
guiding principle at the State Office for the National Plan (RNP), but as yet it had hardly been put into practice. The
government had other priorities, like tackling the housing shortage and rebuilding the economy. As a result, the cities
in the west grew rapidly and often aimlessly. So although the report's impact remained theoretical, its findings were
so compelling that – in combination with the unsettling brochure The West and the Rest of the Netherlands – it
led to the birth of national policy on spatial planning. In 1960 the First Policy Document on Spatial Planning was
published, and the necessary legal instruments began to take shape. Backed by well-researched arguments and
progressive planning concepts, the researchers and urban designers of the RNP and the CPB had succeeded in
giving spatial planning a fully-fledged place at policy level, alongside (and sometimes superior to) economic planning.

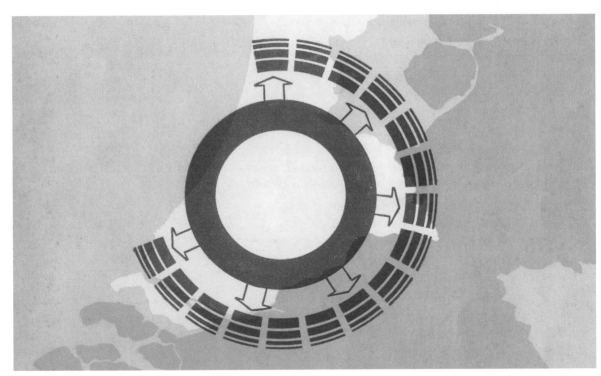

Omslag nota *De ontwikkeling van het westen des lands*, 1958.
Cover of the report *The Development of the West of the Country*, 1958.

J. Vink, directeur RNP.
Jasper Vink, director of the RNP.

allerhande raden en commissies die de verschillende ministeries instelden, dat ze vele contacten opbouwden en artikelen en voordrachten hielden. De 50 mensen die de RNP telde hadden hier een flinke kluif aan. Vink deed op zijn beurt van alles om de RNP uit te breiden en uiterst gekwalificeerde mensen aan te trekken. Dit lukte toen Scheffer zich in 1952 en vervolgens Jac. P. Thijsse zich een paar jaar later als adviseur beschikbaar stelden. Daarmee kreeg het bureau iets meer armslag. Maar het getouwtrek met de andere ministeries duurde voort. Een Koninklijk Besluit had in 1950 dan wel de instelling van een Vaste Commissie bij de RNP uitgeroepen met daarin vertegenwoordigers van de voor de ruimtelijke ordening belangrijkste ministeries, maar deze had teveel werk aan het bestuderen van grondaankopen om over belangwekkender zaken te kunnen discussiëren. Een eerste doorbraak kwam eigenlijk pas toen minister In 't Veld – wellicht aangemoedigd door eerdere studie van Bakker Schut – de Vaste Commissie in 1950 de opdracht gaf voor 'een samenvattend onderzoek naar de problemen, die de bestaande en in de toekomst te verwachten ontwikkeling in het westen van Nederland uit een oogpunt van nationale ruimtelijke ordening [zou opleveren]'.[20] Deze problemen waren wat hem betreft zo groots dat bestudering hiervan vanuit nationaal oogpunt nodig was. Hij vertrouwde dit onderzoek aan de Vaste Commissie toe omdat dit een van de weinige organen was waarin zoveel ministeries samenkwamen. De Vaste Commissie besloot een Werkcommissie Westen des Lands in het leven te roepen, met als voorzitter de voorzitter van de Vaste Commissie en als leden hoge ambtelijke vertegenwoordigers van verschillende departementen, gedeputeerden van Noord- en Zuid-Holland en Utrecht en wethouders van Amsterdam, Rotterdam en Den Haag. Het voorbereidende werk van de Werkcommissie moest de RNP samen met de Provinciale Planologische Diensten en de Diensten Stadsontwikkeling oppakken.

an adviser in 1952, and J.P. Thijsse followed a few years later. This gave the office a little more elbow room, but it remained at odds with other ministries. A Royal Decree (*Koninklijk Besluit*) issued in 1950 had established a Permanent Committee (*Vaste Commissie*) at the RNP, which included representatives of the ministries most concerned with spatial planning, but the Committee's responsibility for reviewing land purchases left it with no time to discuss weightier matters. The first real breakthrough took place only when Minister In 't Veld – perhaps inspired by Bakker Schut's report – instructed the Permanent Committee to produce 'a summary report on the problems that current and anticipated development in the west of the Netherlands [are likely to cause] from the perspective of national spatial planning'.[24] He believed these problems were so massive that it was essential to study them from a national viewpoint, and he entrusted the Permanent Committee with this task because it was one of the few bodies on which so many ministries were represented. The Permanent Committee decided to set up a Western Netherlands Working Committee (*Werkcommissie Westen des Lands*), chaired by the president of the Permanent Committee and consisting of high-ranking officials from several ministries, members of the provincial executives of North and South Holland, and aldermen from Amsterdam, Rotterdam, and The Hague. The preparatory work for the meetings of the Working Committee was done by the RNP in cooperation with the relevant Provincial Planning Departments (PPDs) and municipal Urban Development Departments.

The Working Committee was made responsible not only for performing research, but also for proposing measures. It focused on two parts of the western Netherlands: IJmond (an industrial area in North Holland) and the area around The Hague. Before long, it became clear that the west could not be seen in isolation from the rest of the Netherlands, and so In 't Veld's successor as minister, H.B.J. Witte, instructed the Permanent Committee of the RNP to work with the Central Planning Office

(*Central Planbureau*; CPB) – headed by Jan Tinbergen, who had also been involved in the reconstruction of Rotterdam – to investigate trends throughout the country.[25] Witte hoped that the information this yielded would lead to more effective and less contradictory regional development policies. Though the Working Committee did not present its official findings until 1958, the RNP and CPB presented Witte with two reports on decentralization (*Decentralisatienota's*) in 1956. They also published a brochure summarizing the first report for a broader public, entitled *Het westen en overig Nederland* ('The west and the rest of the Netherlands'). The brochure laid out the problem with unsettling clarity: 'After responding to the disruption of the war years, we are now at a crossroads: further concentration or relief of the burden on the West.' The brochure made it clear that the limited space available for development was a source of major difficulties in the west, that the process of urbanization seemed impossible to control, and that enormous changes were on the way, such as an ageing society. And it issued a call to action – specifically, decentralization.

This appeal struck a chord with Dutch city-dwellers. Each of the major cities had adopted the neighbourhood unit concept in one form or another, to avoid transforming into an unmanageable metropolis. In the 1950s most cities grew in a floral pattern, with outlying districts like petals around the centre, separated by green spaces. Yet urban development was still moving ahead at a pace that bewildered the public. Many cities still had prewar extension plans that had never been fully carried out, such as the General Extension Plan (AUP) in Amsterdam and the plan for Rotterdam South, and they began making up for lost time. In fact, they were forced to by the housing shortage, which had been public enemy number one even before the war. A national multi-year plan (*Meerjarenplan*) adopted in 1949 called for the construction of more than 465,000 housing units between 1950 and 1958. Because of the shortage of materials, the national authorities set housing quotas for the municipalities, thus

De Werkcommissie kreeg de opdracht niet alleen onderzoek te doen, maar ook eventuele maatregelen te presenteren. Ze richtte zich op twee westelijke gebieden: IJmond en de ontwikkelingen rondom Den Haag. Al snel bleek uit het onderzoek dat de ontwikkelingen in het westen niet los konden worden gezien van ontwikkelingen in de rest van het land. Daarom gaf de opvolger van In 't Veld, minister H. B. J. Witte, de Vaste Commissie van het RNP de opdracht om samen met het door J. Tinbergen, die tevens betrokken was geweest bij de wederopbouw van Rotterdam, geleide Centraal Planbureau (CPB) ook de ontwikkelingen buiten het westen te onderzoeken. Zo hoopte Witte ook de kennis te verzamelen die de basis kon vormen voor een beter en minder tegenstrijdig stimulerings-beleid voor de regio's. Terwijl de bevindingen van de Werkcommissie nog tot 1958 op zich lieten wachten, presenteerden de RNP en het CPB in 1956 vlak achter elkaar twee Decentralisatienota's aan Witte. De eerste nota vatten ze tevens voor een breder publiek samen in de zorgwekkende brochure *Het westen en overig Nederland.* Deze brochure schetste het probleem uiterst helder: 'Na de reactie op de verstoring door de oorlogsperiode staan wij thans op een tweesprong: verdere concentratie of verlichting van de druk op het Westen'. De brochure maakte duidelijk dat de ruimtedruk op het westen erg groot was, dat de verstedelijking onbeheersbaar leek en dat grootscheepse veranderingen als de vergrijzing op komst waren. Daarmee riep ze op tot actie en wel in de vorm van spreiding.

Onderbouwing van die oproep kwam ondertussen vanuit de stadsbewoners zelf. Hoewel de grote steden allemaal het concept van de wijkgedachte in meer of mindere mate hadden overgenomen en zodoende trachtten om al te ernstige metropoolvor-ming te voorkomen – de meeste steden groeiden in de jaren vijftig volgens een bloemstructuur met het centrum als hart en wijken, gescheiden door groen-stroken, daaromheen – gingen de ontwikkelingen in veel steden toch sneller dan de bevolking kon overzien. Veel steden hadden nog planvoorraden van voor de oorlog, zoals Amsterdam met het AUP en Rotterdam met Rotterdam-Zuid, en vulden die nu in versneld tempo in. Dat was ook nodig, want al direct na de oorlog was de woningnood tot volksvijand nummer één verklaard. In 1949 volgde dan ook een Meerjarenplan om tussen 1950 en 1958 ruim 465.000 woningen te bouwen. Vanwege materiaaltekorten deelde de rijksoverheid contingenten uit en hield zo een flinke vinger in de gemeentelijke pap. Omdat de woningbouwproductie toch jaar in jaar uit tegenviel ontwikkelde de overheid allerlei andere manieren om deze op te schroeven: ze liet niet alleen standaardtypen en plattegronden ontwikkelen, maar schreef ook allerlei soorten subsidies uit op woningen die door middel van systeembouw tot stand waren gekomen. Systeembouw was een verzamelnaam voor efficiënte en daardoor goedkope bouwwijzen als stapelbouw, montagebouw, gietbouw en skeletbouw. De rijksoverheid stimuleerde gemeenten zelfs om continucontracten met systeembouwers te tekenen. Hierdoor waren zij lange tijd gegarandeerd van afname en hoefden ze niet steeds tussendoor hun tekeningen en bouwkranen aan te passen. Zo tekende de gemeente Den Haag in 1956 een contract voor 10.000 woningen. Ook schreef het rijk extra contingenten uit aan gemeenten die met systeembouwers werkten. Ontwerpers reageerden aanvankelijk vooral enthousiast op de voortvarendheid van de nieuwe woningbouwproductie. De in 1943 door Van Tijen opgerichte Kerngroep Woningarchitectuur was een voorstander van centralisatie en zag haar eisen voor goede woningbouw terugkomen in diverse 'wenken en voorschriften' die de Centrale Directie voor de Volkshuisvesting – ook onderdeel van het Ministerie van Openbare Werken en Wederopbouw – uitgaf. De bij de Kerngroep aangesloten ontwerpers experimenteerden volop met systeembouw. Tevens werkten ze mee aan de ontwikkeling van 'normaal-

remaining heavily involved in planning at the local level. Yet year after year, less new housing was produced than they had hoped. So they tried to speed up the process in all sorts of other ways, not only developing standard models and building plans, but also offering all sorts of subsidies for *systeembouw* – an umbrella term for a variety of cheap, efficient building techniques such as stacked and skeleton construction, prefabrication, and *in situ* concrete casting. The national government even encouraged municipalities to enter into ongoing contracts with building companies who used these methods. This provided the companies with a guarantee that their buildings would be bought for a long time to come, and that they would not need to invest in new drawings or building cranes. In 1956, for instance, the City of The Hague signed a contract for 10,000 housing units. As an additional incentive, the national authorities raised the building quotas for municipalities that worked with *systeembouw* companies.

At first, planners were enthusiastic about the energetic pace at which new housing was being built. The Core Group for Residential Architecture, founded by Van Tijen in 1943, advocated centralization and saw its criteria for good housing reflected in many of the 'regulations and tips' issued by the Central Housing Department (*Centrale Directie voor de Volkshuisvesting*), part of the Ministry of Reconstruction and Public Housing. The planners in the Core Group were eagerly experimenting with new low-cost building techniques and standardized dwellings (*normaalwoningen*) that would be easy to build but could display distinctive regional characteristics.In the course of the 1950s, however, this initial enthusiasm was dampened by growing criticism. The Central Housing Department consulted the Core Group less and less often, instead setting up its own research groups and committees, such as the Stichting Ratiobouw (roughly translatable as the 'Rational Building Foundation') and the Efficient Residential Building Steering Group (*Stuurgroep Efficiënte Woningbouw*). While the Core Group's aim had always been to develop housing that was not only affordable and quick to build, but also decent in quality, these new groups focused on efficiency almost to the exclusion of all else. The Core Group's *normaalwoningen* made way for 'selection plan dwellings' (*keuzeplanwoningen*) for the lowest-income families. These dwellings were even more basic and could be built throughout the country. The Central Housing Department's 'tips' were no more than stripped-down versions, without central heating or a spare room for hobbies. Because the national subsidy was linked to the cost of these stripped-down versions, many municipalities regarded them as the standard. The primary concern of municipal authorities was often to rake in as many subsidies as possible and maximize their housing quotas. Gradually, the Netherlands lost its international status as a guiding light in residential planning: 'in comparison to the surrounding countries, they [the housing units] are inferior in execution, less finished, and not as well equipped. The pursuit of cheap housing has led to an emphasis on the price of construction, rather than on the cost of habitation'.[26]

Van Tijen had anticipated this danger in 1948: 'If we start by reviewing the dangers of prefabrication in residential building, we can see that they are fairly clear. The major threat, which can take many forms, is *levelling*, the suppression of worthwhile diversity'.[27] Though urban designers and architects had participated in the process of rationalization, the main beneficiaries were the construction companies. As Dura Coignet had written in a pamphlet, 'architects who become involved with these working methods will have to set many cherished principles to one side'.[28] The location, equipment, and other demands of the building companies determined the choices made, in both architecture and urban planning. In smaller municipalities with no public works departments of their own, the building companies' own urban planning departments sometimes designed complete new residential districts with little independent scrutiny. And even in major cities such as The Hague, Rotterdam, and Amsterdam, such companies were increasingly

woningen', standaardwoningen die eenvoudig te bouwen waren maar niettemin rekening hielden met streekeigen kenmerken. In de loop van de jaren vijftig begon dit enthousiasme echter om te slaan in kritiek. De Centrale Directie raadpleegde de Kerngroep steeds minder en koos ervoor om met eigen studiegroepen en commissies te gaan werken, zoals de Stichting Ratiobouw en de Stuurgroep Efficiënte Woningbouw. Waar de Kerngroep zich steeds nog had ingezet om behalve goedkope en snelle, ook goede woningen te ontwikkelen, richtten de nieuwe groepen zich vrijwel volledig op efficiency. De 'normaalwoningen' maakten plaats voor nog eenvoudigere 'keuzeplanwoningen' voor de laagstbetaalden, die door het hele land konden verrijzen. De 'wenken' presenteerden alleen nog maar minimale varianten zonder centrale verwarming of extra hobbyruimte. Doordat de rijksbijdragen hieraan gekoppeld waren beschouwden veel gemeenten deze minimale variant als de norm. Ze waren vooral bezig met het binnenhalen van zoveel mogelijk subsidies en woningbouwcontingenten. Zo raakte Nederland haar positie als voorloper in de volkshuisvesting langzaam kwijt: 'In vergelijking met omringende landen bleven ze [de woningen] achter wat uitvoering, afwerking en outillage betreft. Bij het streven naar goedkope woningen werd vooral gelet op de bouwprijs en niet op de woonkosten'.[21] Waar Van Tijen al in 1948 voor waarschuwde gebeurde nu: 'Wanneer wij eerst de gevaren van prefabricatie in woningbouw nagaan, dan zijn deze vrij duidelijk. In allerlei vormen dreigt het grote gevaar van *nivellering*, het onderdrukken van gemotiveerde verscheidenheid'.[22] De rationalisering, waar de ontwerpers zelf deels aan hadden meegewerkt, viel echter vooral in het voordeel van de bouwbedrijven uit. Dura Coignet vermeldde al in een folder dat 'de architect die bij deze wijze van werken wordt ingeschakeld veel heilige huisjes opzij zal moeten zetten'.[23] De ligging, bouwkranen en verdere eisen van de bouwbedrijven gingen niet alleen de architectuur, maar ook de stedenbouw bepalen. Voor de kleinere gemeenten, die geen eigen Dienst Stadsontwikkeling hadden, beschikten de bedrijven over een eigen stedenbouwkundige afdeling om zo hele nieuwe woonwijken in eigen hand te kunnen uitwerken. Ook in de grote gemeenten, zoals Den Haag, Rotterdam en Amsterdam, wisten ze hun eisen steeds meer in de stedenbouwkundige planvorming door te drukken. De diensten hadden veelal niet de tijd om een weerwoord te ontwikkelen. In Amsterdam was het zelfs zo erg dat de bouwbedrijven en de Woningdienst samen de opzet van grote delen van de westelijke tuinsteden – onderdeel van het AUP – bepaalden. De Rotterdamse Dienst Stadsontwikkeling had door de wijkgedachte en de eerste succesvolle uitwerkingen hiervan als Pendrecht, heldere ideeën over de mate waarin systeembouw de stedenbouwkundige variatie mocht bepalen. Illustratief was in dat opzicht de weigering van de Dienst om te voldoen aan het verzoek van bouwbedrijf Muijs en De Winter om in Hoogvliet het aantal woningtypen te verminderen. Op initiatief van Van Tijen kwamen in de jaren vijftig ook nieuwe experimenten tot stand, zoals de gevarieerde wijken Vlaardingen-Babbelaarspolder door Van Tijen, Klein-Driene in Hengelo door Van den Broek en Bakema. Dit bleven echter incidenten. Hoewel de woningproductie nog niet zo snel verliep als de rijksoverheid wenste, zorgde de slechte kwaliteit van de woningen, de uniformiteit van de wijken en vooral de opkomst van hoogbouw voor een snelle transformatie van de aanblik van vooral de grote steden. Hoogbouw was altijd al een gevoelig punt geweest, en kon, zeker nu de rijksoverheid het uit efficiencyoverwegingen promootte, op veel kritiek van met name stadsbewoners zelf rekenen. Om de voor- en nadelen van hoogbouw objectief te kunnen onderzoeken riep Witte, minister van het inmiddels Ministerie voor de Volkshuisvesting en Bouwnijverheid geheten ministerie, het nog altijd bestaande NIVS op een onderzoekscommissie

able to impose their own requirements on the urban planning process. The municipal public works departments generally did not have the time to defend their positions adequately. This problem was especially severe in Amsterdam, where the Housing Department worked with building companies to design much of the Westelijke Tuinsteden ('Western Garden Cities'), which were part of the AUP area. But the situation in Rotterdam was different. Through its early experience with the neighbourhood unit concept in successful districts such as Pendrecht, Rotterdam's Urban Development Department had clear ideas about the trade-off between efficient building methods and urban variety. One illustration of this firm stance is the department's rejection of an application from the building company of Muijs & De Winter to reduce the number of dwelling types in the outlying district of Hoogvliet. On Van Tijen's initiative, new experiments also took place in the 1950s, such as the architecturally varied districts of Vlaardingen-Babbelaarspolder (designed by Van Tijen) and Klein-Driene in Hengelo (designed by Van den Broek and Bakema). These were no more than isolated cases, however.

Even though housing was not being built as fast as the national authorities would have liked, its poor quality, the monotony of the new districts, and the growing popularity of high-rise buildings swiftly transformed the appearance of the cities, especially the largest ones. High-rise buildings had always been a sensitive issue, and they attracted a great deal of criticism from city-dwellers, especially after the national government decided to promote them for reasons of efficiency. To obtain an objective analysis the pros and cons of high-rises, H.B.J. Witte, Minister of the newly renamed Ministry of Public Housing and Building (*Ministerie van Volkshuisvesting en Bouwnijverheid*), asked the NIVS (which was still in existence) to form a research committee. This High-Rise/ Low-Rise Committee (*Commissie Hoogbouw-Laagbouw*) took a few years to complete its mission, because of the sensitive nature of the subject and the lack of reliable information.

Its final report emphasized the importance of making conscious choices between different types of housing. It was clear that high-rises were unsuitable for families with children. But were they really suitable for single people or families without children? While the committee carefully refrained from taking a strong position on this issue, a number of studies conducted around that time had shown that most people absolutely did not want to live in high-rises. Nevertheless, many planners went on seeing high-rises as the vertical neighbourhoods of the future. Other planners saw them as a way of injecting more variety into a district. So the Dutch cityscape continued to change rapidly, especially in the major western cities, and very often this change was not based on any comprehensive vision, but on a structural framework of organizational principles plus a general indication of the desired relationship between the city centre and the outlying residential districts.

In the above-mentioned brochure *Het westen en overig Nederland*, the RNP underscored all these changes, painting a picture dire enough that it finally drew public attention to spatial planning. In 1957, in the memorandum accompanying his ministry's proposed budget, Minister Witte seized this occasion to argue that the national authorities had to lay down guidelines for spatial planning, which could be worked out in more detail at lower levels. The lower house of Parliament (*Tweede Kamer*) felt that Witte's statements were unclear, and demanded that the government draw up a policy document (a definitive statement of its position, like a White Paper) which could serve as a basis for all further discussion of spatial planning.[29] Witte would have preferred to move ahead with the successor legislation to the provisional National Plan and Regional Plans Act (*Wet Nationaal Plan en Streekplannen*), which had replaced the wartime Basic Decree in 1950. Also in 1950, a new spatial planning bill had been proposed, setting off a debate that was still in progress seven years later. Despite his eagerness to take care of this unfinished business, Witte finally agreed

te vormen. De commissie Hoogbouw-Laagbouw, die vanwege het gebrek aan goede gegevens en vanwege de gevoeligheid van het onderwerp een paar jaar over het opstellen van haar rapport deed, benadrukte het belang van een bewuste keuze voor een bepaalde woonvorm. Duidelijk was dat hoogbouw voor het gezin met kinderen niet geschikt was. Maar was het dit wel voor alleenstaanden of gezinnen zonder kinderen? Terwijl de commissie uiterst terughoudend hierin bleef, benadrukten diverse studies uit die jaren dat de meeste mensen absoluut niet in hoogbouw wilden wonen. Toch bleef hoogbouw voor veel ontwerpers dé verticale woonwijk van de toekomst. Andere ontwerpers zetten de hoogbouw vooral in om enige variatie in het wijkbeeld te realiseren. Met name de grote steden in het westen veranderden daarom snel en lang niet altijd op basis van een visie, maar eerder op een uit ordeningsprincipes samengesteld structuurschema, met een globale indicatie van de samenhang tussen binnenstad en omliggende woonwijken.

De brochure *Het westen en overig Nederland* schetste op basis van al deze veranderingen een beeld waarmee de RNP eindelijk aandacht voor de ruimtelijke ordening wist te genereren. Minister Witte maakte hier gebruik van door in 1957 in zijn memorie van toelichting op de ontwerpbegroting te stellen dat de rijksoverheid richtlijnen diende aan te geven voor de ruimtelijke ordening, die vervolgens op de lagere niveaus uitgewerkt konden worden. De Tweede Kamer vond zijn uitspraken vaag en wenste nader in gesprek te gaan met de regering over de ruimtelijke ordening. Als grondslag hiervoor eiste ze een regeringsnota. Hoewel Witte liever eerst de wetgeving over de ruimtelijke ordening wilde regelen – sinds 1950 was als vervanging van het Basisbesluit een voorlopige Wet Nationaal Plan en Streekplannen (WNPS) van kracht en ondertussen waren uitgebreide discussies over een in datzelfde jaar voorgestelde Ruimtewet gaande – zegde hij uiteindelijk een regeringsnota toe. Tevens vormde hij los van de RNP een overlegorgaan voor de nota met daarin vertegenwoordigers van de ministeries: de Raad voor de Ruimtelijke Ordening. Zo'n raad was ook opgenomen in het voorstel voor de Ruimtewet maar kwam nu pas, op basis van inhoudelijke vragen, tot stand. De RNP, het CPB en enkele leden van de Vaste Commissie gingen vanaf 1958 de nota voorbereiden. In 1959 kondigde de troonrede het vooruitzicht van verschillende 'planologische en bestuurlijke maatregelen welke van het hoogste belang zijn' aan. Uiteindelijk verscheen de *Nota inzake de ruimtelijke ordening,* ook wel *Eerste Nota* genoemd in 1960. De nota zette in op het idee van spreiding, dat eerder al zo mooi verbeeld was in *Het westen en overig Nederland* en dat in het rapport van de Werkcommissie met een inrichtingsvisie tot aan 1980 verder was uitgewerkt. In het rapport *De ontwikkeling van het westen des lands* ging de Werkcommissie uit van een groei van de grote steden zoals ook het RNP en CPB deze al schetsten, maar presenteerde tegelijkertijd diverse planologische concepten om een olievlekachtige groei van de steden – zoals in het buitenland vaak plaatsvond – te voorkomen. Daartoe werkte ze het concept van de Randstad met open middengebied verder uit. Dit concept, dat in feite al enkele eeuwen bestond, kreeg een naam toen de directeur van de KLM, A. Plesman, in de jaren dertig hier de typering 'Randstad Holland' aan gaf. Nog tijdens de bezetting trachtte hij Ringers te overtuigen van de noodzaak om de Randstad als geheel te ontwikkelen, waarbij de vorming van een nieuwe gemeente of andere bestuurslaag dan wel noodzakelijk was. Ringers voelde hier toen wel voor, maar de sterk op steden gerichte wederopbouwpraktijk zette het concept even in de ijskast. Totdat de Werkcommissie het als uitgangspunt nam voor haar speciaal over het westen opgestelde rapport. Het concept maakte het mogelijk de uiteenlopende problemen in het westen in onderlinge samenhang te begrijpen. De Werkcommissie wilde slechts

to begin by providing Parliament with a policy document. He formed a new consultative body, independent of the RNP, to coordinate the preparation of this document. This Spatial Planning Council (*Raad voor de Ruimtelijke Ordening*), composed of representatives of the relevant ministries, was mentioned in the spatial planning bill of 1950, but had not actually been established until Parliament started asking serious questions about policy. The RNP, the CPB, and several members of the Permanent Committee began work on the policy document in 1958. In the autumn of 1959, when the Queen presented the government's plans for the coming year in her Speech from the Throne, she mentioned various 'measures relating to spatial planning and public administration that are of paramount importance'. In 1960, the government finally published the *Nota inzake de ruimtelijke ordening* ('Policy Document on Spatial Planning'), known in retrospect as the First Policy Document. It emphasized the concept of decentralization, for which a compelling case had been made earlier in the Working Committee's brochure *Het westen en overig Nederland*. The final report of the Working Committee (published in 1958) elaborated on this idea, presenting a planning scenario for the future that extended as far as 1980.

This final report, *De ontwikkeling van het westen des lands* ('The Development of the West of the Country', referred to below as the Western Development Report), made the same assumptions about the growth of the major cities as the RNP and CPB. But it also presented a variety of planning concepts for preventing the urban sprawl seen in many other countries. In particular, it explored the concept of a western conurbation, the Randstad, with an opening in the middle. This basic idea had in fact been around for centuries, and in the 1930s A. Plesman, the director of the Dutch airline KLM, had coined the term 'Randstad Holland'.[30] Even during the German occupation, Plesman had tried to convince Ringers of the need to develop the Randstad as an integrated whole, which to his mind meant forming a new municipality or an additional level of government. Ringers was receptive to this idea, but as it turned out, reconstruction focused on individual cities, and the concept of the Randstad was put on ice . . . until the Working Committee adopted it as the basis of its report on the west of the country. This concept made it possible to view the many different problems facing the west in an integrated fashion. The Working Committee wanted to restrict the growth of the major cities, so that from any point in those cities, there would be a rural area at most a half-hour's bicycle ride away. It also wanted to preserve the green buffer zones between the cities, as well as the rural area in the center later known as the Green Heart (*Groene Hart*). The Committee believed that additional space for living and working could be created in new urban centres ten to twenty kilometres outside the Randstad's urban ring; for example, in the IJsselmeerpolders (areas of newly reclaimed land just across the IJsselmeer from North Holland) and the delta region south of Rotterdam. These new towns were to remain limited in size but be almost entirely self-supporting in terms of employment, in order to limit commuter traffic. Drawing on the findings of a variety of researchers, the Committee concluded that people greatly valued a pleasant residential environment, and that their workplace was less important to them. Even so, it proposed numerous subway and express tram lines to connect the new towns to the major cities.

New towns or centres for urban overspill had been the subject of a conference held in 1957, a year before the Western Development Report was published, and attended by numerous planners and policymakers. On that occasion, J.P. Thijsse had argued for an eight-kilometre limit on the width of the new cities, so that nature areas would never be more than fifteen minutes away by bicycle. The public administration expert G.A. van Poelje had harked back to the International Town Planning Conference that had taken place in 1924, and the debate that it had sparked about whether to form a new level of government, the urban region (*stadsgewest*). Van Poelje did not believe this measure was feasible at that

beperkte groei van de grote steden toestaan, zodat vanuit ieder punt in deze steden het buitengebied slechts op maximaal een half uur fietsen zou liggen. Tussen de grote steden lagen groene bufferzones en het agrarisch middengebied – later ook wel het Groene Hart genoemd – diende open te blijven. Extra woon- en werkruimte zag de Werkcommissie in nieuwe kernen of *new towns* die zich zo'n 10 tot 20 kilometer buiten de Randstedelijke ring ontwikkelden, bijvoorbeeld in de IJsselmeerpolders en het Deltagebied. De nieuwe kernen dienden beperkt in omvang te blijven, maar wel grotendeels in eigen werkgelegenheid te voorzien om het forensenverkeer te beperken. De commissie was in navolging van verschillende onderzoekers van mening dat mensen veel over hadden voor een goed woonmilieu en dat de arbeidsplaats vaak van ondergeschikt belang was. Wel waren, om de verbindingen met de grote steden mogelijk te maken, diverse metro- en sneltramverbindingen gepland.

Over het onderwerp van de nieuwe kernen of steden had in 1957, een jaar voor het verschijnen van het rapport, een congres met diverse planologen, ontwerpers en bestuurders plaatsgevonden. Hier had J.P. Thijsse gepleit voor een beperking van de breedte van de nieuwe steden tot acht kilometer, zodat het natuurschoon altijd op een kwartier fietsen zou liggen. De bestuurskundige G.A. van Poelje memoreerde het Internationaal Stedebouwcongres uit 1924 en de discussie die hier ontstond over het wel of niet vormen van een nieuw bestuursorgaan voor het stadsgewest. Zo'n orgaan achtte Van Poelje op dit moment niet haalbaar en hij adviseerde dan ook om de opgave van nieuwe steden vooral met het bestaande instrument van het streekplan te regelen. Dat was ook de weg die de Werkcommissie voor de uitwerking van haar visie voor zich zag. Probleem was dan alleen dat het streekplan in de WNPS nog altijd een zeer gedetailleerd instrument was. Het volstond nog net om de afronding van bestaande plannen in de streek weer te geven, maar was te precies en daardoor te omstreden om nieuwe plannen in te kunnen opnemen. Het bleek in de praktijk meestal al verouderd te zijn op het moment dat het was aangenomen. Veel PPD's waren daarom al overgegaan tot het maken van visies of nota's die geen rechtskracht hadden maar wel vooruit konden kijken. Uiteindelijk overtuigde de directeur van de PPD Noord-Brabant minister Witte ervan dat een meer flexibele manier van planning nodig was. Niet langer moest het maken van plannen centraal staan maar eerder het maken van richtlijnen en beleid. Het nieuwe voorstel voor de zogenaamde Wet op de Ruimtelijke Ordening – na extra wijzigingen pas in 1965 van kracht – ging hier dan ook van uit. Het streekplan werd een beleidsprogramma zonder bindende kracht. Het gemeentelijke bestemmingsplan bleef als enige keiharde plan overeind. De RNP ging voortaan Rijksplanologische Dienst heten. De verschuiving naar ruimtelijk beleid was zichtbaar in de nota. In de toelichting bij de nota onderkende de overheid dat de Randstad van economisch belang was, maar wenste ze verder alle onnodige en mogelijk tot congestie leidende functies uit de Randstad weg te halen en te verspreiden over het hele land. Voor het eerst in de belangenstrijd tussen economie en ruimtelijke ordening, moest nu de economie zich aanpassen aan de spreidingsgedachte uit de ruimtelijke ordening: de overheid riep zelfs subsidies voor de vestiging van ondernemers in de verre 'probleemgebieden' buiten de Randstad in het leven en de verhuiskostenvergoeding, die jarenlang mensen naar de Randstad had getrokken, gold vanaf nu in omgekeerde richting. Deze stimulansen bleken samen te vallen met de economische realiteit: de hoge grondprijzen en lonen in de Randstad maakten dat verschillende ondernemers vanzelf wel naar goedkopere, iets verder afgelegen regio's gingen uitkijken. Het was dus moeilijk te beoordelen of de maatregelen van de overheid echt vruchten afwierpen. Wel onderstreepte het document het

time. Instead, he recommended that the new towns be organized by the established method of the regional plan. The Working Committee likewise believed that regional plans were the way to realize its vision; the only problem was that, according to the provisional National Plan and Regional Plans Act, regional plans had to provide highly detailed specifications. They were suitable, though just barely, for completing the implementation of existing plans for the region, but they were too fine-grained, and hence too controversial, to serve as vehicles for new concepts. In practice, most regional plans were already out of date by the time they were adopted, and many PPDs had therefore shifted to writing vision documents or reports that had no legal force but could make allowances for future developments. The director of the PPD for North Brabant ultimately persuaded Minister Witte of the need for a more flexible planning method, focused not on drawing up detailed plans, but on developing general guidelines and policies. This was the approach that informed the new spatial planning bill (which did not become law until 1965, in a modified version).[31] Under the new regime, regional plans became non-binding policy programmes, and the only remaining plans with legal force were municipal zoning plans. The RNP was renamed the National Spatial Planning Agency (*Rijksplanologische Dienst*).

The shift toward spatial planning was visible in the First Policy Document. An accompanying memorandum recognized the economic importance of the Randstad, but defined the objective of the new policy as moving all inessential activities that might lead to congestion out of the Randstad and dispersing them throughout the country. In the long-running conflict between spatial planning and the economy, for the first time the economy had a lower priority than the spatial-planning concept of decentralization. There were even government grants to encourage businesses to relocate to 'problem areas' far from the Randstad, and the reimbursement programme for moving expenses, which had been used for years to encourage migration to the Randstad, was reversed to promote movement in the opposite direction. These incentives happened to coincide with economic realities. Elevated land prices and wages in the Randstad were sufficient reason for many businesses to relocate to less expensive, more provincial areas. This made it difficult to say whether the government measures were having an effect. In any case, the First Policy Document underlined the importance that the national authorities attached to sound management of the country's physical space as a basis for economic growth and the equitable distribution of wealth. Even though the document did not define key planning concepts in much greater detail than the earlier Western Development Report, and even though the new Spatial Planning Bill had not yet been enacted, many urban planners felt that years of lobbying, research, and warnings had finally been rewarded.

23 Official note from J. de Ranitz to S. van der Meer, 1 March 1946, semi-active records of the Ministry of Housing, Spatial Planning, and the Environment (*Ministerie van Volkshuisvesting, Ruimtelijke Ordening en Milieubeheer*), as quoted in H.T. Siraa, *Een miljoen nieuwe woningen. De rol van de rijksoverheid bij wederopbouw, volkshuisves ting, bouwnijverheid en ruimtelijke ordening (1940-1963)*, The Hague 1989, p. 169.

24 As quoted in Siraa, 1989, p. 181.

25 Translator's note: The CPB still exists today, and has adopted the official English name 'Netherlands Bureau for Economic Policy Analysis', in part to avoid giving the impression that the Netherlands has a centrally planned economy.

26 N. de Boer & D. Lambert, *Woonwijken. De Nederlandse stedebouw 1945-1985*, Rotterdam 1987, pp. 30-32, as quoted in: E. Taverne & K. Schuyt, *1950. Welvaart in zwart-wit*, The Hague 2000, p. 200.

27 W. van Tijen, 'Architectonische mogelijkheden en gevaren. De noodzaak van de voortbrenging der stoffelijke cultuurgoederen in massaproductie', *Bouw*, no. 26, 1948, p. 8, as quoted in Bosma & Wagenaar, 1993, p. 253.

28 *Brochure Dura-Coignet*, Rotterdam, n.d, as quoted in Bosma, Wagenaar, 1993, p. 256.

29 Translator's note: At present, the Tweede Kamer's official English name is the House of Representatives. This name was adopted fairly recently, however, and was not in widespread use before that time.

30 Translator's note: The literal meaning of 'Randstad' is 'Edge City' or 'Rim City', a reference to the fact that the built-up parts of the western conurbation are along its outer edge, with a more rural area in the centre.

31 Translator's note: This new bill, the *voorstel voor de Wet op de Ruimtelijke Ordening* (literally 'proposal for the Spatial Planning Act'), was the successor to the bill from 1950 mentioned above, the *voorstel voor de Ruimtewet* (literally 'proposal for the Space Act'), which had never been enacted into law.

belang dat de rijksoverheid hechtte aan een goede ordening van het grondgebied als basis voor de welvaartsgroei en -spreiding. Daarmee was het – ondanks het feit dat de nota de planconcepten uit *De ontwikkeling van het westen des lands* nauwelijks verder uitwerkte, noch het instrumentarium van de nieuwe Wet op de Ruimtelijke Ordening voor de uitvoering ervan was ingesteld – voor veel ontwerpers eindelijk een erkenning van jarenlang pleiten, onderzoeken en waarschuwen.

19 Nota van J. de Ranitz aan S. van der Meer, 1-3-1946, semistatisch archief van Ministerie van Volkshuisvesting, Ruimtelijke Ordening en Milieubeheer. Uit: H.T. Siraa, *Een miljoen nieuwe woningen. De rol van de rijksoverheid bij wederopbouw, volkshuisvesting, bouwnijverheid en ruimtelijke ordening (1940-1963)*, Den Haag 1989, p. 169.

20 Uit: Siraa, 1989, p. 181.

21 N. de Boer, D. Lambert, *Woonwijken. De Nederlandse stedebouw 1945-1985*, Rotterdam 1987, p. 30-32. Uit: E. Taverne, K. Schuyt, *1950. Welvaart in zwart-wit*, Den Haag 2000, p. 200.

22 W. van Tijen, 'Architectonische mogelijkheden en gevaren. De noodzaak van de voortbrenging der stoffelijke cultuurgoederen in massaproductie', *Bouw*, nummer 26, 1948, p. 8. Uit: Bosma, Wagenaar, 1993, p. 253.

23 *Brochure Dura-Coignet*, Rotterdam, z.j. Uit: Bosma, Wagenaar, 1993, p. 256.

1960-1970: Tomeloze maakbaarheidsdrift
1960-1970: Boundless Faith in Social Engineering

Viel de *Eerste Nota* op het moment van uitkomen nog mooi samen met de economische realiteit van spreiding, enkele jaren later bleek het document al hopeloos achterhaald. Niet alleen zette de economische groei sneller door dan verwacht en bleef deze zich toch vooral concentreren in de Randstad, maar tevens bleken de demografische verwachtingen ten opzichte van de berekeningen uit het einde van de jaren vijftig iets naar boven bijgesteld te moeten worden. Het CBS berekende dat Nederland in het jaar 2000 zo'n 20 miljoen inwoners zou tellen, ruim 7 miljoen meer dan de *Eerste Nota* als leidraad had genomen. De nieuwe verwachtingen brachten aardig wat rumoer teweeg. Het ene na het andere provinciale bestuur nam het initiatief tot het maken van ver vooruitkijkende nota's en visies: van *Het Noorden op weg naar 2000* tot *Drie miljoen Noord-Hollanders.* De natuurliefhebber en voormalig RNP-adviseur J.P. Thijsse jr. schetste in een lezing zelfs het perspectief van de inpoldering van een groot deel van de Wadden en de vestiging van een West-Europees vliegveld bij Vlieland. Ontwerpers voelden zich meer dan ooit geroepen om – naar het voorbeeld van het rapport *De ontwikkeling van het westen des lands* – nieuwe planconcepten voor de toekomst van Nederland uit te werken die de enorme economische en demografische groei konden accommoderen. Zo riep de Eindhovense hoogleraar Bouwkunde N.J. Habraken in 1964 uit: 'Nog nooit in de menselijke geschiedenis is het nodig en mogelijk gebleken om oppervlakten van tientallen vierkante kilometers te bebouwen en te verstedelijken tot gigantische structuren van leefgebieden, waarbij begrippen als stad en buiten niet langer gelden. Het is nu nodig.'[24]

Een belangrijk gevolg van de economische en demografische ontwikkelingen was de suburbane

Though when it was first published, the First Policy Document coincided neatly with the economic fact of decentralization, within just a few years the document had become hopelessly outdated. The pace of economic growth was faster than anticipated, growth remained concentrated in the Randstad, and the demographic projections made in the late 1950s had to be revised upward. And this was no minor correction – the Central Bureau of Statistics (*Centraal Bureau voor de Statistiek*; CBS) calculated that by the year 2000, the Netherlands would have 20 million inhabitants, an increase of more than 7 million from the figure in the First Policy Document.[32] These new projections caused a good deal of commotion, with one province after another hastening to produce long-term policy papers and vision documents, such as *Het Noorden op weg naar 2000* ('The North on the Way to 2000') and *Drie miljoen Noord-Hollanders* ('Three Million North Hollanders'). The nature lover and former RNP adviser J.P. Thijsse, Jr., even lectured on the possibility of transforming much of the Wadden Sea into dry land and constructing an airport near Vlieland that would serve Western Europe. More than ever, planners felt they should take their cue from the Western Development Report, developing new planning concepts to address the country's anticipated economic and demographic boom. This feeling was expressed in 1964 by N.J. Habraken, an architecture professor in Eindhoven: 'Never before in human history has it proved necessary and possible to build up and urbanize dozens of square kilometres into gigantic structures for habitation, where terms like city and countryside no longer apply. It is necessary now.'[33]

One major consequence of economic and demographic development was a wave of suburbanization, which inundated many parts of the Netherlands that the First Policy Document had predicted would remain sparsely populated. Many city-dwellers rejected the uniform residential districts that their municipalities had built for them in the late 1950s and early 1960s, preferring small towns and villages near the cities. The explosive rise in wages in the early 1960s – largely the work of a new, more laissez-faire governing coalition for which individual consumption was a higher priority than collective consumption – made it possible for many people to choose their home and their place of residence for themselves. They tended to prefer better-quality homes with more space, even if that meant a long commute to work. In the 1950s, the automobile had been used mainly for leisure-time activities, but in the 1960s, car ownership skyrocketed as a commuter culture took shape. Between 1961 and 1970, the number of commuters more than doubled, from 747,000 to 1,616,000. Some villages and small towns expanded into suburban paradises, while the new residential districts in the major cities fell into decay. From 1961 to 1970, the number of people leaving just the three largest cities (Amsterdam, The Hague, and Rotterdam) was 287,000. This unexpectedly high rate of departure first became apparent in the high-rise districts that had been popular during the housing shortages of the 1950s. These districts were now rapidly emptying out. One egregious case was Bijlmermeer. In 1962, this outlying Amsterdam district was conceived as 'the city of tomorrow' for Dutch families in search of more spacious homes. But just a few years later it was occupied by poor immigrants, with many dwellings shared by more than one family. Within ten years newspaper headlines were asking, 'Bijlmermeer: Our First Ghetto?'[34] But meanwhile, what had happened to the Amsterdam families for whom Bijlmermeer's honeycomb-shaped flat blocks had originally been designed? Many of them had moved to Almere, a new town on reclaimed land across the IJsselmeer from Amsterdam, where for

golf die grote delen van Nederland die volgens de *Eerste Nota* leeg zouden blijven overspoelde. In plaats van te gaan wonen in de uniforme woonwijken die de grote steden aan het eind van de jaren vijftig en begin jaren zestig voor hun inwoners bouwden trokken de stedelingen liever naar kleinere steden en dorpen in de omgeving. De loonexplosie aan het begin van de jaren zestig – grotendeels het gevolg van een nieuwe, liberalere regeringscoalitie die individuele consumptie boven collectieve consumptie plaatste – maakte het voor veel mensen mogelijk om hun woning en woonplaats zelf te kiezen. Ze gaven de voorkeur aan ruimere en kwalitatief betere woningen, ook als dit betekende dat ze daarvoor op en neer naar hun werk moesten reizen. De auto, die in de jaren vijftig nog vooral voor de vrijetijdsbesteding werd gebruikt, maakte in de jaren zestig een enorme groei door en ondersteunde dit forensisme. Het aantal forensen nam tussen 1961 en 1970 toe van 747.000 tot 1.616.000, meer dan een verdubbeling! Zo groeiden sommige dorpen of kleine gemeenten uit tot ware suburbane paradijzen, terwijl de grote steden hun nieuwbouwwijken zagen verloederen. Alleen al uit Amsterdam, Den Haag en Rotterdam vertrokken in de periode 1961-1970 zo'n 287.000 mensen. Het vertrekoverschot was het eerst merkbaar in de uniforme hoogbouwwijken die in de jaren vijftig vanwege de woningnood vaak nog wel in trek waren, maar nu hun bewoners zagen verdwijnen. Schrijnend was de situatie in de Bijlmermeer, in 1962 nog aangekondigd als 'de stad van morgen' voor Amsterdamse gezinnen die een ruime woning wensten, maar een paar jaar later in gebruik genomen door arme immigranten die vaak met meerdere gezinnen tegelijk de ruime woning deelden. Binnen tien jaar kopte de krant: 'De Bijlmermeer, ons eerste ghetto?'[25] De Amsterdamse gezinnen die de honingraatflats hadden moeten gaan bewonen waren ondertussen in groten getale naar Almere vertrokken, waar ze voor hetzelfde geld een laagbouwwoning met eigen tuin konden krijgen.

Hoog Catharijne, 1983.
Hoog Catharijne, 1983.

1960-1970

De Nota inzake de ruimtelijke ordening uit 1960 bleek al binnen een paar jaar gedateerd te zijn: de demografische en economische prognoses dienden flink naar boven te worden bijgesteld. De Tweede Nota die in 1966 verscheen keek dan ook optimistisch vooruit naar het jaar 2000. De in 1965 verschenen WRO presenteerde het instrumentarium om de planconcepten uit de nota in de praktijk te brengen. Met name het concept van de gebundelde deconcentratie was een groot succes. Terwijl de rijksoverheid de door samenwerking van onderzoekers, planologen en ontwerpers tot stand gekomen nationale planconcepten met gretigheid in zich opnam, gaven ook bestuurders op het provinciale en lokale niveau de ruimte aan (externe) onderzoekers, ontwerpers en soms zelfs marktpartijen om vooruitstrevende plannen te maken. Zo omarmde het gemeentebestuur van Utrecht de plannen van bouwbedrijf Bredero voor Hoog Catharijne. De samenwerking tussen de ambitieuze overheid, groots denkende ontwerper en doorpakkende bureau-cratie vierde hoogtij. Eind jaren zestig begonnen de minder geslaagde resultaten van de grootse plannen zich echter af te tekenen. Deze zorgden niet alleen voor de eerste kleerscheuren in het imago van de Diensten Stadsontwikke-ling, maar ook voor een einde aan het ongebreidelde geloof in de maakbaarheidsgedachte.

Within a year of its publication in 1960, the First Policy Document on Spatial Planning proved outdated; its de-mographic and economic forecasts needed to be revised upwards quite considerably to reflect demographic and economic growth. The Second Policy Document, published in 1966, sketched a rosy vision of the future, extending all the way to 2000. The Spatial Planning Act, which took effect in 1965, furnished the instruments with which to implement new planning concepts. The concept of clustered dispersal was embraced with particular fervour. Central government enthusiastically took up an approach to national planning devised by researchers, urban planners and ar-chitects working in partnership. Likewise, authorities at provincial and local level were inviting external consultancies, designers, and sometimes even investors and project developers to devise forward-looking plans. A case in point was Utrecht, where the municipal authorities eagerly approved a massive redevelopment project (Hoog Catharijne) proposed by the Bredero construction company. It was an era of grandiose plans pushed through by municipal authorities keen to join the march of progress, hand in hand with ambitious designers and zealous urban development departments. By the end of the 1960s, however, the downside of these mega-plans became apparent. Not only did this mark the first disenchantment with urban development departments, it also demonstrated the fallibility of social engineering.

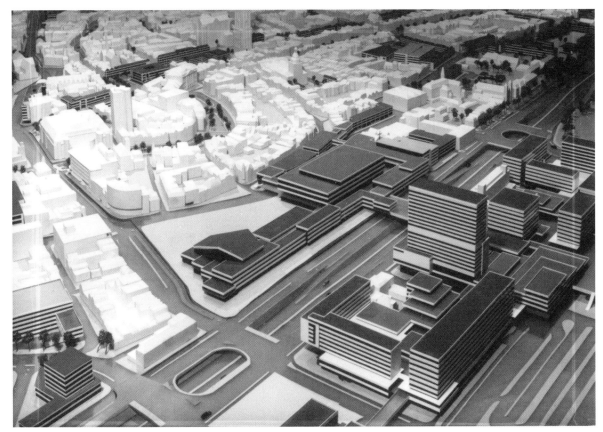

Maquette Hoog Catharijne, 1967.
Model of Hoog Catharijne, 1967.

Ondertekening van het contract voor het plan Hoog Catharijne in het Stadhuis te Utrecht, 1964. Zittend links burgemeester C.J.A. de Ranitz en rechts president-directeur van Bredero's Bouwbedrijven J. de Vries. Op de achtergrond
onder anderen de chef en hoofddirecteur van de afdeling Openbare Werken.
Signing the contract for the Hoog Catharijne project, Utrecht City Hall, 1964. Mayor C.J.A. Ranitz (seated left) and
J. de Vries, the director of Bredero construction company (right). The group in the background includes the head and
director-in-chief of the public works department.

De kritiek die stedenbouwkundigen en stadsbewoners in de jaren vijftig al wel hadden laten doorklinken op de wijken met een 'onpersoonlijk karakter' was nu onontkoombaar. Meer aandacht voor de wensen van de steeds welvarender wordende bevolking kon dan ook niet uitblijven. De RNP, vanaf 1965 RPD, ving aan met onderzoek naar een nieuwe nota. Deze borduurde voort op planconcepten die het rapport de *Ontwikkeling van het westen des lands* ook al voorstelde, zoals spreiding en de samenhang van een grote stad met daaromheen nieuwe kernen in het stadsgewest. Waar het rapport destijds nog vooral grote kernen met eigen werkgelegenheid voorstelde, diende de RPD nu rekening te houden met de behoefte aan meer kleinschalige woongebieden. Daartoe presenteerde ze het principe van 'gebundelde deconcentratie', deconcentratie van de kernen dus, maar dan wel zo dat niet het hele platteland met bebouwing volliep. Zo wist de *Tweede nota inzake de ruimtelijke ordening* (1966) binnen het stadsgewest maar liefst in vier verschillende woonmilieus te voorzien: behalve de grote steden van de Randstad, ook de middelgrote steden waar de *Ontwikkeling van het westen des lands* al op doelde, nieuwe tuinsteden binnen de stadsgewesten en hele kleine kernen van ongeveer 5000 inwoners. Ieder stadsgewest moest zo de woonwensen van de bevolking kunnen zien te accommoderen. Buiten het stadsgewest was suburbanisatie uit den boze. De plattelandskernen die niet als groeikern waren aangewezen kregen de ruimte voor slechts 1% groei per jaar, om zo de natuurlijke aanwas op te kunnen vangen. De *Tweede Nota* werkte vanuit de feiten van vandaag een toekomstvisie voor 2000 uit. De nota besteedde dan ook volop aandacht aan de toegenomen automobiliteit. Zo was in de nota rekening gehouden met het *Structuurschema Hoofdwegennet* dat door het Ministerie van Verkeer en Waterstaat was gepresenteerd. In de ruimtelijke structuurschets van de nota, die tevens het beeld

the same price they could buy a low-rise apartment with a private garden.

Since the 1950s, urban planners and urbanites alike had been criticizing the 'impersonal character' of many new districts, and now it was no longer possible for policymakers to turn a deaf ear. They had no choice but to give more thought to the preferences of the Dutch population, which was growing more prosperous by the year. The RNP – which changed its name in 1965 to the National Spatial Planning Agency (*Rijksplanologische Dienst*; RPD) – began research for a new policy document. This new document built on planning concepts first proposed in the Western Development Report, such as decentralization and connecting the major cities to overspill towns in the surrounding urban region. But while that earlier report had envisaged large overspill towns with their own sources of employment, the RPD's new policy document acknowledged the demand for smaller-scale residential communities. This new document, the *Tweede nota inzake de ruimtelijke ordening* ('Second Policy Document on Spatial Planning'; 1966), introduced a policy known as clustered dispersal (*gebundelde deconcentratie*): moving people out of the largest urban centres, but without building up the entire countryside. The document defined four distinct residential environments within the urban region: the major cities making up the Randstad, the medium-sized towns referred to earlier in the Western Development Report, new garden cities between urban regions, and small population centres of about 5,000 inhabitants. These were the tools with which all urban regions were expected to meet the housing demands of their residents. The policy document strictly ruled out suburbanization outside the urban regions. Rural towns and villages not designated as growth centres were only allowed to expand by 1% a year, the estimated growth rate of the existing population.

The Second Policy Document used data about the present to develop a vision for the future, extending all the way to the year 2000. It devoted a great deal of discussion to the increase in car ownership and use, making reference to a Trunk Road Network Structure Plan (*Structuurschema Hoofdwegennet*) developed by the Ministry of Public Works and Water Management (*Ministerie van Verkeer en Waterstaat*). Sketching the country's current spatial structure and the projections for the year 2000, the RPD observed that motor traffic was influencing 'practically every aspect of spatial design'. While the RPD looked at motorways as a means of 'bringing urban cultural assets, and facilities in the social and cultural fields, within reach of the rural population', the public works ministry tended to see them very differently – as a means of managing the flow of traffic.

One manifestation of this difference was the dense traffic network that the Structure Plan proposed to lay over the Green Heart, the rural centre of the Randstad. Although the RPD was less than delighted with this proposal, which it feared might bring on a 'Green Heart Attack', the Structure Plan did provide the infrastructure required by an affluent society. The Second Policy Document placed this infrastructure in a larger context, laying down a comprehensive spatial planning programme, not only for the places where people lived and worked, but also for the roads, the railways, the main industrial sites, and outdoor recreation areas. The RPD developed the concept of Green Stars (*Groene Sterren*): large, park-like recreation areas near major cities. This approach brought an extra dimension to the Second Policy Document; rather than a mere statement of current policy, it was a vision for the year 2000, supported by a battery of planning concepts. In the words of Eo Wijers, then director of the RPD, spatial planning had two sides: the design side, which aimed to make things better, and the legal side, which prevented them from getting worse.[35]

In contrast to the First Policy Document, which had been propped up only by the wobbly legal framework of the provisional

van Nederland anno 2000 schetste, gaf de RPD aan hoe het gemotoriseerde verkeer effect had op 'vrijwel elk aspect van de vormgeving van de ruimte'. Terwijl de RPD de autowegen zag als instrumenten om 'stedelijke cultuurgoederen en voorzieningen op sociaal en cultureel vlak binnen het bereik van de plattelandsbevolking' te brengen, hield Verkeer en Waterstaat er echter een hele andere visie op na. Die zag de autowegen voornamelijk als verkeerstechnische instrumenten. Kenmerkend voor het verschil was de fijnmazige verkeersstructuur die het *Structuurschema* over het Groene Hart heen legde. Hoewel deze door de RPD minder wenselijk werd bevonden – de RPD probeerde juist een 'groenehartinfart' te voorkomen – bood het *Structuurschema* verder wel de bij de welvarende samenleving behorende infrastructuur. Het was de *Tweede Nota* die deze infrastructuur in een breder kader plaatste. De nota probeerde op deze manier niet alleen de woon- en werkgebieden integraal te programmeren maar ook de wegen, een uitgebreid spoorwegnet, de belangrijkste industrieterreinen en gebieden voor de openluchtrecreatie. Voor deze laatste bedacht de RPD het concept van de 'Groene Sterren', grote, parkachtige recreatiegebieden in de nabijheid van de grote steden. De *Tweede Nota* was daarmee niet alleen een beleidsstuk, maar vooral ook een visie voor 2000 met daaraan gekoppeld verschillende planconcepten. Volgens Eo Wijers, indertijd directeur van de RPD, had de ruimtelijke ordening dan ook een vormgevende kant 'om het betere te maken' en een juridische 'om erger te voorkomen'.[26]

In tegenstelling tot de *Eerste Nota*, die het met halfslachtige bepalingen uit de voorlopige WNPS uit 1950 moest doen, stond voor de uitvoering van de *Tweede Nota* een compleet nieuw stelsel van wetten en bevoegdheden klaar. In 1965 had de Tweede Kamer immers de al lang voorbereide *Wet Ruimtelijke Ordening* (WRO) aangenomen. Die voerde voor het eerst het gemeentelijke bestemmingsplan als enig bindende planfiguur in. Voortaan schreef de rijksoverheid, vanuit de interministeriële Rijksplanologische Commissie de hoofdlijnen voor het ruimtelijk beleid uit. De RPD werkte deze in overleg met het Ministerie van Volkshuisvesting en Ruimtelijke Ordening (VRO) uit in de vorm van nota's. Het ministerie kon tevens richtlijnen uitschrijven waar Gedeputeerde Staten en gemeenten zich in hun streekplan, structuurplan of uitbreidingsplan aan dienden te houden. Deze plannen hadden vooral beleidsmatige waarde. Het enige plan dat burgers rechtstreeks kon binden en waartegen beroep bij de Kroon kon worden ingesteld was het gemeentelijk bestemmingsplan. Het waren dus de gemeenten die de praktijk van ruimtelijke ordening bedreven, maar ze konden dit alleen doen als ze handelden conform de landelijke en provinciale eisen. Omdat het stadsgewest als geheel met de grote steden als ankerpunten centraal stonden in de *Tweede Nota*, gaf deze de aanzet tot vele gemeentelijke herindelingen in de daaropvolgende jaren. Ook kwam het veel voor dat gemeenten wel autonoom bleven maar onderling afspraken maakten over het aantal over te lopen inwoners. Dit gebeurde bijvoorbeeld tussen Amsterdam en Purmerend. De WRO bood de rijksoverheid, provincies en (heringedeelde) gemeenten eindelijk de instrumenten om in de *Tweede Nota* opgenomen concepten als spreiding en gebundelde deconcentratie daadwerkelijk te realiseren.

De resultaten begonnen zich aan het eind van de jaren zestig dan ook al af te tekenen. De ruimtelijke hoofdstructuur die het rijk had aangegeven, feitelijk een blokjeskaart met onderscheid in de verschillende woonmilieus, aanduiding van de recreatiegebieden, verkeerswegen en industriekernen, landde in verschillende plannen en nota's. Zo was duidelijk dat de Flevopolders voornamelijk akkergebied zouden blijven, dat de Veluwe een belangrijk natuur- en recreatiegebied zou blijven en dat met name in de Zuidvleugel van de Randstad de industrie flink

National Plan and Regional Plans Act, the Second Policy Document was founded on an entirely new regime of laws and statutory powers. In 1965, the Lower House had passed the long-awaited Spatial Planning Act (*Wet Ruimtelijke Ordening*). For the first time, this act introduced a single type of legally binding spatial plan: the municipal zoning plan. From that time onward, national government was to set out the main lines of spatial policy, through the inter-ministerial Spatial Planning Commission (*Rijksplanologische Commissie*). The RPD, in consultation with the public works ministry, would then produce more detailed policy documents. The public works ministry could also produce guidelines that the provincial and municipal authorities were required to follow when drawing up regional plans, strategic plans (known as 'structure plans'), and extension plans. These three types of plans were mainly policy statements, rather than binding frameworks. The only type of plan which ordinary citizens were legally obliged to respect, and which could be appealed to the Crown, was the municipal zoning plan. This meant that in practice spatial planning was a municipal activity, but had to take place within provincial and national frameworks. Because the Second Policy Document was based on the idea of urban regions around the major cities, many municipal boundaries had to be redrawn in the years following its publication. And even when towns near major cities managed to remain autonomous, they often had to commit to absorbing a certain degree of overspill. Purmerend struck this type of deal with Amsterdam, for instance. The concepts described in the Second Policy Document, such as clustered dispersal, were no longer mere abstractions; the WRO gave the national authorities, the provinces, and the redrawn municipalities the tools to put them into practice.

The results of the new policy first became visible in the late 1960s. The general spatial framework (*ruimtelijke hoofdstructuur*) set out by the national authorities was in fact a map made up of little blocks, with colours representing different land uses: various types of residential districts, recreation areas, traffic routes, industrial sites, and so on. This map made an appearance in all sorts of lower-level plans and documents, and clearly indicated, for instance, that the Flevopolders would remain in use as agricultural land, that the Veluwe would remain an important nature and recreation area, and that plenty of industrial expansion would be permitted in the South Wing (*Zuidvleugel*) of the Randstad. Three municipal agencies in Rotterdam – the Port Authority, the Urban Development Department, and the Municipal Works Department (*Havenbedrijf, Dienst Stadsontwikkeling*, and *Dienst Gemeentewerken* respectively) – developed Plan 2000+ for Rijnmond, which had been designated as Rotterdam's urban region and the country's main port and industrial area. This plan envisaged the expansion of the port on a huge scale, with a large new city called Grevelingenstad on the nearby delta island of Goeree-Overflakkee. Although Plan 2000+ was ultimately abandoned under pressure from the environmental lobby, the Heinenoordtunnel planned in the Second Policy Document was built, and this led to other developments in the area, such as a new Shell site near Moerdijk. The late 1960s also saw the first developments in many other areas whose functions had been clearly designated by the national authorities, such as the less central ports of Den Helder, Delfzijl, en Sloe. The national authorities set a good example by relocating as many government agencies as possible to outlying regions. Yet despite an array of incentives, which were generally stronger than those associated with the First Policy Document, the private sector was not quick to follow, and the economy proved less malleable than the national authorities had hoped.

Better progress was made with the first new towns for urban overspill, such as Zoetermeer and Lelystad. These projects had been in the works since the publication of the

mocht groeien. Voor Rijnmond, aangewezen als het grootste haven- en industriegebied en stadsgewest van Rotterdam, ontwikkelden de Rotterdamse gemeentelijke diensten Havenbedrijf, Stadsontwikkeling en Gemeentewerken in 1969 het *Plan 2000+*. Het voorzag in een reusachtige groei van de haven, met een grote Grevelingenstad op Goeree Overflakkee. Hoewel dit plan uiteindelijk mede vanwege de milieulobby niet doorging zette de in de *Tweede Nota* aangekondigde Heinenoordtunnel wel weer aan tot verschillende andere ontwikkelingen in het gebied, zoals de uitbreiding van Shell bij Moerdijk. Ook in andere gebieden waar de rijksoverheid duidelijk functies voor aanwees, zoals de havens in de verderaf gelegen regio's als Den Helder, Delfzijl en Sloe, kwamen nu de eerste ontwikkelingen op gang. De rijksoverheid gaf zelf het goede voorbeeld voor spreiding door zoveel mogelijk rijksinstellingen naar deze regionen te verplaatsen. Ondanks verschillende stimuleringsmaatregelen, die over het algemeen sterker waren dan die ten tijde van de *Eerste Nota* verrezen, kwam de markt nog niet meteen achter haar aan. Die liet zich toch niet zo hard sturen als de rijksoverheid had gehoopt. Voortvarender ging het met de bouw van de eerste groeikernen, zoals Zoetermeer en Lelystad. Deze waren al na de *Ontwikkeling van het westen des lands* aangepakt; Zoetermeer als groeikern van Den Haag, omdat deze stad niet in uitwaartse richting kon uitbreiden en Lelystad als groeikern van Amsterdam. De *Tweede Nota* liet duidelijk haar sporen na in de opzet van beide groeikernen: waar ze aanvankelijk grotendeels uit hoogbouwwijken bestonden, kwamen hier halverwege de jaren zestig steeds meer gewenste laagbouwmilieus in het groen bij. Beide steden zijn nu vooral bekend door deze laagbouwmilieus. De nieuwbouwwijken kenden allemaal min of meer dezelfde opzet, afgestemd op het gezin als dé doelgroep. Sterker nog, het basiselement van de gemiddelde jarenzestignieuwbouwwijk bestond uit 100m² vloeroppervlak op een kavel van 160m², met tuin en ruimte voor een parkeerplaats. En omdat onderzoekers, met name de socioloog F. Grünfeld, aangaven dat mensen met dezelfde leefstijl graag bij elkaar woonden, ontstonden zo echte gezinswijken met aan de rand de vrijesectorwoningen, in het midden de woningwetwoningen en daartussenin de premie-koopwoningen. De stelregel 'homogene buurten in een heterogene wijk' bood overheid en ontwerpers houvast bij het vormgeven van de groeikernen. De overheid beschikte bovendien over een arsenaal aan financieel-economische sturingsmiddelen om de juiste gezinnen met of zonder subsidies op de juiste plek in de wijk te doen terechtkomen. De gebundelde deconcentratiegedachte uit de *Tweede Nota* groeide uit tot een groot succes. Het concept bleek perfect aan de wensen van de bevolking te voldoen. Overigens lukte het daarbij niet om de suburbanisatie helemaal tegen te gaan. Vooral in Noord-Holland bleken de groeikernen Alkmaar, Hoorn en Purmerend de vraag van stadsbewoners niet volledig op te kunnen vangen en vond ook ongewenste suburbanisatie plaats. Overigens bleef ook juist hier de voorziene werkgelegenheid uit; de bedrijvigheid verplaatste zich vooral naar het zuiden van de provincie.

Terwijl de eerste nieuwe kernen volstroomden groeiden de grote Randstadagglomeraties uit tot bedrijvige centra. Deze boden de inwoners uit het stadsgewest niet alleen de nodige werkgelegenheid in zakencentra, maar ook allerhande voorzieningen om een vrije dag door te brengen. Om al deze functies in goede banen te leiden vonden in de stadscentra verschillende moderniseringsoperaties plaats, ook wel samengevat met de term cityvor-ming. Krappe en verkrotte wijken moesten plaats-maken voor ruime, schone gebouwen met daartus-sen voldoende verkeersruimte. Het Basisplan van Rotterdam (zoals beschreven in de tekst over de periode 1940-1950) met het moderne concept van de Lijnbaan, de vele kantoortorens en de brede

Western Development Report. Zoetermeer was the overspill town for The Hague, which was hemmed in with no room for outward expansion, and Lelystad (built on reclaimed land in the new province of Flevoland) played a similar role for Amsterdam. The Second Policy Document left an unmistakable mark on the organization of both of these new towns; at first they consisted largely of high-rise districts, but from the mid-1960s onward, they included a growing number of attractive low-rise areas with greenery. The two towns are now best known for these low-rise housing estates, which are all organized in more or less the same way, with a strong emphasis on nuclear families. In fact, the basic component of the average new housing estate built in the 1960s has a floor area of 100 square metres on a parcel measuring 160 square metres, with a garden and one parking place. The sociologist Frans Grünfeld and other researchers had concluded that people with similar types of dwellings liked to live in close proximity to one another, and this influenced the design of the new family estates, which had free-market housing for the wealthiest households on the periphery, public rental housing for the lowest-income families in the centre, and subsidized owner-occupied housing in between. A simple rule of thumb guided policymakers and planners in the design of the new towns: 'homogene-ous neighbourhoods in a heterogeneous district'. The national authorities also had a large range of financial and economic meth-ods for steering the right sorts of families to the right neighbourhoods, with or without housing subsidies. The Second Policy Docu-ment's clustered dispersal approach proved very successful, and perfectly adapted to the preferences of the general public. It did not, however, put a complete stop to unwanted suburbanization, especially in the province of North Holland, where the overspill towns of Alkmaar, Hoorn, and Purmerend were incapable of absorbing everyone who moved out of Amsterdam. Nor could these overspill towns offer as much employment as had been anticipated; instead, businesses tended to move to the south of the province.

As the first overspill towns filled up, the large agglomerations in the Randstad expanded to become centres for business, offering the residents of the urban region not only employment in central business districts, but also all sorts of ways of passing their spare time. The authorities launched a number of modernization initiatives to facilitate this transformation of city centres into business and leisure districts, a process often referred to as *cityvorming*.[36] Crowded slums were demolished to make way for clean, spacious buildings with plenty of room for motor traffic between them. Rotterdam's Basic Plan (described in the section on 1940-1950) was still seen as a shining example by many municipal authorities, with its car-free shopping street (the Lijnbaan), its many office towers, and its broad streets. After years of legal constraints, municipalities finally had the power to adopt binding zoning plans, which made it possible to merge the reconstructed city centre and the new housing estates surrounding it into a cohesive whole. On the other hand, strict financial rules that came into effect in 1961 made it difficult for municipalities to plan for long-term investment. One of these rules was that major investments had to be approved by the national or provincial authorities. To receive this approval, municipalities often had to specify every detail of their plans, even though they themselves were often unsure exactly what would be involved. One of the first municipalities that largely escaped this difficulty was Utrecht, where a debate had been in progress since the 1950s about the future of the city. The *Structuurplan* ('Structure Plan') adopted in 1954 provided for the concentration of many modern facilities and activities in the city centre. But the centre was so densely built up that massive demolition was required. In the late 1950s, the municipality invited the well-known traffic engineer M.E. Feuchtinger to propose a solution to its traffic problem. Feuchtinger suggested

straten diende voor veel gemeentebesturen nog altijd als lichtend voorbeeld. Het bestemmingsplan bood hun na jaren van beperkte juridische armslag eindelijk een instrument om zowel de binnenstedelijke wederopbouw als de daar net buiten gelegen nieuwbouw in samenhang te kunnen presenteren. Wel waren er sinds 1961 strenge financiële regelingen die het gemeenten lastig maakten om ver vooruit te investeren. Zo dienden ze grote investeringen door de rijksoverheid of provincie te laten goedkeuren. Dat betekende vaak dat ze dichtgetimmerde plannen neer moesten leggen, terwijl ze zelf dikwijls nog niet zeker waren van de exacte inhoud. Een van de eerste gemeenten die daar grotendeels onderuitkwam was de gemeente Utrecht. Deze was al sinds de jaren vijftig verwikkeld in allerhande discussies over de toekomst van de stad. Het *Structuurplan* uit 1954 zette in op de concentratie van vele moderne functies in de binnenstad. Deze was echter zo dichtbebouwd dat grote doorbraken noodzakelijk waren. Het gemeentebestuur nodigde nog aan het eind van de jaren vijftig de bekende verkeerskundige M. Feuchtinger uit om zijn licht op het verkeersprobleem te laten schijnen. Feuchtinger stelde voor om de singel rondom de oude stad tot een vierbaans binnenstadsring te maken. Het voorstel leidde tot de nodige discussies over vernieuwing versus behoud, met als gevolg dat er voorlopig niets gebeurde. De Dienst Stadsontwikkeling wachtte de discussies vooral af.

Dat veranderde toen in 1962 een dochtermaatschappij van het bouwbedrijf Bredero voorstelde om de hele stationswijk aan te pakken en tot zakencentrum, winkelhart en vervoersknooppunt om te bouwen. Het plan met de naam Hoog Catharijne voorzag in een nieuw centraal station dat zich boven de sporen uitstrekte en zodoende de nieuwe Jaarbeurs en allerhande nieuwe kantoorgebouwen aan de westzijde van de sporen met de binnenstad aan de oostzijde verbond. Tussen station en binnenstad voorzag het plan nog in een opgetild winkelcentrum met daarboven woon- en werkgebouwen en daaronder diverse straten en parkeergarages. Hoog Catharijne nam de geplande vierbaans ring in zich op. Het plan voorzag in ruim 200.000m² extra nuttig vloeroppervlak, waarmee Utrecht de komende tien jaar ruim 60% van de vraag kon opvangen. Hoewel de bevolking van Utrecht tegen de plannen - waaronder ook de demping van een stuk oude singelgracht - protesteerde, koos het gemeentebestuur in overleg met de Dienst Stadsontwikkeling toch voor het moderne dienstencentrum en gaf daarmee de plannen van Bredero de ruimte. De eerste grote Publiek-Private Samenwerking (PPS) voor de realisatie van het plan was daarmee een feit. Het betekende dat Bredero een groot deel van het traject van de visievorming, ontwikkeling, aanbesteding en realisatie op zich nam. De gemeente en Bredero huurden samen de ontwerper Alexander Bodon in om de plannen die door de ontwerpers van NV Empeo waren getekend verder uit te werken en de supervisie te houden. Halverwege de jaren zestig kon de uitvoering van de plannen beginnen en deed Utrecht een goede gooi om 'de moderne, expansieve, subcity van de Randstad Holland' te worden.[27]

Hoog Catharijne was het eerste Nederlandse stadsplan dat het stedelijk leven op een aparte verdieping boven de verkeers- en vervoersstromen organiseerde en zo verticale functiescheiding introduceerde. Het stedelijk dek creëerde een volledig op de voetganger afgestemde winkelomgeving. Met de vele hoekjes, bochten en kleine pleintjes zorgde deze omgeving voor een totaal andere ervaring dan de strakke, brede Lijnbaan in Rotterdam deed. De socioloog R. Wentholt concludeerde in 1968 in een studie naar de Rotterdamse binnenstad dan ook dat deze door de vele 'leegtes' enkele elementaire principes van gebruik, visuele waarneming en beleving miste. Veel ontwerpers keken dan ook wel uit om in de nieuwe stadsplannen dezelfde fouten te maken. Zo tekenden Van den Broek en Bakema, de ontwer-

that they fill in the canal circling the old town and construct a four-lane ring road. This proposal provoked vigorous debate about modernization versus preservation, and for the time being, no steps were taken, as the Urban Development Department waited to hear the outcome of these discussions.

That changed in 1962, when NV Empeo, a subsidiary of the construction company Bredero, submitted a proposal to redevelop a large area around the railway station into a central business and shopping district and a traffic hub. This plan, known as Hoog Catharijne, included a new central station built over the railway lines, which would connect the new Jaarbeurs conference centre and all sorts of new office buildings to the west with the city centre to the east. Between the station and the city centre, the plan called for a raised shopping mall with residential and office buildings above it and streets and car parks below. Hoog Catharijne also included the planned four-lane ring road. All in all, the proposed project would create 200,000 square metres of additional usable floor area, with the capacity to absorb more than 60% of Utrecht's demand for new space over the next ten years. Even though public opinion in Utrecht was vociferously opposed to the plans, which involved filling in part of the canal around the old town, the municipal leaders decided in consultation with the Urban Development Department that a modern shopping and business centre was the right choice, and they gave Bredero the green light. This led to the creation of the first major public-private partnership in the domain of urban planning. Bredero took charge of much of the strategic planning, the development, the tendering process, and the implementation. The municipality and Bredero jointly selected the urban designer Alexander Bodon to fill in the details of the plans by NV Empeo and to supervise. By the mid-1960s, construction began, and Utrecht could make a compelling case that it was 'the modern, expansive sub-city of the Randstad'.[37]

Hoog Catharijne was the first plan in the

Netherlands to place city life on a separate level, above motor traffic, introducing the concept of the vertical separation of urban functions. Its 'urban deck' was a commercial environment intended entirely for pedestrians. With its nooks and crannies, twists and turns, and interior courtyards, it provided an entirely different experience from Rotterdam's broad, straight Lijnbaan. In a study of Rotterdam's city centre in 1968, the sociologist R. Wentholt concluded that because of its many 'gaps' (*leegtes*), it lacked certain qualities fundamental to the use, visual perception, and experience of a city. From that time on, many planners were careful not to make the same mistake. Van den Broek and Bakema, produced a plan for the centre of Eindhoven (known as the Cityplan) on the same large scale as their earlier creation, the Lijnbaan; the new plan's centrepiece was a gigantic, 60-metre-tall building. But the Cityplan also included a pedestrian level that incorporated many of Wentholt's insights, such as shop fronts and street furniture designed to slow pedestrian traffic. The Second Policy Document had portrayed Eindhoven as the largest metropolis in the southern Netherlands, a city that would have one million inhabitants by the year 2000. The plan for the inner city was intended to express this new role. That was why the municipality and the Chamber of Commerce commissioned the renowned designers Van den Broek and Bakema, rather than their own Municipal Works Department, whose preliminary designs they found disappointing. The importance of the Cityplan to the municipality was evident from the innovative, large-scale way in which it was presented to the public, with an exhibition at the Van Abbemuseum, 'teach-ins', and several brochures with photos of scale models. Yet none of this overcame public opposition to the project.

It was not only in Eindhoven that mega-plans for city centres met with resistance. The makers of the Second Policy Document had tried to meet the demands of those who left the major cities by planning suitable

pers van de Lijnbaan, een plan voor de binnenstad van Eindhoven waarin de grootschaligheid van de Lijnbaan wel herkenbaar was, maar waarin een herkenbare maat van 60 meter was aangehouden en op het voetgangersniveau diverse inzichten van Wentholt verwerkt waren, zoals de vertraging van de voetganger door middel van de maatgeving van winkelpuien en straatmeubilair. Eindhoven was in de *Tweede Nota* gepresenteerd als grootste metropool van Zuid-Nederland, een stad die in het jaar 2000 één miljoen inwoners zou tellen. Het binnenstads-plan moest uiting geven aan die nieuwe rol. Daarom vroegen de gemeente en de Kamer van Koophandel de gerenommeerde ontwerpers Van den Broek en Bakema en niet de eigen Dienst Gemeentewerken, wiens ontwerpen ze maar tegen vonden vallen. Kenmerkend voor het belang dat de gemeente aan het cityplan hechtte was de grootscheepse en innovatieve manier waarop ze het aan de bevolking presenteerde; die kon een tentoonstelling in het Van Abbemuseum bezichtigen, 'teach-ins' bijwonen en verschillende folders met maquettefoto's krijgen. Dat mocht echter niet baten, want de bevolking was en bleef tegen.

Die weerstand tegen de grootse binnenstadsplan-nen bestond niet alleen in Eindhoven. Terwijl de samenstellers van de *Tweede Nota* met het con-cept van de woonmilieus binnen het stadsgewest het nodige deden om aan de wensen van de stad-verlaters tegemoet te komen, leverden ze samen met de gemeentebesturen, Diensten Stadsontwik-keling en Volkshuisvesting en marktpartijen in de verschillende grote steden allerhande inspanningen waarmee ze zich langzamerhand de woede van de achterblijvers op de hals haalden. De Diensten Stadsontwikkeling en Volkshuisvesting waren uitgegroeid tot machtige apparaten met een eigen gemeentelijk grondbedrijf binnen de gelederen en bovendien vaak ook met het vertrouwen van de bestuurders, die de goede voorbeelden uit andere moderne steden kenden en in de vaart der volkoren meewilden. Zo konden verschillende gemeentelijke diensten met hulp van onderzoekers en ontwerpers van buitenaf grootse plannen realiseren zonder überhaupt naar de stem van de bewoners te luisteren. Pas toen die stem in de jaren zeventig echt luid ging roepen, ontwaakten de diensten uit hun ivoren toren. Tot die tijd vierde het modernistische maakbaarheidsideaal hoogtij, zowel bij de stedelijke diensten als bij de PPD's en de RPD, die met hun plannen vooral groots dachten en blauwdrukken voor de toekomst tot 2000 leverden.

24 Uit: Van der Cammen en De Klerk, 2008, p. 213.
25 'Bijlmermeer: ons eerste getto?', *Vrije Volk*, 17-10-1975.
26 Jannemarie de Jonge, *Een kwart eeuw Eo Wijers-Stichting. Ontwerpprijsvraag als katalysator voor gebiedsontwikkeling*, Gouda 2008, p.10.
27 J. Petri in 1964. Uit: Van der Cammen en De Klerk, 2008, p. 191.

residential settings elsewhere in the urban regions. But their plans for the future of city centres – plans which were fleshed out by municipal authorities, urban development departments, housing departments, and developers – gradually aroused the anger of those who had stayed behind. The municipal urban development and housing departments had grown into powerful bureaucracies with their own development corporations and, in many cases, the ears of the city leaders, who had witnessed impressive new projects in other cities and were eager to join the march of progress. This was the climate of opinion that made it possible for researchers and urban designers to come into communities as outsiders, present sweeping plans for redevelopment, and have them approved with little or no input from local residents. It was not until the 1970s that community voices became too loud to ignore and the municipal bureaucracy awoke from its utopian dreams. Until that time, the modernist ideal of social engineering reigned supreme among municipal, provincial, and national authorities, which churned out a steady stream of grandiose plans and blueprints for the road to 2000.

32 Translator's note: Since then, the CBS has changed its English name to Statistics Netherlands.
33 As quoted in Van der Cammen & De Klerk, 2008, p. 213.
34 'Bijlmermeer: ons eerste getto?', *Vrije Volk*, 17 October 1975.
35 Jannemarie de Jonge, *Een kwart eeuw Eo Wijers-Stichting. Ontwerpprijsvraag als katalysator voor gebiedsontwikkeling*, Gouda 2008, p. 10.
36 Translator's note: *Cityvorming* is most comparable to urban renewal, not as it is generally understood today, but as it was often practiced in the United States from the 1950s to the 1970s. The use of the English word 'city' in *cityvorming* probably reflects the American origins of the idea.
37 J. Petri in 1964, as quoted in Van der Cammen & De Klerk, 2008, p. 191.

1970-1980: Flexibiliteit en inspraak in stads- vernieuwingsprocessen
1970-1980: Flexibility and Public Participation in Urban Regeneration

Van de megalomanie van de blauwdrukplannen en de cityvorming bleef in de jaren zeventig weinig over. Ontwerpers en bestuurders stuitten al snel op weerstand van verschillende binnenstadsbewoners. Zij moesten veelal plaatsmaken voor de grootse plannen en toekijken hoe de door hen geliefde straten een voor een verdwenen onder de slopers-hamer. Andere stadsdelen dreigden te verloederen als gevolg van het vertrek van de bewoners naar nieuwe groeikernen. Protesten konden dan ook niet lang uitblijven. De gemeentebesturen van de vier grote steden voorzagen het al in 1971, toen ze aan de kabinetsformateur schreven: 'Het functioneren van de grote steden als woon- en werkgebieden voor vele honderdduizenden mensen, maar ook als centra van activiteiten voor het gehele land, zal in de komende decennia steeds meer tot de centrale problemen van de Nederlandse samenleving gaan behoren. De problemen op het gebied van de volkshuisvesting en de daarmede samenhangende sociale problemen zullen tot onhoudbare situaties leiden, als zij niet als vraagstukken van nationale betekenis worden onderkend en krachtig en doelmatig aangepakt'.[28] Maar voordat het kabinet en de stadsbesturen daadwerkelijk reageerden en hun ambities bijstelden, moest het eerst verder uit de hand lopen.

Het eerste moment waarop binnenstadsbewoners in groten getale ageerden tegen cityvormingplan-nen was in 1970 in de Amsterdamse Jordaan. Met succes wisten de bewoners het plan voor kantoorbebouwing rondom een nieuw metrostation tegen te houden. Rond diezelfde tijd ontstond het

The megalomania of master plans and *cityvorming* was swept away in the course of the 1970s, as planners and policymakers encountered resistance from residents of the city centre, who were usually forced to make way for the planners' grand visions and watch their beloved streets fall one by one to the wrecking ball. Other parts of the city were starting to degenerate as their former resi-dents moved to overspill towns. It was only a matter of time before the protests began. The leaders of the four major cities (Amsterdam, The Hague, Rotterdam, and Utrecht) saw trouble ahead in 1971, when they wrote in a joint letter, 'The role of the major cities as places where many hundreds of thousands of people live and work, and as centres of activ-ity for the entire country, will become an ever more central problem in Dutch society over the decades to come. Housing problems and related social problems will lead to unman-ageable situations if they are not recognized as issues of national importance and dealt with robustly and efficiently.'[38] But neither the national government nor the city leaders themselves actually responded to the crisis or tempered their ambitions until the situation had spun further out of control.

The first time that local residents protested plans to transform the city centre was in 1970, in Amsterdam's Jordaan district, where the protesters managed to thwart a plan to construct office buildings around a new metro station. Around the same time, the Nieuwmarkt Protest Committee (*Actiecomité Nieuwmarkt*) was formed to stop the construction of a new metro line through the Nieuwmarkt neighbourhood. The committee pledged to aid anyone who worked to stop the demolition crews: 'The officials making their plans should know that it is time for them to stop ignoring the people who actually live in these neighbourhoods. We want to remain Amsterdam residents and do not wish to be sent on transports to Purmerend or other places in North Holland. Every person has the right to a good home in the neighbourhood where he lives now.'[39] The protesters were backed by many sociologists, philosophers, architects, and urban designers who had been criticizing the large-scale planning mindset since the 1960s. Among architects and urban designers, the most influential group of critics was Team 10, which had come into being at a meeting in Otterlo in 1959 when its members declared their opposition to the Modern Movement and its organization, CIAM. The Dutch members of Team 10 included Jaap Bakema, Aldo van Eyck, and Eyck's disciple Piet Blom. They regarded the spatial separation of functions – of which *cityvorming* and overspill towns were textbook illustrations – as one of the great failures of modernist planning. As the members of Team 10 saw it, such methods could never produce a city where people would feel at home. Rejecting the modernists' list of functions (living, working, traffic, and recreation), they proposed a list of their own: house, doorstep, street, neighbourhood, and district. The periodical *Forum*, which was full of wonderful photographs contrasting insipid high-rise housing estates with lively city squares, presented 'the story of an alternative view' and developed into the Dutch mouthpiece of Team 10.

While in the 1960s, Team 10 had been known mainly to fellow architects and planners, as well as academics, in the late 1960s and early 1970s progressive young city leaders began to take an interest in their ideas. These politicians realized that Team 10's criticisms of the Modern Movement were similar to the grievances being voiced by protest committees. Team 10 objected to municipal measures that were transforming old urban districts into reservations for underprivi-

Actiecomité Nieuwmarkt om de aanleg van een nieuwe metrolijn hier tegen te houden. Het Actiecomité verklaarde de hulp aan eenieder die de slopers wenste te weren: 'De ambtenaren die de plannen maken, moeten weten dat het nu afgelopen moet zijn om niet met de buurtbewoners zelf rekening te houden. Wij willen Amsterdammers blijven en wensen niet naar Purmerend of andere plaatsen in Noord-Holland op transport te worden gesteld. Ieder mens heeft recht op een goede woning in de buurt, waar hij nu woont'.[29] De actievoerders wisten zich gesteund door diverse sociologen, filosofen en ontwerpers die al in de jaren zestig kritiek uitten op de grootse planningsdrift. Van de ontwerpers was de groep Team 10, die zich in 1959 tijdens een congres in Otterlo afzette tegen de moderne architecten en hun CIAM-congressen, het meest invloedrijk. Nederlandse leden waren onder anderen Jaap Bakema, Aldo van Eyck en diens leerling Piet Blom. Team 10 zag functiescheiding – waar cityvorming en groeikernen de perfecte illustraties van waren – als een van de grote manco's van de moderne planning. Volgens Team 10 kon zo nooit een stad ontstaan waarin mensen zich thuis zouden voelen. Tegenover de moderne functiescheiding van wonen, werken, verkeer en recreatie stelde Team 10 dan ook huis, drempel, straat, buurt en wijk. Het tijdschrift *Forum*, gelardeerd met fantastische foto's van anonieme flatwijken tegenover levendige stadspleinen, presenteerde 'Het verhaal van een andere gedachte' en groeide zo uit tot de Nederlandse spreekbuis van Team 10.

Waar Team 10 in de jaren zestig vooral bekendheid genoot onder collega-ontwerpers en in het onderwijs, raakten vanaf het einde van de jaren zestig, begin jaren zeventig ook diverse jonge, linkse stadsbestuurders geïnteresseerd. Ze zagen in dat de kritiek van Team 10 overeenkomsten vertoonde met de protesten van de diverse actiecomités. Ze waren het niet eens met het feit dat gemeenten de oude stadswijken tot verzamelplaatsen van kansarme

Paalwoningen in Helmond, 1981.
Cube houses in Helmond, 1981.

1970-1980

Bouwen voor de buurt was na de cityvorming het door bewoners opgelegde adagium voor de Diensten Stad-sontwikkeling. De autoritaire en zelfverzekerde houding diende plaats te maken voor bescheidenheid, samenwerking en flexibiliteit. Het duurde vaak even voordat de diensten hierop waren ingespeeld. Daarom waren het vaak ontwerpers van buitenaf – niet gehinderd door enig institutioneel etiket – die het bouwen voor de buurt vormgaven. Terwijl Blom in Hengelo experimenteerde met zijn kubuswoningen werkten Van Eyck en Bosch in Amsterdam en Deventer aan diverse buurtplannen waarin de menselijke schaal uitgangspunt was en de plannen aanvankelijk vooral discussiestukken waren. Datzelfde gold voor de reeks nieuwe nota's, waarvan de Oriënteringsnota Ruimtelijke Ordening in 1973 het startschot vormde: een flexibele planprocedure maakte het mogelijk nieuwe inzichten op te nemen en burgers de mogelijkheid tot inspraak te geven. Hoewel dit voor een zorgvuldige belangenafweging zorgde die de nodige veranderingen teweegbracht – zoals meervoudig ruimtegebruik op voormalige monofunctionele landbouwgronden – leidde het op dit schaalniveau ook tot ongewenste vertraging.

After the demise of *cityvorming* (the early, aggressive form of urban renewal), municipal urban development departments were pressured by community groups to 'build for neighbourhoods'. Their authoritarian approach was no longer appreciated. They were required to become less high-handed, show more flexibility, and enter into more partnerships. This message took some time to get through, so it was often external architects and designers – unhampered by institutional labels – who gave shape to the new small-scale approach. While Piet Blom experimented with 'cube houses' in Helmond, Aldo van Eyck and Theo Bosch worked together in Amsterdam and Deventer on various neighbourhood plans which centred on local residents' needs and were wide open to public debate. The same applied to the new national policy documents, starting with the Spatial Planning Orientation Document in 1973; a flexible planning procedure made it easier to incorporate new insights and provided for public participation. This encouraged careful consideration of all the interests at stake, and led to major innovations – for example, multiple land use in areas previously devoted solely to agriculture. Nevertheless, the new procedures caused unacceptable delays at both the national and the municipal level.

Collage 'Wonen als stedelijk dak', 1973-1975.
'Dwelling as an urban roof', collage, 1973-1975.

Piet Blom.

bevolkingsgroepen omvormden en wilden revitalisatie van de binnensteden. Het gedachtegoed van Team 10 kreeg daarom langzamerhand meer weerslag in diverse plannen en nota's. Zo presenteerde de wethouder Cultuur, Monumentenzorg, Verkeer, Openbare Werken, Openbaar Vervoer, Volkshuisvesting en Stadsontwikkeling, Max van den Berg, in 1972 in Groningen de *Nota doelstelling binnenstad* waarin hij pleitte voor een levendig, multifunctioneel stadscentrum, met voldoende plaats voor 'feesten, herdenkingen, manifestaties, demonstraties en acties, straattoneel, Leger des Heils, kermis, markt, postzegelbeurs [...]. Een bijzondere eigenschap van een goed centrum is, dat het fungeert als cultuurlaboratorium; initiatieven op velerlei terreinen worden er uitgeprobeerd'.[30] Van den Berg had de andere wethouders zo ver gekregen dat ze hem toestonden om een binnenstadsteam op te stellen om zo nieuwe plannen te ontwikkelen. Door dit team zo samen te stellen dat een groot deel ervan uit externe deskundigen bestond – waaronder Team 10 lid Herman Hertzberger – hoopte Van den Berg de megalomane en zakelijke aanpak van de ambtelijke diensten te omzeilen. Met succes: de *Nota doelstellingen binnenstad* leidde uiteindelijk zelfs tot het ontstaan van het eerste linkse meerderheidscollege in een grote stad.

Later volgden ook andere gemeentebesturen met soortgelijke nota's. De Nederlandse leden van Team 10 kregen nu ook volop opdrachten, met name op de cruciale binnenstadslocaties. Zo vroeg het stadsbestuur van Amsterdam de ontwerpers Aldo van Eyck en Theo Bosch om herinrichtingsplannen voor de woningen op het metrotracé in de Nieuwmarktbuurt te maken, in de hoop zo enige toenadering tot de buurtbewoners te kunnen doen. De ontwerpers namen de door bewoners zo geliefde structuur van de wijk, met smalle straten, karakteristieke, afwisselende woningen en voldoende ruimte voor de voetganger als uitgangspunt voor hun plannen. Ondanks het

leged social groups, and they called for the regeneration of the inner cities. The Team 10 ideology slowly found its way into a number of plans and policy documents. In 1972, for instance, the Groningen alderman Max van den Berg (portfolio holder for culture, monuments, traffic, public works, public transport, housing, and urban development) presented the *Nota doelstelling binnenstad* ('City Centre Objectives Policy Document'), in which he advocated a vibrant, multifunctional city centre with enough room for 'celebrations, commemorations, demonstrations and protests, street theatre, the Salvation Army, fairs, markets, stamp shows [etc.]'. Van den Berg added, 'One special characteristic of a good city centre is that it serves as a cultural laboratory, where initiatives in all sorts of domains can be tested.'[40] Van den Berg had persuaded the other members of the city council to allow him to set up a city centre team to develop new plans. By packing this team with outside experts – including Herman Hertzberger, a member of Team 10 – Van den Berg hoped to circumvent the megalomaniacal, rationalistic approach of the municipal bureaucracy. This ploy was successful; in the end, his policy document even led to the election of the first left-wing majority in a major city.

Other municipalities later adopted similar policies, and the Dutch members of Team 10 began receiving plenty of commissions, often in crucial city centre locations. For instance, the municipality of Amsterdam asked the architects and urban designers Aldo van Eyck en Theo Bosch to draw up redevelopment plans for the dwellings along the metro line in the Nieuwmarkt neighbourhood, in the hope that this would appease the local residents somewhat. The two men based their plans on the structure of the district as it was, so cherished by the locals, with its narrow streets, its distinctive and varied dwellings, and plenty of room for pedestrians. Although the plans did not prevent the infamous Nieuwmarkt riots in 1975, they did preserve the district's vibrant character. But it was too soon to celebrate the demise of *cityvorming* in Amsterdam. Even as the University of Amsterdam presented a report contending that 'the displacement of the demand for housing is leading to the dismantlement of the city', the municipality presented the *Tweede nota stadsvernieuwing* ('Second Policy Document on Urban Renewal'), which unveiled plans to demolish large areas of the nineteenth-century city in order to clear space for 'better' buildings. Even though the city council had a left-wing majority, the municipality's approach did not change until 1978, when Jan Schaefer – known for saying that hot air was no substitute for houses – became the portfolio holder for housing, urban regeneration, building and housing inspection, and municipal development. Thanks to his efforts, the movement from the city centre to the overspill towns actually came to a stop, and urban regeneration began in earnest. As Schaefer put it, 'We're heading over to Hoorn with a barrel organ to get our people back.'[41]

While Groningen was the first municipality to elevate the city centre into a civic forum, Rotterdam led the way in the regeneration of residential districts. In 1974 the city executive led by Mayor André van der Louw, which consisted entirely of members of the left-wing Labour Party (*Partij van de Arbeid*; PvdA), made urban regeneration its highest priority. Again, there were vehement protests against the redevelopment plans. For instance, local residents were up in arms about the proposal to build a two-lane motorway along the river Rotte, and starting at the C70 festival in 1970, the public expressed its dissatisfaction with the large-scale quality of the city centre as a whole. Van der Louw and the alderman J.G. van der Ploeg repudiated the *Saneringsnota* ('Redevelopment Policy Document') presented in 1969 – which included plans to demolish the entire Oude Westen neighbourhood and replace it with flat blocks surrounded by greenery – instead emphasizing the need to improve urban residential areas. In other words, neighbourhoods and residential districts were no longer seen as

feit dat ze er de beruchte Nieuwmarktrellen in 1975 niet mee konden voorkomen, leidden de plannen uiteindelijk wel tot het behoud van een levendige sfeer in de wijk. Overigens betekende dat niet dat de gemeente Amsterdam de cityvorming daarmee stopzette. Terwijl de Universiteit van Amsterdam een rapport presenteerde waarin ze stelde dat 'het transporteren van de woningbehoefte leidt tot het uitkleden van de stad', presenteerde de gemeente de *Tweede nota stadsvernieuwing* die de sloop van grote stukken negentiende-eeuwse stad voorstond, om zo plaats te maken voor 'betere' bebouwing. Ondanks het feit dat ook hier al snel een links meerderheidscollege aan zet was, duurde het tot 1978, tot het aantreden van de wethouder Woningzaken, Stadsvernieuwing, Bouw- en Woningtoezicht en Grondbedrijf, Jan Schaefer – bekend van 'in geouwehoer kan je niet wonen' – voordat de overloop naar de groeikernen daadwerkelijk stopte en de stadsvernieuwing goed en wel op gang kwam. Schaefer: 'We gaan met een draaiorgel naar Hoorn en zullen onze bewoners daar terughalen'.[31]

Waar Groningen koploper was in het opwaarderen van de binnenstad tot forum, was Rotterdam dat als het ging om wijkvernieuwing. In 1974 benoemde het volledig uit PvdAers bestaande gemeentebestuur onder leiding van burgemeester André van der Louw de stadsvernieuwing tot allerhoogste prioriteit. Ook hier waren de protesten tegen de saneringsplannen groot geweest. Zo hadden bewoners hun ongenoegen geuit over het voornemen om het tracé van de Rotte te benutten voor de aanleg van een tweebaanssnelweg en was tijdens de grote C70-manifestatie de onvrede over de grootschaligheid van de binnenstad als geheel ter sprake gekomen. Van der Louw en wethouder J.G. van der Ploeg weerlegden de in 1969 gepresenteerde *Saneringsnota* – met daarin plannen om de buurt het Oude Westen compleet te slopen en hier flats in het groen voor in de plaats te bouwen – en stelden de verbetering van de stadswijken centraal. Dat betekende dat de wijk of buurt zich voortaan niet langer hoefde te voegen in het gewenste totaalbeeld van de stad, maar de nieuwe grondlegger voor het functioneren van de stad was. Om dit 'bouwen voor de buurt' daadwerkelijk tot stand te brengen voerde het stadsbestuur een nieuwe planaanpak oftewel 'het Rotterdamse model' in. Dit hield in dat de gemeentelijke diensten grotendeels decentraal werkten en dit in hele nauwe samenwerking met bewonersgroepen deden. De bewonersgroepen kregen van de gemeente niet alleen de garantie in hun buurt terug te kunnen keren en lage huren te behouden, maar kregen tevens professionele ondersteuning van woningbouwdeskundigen, sociale begeleiders en vaak ook nog eens ontwerpers. De aanpak was goed doordacht en leidde uiteindelijk tot de verbetering van vele negentiende-eeuwse wijken, waar de bewoners grotendeels bleven. Zo zijn grote delen van de buurten het Oude Westen en Oude Noorden behouden.

De stadsvernieuwingsoperaties brachten een compleet nieuwe rolverdeling voor de betrokken partijen met zich mee. De bewoner, voorheen niet meer dan passieve huurder of koper, werd nu een serieuze deelnemer aan het planproces. Dat betekende dat de medewerkers van de Dienst Stadsontwikkeling en van de woningcorporaties gas terug moesten nemen en hun publieke rol moesten herdefiniëren. Zij waren gewend om de projecten gezamenlijk te regelen en een ontwerper de opdracht te geven een en ander uit te werken. Nu kozen ze samen met de bewoners een ontwerper uit of waren ze min of meer gedwongen samen te werken met de ontwerper die de bewoners aandroegen. Dat vergde een omslag waar menige dienst en woningcorporatie pas eind jaren zeventig – toen deze aanpak weer op zijn retour was – enigszins aan gewend raakte. Vaak had de afdeling Grondzaken vanwege de grondverwerving meer in te brengen dan de rest van de dienst. Ook de ontwerper kreeg een andere rol. In

subordinate to a grand vision of the city, but as the vital organs that kept the city functioning properly. To put this plan of 'building for neighbourhoods' into action, the mayor and aldermen adopted a new approach to planning known as the Rotterdam model, which involved a decentralized working method for municipal departments and very close cooperation with local community groups. The municipality guaranteed these community groups that local residents would be able to return to their original neighbourhoods after redevelopment without major rent increases, and offered them professional support from housing experts, social workers, and often architects and urban planners. The approach was well conceived and eventually led to the improvement of many nineteenth-century districts, where most of the original residents had stayed put. For example. much of the Oude Westen and Oude Noorden neighbourhoods was preserved.

These urban regeneration projects recast the parties involved in utterly new roles. Residents, who had previously been no more than passive tenants or homeowners, became serious participants in the planning process. That meant that the personnel of the city's Urban Development Department and the housing associations had to restrain themselves and redefine their own public roles. In the past, they had been accustomed to organizing projects jointly and appointing an urban designer to work out the details. Now they chose a designer in consultation with community residents, and in fact, they had little choice but to work with whatever candidate the locals preferred. Many municipal departments and housing associations did not adjust to this radically new approach until the late 1970s, by which time it was already going out of fashion. The municipal development corporation (*Grondzaken*) often had more influence than the rest of the municipal bureaucracy, because of its responsibility for purchasing buildings and land. Urban designers also took on a different role. In the past, they had usually had a single, clearly-defined client, who often allowed them plenty of creative freedom, but they were now confronted with multiple 'clients' for a single project, many of whom were not professionals. This called for flexibility and the ability to translate the language of the local residents into concrete designs. Many designers were unwilling or unable to make this adjustment. This explains in large part why so many urban regeneration projects were carried out by a small number of architects and urban designers inspired by Team 10, who stepped into the role that municipal urban planners should have filled, but were not yet prepared for. One such person was Piet Blom, the son of an Amsterdam greengrocer and an architect with a no-nonsense mentality, ideally placed to understand and respond seriously to the demands of local residents.

Blom became well known for his experimental housing projects. In the early seventies, the national authorities established a number of subsidies for municipal plans in the area of urban regeneration: an 80% contribution to the purchase of buildings and land, 50% of the costs of exceptional public works, and additional subsidies for buying up slum dwellings and improving existing housing. These programmes were later followed by the even more attractive Interim Balance Arrangement, which financed all budget shortfalls for approved plans and offered funds for experiments in new residential districts, which continued to spring up despite the new nationwide focus on urban regeneration. The national authorities hoped that such experiments would change the image of these districts as architecturally monotonous, an image which was taking hold among architects and urban designers such as Carel Weeber and Wytze Patijn, who described districts of single-family homes with uniform dimensions and structures as a form of 'new dowdiness'. In the district of Groot-Drienerlo in Hengelo, Blom was given the chance to shatter this stereotype and realize his vision of an 'urban roof'. The dwellings he designed were raised above ground level, creating a covered area

plaats van één heldere opdrachtgever die hem vaak veel ruimte gaf om naar eigen inzicht een ontwerp te maken kreeg hij nu met veel verschillende en niet-professionele opdrachtgevers te maken. Dat betekende dat de ontwerper flexibel moest zijn en de taal van de bewoners om moest kunnen zetten in ontwerpen. Lang niet alle ontwerpers wilden zich zo aanpassen of waren hier geschikt voor. Het is niet voor niets zo dat veel van de stadsvernieuwingsprojecten door dezelfde, Team 10 geïnspireerde ontwerpers tot stand kwamen. Zij namen vaak de rol op zich die de ontwerpers van de diensten eigenlijk moesten, maar nog niet konden spelen. Een goed voorbeeld van zo'n ontwerper was Piet Blom, zoon van een Amsterdamse groenteboer en nu architect met een no-nonsense mentaliteit en daardoor als geen ander in staat om de wensen van bewoners te weten te komen en hier serieus op te reageren. Blom verwierf bekendheid met zijn experimentele woningbouwprojecten. De rijksoverheid riep aan het begin van de jaren zeventig niet alleen diverse subsidies voor gemeentelijke plannen in het leven om zo de stadsvernieuwing te bevorderen – namelijk 80% bijdrage voor de verwerving van gebouwen en gronden, 50% in de kosten van bijzondere openbare werken en dan nog eens bijdragen voor de verwerving van krotten en de verbetering van woningen, later gevolgd door de nog interessantere Interim Saldo Regeling die alle tekorten op goedgekeurde plannen vergoedde – maar stimuleerde door middel van geldelijke bijdragen ook het experiment in de nieuwbouwwijken, die ondanks de nationale aandacht voor de stadsvernieuwing gewoon volgens plan bleven verrijzen. Zo hoopte de rijksoverheid het beeld van de eenvormige architectuur te doorbreken. Dat beeld begon vooral in vakkringen te ontstaan: ontwerpers als Carel Weeber en Wytze Patijn omschreven de eengezinswijken met gelijksoortige afmetingen en structuren als een vorm van 'nieuwe truttigheid' en eenvormigheid. Blom kreeg de kans om in Hengelo, in de wijk Groot-Drienerlo, dit beeld te doorbreken en zijn plannen voor een stedelijk dak te realiseren. De woningen waren hier opgetild om de begane grond te reserveren voor spel en ontmoeting. Een paar jaar later kreeg hij de kans om in Helmond en later in Rotterdam de bekende kubuswoningen te ontwerpen. Ook hier hingen de woningen boven het maaiveld om zo nieuwe openbare ruimtes te creëren. Via de subsidieregeling kwamen ook diverse vernieuwende schakelbungalows, patiowoningen en gestapelde laagbouw tot stand. De regeling bleek zo haar vruchten af te werpen en het ontwerpklimaat – dat soms aan inspraak en daardoor middelmatigheid ten onder dreigde te gaan – nog enigszins te stimuleren.

Flexibiliteit en inspraak waren niet alleen de nieuwe sleutelwoorden op het schaalniveau van de stadsvernieuwingsoperaties, maar ook op het nationale niveau. De optimistische prognoses op basis waarvan de planologen en onderzoekers de *Tweede Nota* hadden opgesteld, kwamen in de jaren zeventig onder druk te staan. Het was vooral het rapport van de Club van Rome, met de veelzeggende titel *Grenzen aan de groei*, dat het geloof in techniek en vooruitgang deed wankelen. Het schetste het doembeeld van een verloederde stad waar mensen met tegenzin naartoe trokken om te gaan werken en waarin de automobiliteit voor een enorme vervuiling zorgde. Inderdaad had van alle planconcepten uit de *Tweede Nota* vooral dat van gebundelde deconcentratie gewerkt. Dat betekende dat mensen zich met veel genoegen over het stadsgewest hadden verspreid, maar dat, omdat de werkgelegenheid zich vaak bleef concentreren in de grote kernen en industriegebieden, de afstand tussen werken en wonen nog groter was geworden dan voorzien. De oliecrisis die een jaar later volgde zette het concept van gebundelde deconcentratie verder onder druk. Economie, leefbaarheid en milieu waren opeens grote aandachtspunten geworden. De vele plannen die ook de verschillende PPD's in

below for socializing and playing. A few years later, he had the opportunity to design his well-known cube houses (first in Helmond and later in Rotterdam), which were also suspended above ground level to create new public spaces. These are just two examples of the innovative projects made possible by the national subsidy programmes; others include stepped rows of bungalows, homes with inner courtyards, and multilevel low-rise buildings. All in all, these programmes somewhat improved the climate for architecture and urban design, which had seemed in danger of descending into mediocrity under the burden of public participation.

Flexibility and consultation with local residents had become guiding principles, not only for urban regeneration activities, but also at the national level. As the 1970s went on, the optimistic forecasts underlying the Second Policy Document were called into question. The Club of Rome's report with the telling title *Limits to Growth*, published in 1972, was a particularly influential challenge to the prevailing belief in the power of technology and scientific progress. It sketched the nightmare scenario of a blighted city to which commuters reluctantly drove each day to go to work and where automobiles belched out huge amounts of filth. And in fact, of all the planning concepts in the Second Policy Document, clustered dispersal stood out as the true success story; in other words, many people had been happy to move out of the cities to other parts of the urban regions. Yet because employment remained concentrated in the centres of the major cities and on industrial sites, the average commute was even longer than anticipated. In 1973, the oil crisis raised further questions about the viability of clustered dispersal. The economy, quality of life, and the environment were catapulted into the headlines, and most of the plans developed by provincial authorities in the 1960s remained filed away in dusty drawers. To deal with these new developments, the public sector would have to adjust its policies long before the Second Policy Document's end date of 2000. This setback made it clear to the authorities that master planning (that is, planning with predetermined end dates and results) was impossible.

Partly on the advice of the RPD, which adopted a cybernetic system known as the Spatial Planning Working Process (*Werkproces Ruimtelijke Ordening*; WERON) in 1973, national government began developing a highly flexible planning procedure. This procedure would make it possible for members of the public to criticize any strategic plan – the new term was key planning decision (*planologische kernbeslissing*) – that was proposed by the public authorities, and to do so before the plan received final approval. This new policy reflected the essential, overarching importance attached to spatial planning by the public sector. In 1973, after years of research, scenarios, and consultation, the policy saw the light in the first instalment of the *Oriënteringsnota ruimtelijke ordening* ('Spatial Planning Orientation Document'). This document raised all kinds of crucial issues, but failed to make clear-cut choices. Instead, it attempted to reconcile all sorts of conflicting interests, in the hope that this would naturally lead to adequate policy frameworks and principles. Economic incentives and environmental measures could be found in it, side by side, but without any clear connection between them. The more specific policy statements based on this document, the *Verstedelijkingsnota* ('Urbanization Policy Document') and the *Nota landelijke gebieden* ('Policy Document on Rural Areas'), were not published until a couple of years later. This illustrates the slow-moving nature of the new planning procedure; these two documents involved key planning decisions and therefore had to be presented to the public before they could be finalized. The Urbanization Policy Document echoed the Second Policy Document's emphasis on overspill towns within urban regions, differing only in that it no longer spoke of clustered dispersal (*gebundelde concentratie*) but simply of clustering (*bundeling*). For most of the new towns,

de jaren zestig hadden opgesteld, konden grotendeels in de lades blijven liggen. Herijking van het beleid was dan ook nodig, ruim voordat het in de *Tweede Nota* aangehouden eindjaar 2000 bereikt was. Dit maakte dat de overheid zich realiseerde dat blauwdrukplanning – planning met een vooraf vastgesteld eindresultaat – onmogelijk was. Mede op advies van de RPD, die sinds 1973 werkte volgens het cybernetische systeem *Werkproces Ruimtelijke Ordening (WERON)*, kwam nu een uiterst flexibele planprocedure tot stand. De *Planologische Kernbeslissing (PKB)* maakte het voor burgers mogelijk om kritiek uit te oefenen op de ruimtelijke plannen van de overheid, die vervolgens na raadpleging hiervan pas tot vaststelling overging. Het nieuwe planningsapparaat paste bij de cruciale, integrale functie die de overheid de ruimtelijke planning toedichtte. De herijking van het beleid resulteerde na jarenlang onderzoek, scenarioschetsen en overleg in 1973 in de *Oriënteringsnota ruimtelijke ordening*. De nota stelde allerhande cruciale problemen aan de orde, maar wist geen duidelijke keuzes te presenteren. Eerder was het een poging tot verzoening van allerhande tegenstrijdige belangen in de hoop zo voldoende beleidsachtergronden en uitgangspunten te schetsen. Economische stimulansen stonden naast milieumaatregelen, zonder een duidelijk verband hiertussen. Illustratief voor het flexibele planningsproces was het feit dat de uitwerkingen van deze nota, namelijk de *Verstedelijkingsnota* en de *Nota landelijke gebieden,* pas een paar jaar later verschenen. De *Verstedelijkingsnota* zette min of meer de lijn van groeikernen binnen het stadsgewest uit de *Tweede Nota* voort, met als enige verschil dat het niet langer om gebundelde concentratie ging maar om bundeling. Voor de meeste groeikernen bracht dat geen veranderingen met zich mee. Wel kwamen op basis van de bundelingsgedachte in de Amsterdamse Nieuwmarktbuurt nu de eerste 'inbreidingsplannen' tot stand en halveerde de rijksoverheid de taakstelling van Hoofddorp als opvangkern van Amsterdam met de helft. De *Verstedelijkingsnota* maakte zo een voorzichtig begin met het compacte stadsbeleid dat pas de jaren daarna echt door zou zetten.

De *Nota landelijke gebieden* bracht voor het eerst ook het totale platteland – en niet alleen de beste recreatiegebieden – binnen de aandacht van de ruimtelijke ordening. Waar de jaren zestig nog bekend stonden als de jaren van 'het groene front', waarin de landbouw vanwege haar economische functie alleenrecht had op enorme stukken grond, zorgde de toenemende aandacht voor het milieu en de toenemende verwevenheid van stad en land in het stadsgewest voor een stop op dit alleenrecht. De *Nota landelijke gebieden* ging dan ook uit van zones met meervoudig ruimtegebruik, naast de overgangszones en monofunctionele zones voor de landbouw of natuur alleen. Zo kon het dat halverwege de jaren zeventig in of bij ruilverkavelingsprojecten steeds meer ruimte voor recreatie ontstond. Omdat de *Oriënteringsnota* en de uitwerkingen de eerste nota's waren waar de PKB onderdeel uitmaakte van het planproces, verscheen de definitieve versie van de *Oriënteringsnota* pas in 1983, tien jaar na het verschijnen van het eerste deel. Geen wonder dat in de jaren tachtig alweer kritiek volgde op het weliswaar democratische en flexibele maar eveneens omslachtige en ingewikkelde planningsproces. Het was op de schaal van de stadsvernieuwingsoperaties nog wel te handhaven, maar op de nationale schaal ging het aan discussies ten onder. Ondertussen had het er wel voor gezorgd dat ruimtelijke ordening het domein van strategische besluitvorming was geworden. Via het planproces konden bestuurders burgers voor zich winnen of reeds voorgenomen plannen teruggefloten krijgen. De kiem hiervan lag in de protesten van de stadsbewoners; het resultaat was een ruimtelijke ordening waarin steeds meer belangen tegen elkaar dienden te worden afgewogen. Hoewel dit

nothing changed. However, the concept of clustering did lead to the implementation of the country's first infill plans, in the Nieuwmarkt neighbourhood of Amsterdam, and the national authorities halved the figure for planned overspill from Amsterdam into the new town of Hoofddorp. This was the tentative start of a policy of urban consolidation, known as the compact city policy (*compacte stadsbeleid*), which did not truly get under way until a few years later.

The Policy Document on Rural Areas also represented a fundamental shift, bringing the entire Dutch countryside (and not merely the most attractive recreation areas) within the scope of spatial planning for the first time. In the 1960s, a powerful farm lobby known informally as the Green Front (*Groene Front*) had maintained the exclusive control of the agricultural sector over enormous tracts of land, but in the 1970s this monopoly was broken by growing concern about the environment and by the interwoven quality of city and country life in urban regions. The Policy Document on Rural Areas identified not only monofunctional zones (for either agriculture or nature alone) and transitional zones, but also zones for multiple land use. In the course of the 1970s, land consolidation projects created more and more space for recreation. The Orientation Document, like the accompanying policy documents, was one of the first government decisions to require public consultation under the new procedure for key planning decisions. For this reason, the Orientation Document was not finalized until 1983, ten years after the publication of the first instalment. It is hardly surprising that in the 1980s this democratic and flexible planning procedure was criticized, in its turn, for being too complex and time-consuming. At the level of urban regeneration projects, it was manageable, but on a national scale, the amount of discussion involved was overwhelming. In the meantime, however, the new procedure brought spatial planning into the domain of strategic decision-making. Through the planning process, policymakers could win over the public or see their carefully thought-out plans shot down. The shift that had begun with community protests culminated in an approach to spatial planning that aimed to reconcile a growing number of interests. Although this did not always yield quick results, it did ensure that policymakers and planners kept their feet firmly on the ground.

38 As quoted in Van der Cammen & De Klerk, 2008, p. 233.
39 As quoted in Van der Cammen & De Klerk, 2008, p. 248.
40 As quoted in Van der Cammen & De Klerk, 2008, p. 259.
41 Peter de Waard, 'Liever de file dan de binnenstad', De Volkskrant, 10 oktober 2007.

de snelheid niet altijd ten goede kwam, hield het de bestuurders en ontwerpers in ieder geval met beide benen op de grond.

28 Uit: Van der Cammen en De Klerk, 2008, p. 233.
29 Uit: Van der Cammen en De Klerk, 2008, p. 248.
30 Uit: Van der Cammen en De Klerk, 2008, p. 259.
31 Peter de Waard, 'Liever de file dan de binnenstad', De Volkskrant, 10 oktober 2007.

1980-1990: Stedelijke projectplanning viert hoogtij
1980-1990: Project-based Urban Planning Reaches New Heights

De *Verstedelijkingsnota* uit 1976 propageerde bundeling van de bouwopgave in de stadsgewesten. De rijksoverheid laveerde zo subtiel tussen de wens om de steden voor leegloop te behoeden en tegelijkertijd voor de burgers in een zo goed mogelijk woonmilieu te voorzien. De enigszins halfslachtige maatregelen die uit de *Verstedelijkingsnota* voortkwamen hielden de leegloop van de stad dan ook niet tegen. De leegloop zorgde ervoor dat de oude stadswijken met hun goedkope huurwoningen – vaak ook nog eens centraal door gemeentebesturen opgekocht en opgeknapt zodat uniforme kunststofkozijnen en gelijke kleuren het beeld bepaalden – vrijwel allemaal in gebruik genomen werden door lagere-inkomensgroepen en immigranten. Sommige wijken in de grote steden veranderden zo van kleur dat de oorspronkelijke bewoners zich er niet meer thuis voelden en uiteindelijk ook maar vertrokken. Daardoor kwam ook het participatieve stadsvernieuwingsproces onder druk te staan. De wijk als integratiekader was verleden tijd, zo concludeerden sociologen. De kwantitatieve aanpak van de stadsvernieuwing bleek zodoende al snel niet voldoende garantie voor verbetering te zijn. Ondertussen was door de groeikernen en de nadruk op het stadsgewest als geheel de concurrentiepositie van de grote steden als woon- en vestigingsklimaat voor bedrijven ten opzichte van de regio afgenomen. Dit was vooral in de Randstad te merken, die niet alleen concurrentie ondervond van de regio maar ook van andere landsdelen. Nu de economie in de jaren tachtig iets minder begon te lopen dreigden de steden in de Randstad werkelijk te verloederen. Verschillende gemeentebesturen probeerden aan het eind van de jaren zeventig het tij zelf al te keren

The Urbanization Policy Document (1976) had announced the aim of clustering new construction in the urban regions. This was a subtle attempt by national policymakers to keep the cities from emptying out while creating the best possible residential environments. Yet compromise measures of this kind were not enough to put a stop to urban flight. The old urban districts with cheap rental housing, which had been abandoned by many of their original residents, were almost all taken into use by lower-income groups and immigrants. (These districts had often been bought up in their entirety by the municipal authorities, and the houses decorated in identical colours with uniform plastic window frames.) In the major cities, the demographics of some districts changed so rapidly that the remaining original residents no longer felt at home there and eventually saw no choice but to leave. This posed a threat to the process of participatory urban regeneration. Urban districts were no longer an environment for integration, sociologists concluded. It soon became clear that the quantitative approach to urban regeneration (focusing on the number of city-dwellers) was not a sufficient guarantee of improvement. Meanwhile, as economic activity moved to the new towns and the emphasis shifted to the urban regions as a whole, the major cities were becoming a less attractive option for businesses. This was especially apparent in the Randstad, where major cities were competing not only with other parts of their regions but also with other parts of the country. In the 1980s, when economic growth slowed down, the cities of the Randstad ran the risk of serious decay. In the late 1970s, many municipal councils tried to turn the tide, with strategic visions and plans that called for high-quality living environments alongside the old residential districts. These new developments were often in the centre or in forgotten corners of the city. But there was not much that city leaders could do as long as national government continued to emphasize the new towns.

Finally, in 1983, the national authorities revised the key planning decision (that is, the strategic plan) that had accompanied the Urbanization Policy Document. The new strategic plan, called the *Structuurschets stedelijke gebieden* ('Strategic Concept for Urban Areas'), decisively shifted the emphasis to the cities themselves. In this plan, the national authorities expressed their intention to attract higher-income households back to the cities, fight urban unemployment, and increase the base for city services and facilities. After years of attempts at the national level to restrain the development of the Randstad, the Lubbers governments (1982-1994) cleared away all obstacles to its growth. In the words of Pieter Winsemius, the Minister of Housing and Spatial Planning (and Environmental Management after 1982): 'We can no longer ask a businessman in Rotterdam to consider relocating to the north, east, or south of the country, knowing that Rotterdam is one of the places in the country with the highest unemployment rate.'42 Cities in the Randstad were assigned much higher building quotas, almost double those in the earlier Urbanization Policy Document. Furthermore, all the subsidies formerly restricted to the new towns were made available for construction in and extension of the cities. In short, the focus was narrowed from the urban region as a whole to the city at its heart. A few limited new subsidies were also introduced to sustain the country's main clusters of economic activity. One crucial step towards compact cities was the Urban and Rural Regeneration Act (*Wet Stads- en Dorpsvernieuwing*; WSDV), passed in 1985. This act merged nineteen urban regeneration subsidies into a single payment, at least 80% of which was placed directly in the hands of the municipal-

door structuurvisies of -plannen te presenteren waarin ze naast de oude stadswijken ook ruimte voor hoogwaardige woonmilieus inbouwden, vaak in het stadscentrum of op vergeten plekken in de stad. Maar deze gemeentelijke aanpak had weinig zin zolang de rijksoverheid het groeikernenbeleid aanhield.

De rijksoverheid reageerde in 1983 uiteindelijk met een herziening van de PKB van de *Verstedelijkingsnota*. De nieuw aangenomen *Structuurschets stedelijke gebieden* stelde de stad daadwerkelijk centraal. Hierin sprak de rijksoverheid zich uit om bovenmodale inkomens terug te halen naar de stad, de werkloosheid in de steden te bestrijden en het draagvlak voor stedelijke voorzieningen te vergroten. Om te beginnen kreeg de ontwikkeling van de Randstad, die de rijksoverheid decennialang had proberen te remmen, van de kabinetten-Lubbers (1982-1994) weer alle ruimte. Minister van Volkshuisvesting, Ruimtelijke Ordening en sinds 1982 ook Milieubeheer (VROM) Pieter Winsemius: 'We kunnen nu niet zeggen tegen een ondernemer in Rotterdam: zou je er niet over na gaan denken je in het noorden, oosten of zuiden van het land te gaan vestigen, als we weten dat Rotterdam behoort tot de plaatsen met het hoogste werkloosheidscijfer'.32 Daarom kregen de steden in de Randstad verruimde bouwmogelijkheden: ongeveer het dubbele van het bouwprogramma dat de *Verstedelijkingsnota* nog had vastgesteld. Daar kwam nog eens bij dat alle subsidies die voorheen voor de groeikernen waren ingezet, nu voor het bouwen in en aan de steden beschikbaar kwamen. De focusverschuiving van het stadsgewest op de centrale stad was daarmee definitief een feit. De spaarzame nieuwe subsidies waren speciaal bedoeld om de grote economische concentraties van het land draaiende te houden. Een cruciale stap in de richting van stedelijke intensivering was de invoering van de Wet op de Stads- en Dorpsvernieuwing (WSDV) in 1985. Deze wet bundelde

Vaillantlaan, 2004.
Vaillantlaan, 2004.

1980-1990

Bouwen voor de buurt, en daarmee de op kwantiteit en volkshuisvesting gerichte stedenbouw, maakte in de jaren tachtig plaats voor 'stadsvernieuwing als kulturele aktiviteit'. Duivesteijn zette als wethouder in Den Haag de nieuwe aanpak als eerste op de kaart door op een paar cruciale locaties in de stad ingrepen te plegen met een grootste-delijke uitstraling, zoals de Vaillantlaan naar ontwerp van de externe architect Jo Coenen. Na hem volgden andere stadsbestuurders. Ook zij benutten de kracht van het ontwerp in projecten om de stad zo weer aantrekkelijk te maken voor bewoners, bedrijven en detailhandel. Voor de zelfstandige ontwerpers waren het interessante tijden: ze mochten hun bescheidenheid laten varen en zich weer als creatieve professionals opstellen. De rijzende ster van Rem Koolhaas en het bezoek van vele bekende internationale architecten zetten een nieuwe toon. Gemeentebestu-ren huurden steeds vaker zulke ontwerpers als supervisor in, om samen met de gemeentelijke diensten de markt-partijen te verleiden en ze tegelijkertijd in toom te houden. De nadruk op stedelijke projecten ging ten koste van de planvorming op bovenlokaal niveau, dit tot spijt van verschillende planologen.

In the 1980s, building for neighbourhoods, with its focus on increasing the stock of social housing, made way for 'urban regeneration as a cultural activity'. Alderman Adri Duivesteijn in The Hague was the first to test the new approach, by introducing a note of metropolitan grandeur at certain crucial locations, such as the redesign of the Vaillantlaan by architect Jo Coenen. Other municipal executives followed his example. They too utilized the power of design in urban projects to make cities attractive to residents, businesses and retailers. These were good times for architects and urban designers: they were no longer required to be self-effacing, but could resume the role of creative professionals. A new tone was set as Rem Koolhaas became a rising star, and renowned international architects were hired in increasing numbers by municipal authorities to oversee projects. Their role, in partnership with municipal departments, was to get private partners on board and at the same time keep them in check. To the chagrin of many planners, the emphasis on urban projects came at the cost of larger-scale planning.

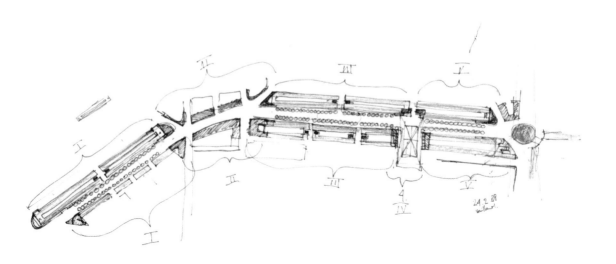

Stedenbouwkundig plan Vaillantlaan, 1987.
Urban plan for the Vaillantlaan, 1987.

Jo Coenen, 1989.

negentien oude stadsvernieuwingssubsidies tot één uitkering die voor zeker tachtig procent in handen van de gemeenten zelf kwam te liggen. De WSDV maakte de financiering van allerhande stedelijke plannen stukken makkelijker. Bovendien maakte de wet het voor gemeenten mogelijk om functies die tot verloedering van de steden leidden, zoals prostitutie, cafés, etc., te weren.

De grote steden presenteerden in de jaren tachtig bijgestelde structuurplannen waarin de mogelijkheden voor woningen en bedrijvigheid aanzienlijk verruimd waren. Den Haag koos als eerste stad voor een compleet nieuwe strategie, die enigszins aansloot op wat Groningen in 1972 al met de *Doelstellingennota* had gedaan. Het was Adri Duivesteijn die hier in 1985 als wethouder Ruimtelijke Ordening en Stadsvernieuwing de campagne 'Stadsvernieuwing als kulturele aktiviteit' lanceerde: 'Het gaat in de campagne niet zozeer om de – ook grote – problemen ten aanzien van woonlasten, werkloosheid en dalende inkomens. Veeleer gaat het om de verandering in de sociale verhoudingen. Om de komst van mensen met een geheel ander leefpatroon. Om de vernieuwing van de woonomgeving'.[33] Duivesteijns strategie was het maken van kwalitatieve woonomgevingen die de stad een nieuwe allure zouden verschaffen en daardoor ook de buurtbewoners perspectief boden. De focus op de buurt maakte plaats voor het grotere stedenbouwkundige gebaar. Duivesteijn liet dit niet aan de door de stadsvernieuwingsoperaties getekende Dienst Stedelijke Ontwikkeling over, maar gaf de jonge architect Jo Coenen de opdracht tot het maken van een plan voor de Vaillantlaan. Het resultaat was een monumentale stedenbouw van winkels en daarboven woningen met ruimte voor deeluitwerkingen per blok. Het ontwerp markeerde de terugkeer van het architectonisch en stedenbouwkundig ontwerp in de procesgedomineerde stadsvernieuwing. Het zette bovendien de Schilderswijk, die inmiddels als ronduit slechte wijk

ity. The WSDV simplified the financing of all sorts of plans, while making it possible for municipalities to ward off activities that led to urban decay, such as prostitution, pubs, and so forth.

In the course of the 1980s, the major cities presented modified strategic plans with much more space for both housing and business. The Hague was the first city to adopt an entirely new strategy, somewhat like that adopted by Groningen in 1972 under Max van den Berg's leadership. In the Hague, it was Adri Duivesteijn, the portfolio holder for spatial planning and urban regeneration, who took the initiative in 1985 with the campaign *Stadsvernieuwing als kulturele aktiviteit* ('Urban Regeneration as a Cultural Activity'). He explained, 'The real issues in this campaign are not housing costs, unemployment, and declining income, as serious as those problems are, but changes in the structure of society, the arrival of people with a completely different way of life, and the regeneration of the residential environment.'[43] Duivesteijn's strategy was to create high-quality residential environments that would give the city new appeal and present city-dwellers with brighter prospects for the future. The focus on neighbourhoods made way for urban planning on a grand scale. To test this new approach, Duivesteijn did not turn to the city's Urban Development Department, which still had the neighbourhood mindset of the previous years. Instead, he engaged the young architect Jo Coenen to make a plan for the Vaillantlaan. The result was urban design of a monumental character, with shops at ground level and flats above them. The plan allowed for different parts of the same building block to be handled in different ways. In the field of urban regeneration, dominated by a process-based approach, this plan marked the return of classic architectural and urban design. The plan also led to the re-evaluation of the Schilderswijk, a district that had developed a bad reputation. Duivesteijn's initiative was the opening salvo in a barrage of urban development projects in the major Dutch cities, all designed by big-name urban planners who were not afraid of grand gestures.

Yet urban infill was often difficult to achieve, because of the enormous wave of construction activity that had already taken place in the 1970s, combined with opposition from local residents who were loath to see the few remaining green spaces filled with new buildings. The municipal councils in the major cities preferred to build on extension sites adjoining the built-up area, as well as large sites previously used for other purposes. And they were free to do so, because the national authorities had not made any strict rules about urban infill. A case in point is Kop van Zuid, a former industrial and port area to the south of the Maas river, which had been under consideration for several years as an overspill area for urban regeneration. The municipality of Rotterdam chose to develop this area into an attractive environment for living, working, and recreation. One of the driving forces was Riek Bakker, the director of the city's Urban Development Department in the mid-1980s, during which period its name changed to the Urban Development and Housing Department (*Dienst Stedenbouw en Volkshuisvesting*; DS+V). After the years of urban regeneration, this department had centralized its activities again, and it was ready to try an integrated approach to urban consolidation. Bakker asked Teun Koolhaas to develop the master plan for the area. Koolhaas' approach to the project, known as the 'leap across the river', was to model the identity of the new district after that of the vanished port industry. The plan reflected a growing international interest in city history, a trend which had brought new momentum to urban research, especially in France and Italy. This renewed sense of history sometimes led to projects that were carefully adapted to the pre-existing structure of the city, and sometimes to projects that echoed historical building types (often in an exaggerated form). The Kop van Zuid project fell into the latter category, incorporating features of the area's industrial buildings. The new district's ambi-

te boek stond, opnieuw in de kijker. Hiermee gaf Duivesteijn het startschot voor een reeks van stedenbouwkundige projecten in de grote steden van Nederland, stuk voor stuk ontworpen door bekende, het grote gebaar niet schuwende, ontwerpers. Door de enorme bouwactiviteit uit de jaren zeventig en de kritische houding van bewoners die hun spaarzame groenstroken niet graag voor nieuwbouw zagen verdwijnen was echte verdichting een moeilijk te realiseren opgave. Liever gaven de gemeentebesturen van de grote steden voorrang aan uitbreidingslocaties dicht tegen de bestaande steden aan of op grote locaties die van functie veranderden. Die ruimte hadden ze omdat de rijksoverheid geen keiharde voorwaarden aan de intensivering had verbonden. Zo koos het gemeentebestuur van Rotterdam ervoor om de Kop van Zuid, een voormalig haven- en industriegebied dat al enige jaren als overloopgebied voor stadsvernieuwing in beeld was, te ontwikkelen tot een aantrekkelijk milieu met een combinatie van wonen, werken en recreatie. Grote trekker hiervan was Riek Bakker, in het midden van de jaren tachtig directeur van de Dienst Stadsontwikkeling, later de Dienst Stedenbouw en Volkshuisvesting (dS+V). Die was, na de stadsvernieuwingsjaren, uiteindelijk weer gecentraliseerd om de stedelijke intensivering integraal aan te kunnen pakken. Bakker vroeg Teun Koolhaas het masterplan voor het gebied te tekenen. Die gaf de 'sprong over de rivier' vorm door de identiteit van de verdwenen havenindustrie als uitgangspunt voor het nieuwe stadsdeel te nemen. Zo paste het plan binnen de internationaal gegroeide herwaardering voor de geschiedenis van de stad, die met name in Frankrijk en Italië tot een flinke impuls in het stadsonderzoek had geleid. De herwaardering uitte zich soms in een vrij precieze aansluiting op de bestaande stadsstructuur en soms ook in een uitvergroting van bepaalde historische gebouwtypen. Dat laatste was het geval met de industriegebouwen op de Kop van Zuid. De sfeer en culturele voorzieningen trokken de aandacht en zorgden ervoor dat Rotterdam weer als interessante stad op de kaart kwam te staan.

Het project was een van de eerste projecten van een lijst van dertig die de dienst in de jaren tachtig opstelde als houvast voor de uitwerking van het plan Nieuw Rotterdam, gericht op de sociaal-economische versterking van de stad. De dienst presenteerde concrete projecten als instrumenten om de beoogde stadsontwikkeling gestalte te geven. De rivier kwam in deze projecten naar voren als belangrijke levensader van de stad; hierlangs waren bovendien volop in verval geraakte havengebieden te vinden die wel een opwaardering konden gebruiken. De verdeling van de stadsontwikkelingopgave in projecten maakte het makkelijker om ook marktpartijen te interesseren. Desondanks koos het gemeentebestuur bij de ontwikkeling van de Kop van Zuid door de goede grondpositie nog voor een sterke gemeentelijke coördinatie. Veel latere projecten langs de Maas kwamen wel in PPS-constructie tot stand. Daarmee zette het gemeentebestuur alvast in op de financiële terugtrekking van de overheid uit allerhande ruimtelijkeordeningsprojecten. Vanaf het einde van de jaren tachtig was het meestal de dS+V samen met het inmiddels tot zelfstandige dienst verheven Ontwikkelingsbedrijf Rotterdam (OBR) die de strategie voor de projecten opstelde, om vervolgens samen met de markt de uitvoering ter hand te nemen. Ondertussen moesten optimistische plannen en nota's, zoals *Nieuw Rotterdam* en de in 1987 gepresenteerde nota *Vernieuwing van Rotterdam* de dienstverlenende sector – de enige snelgroeiende economie – zien te overtuigen om zich hier te vestigen: 'Het tij keert ten gunste van de grote stad. Nieuwe groepen vestigen zich in de stad. Bedrijven, vooral dienstverlenende, vinden in een stedelijke omgeving een gunstig vestigingsklimaat'.[34] Niet alleen Rotterdam, maar ook de andere grote steden zetten alles op alles om inwoners en bedrijven te lokken. Dikwijls deden ze dit ook door

ence and cultural life drew public attention and put Rotterdam back on the map as an appealing city.

This was one of the first projects on a list of thirty drawn up by DS+V in the 1980s as the basis for a plan called New Rotterdam (*Nieuw Rotterdam*), which was aimed at strengthening the city socially and economically. DS+V presented specific projects as instruments for carrying out this larger programme of urban development. The river was a recurring theme, like an artery carrying the lifeblood of the city; more prosaically, there were plenty of decrepit port areas along its banks in need of refurbishing. Slicing up the urban development programme into discrete projects made it easier to capture the interest of private parties. Nevertheless, because the municipality already controlled most of the land needed for the redevelopment of Kop van Zuid, it decided to keep a tight rein on the project. In contrast, many later projects along the Maas did involve public-private partnerships at the construction phase. This signalled a more general tendency on the part of the Rotterdam authorities to play a diminishing role in financing spatial planning projects. From the late 1980s onward, it was generally DS+V, in conjunction with the newly autonomous municipal development company, Ontwikkelingsbedrijf Rotterdam (OBR), which determined the strategy for such projects, but implementation took place in close cooperation with private parties. Meanwhile, optimistic plans such as New Rotterdam and policy papers such as *Vernieuwing van Rotterdam* ('Regeneration of Rotterdam'), presented in 1987, sought to persuade businesses in the service sector – the only fast-growing part of the economy – to move their offices there: 'The tide is turning in favour of the metropolis. New groups are settling in the city. Businesses, especially service providers, are finding an urban setting to be a rewarding business climate.'[44]

Like Rotterdam, the other major cities did all they could to attract residents and businesses, often by devising inspirational projects. Amsterdam had the North and South Banks of the IJ (*IJ-oevers*), Maastricht the Céramique site, Amersfoort the Central Urban Area (*Centraal Stadsgebied*), and Groningen the Connecting Canal Zone (*Verbindingskanaalzone*). Each city tried to highlight its own strengths in its own way. Sometimes it was the municipal executives who decided to involve private parties, so that the plans they developed would be not merely ambitious but also realistic. The Connecting Canal Zone plan, for instance, involved a continuous back-and-forth between vision documents and construction plans, and between public and private participants. On the initiative of Ypke Gietema, the portfolio holder for spatial planning, the municipal executive appointed two top urban designers: Josef P. Kleihues and Rem Koolhaas. Koolhaas' manifesto *Delirious New York*, published in 1978, had established his interest in extremely compact metropolises, sometimes held together by their very contradictions. He brought a fresh perspective to the Dutch culture of spatial planning, still dominated by notions of control. Instead of drawing up a plan in advance and then looking for potential co-investors, the municipality of Groningen opted for a cyclical process in which all parties were involved from the planning stage. The project design was regarded as an important means of envisaging the possibilities and generating enthusiasm among all parties. This approach worked well: new residential buildings and facilities were erected at crucial points in the city, where they worked together to create a dynamic ambience. One element of the project was the new Groninger Museum, with different sections designed by different top architects coordinated by Alessandro Mendini. The plan-driven approach of previous decades thus made way for a project-based approach. Amsterdam was one of the few places where work on a strategic plan for the city as whole continued apace.

It is noteworthy that by the late 1980s there was nothing unusual about inviting inspirerende projecten te ontwikkelen. Amsterdam had de IJ-oevers, Maastricht het Céramique-terrein, Amersfoort het Centraal Stadsgebied en Groningen de Verbindingskanaalzone. Iedere stad probeerde haar eigen specifieke kwaliteiten onder de aandacht te brengen en deed dit op haar eigen manier. Soms zochten gemeentebesturen bewust de samenwerking met de markt op om zo niet alleen ambitieuze, maar ook realistische plannen te ontwikkelen. Zo kwam het plan Verbindingskanaalzone in Groningen in een continue wisselwerking tussen visies en bouwplannen, overheid en private partijen tot stand. Voor de supervisie had het gemeentebestuur, onder aanvoering van wethouder Ruimtelijke Ordening Ypke Gietema, twee topontwerpers aangetrokken: Josef P. Kleihues en Rem Koolhaas. De laatste had in 1978 met zijn manifest *Delirious New York* zijn interesse in de extreem verdichte en soms van tegenstrijdigheden aan elkaar hangende metropool uitgesproken. Daarmee deed Koolhaas een frisse wind waaien door het nog altijd in beheersing denkende Nederlandse ruimtelijkeordeningsklimaat. In plaats van vooraf al het plan vast te stellen en vervolgens eens op zoek te gaan naar mogelijke cofinanciers, koos de gemeente Groningen voor een cyclisch proces waaraan alle partijen vanaf de planvormingfase deelnamen. Het ontwerp kreeg een belangrijke rol toebedeeld in het verbeelden van de verschillende mogelijkheden en het enthousiasmeren van alle partijen. Met succes: op cruciale plekken in de stad verrezen nieuwe woongebouwen en voorzieningen die tezamen voor een levendige sfeer zorgden. Onderdeel van de uitwerking van het plan was het Groninger Museum, waar onder leiding van Alessandro Mendini verschillende toparchitecten een onderdeel van uitvoerden. Zo maakte de plansturing uit de voorgaande decennia plaats voor projectsturing. Amsterdam was een van de weinige steden waar het werken aan een structuurplan voor de stad als geheel ondertussen onverminderd doorging.

Overigens was het aan het eind van de jaren tachtig volstrekt normaal om internationale ontwerpers uit te nodigen hun visie te geven of een plan te laten maken. In 1982 had de manifestatie Architecture International Rotterdam (AIR) het venster op de wereld geopend. AIR, opgezet door de Rotterdamse Kunststichting waar Carel Weeber de voorzitter was, vroeg diverse internationale topontwerpers om te reflecteren op de mogelijkheden voor de Kop van Zuid, nog voordat deze locatie op de lijst van Nieuw Rotterdam belandde. Dit resulteerde in diverse ontwerpen, theorieën en discussies die het voorheen vrij gesloten Nederlandse architectuurklimaat van een enorme impuls voorzagen. AIR maakte verschillende ontwerpbenaderingen zichtbaar en begeleidde daarmee de overgang van de sociaal-politieke stadsvernieuwingsontwerpen uit de jaren zeventig terug naar de kern van de architectuur en stedenbouw. Dat leverde in het onderwijs, maar ook bij de stedenbouwkundige diensten en de stadsbesturen een hernieuwd enthousiasme op. AIR legde daarmee de basis voor een levendig ontwerpklimaat. Dat uitte zich niet alleen in de vele projecten waarin het ontwerp zo'n nadrukkelijke rol speelde, maar vooral ook in het grote aantal manifestaties, tentoonstellingen en debatten dat in de jaren tachtig het licht zag. Een geliefd onderwerp hiervan was de openbare ruimte. Waar steden als Parijs en Barcelona dit onderwerp al jaren op de agenda hadden staan was het voor Nederland nog onontgonnen terrein. Ook dat veranderde nu echter snel: het gemeentebestuur van Den Haag met nog altijd Duivesteijn als drijvende kracht gaf eind jaren tachtig de Dienst Stedelijke Ontwikkeling samen met de landschapsarchitect Alle Hosper opdracht voor de ontwikkeling van een plan voor de openbare ruimte van de binnenstad. Dit resulteerde in *De kern gezond*, samen met het Groningse *Ruimte voor ruimte* het eerste in zijn soort. Voor de uitvoering ging de dienst – inmiddels door de projecten van Duivesteijn gewend om met

international architects and urban designers to present their visions or draw up plans. In 1982, the AIR festival had opened a window to the world. Organized by the Rotterdamse Kunststichting ('Rotterdam Arts Foundation'), whose president was Carel Weeber, AIR had invited an array of leading international designers to reflect on the possibilities for Kop van Zuid, even before this site ended up on the list for the New Rotterdam project. The event yielded a range of designs, theories, and debates, and for the previously insular Dutch architectural scene, it was a tremendously energizing experience. AIR raised awareness of a wide range of approaches to spatial design, smoothing the transition from the sociopolitical urban regeneration plans of the 1970s back to the heart of the architecture and urban development disciplines. That fired fresh enthusiasm, both in the academic world and among urban development departments and city executives. In this way, AIR fostered a fertile climate for design, visible not only in the many projects in which design played an emphatic role, but even more so in the many exhibitions, debates, and other events held in the 1980s. One favourite theme of these events was public space. While cities such as Paris and Barcelona had been grappling with this issue for years, it was unfamiliar territory in the Netherlands. But that too changed rapidly; in The Hague, the municipal executive (with Duivesteijn again acting as the driving force) asked the Urban Development Department and the landscape architect Alle Hosper to develop a plan for public space in the city centre. This plan, *De kern gezond* ('Healthy Heart'), and a similar initiative in Groningen, *Ruimte voor ruimte* ('Space for Space') were the first of their kind in the Netherlands. To implement the project in The Hague, Urban Development – which thanks to Duivesteijn's influence had grown used to collaborating with independent urban designers – worked with the Spanish architect Joan Busquets.

But Dutch architects and planners also made their mark. Rem Koolhaas soon assumed the mantle of creative pioneer that Aldo van Eyck had worn in the 1970s, with the key difference that Koolhaas drew inspiration not from the patterns of African settlements but from all sorts of fast-growing European, American, and Asian cities. These world cities often selected him for projects from the 1990s onward. So at the same time that Koolhaas was working on the IJ-plein complex in Amsterdam, where he trotted out the all the well-known modernist typologies of space, he was also investigating international principles of urbanization that were still poorly understood. The above-mentioned architect Jo Coenen followed up the Vaillantlaan project with a variety of other metropolitan initiatives in which he breathed new life into classic elements of urban design. Carel Weeber also made an impression with grand formal gestures such as the grid plan for Venserpolder and the Peperklip housing complex. The desire on the part of city leaders to combine metropolitan glamour with high-quality spatial planning was an invitation to architects and urban designers (usually appointed from outside the bureaucracy) to unleash their imaginations. They no longer had to conform to precise terms of reference and fill in just the final aesthetic details, as had often been the case with housing projects in the 1970s. Instead, they helped to define the terms of reference from the very start. It was they, after all, who had the creative power to make cities blossom into inspiring living environments. and in view of the growing national and international competition between cities, this was considered to be a great asset. As Harm Tilman put it, planning was 'no longer a response to objective needs that had to be met . . . but the design of "possible worlds" that would attract businesses, investments, and people'.[45]

This competitive drive had such a positive impact on Dutch cities that by the late 1980s the decline in their population had come to a stop. While the project-based approach enhanced the role of architects and urban designers, it also reduced their influence on

externe ontwerpers te werken – de samenwerking met de Spaanse architect Joan Busquets aan. Maar ook de Nederlandse ontwerpers lieten van zich horen. Rem Koolhaas verwierf al snel de voorgangersrol die Aldo van Eyck in de jaren zeventig had gehad, met als belangrijk verschil dat hij zich niet liet inspireren door Afrikaanse nederzettingspatronen maar door allerhande snelgroeiende Europese, Amerikaanse en Aziatische steden, die vooral vanaf de jaren negentig ook de nodige opdrachten voor hem hadden. Dat betekende dat hij naast projecten als het IJ-plein in Amsterdam – waar hij alle modernistische verkavelingen nog eens op een rij zette – onderzoek deed naar nog vrij onbekende internationale verstedelijkingsprincipes. De eerdergenoemde Coenen werkte na zijn project aan de Vaillantlaan nog aan diverse andere grootstedelijke projecten waarin hij klassieke elementen uit de stedenbouw nieuw leven inblies. Maar ook Weeber maakte al snel indruk met zijn grote, formele gebaren als het gridvormige plan voor de Venserpolder in Amsterdam en het wooncomplex de Peperklip in Rotterdam. De behoefte van de stadsbesturen aan grootstedelijke allure en ruimtelijke kwaliteit gaf de (meestal externe) ontwerpers opnieuw een verbeeldende rol. Niet langer hoefden ze zich te houden aan een keurig vastgesteld – in de jaren zeventig vaak woningbouw- – programma waarvoor ze de laatste vormgevingsslag mochten doen, maar vormden ze dat programma vanaf het begin af aan mee. Zij bezaten immers de verbeeldingskracht om de stad uit te doen groeien tot een inspirerende leefomgeving en dat was met het oog op de toenemende (inter)nationale concurrentie een groot goed. Planvorming was, zoals Harm Tilman het zo mooi zei, 'nu niet meer een antwoord op objectieve behoeften die vervuld moeten worden […], maar het ontwerp van 'mogelijke werelden', die bedrijven, investeringen en mensen kunnen aantrekken'.[35] En dat lukte, want eind jaren tachtig hadden de positieve stadsontwikkelingen de terugloop van de bevolking in de grote steden tot stilstand gebracht. Terwijl de vele stadsprojecten de rol en positie van de ontwerper sterker maakten, deed de focus op die projecten tegelijkertijd hun invloed op het hogere schaalniveau afnemen. Amsterdam was nog een van de weinige steden die in deze jaren doorwerkte aan een structuurplan. Dat was juridisch gezien ook niet nodig, want de in 1985 doorgevoerde wijziging in de WRO introduceerde het globale eindplan als juridisch instrument. Hiervoor was geen ruimtelijk uitgewerkt plan meer nodig, maar volstond een 'beschrijving op hoofdlijnen'. Verschillende gemeenten maakten hier gebruik van. De versterking van de afzonderlijke steden maakte dat de planvorming op de regionale schaal vrijwel stil kwam te liggen. Ontwerpers zelf beschouwden dit als een groot manco. Om te laten zien wat ontwerp ook voor het nationale niveau kon betekenen, verenigden verschillende onderzoekers en ontwerpers zich in 1983 in de Stichting Nederland Nu als Ontwerp (NNAO). Opzet was om aan de hand van de ideologieën van de vier grootste politieke partijen mogelijke scenario's te schetsen voor Nederland in 2040. De vier scenario's konden de politiek zo inzicht bieden in de gevolgen van te maken keuzes. NNAO leidde tot de opkomst van scenarioplanning: inzet van ontwerp voor het uitwerken en doordenken van verschillende scenario's. Hoewel de 'scenariomachine' later ook veel onder vuur is komen te liggen als een manier van (te) vrijblijvend schetsen en ontwerpen, was de aanvang serieus en glorieus. Ze leidde niet tot de gehoopte politieke debatten, maar zorgde wel voor een planologisch klimaat waarin niet meer het proces, maar de opgave en haar mogelijke oplossingen centraal staan. Behalve NNAO droeg ook de Eo Wijers-Stichting hieraan bij. Deze stichting, vernoemd naar de voormalig RPD-directeur, wenste juist de visievorming en planvorming op het bovenlokale niveau te stimuleren door iedere drie jaar een ontwerpprijsvraag te organiseren. Zo konden ontwerpers alsnog hun

the overall fabric of the cities. Amsterdam was one of the few cities that continued working on its strategic plan (*structuurplan*) in this period. There was no longer any legal requirement to do so; in 1985, the Spatial Planning Act had been amended to introduce the instrument of the general target plan (*globaal eindplan*), which did not have to be an elaborate spatial plan. A 'description of the basic elements' was sufficient. Many municipalities adopted this new planning concept. Meanwhile, the drive to strengthen the cities virtually brought an end to regional planning, to the chagrin of spatial planners. To demonstrate what spatial design could achieve on the national level, in 1983 a large group of researchers and planners formed the Netherlands Now as Design Foundation (*Stichting Nederland Nu als Ontwerp*; NNAO). Their goal was to develop scenarios for the Netherlands in 2040 based on the ideologies of the four largest political parties, in the hope that these four scenarios would give politicians insight into the consequences of their future decisions. NNAO precipitated the rise of scenario planning, the use of spatial design methods to develop and analyze multiple scenarios. Although such scenarios later came under fire as mere planners' daydreams, divorced from reality, their inception was serious and glorious. While they did not trigger the hoped-for political debates, they did create a climate for an approach to planning that focused not on the process, but on problems and their potential solutions.

Along with NNAO, the Eo Wijers-stichting (Eo Wijers Foundation) also contributed to this conceptual shift. This foundation, named for the former RPD director, aimed to encourage the development of plans and visions above the local level through a competition held once every three years, in which spatial designers could show off their skills on a larger scale. The plans that emerged – one for the Dutch river delta in 1985/1986 and another for the multinational European region around Maastricht and Liège – were too large in scale actually to be carried out. But regional issues and the design approaches developed for them were to leave their stamp on a number of government policy documents in the 1990s. For the time being, however, national policy remained focused on individual cities, and city executives continued to work primarily on a project basis. Following in the footsteps of the Urbanization Policy Document and the Strategic Concept for Urban Areas, the *Vierde Nota over de ruimtelijke ordening* ('Fourth Policy Document on Spatial Planning'; 1988) emphasized the development of the major cities.[46] Responsibility for implementing this policy was largely in the hands of the municipal executives, which used projects to break down the task into discrete, manageable units. Another factor favouring the project-based approach was the privatization of housing associations, because it compelled municipalities to work with private parties most of the time. Still, it was often difficult for municipal executives and bureaucracies to adjust to the ways of the market. To bridge the psychological gulf between the public and private sectors, the aldermen in the four major cities founded the Urban Regeneration Forum (*Platform voor stedelijke vernieuwing*), which included representatives of both city government and the still distrusted business world.

42 As quoted in Van der Cammen & De Klerk, p. 281.
43 As quoted in Van der Cammen & De Klerk, p. 256.
44 As quoted in Van der Cammen & De Klerk, p. 315.
45 Harm Tilman, 'Verleidelijk stadsbeeld: ontwerpen voor stedelijke leegtes', in K. Bosma (ed.), *Verleidelijk stadsbeeld. Ontwerpen voor stedelijke vernieuwing*, Rotterdam 1990, p. 36.
46 Translator's note: Alert readers may be wondering in what sense this document was the *fourth* of its kind. The answer is that the three major policy documents on spatial planning described in the section on the 1970s (the *Oriënteringsnota*, the *Verstedelijkingsnota*, and the *Nota landelijke gebieden*) were collectively known as the *Derde nota over de ruimtelijke ordening* (Third Policy Document on Spatial Planning). The first and second documents in the series are discussed earlier in this book.

verdiensten – ook op het hogere schaalniveau – aantonen. De ontstane plannen – in 1985/1986 voor het rivierengebied en in 1988/1989 voor de Europese regio rond Maastricht en Luik – waren te groots om daadwerkelijk tot realisatie te komen, maar de regionale onderwerpen en de hiervoor ontwikkelde ontwerpbenaderingen lieten in de jaren negentig wel hun sporen na in diverse nota's van de rijksoverheid. Voorlopig bleef in het rijksbeleid de focus op de steden echter voortbestaan en bleven de stadsbesturen dit vooral in projecten vormgeven. In navolging van de *Verstedelijkingsnota* en de *Structuurschets stedelijke gebieden* stelde ook de in 1988 verschenen *Vierde Nota over de ruimtelijke ordening* de ontwikkeling van de steden centraal. De uitvoering van dit beleid lag grotendeels bij de stadsbesturen zelf, die in de projecten een behapbaar middel hadden gevonden om – vooral nu ze door de privatisering van de woningcorporaties gedwongen waren om vooral met marktpartijen samen te werken – de uitvoering op te pakken. Overigens bleef de marktgerichtheid voor de gemeentebesturen en diensten nog even wennen. Om elkaar wat beter te leren kennen zetten de wethouders van de vier grote steden het *Platform voor stedelijke vernieuwing* op met daarin ook vertegenwoordigers van de vaak nog als vijandig beschouwde marktpartijen.

32 Uit: Van der Cammen en De Klerk, p. 281.
33 Uit: Van der Cammen en De Klerk, p. 256.
34 Uit: Van der Cammen en De Klerk, p. 315.
35 Harm Tilman, 'Verleidelijk stadsbeeld: ontwerpen voor stedelijke leegtes', K. Bosma (red.), *Verleidelijk stadsbeeld. Ontwerpen voor stedelijke vernieuwing*, Rotterdam 1990, p. 36.

1990-2000: Markt in verleiding
1990-2000: Courting the Market

Kwam in de jaren tachtig de marktwerking in verschillende projecten al meer op de voorgrond te staan, in de jaren negentig besloot de rijksoverheid nog meer aan de markt over te laten. Aanleiding was de slechte economische situatie in het land: de werkloosheid was hoog, het overheidstekort te groot en Nederland dreigde slechts moeizaam mee te kunnen in de wereldeconomie. De problemen waren het best zichtbaar in de Randstad. De laaggeschoolde werknemers die in de jaren zeventig zowel uit binnen- en buitenland waren gekomen om een bijdrage te leveren aan de productie-economie in en om de grote steden, kwamen in de nieuwe diensten- en kenniseconomie maar moeilijk aan het werk. Bovendien wisten de grote steden deze nieuwe economie, dic mondiaal was en door nieuwe telecommunicatienetwerken niet over een vaste vestigingsplaats hoefde te beschikken, slechts met moeite aan zich te binden. De steden in de Randstad bleken in het licht van het verdwijnen van de Europese binnengrenzen in 1992 meer dan ooit met andere Europese steden te concurreren, die door de uitstekende faciliteiten, aanwezigheid van culturele voorzieningen en groen veelal een aantrekkelijker vestigingsklimaat boden. In het in 1989 uitgevoerde onderzoek naar *Les Villes Européennes* stonden Londen en Parijs bovenaan, terwijl Amsterdam als enige Nederlandse stad een plaats kreeg in de middengroep van 'agglomeraties met een bekende naam maar beperkte mondiale uitstraling'. Het is dan ook niet verwonderlijk dat de *Vierde Nota* (1988), die verscheen tijdens de 'no-nonsense'-kabinetten van minister-president Ruud Lubbers, de economie tot een van de belangrijkste speerpunten benoemde en daarom 'Nederland distributieland' op de kaart zette en het met de *Structuurschets* ingezette verstedelijkingsbeleid van nieuwe impulsen voorzag.

In the 1980s, market forces had played a newly important role in many projects. In the 1990s, the national authorities decided to leave even more to the market. This move was prompted by the country's economic difficulties: unemployment was high, the national deficit was too large, and the Netherlands was struggling to keep up with the global economy. These problems were most visible in the Randstad. The semi-skilled and unskilled labourers who had come to the major cities from other regions and countries in the 1970s to take industrial jobs had a hard time finding work in the new service and knowledge-based economy. What is more, the major Dutch cities were having trouble positioning themselves in the world economy, in which modern telecommunications networks had made it unnecessary for companies to operate from one fixed site. After the member states of the European Union threw open their internal borders in 1992, the cities of the Randstad seemed more than ever to be competing with other European cities, many of which offered a more attractive business climate, with outstanding facilities, services, cultural attractions, and green spaces. In *Les Villes Européennes* ('European Cities'), a study carried out in 1989, London and Paris came out on top, and Amsterdam was the only Dutch city even to earn a place in the middle group of 'agglomerations with a well-known name but limited global appeal'. It is easy to see why the Fourth Policy Document (1988; see previous section) – presented by one of the 'no-nonsense' governments headed by Prime Minister Ruud Lubbers – identified the economy as a prime concern, resolving to establish the Netherlands' reputation as a global distribution centre and to inject new life into the policy of urbanization that had begun in 1983 with the Strategic Concept.

The Netherlands sought to improve its competitiveness as a distribution centre mainly by strengthening its two main international transport hubs, Schiphol and the Port of Rotterdam, which were dubbed 'mainports'. Both were given a great deal of room to expand, on the condition that they take measures to improve the quality of the living environment. The rise of the new 'Green Front' (no longer referring to the agricultural lobby, but to the environmental movement) in the 1970s and the new interest in the residential environment had made one thing clear: as important as economic growth was to the country's development, it had to be accompanied by measures to enhance the quality of life. But the Fourth Policy Document did not say what specific steps should be taken, and so many green projects were developed only to be shelved indefinitely. One crucial means of strengthening the distribution sector was a plan to improve the connections between the mainports and their European hinterland. To this end, the national authorities presented two new projects, the Betuwe Line and the High-Speed Line (HSL), along with a major programme of investment. To make it easier for national government to carry out projects of national importance, like these, the Spatial Planning Act was amended in 1994. A new article of the Act sought to ensure that 'Not in My Backyard' (NIMBY) protests would not obstruct such projects. This NIMBY article empowered the national authorities to press ahead even in the face of opposition from municipalities. That made it easier simply to stipulate a route for the Betuwe Line, which would otherwise have been subject to the public consultation procedure for key planning decisions.

The Fourth Policy Document also emphasized the development of the major cities in the Randstad, with the overall objective of raising them to a much higher rank on the list of European cities. The document presented these cities as hubs of national and international significance, identifying no fewer than thirteen urban hubs (*stedelijke knooppunten*)

'Nederland distributieland' kreeg vooral betekenis door de versterking van de twee belangrijkste internationale *mainports*: Schiphol en de Rotterdamse Haven. Beide kregen aanzienlijk meer ruimte om uit te breiden, mits ze daarbij ook maatregelen opstelden om de kwaliteit van de leefomgeving te verbeteren. Na de opkomst van het groene front in de jaren zeventig en de aandacht voor het woonmilieu die daarop volgde was het immers duidelijk dat economische groei voor de ontwikkeling van het land belangrijk was, maar alleen als deze ook gepaard ging met kwaliteitsverbetering. De *Vierde Nota* maakte echter niet duidelijk hoe die kwaliteitsverbetering precies vorm diende te krijgen, waardoor de ontwikkelende partijen dan wel verschillende groene projecten lanceerden, maar deze vervolgens lange tijd op de plank lieten liggen. Cruciaal onderdeel van 'Nederland distributieland' was tevens de verbetering van de verbindingen tussen de *mainports* en het Europese achterland. Hiertoe presenteerde de rijksoverheid twee nieuwe projecten, de Betuwelijn en de hogesnelheidslijn, en een omvangrijk investeringsprogramma. Om het ingrijpen van de rijksoverheid in dit soort projecten van nationaal belang te vereenvoudigen voerde ze in 1994 het 'nimby'-artikel in de WRO in. Hiermee kreeg ze de bevoegdheid om projecten die gemeenten het liefst op grote afstand hielden toch door te voeren. Zo werd het eenvoudiger om het tracé van de Betuweroute, dat daarvoor de PKB-procedure volledig moest doorlopen, op te leggen. De *Vierde Nota* stelde verder de ontwikkeling van de grote steden in de Randstad centraal. Deze dienden zich zo te ontwikkelen dat de Randstad als geheel flink in de ranglijst van Europese steden zou stijgen. De nota presenteerde ze daarom als knooppunten van nationaal en internationaal belang, op een lijst die in totaal maar liefst dertien stedelijke knooppunten bevatte. Deze knooppunten dienden zich vooral op hun eigen kwaliteiten en kansen te concentreren, zo stelde het bij de nota behorende

Groenedijk in Leidsche Rijn, 2009.
Groenedijk, Leidsche Rijn, 2009.

1990-2000

De locaties uit de VINEX – de concretiseringsslag van de eerder verschenen Vierde Nota – waren de eerste grote bouwopgaven die de kersverse regionale besturen in samenwerking met de markt moesten oppakken en uitvoeren. Voor alle partijen was dit wennen. Terwijl gemeentebesturen onderling en met een externe ontwerper nadachten over locaties, woningaantallen en een masterplan, kochten marktpartijen alvast zoveel mogelijk gronden op en verzekerden zich zo van een grote rol in de uitvoering. Dat betekende dat de kwaliteit van de vinexwijken grotendeels in handen van de ontwikkelaars lag. Volgens vele critici leidde dat tot niets dan ellende. Toch viel het in de praktijk nogal mee: een stadsdeel als Leidsche Rijn, totstandgekomen volgens het masterplan van de landschapsarchitect Bakker, bleek al snel geliefd bij de bewoners en later ook bij de vakwereld. Bakker oogstte vooral lof om de manier waarop ze de aanwezige landschappelijke en cultuurhistorische karakteristieken in het plan integreerde. In het algemeen nam onder ontwerpers de aandacht voor de verschillende lagen in het landschap, en daarmee ook het bewustzijn van de vele ruimteclaims, toe. Terwijl de decentralisatie en marktwerking hoogtij vierden, deden ze een beroep op de rijksoverheid om meer duidelijke keuzes te maken.

The VINEX districts were the first major construction projects that the new regional authorities were in charge of designing and implementing, in partnership with private parties. It took some time for the parties involved to get used to their new roles. While municipal authorities worked with independent designers to consider such issues as the location, the number of dwellings, and the master plan, private companies were making strategic land purchases with a view to lucrative development contracts. The quality of VINEX districts thus became largely dependent on developers. Critics heaped scorn on the new developments, but the average quality was reasonably good. The Leidsche Rijn neighbourhood, for instance, the brainchild of spatial designer Riek Bakker, soon won the hearts of its residents and was ultimately lauded by other architects and urban planners. Bakker received particular praise for the way in which she integrated the cultural history and landscape of the area into her master plan. Planners in general began to take more account of different facets of the landscape, and to become more aware of diverse claims on space. While decentralization was at its height and market forces were being given free play, design professionals called on government to make clearer choices.

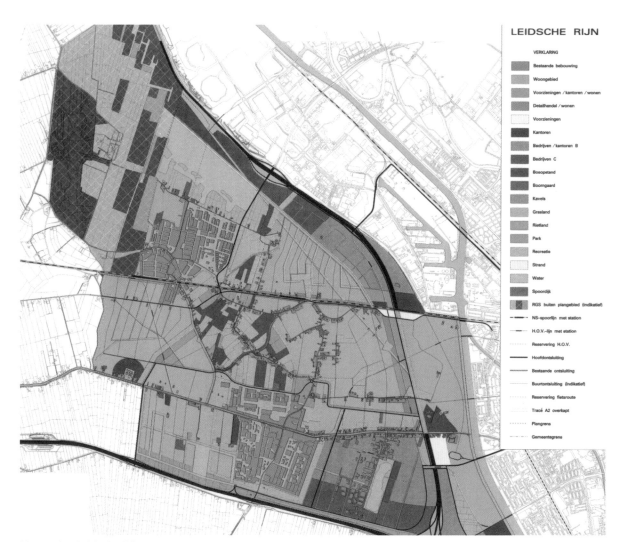

LEIDSCHE RIJN

VERKLARING

- Bestaande bebouwing
- Woongebied
- Voorzieningen / kantoren / wonen
- Detailhandel / wonen
- Voorzieningen
- Kantoren
- Bedrijven / kantoren B
- Bedrijven C
- Bosopstand
- Boomgaard
- Kavels
- Grasland
- Rietland
- Park
- Recreatie
- Strand
- Water
- Spoordijk
- RGS buiten plangebied (indikatief)
- NS-spoorlijn met station
- H.O.V.-lijn met station
- Reservering H.O.V.
- Hoofdontsluiting
- Bestaande ontsluiting
- Buurtontsluiting (indikatief)
- Reservering fietsroute
- Tracé A2 overkapt
- Plangrens
- Gemeentegrens

Masterplan Leidsche Rijn, 1995.
Master plan for the Leidsche Rijn, 1995.

Riek Bakker.

127

Ruimtelijk Ontwikkelingsperspectief (ROP). Om ze hierbij te helpen riep de rijksoverheid niet alleen financiële stimuleringsmaatregelen in het leven, zoals de subsidieregeling *Bedrijfsomgevingsbeleid* voor de ontwikkeling van bedrijfslocaties binnen de knooppunten, maar zegde ze ook haar concrete steun toe aan de zogenaamde 'strategische projecten' binnen de knooppunten. Het was de eerste keer dat de rijksoverheid haar beleid zo duidelijk via projecten vormgaf. Om in aanmerking te komen moesten de projecten van groot belang zijn voor de ontwikkeling van de knooppunten, in PPS-constructie tot stand komen en daarmee de doelstellingen van de nota onderschrijven. In 1988 benoemde de rijksoverheid het Céramique-terrein in Maastricht, de Kop van Zuid in Rotterdam, het BaNK-gebied in Den Haag, het stationsgebied Noordwest in Groningen en het Oostelijk Havengebied in Amsterdam als strategische projecten. Ze coördineerde de geldstromen voor deze projecten, zoals de subsidies voor de infrastructuur, verzorgde de afstemming tussen de verschillende partijen en spande zich in voor een snellere besluitvorming van haar kant. Dit resulteerde onder andere in goede en snelle afspraken over milieuwetgeving, flinke investeringen in infrastructuur en vergroting van het draagvlak voor de projecten door de rijkssignatuur en door eigen afname van een deel van het kantorenprogramma van de projecten. De Erasmusbrug in Rotterdam en de nieuwe tramtunnel in Den Haag waren goede voorbeelden die uit het strategische projectenbeleid voortkwamen.

Met de verschijning van de *Vierde Nota Extra (VINEX)* in 1993 – een door de PvdA gemaakte concretiseringsslag van de eerder door de VVD opgestelde *Vierde Nota* – verschoof de focus van het projectenbeleid. In het algemeen besteedde de *VINEX* door de betrokkenheid van de PvdA met het zojuist uitgegeven eerste *Nationaal Milieubeleidsplan* meer aandacht aan het milieu en de kwaliteit van de leefomgeving. Om de mobiliteit zoveel

in total. According to the accompanying *Ruimtelijk Ontwikkelingsperspectief* ('Spatial Development Perspective'), each of these hubs was expected to capitalize on its own strengths and opportunities. National government lent them a helping hand with a variety of financial incentives, such as a subsidy programme for the development of business parks within the hubs (*bedrijfsomgevingsbeleid*), as well as direct financial support for strategic projects there. This was the first time that a national policy had been so clearly oriented towards projects. To qualify, the projects had to be crucial to the development of the hubs, and had to take shape through public-private partnerships, thus supporting the objectives of the policy document. The strategic projects selected in 1988 were the Céramique site in Maastricht, the Kop van Zuid and the Eastern Harbour District in Rotterdam, the BaNK area of The Hague, and the Northwest district near the railway station in Groningen. The national authorities coordinated all the financing for these projects, such as infrastructure subsidies, as well as the cooperation between the parties involved, and they tried to keep up the pace of their own decision-making. This enabled them to reach clear, swift agreements about environmental legislation, large investments in infrastructure, and expanding the support base for the strategic projects by labelling them as national and using some of the new office space for national agencies. The Erasmus Bridge in Rotterdam and the new tram tunnel in The Hague were good examples of strategic projects emerging from this policy.

The year 1993 saw the publication of a supplement to the Fourth Policy Document on Spatial Planning (*Vierde Nota Ruimtelijke Ordening Extra*; VINEX) – an initiative of the Labour Party (PvdA) that went into more concrete detail than the Fourth Policy Document itself, which had been the work of the right-wing VVD. This VINEX document took the project-based policy in a new direction. Reflecting the leading role of the PvdA in the development of the first *Nationaal Milieube-*

leidsplan (National Environmental Policy Plan), which had been presented not long before, the VINEX devoted more attention than ever to the environment and quality of life. To avoid unnecessary mobility and keep the countryside uncluttered, the document introduced the concept of the compact city (*compacte stad*). That meant that new 'strategic projects' were selected mainly on this basis, with public-private partnerships playing a lesser role. In addition to the five projects chosen earlier, the national government now selected the centrally sited Utrecht City Project, the IJ waterfront projects in Amsterdam, the Central Urban Area in Amersfoort, and three other mixed-use projects. All these projects included numerous 'A locations' for companies with many employees and visitors. The VINEX policy required these companies to be located in or near existing urban areas whenever possible, and close to public transport interchanges. For companies with fewer people coming and going, the VINEX designated B locations adjacent to built-up urban areas and C locations at a distance from such areas; both categories were near the sites for new housing. These new housing sites were the most important feature of the VINEX: for the period until 2015, a full 835,000 housing units were planned, making the programme comparable in scope to the postwar reconstruction effort. The housing sites reserved in the VINEX were within a radius of 10-15 kilometres of the city centres, and the actual implementation of the policy was left to lower levels of government. The Advisory Council on Government Policy (*Wetenschappelijke Raad voor het Regeringsbeleid*; WRR) had concluded a few years earlier that the major cities were falling behind in their development because they were financially dependent on national government and did not have an adequate governance system.[47] In response, the national authorities adopted the Governance in Transition Framework Act (*Kaderwet bestuur in verandering*; 1994), which encouraged the formation of regional levels of

mogelijk te beperken en het landschap open te houden voerde de nota het concept 'compacte stad' in. Dat betekende dat de nieuwe 'strategische projecten' nu ook vooral hierop werden geselecteerd en dat PPS in mindere mate een rol speelde. Bovenop de vijf oude projecten selecteerde de rijksoverheid daarom nu ook het hoogstedelijke Utrecht City Project, de IJ-oevers in Amsterdam, het Centraal Stadsgebied Amersfoort en drie andere projecten met gemengde programma's. Hieronder bevonden zich tevens vele zogenaamde A-locaties voor bedrijven met veel werknemers en bezoekers. Deze bedrijven moesten zich volgens de *VINEX* zoveel mogelijk in of tegen de bestaande stad aan ontwikkelen, dichtbij de openbaarvervoerknooppunten. Voor de minder drukbezochte bedrijven wees de nota B- en C-locaties tegen of buiten de bestaande stad aan, gelegen bij de nieuwe woningbouwlocaties. Deze laatste categorie vormde het belangrijkste onderdeel van de nota: tot 2015 waren maar liefst 835.000 woningen gepland, vergelijkbaar met het naoorlogse woningbouwprogramma. De *VINEX* reserveerde hiervoor locaties die zich binnen een straal van tien tot vijftien kilometer van de stadscentra bevonden. De uitvoering van deze locaties gaf ze in handen van de decentrale bestuursorganen. De Wetenschappelijke Raad voor het Regeringsbeleid (WRR) had enkele jaren daarvoor geconcludeerd dat de grote steden in hun ontwikkeling achterbleven omdat ze financieel afhankelijk bleven van het rijk en omdat ze een adequate bestuursvorm misten. Daarop voerde de rijksoverheid in 1994 de *Kaderwet bestuur in verandering* in die de vorming van regionale bestuurslagen aanmoedigde. Nu stelde ze de eerste zeven kaderwetgebieden en de provincies voor de overige stedelijke knooppunten aan het hoofd van de uitvoering van het *VINEX*-bouwprogramma op de aangewezen locaties. Dat betekende een enorme omslag voor de provincies en gemeenten, die nog altijd gewend waren aan een grote rijksbemoeienis bij zulke omvangrijke woningbouwprogramma's. In ruil voor de uitvoering kregen ze van de rijksoverheid in een klap alle bijdragen van het rijk om de tekorten op de grondkosten, bodemsanering en openbaar vervoer te dekken. Dat betekende echter wel dat ze zelf de fasering en financiën in de gaten moesten houden. Daar kwam nog eens bij dat de gemeenten uit de kaderwetgebieden en andere stedelijke knooppunten voor het eerst zo nadrukkelijk met elkaar moesten samenwerken. Het duurde even voordat gemeenten zich van hun nieuwe rol bewust waren en de samenwerking ook daadwerkelijk waren aangegaan. Dit duurde te lang voor de vele marktpartijen die de locatiekaart van de *VINEX* goed hadden bestudeerd en alvast voortijdige grondaankopen hadden gedaan. Op het moment dat de gemeenten elkaar net gevonden hadden klopten verschillende ontwikkelaars al met plannen aan. Ze boden de grond aan in ruil voor ontwikkelafspraken. Omdat de overheid door de inmiddels vrijwel volledig voltooide privatisering van de woningcorporaties, de afschaffing van de verschillende volkshuisvestingsubsidies en de stimulans van het eigen woningbezit zelf nauwelijks meer uitvoeringsmacht had en de gemeenten zich sowieso nog onzeker voelden in hun nieuwe rol gingen ze vaak via langdurige contracten met deze ontwikkelaars in zee. Daardoor kreeg een aantal grote ontwikkelaars een flink aandeel van het bouwprogramma in handen, met forse winsten en zeker niet altijd het gewenste resultaat als gevolg. Een van de grootste problemen bleken de langdurige contracten op te leveren: omdat het bouwprogramma daarin al keurig was afgesproken kon dit niet met de veranderde marktvraag meebewegen. Deze problemen tekenden zich echter pas grotendeels af tijdens de uitvoering. Terwijl de gemeenten druk bezig waren de gronden te verwerven, startte eerst de planvorming voor de locaties. De meeste gemeentebesturen besloten hiervoor de hulp van een externe ontwerper in te roepen, zoals velen van hen al enige tijd gewend waren te doen bij de

administration. The VINEX went further along this path, giving the provinces and the first seven regions identified in the Framework Act (*kaderwetgebieden*) direct responsibility for carrying out the construction programme on the designated sites.

This was an enormous change for the provinces and municipalities, which had been accustomed to a high level of involvement by national government in large-scale residential building programmes. In exchange for taking charge, they received from the national authorities the funds necessary for land purchases, soil remediation, and public transport, in the form of a single lump sum. Of course, that meant that they had to keep an eye on their own spending and make sure they stayed on schedule. Furthermore, this was the first time that the municipalities in the Framework Act regions and within other urban hubs had been so emphatically required to cooperate. It took a while for municipal authorities to adjust to their new role and actually start working together. In fact, it took too long for the taste of many private parties who had studied the map of VINEX sites carefully and made strategic land purchases at an early stage. At a point when the municipalities had only just established lines of contact, various developers began coming to them with plans, offering the land in exchange for commitments to let them develop it. When it came to implementation, there was very little the public sector could do on its own; the housing associations had been privatized, and residential building subsidies and home ownership incentive programmes had been discontinued. In any case, many municipalities still felt somewhat insecure in their new role. As a result, they often entered into long-term contracts with these developers. A number of large development companies thereby obtained control of much of the construction work, making huge profits and all too often falling short of the desired outcomes. One of the biggest problems was the long-term nature of the contracts; because they specified exactly how many dwellings were to be constructed, when, and for what price, there was no way to respond to changes in the market.

But most of these problems did not surface until construction was under way. First came the planning of individual sites, while the municipalities were still negotiating for the land. Most municipal executives decided to appoint spatial designers from outside their own bureaucracy, a procedure many of them were familiar with from the major projects of the 1980s. These outside designers brought fresh thinking to the VINEX programme, and their independent status often enabled them to bring together disparate individuals and interest groups. Municipal executives generally chose urban planners or landscape architects with experience of a project-based approach. The most sought-after designers included Ashok Bhalotra, well known for his design for the district of Kattenbroek in Amersfoort; Teun Koolhaas, with his voluminous urban design portfolio; and Riek Bakker, the former director of Rotterdam's Urban Development and Housing Department. Bakker's firm BVR developed the master plan for the new residential district of Leidsche Rijn – the largest VINEX site, with 30,000 dwellings for 80,000 people, to the west of Utrecht across the A2 motorway. The requirements for the project were stringent: the new district had to form a natural extension of the city of Utrecht, yet with a clear line of demarcation between the section belonging to Utrecht and that belonging to the municipality of Vleuten/De Meern. Bakker decided to place a canopy over the motorway, include a large landscape park in the middle of the development, and give the Vleuten/De Meern section a rural atmosphere. As a spatial designer, she did not simply present the municipal executives of Utrecht and Vleuten/De Meern with a range of options, as NNAO had done with its four scenarios, but played a central role in the negotiation process. This working method required a designer with a new set of skills, one who could design and at the same time coordinate the design process. Bakker fit

grote projecten uit de jaren tachtig. De externe ontwerper bracht vanuit zijn eigen ervaring een frisse blik en wist juist door zijn onafhankelijke positie verschillende belangen en mensen samen te brengen. Meestal kozen gemeentebesturen voor stedenbouwkundigen of landschapsarchitecten met ervaring in het projectmatig werken. Veelgevraagde ontwerpers waren onder anderen Ashok Bhalotra, reeds bekend door zijn ontwerp voor de Amersfoortse wijk Kattenbroek, Teun Koolhaas, met een compleet oeuvre van stedenbouwkundige plannen op zijn naam en Riek Bakker, voormalig directeur van de Dienst Stedenbouw en Volkshuisvesting in Rotterdam. Bakker tekende vanuit haar bureau BVR het masterplan voor Leidsche Rijn, met zo'n 30.000 woningen voor 80.000 mensen de allergrootste vinexlocatie van Nederland, gelegen ten westen van Utrecht aan de overzijde van de A2. De eisen die hier lagen waren niet mis: het nieuwe stadsdeel moest perfect aansluiten op de stad Utrecht en moest tevens een duidelijke grens tussen het Utrechtse deel en het deel van Vleuten/De Meern bevatten. Bakker besloot daarom de A2 te overkappen, in het midden van het gebied een groot landschapspark op te nemen en het deel van Vleuten/De Meern vooral een dorpse uitstraling mee te geven. Als ontwerper legde ze de gemeentebesturen van Utrecht en Vleuten/De Meern niet alleen keuzemogelijkheden voor, zoals NNAO eerder met de verschillende scenario's voor ogen had, maar speelde ze zelfs een rol midden in het onderhandelingsproces. Deze werkwijze vroeg andere kwaliteiten van de ontwerper: deze moest al ontwerpend een proces begeleiden. Bakker was daar sinds de Kop van Zuid zeer bedreven in, stond zelfs bekend als 'denkleider'. Overigens startten de gemeenten voor Leidsche Rijn, net als vele andere gemeenten overigens, een eigen projectbureau met daarin behalve de meest enthousiaste ambtenaren ook enkele externen voor de begeleiding en uitvoering van de plannen.

Het masterplan voor Leidsche Rijn hield zoveel mogelijk rekening met de bestaande cultuurhistorische en landschapselementen in het gebied: verschillende archeologische vindplaatsen uit de Romeinse tijd, maar ook oude vletsloten en tuinbouwkassen speelden een rol in de planvorming. De tijd van de tabula-rasaplanvorming van de groeikernen, waarbij deze als losse entiteiten in het landschap neerstreken, was voorbij. Voortaan kregen nieuwbouwwijken een logische plek in het landschap. Een van de eerste wijken waarin deze benadering tot uiting kwam was de wijk Prinsenland, in de jaren tachtig ontworpen door Frits Palmboom, op dat moment werkzaam bij de Dienst Stedenbouw en Volkshuisvesting van de gemeente Rotterdam. Het onderliggende polderlandschap vormde hier de basis voor het stedenbouwkundig plan. Overigens kwam deze benadering niet volledig uit de lucht vallen. Net voor de verschijning van de *VINEX* was vanuit het Ministerie van Landbouw, Natuur en Visserij (LNV) de *Nota Landschap* uitgegeven. Deze presenteerde de cascobenadering die de planoloog Dirk Sijmons eerder ook in zijn winnende 'Plan Ooievaar' voor de Eo Wijersprijsvraag gebruikte en die onder landschapsarchitecten in deze tijd gemeengoed werd. Deze benadering ging niet uit van een vooropgezet landschapsbeeld of het koste wat kost voortborduren op oude landschapskenmerken, maar presenteerde een manier om het huidige bodemgebruik in overeenstemming te brengen met nieuwe functies. De cascobenadering onderscheidde laagdynamische functies die gezamenlijk een stabiel en structurerend ruimtelijk raamwerk vormen en die daardoor hoogdynamische functies kunnen incorporeren. Beide houden rekening met de zogenaamde systeemkenmerken van het landschap zoals bodem, reliëf en waterhuishouding. De *Nota Landschap* die de 'aftakeling van het landschap' door grootschalige landbouw en ongewenste en ongepaste bebouwing constateerde zag in de cascobenadering de manier om

the bill perfectly, thanks in large part to her experience on the Kop van Zuid project, and even had a reputation as a 'thinking leader'. The two municipalities involved in Leidsche Rijn, like many others in similar positions, also founded their own project offices to supervise the implementation of the plan, staffed by the most enthusiastic municipal officials and a few independent experts.

The master plan for Leidsche Rijn gave the fullest possible consideration to the cultural history and landscape of the area, which included several archaeological sites from the Roman period, along with old flatboat canals and greenhouses, all of which played a role in the design. Gone were the days of the new towns (*groeikernen*), when complete, preplanned districts seemed to have been plunked down at arbitrary points in the landscape. The designs for the VINEX housing developments reflected the nature of the sites. One of the first Dutch districts where this approach had been tried was Prinsenland, designed in the 1980s by Frits Palmboom, who was then working at Rotterdam's Urban Development and Housing Department. The underlying polder landscape formed the basis for Prinsenland's master plan. It should be noted that this approach was not concocted entirely out of thin air. Just before VINEX was published, the Ministry of Agriculture, Nature, and Fisheries (*Ministerie van Landbouw, Natuur en Visserij*; LNV) had published the *Nota Landschap* ('Landscape Policy Document'). This document endorsed the shell approach (*cascobenadering*) developed by the planning expert Dirk Sijmons in his Eo Wijers Prize-winning Stork Plan (*Plan Ooievaar*). Around the same time, this approach was being widely adopted by landscape architects and other design professionals. The shell approach did not involve any preconceived image of the landscape, and did not insist on highlighting historical landscape elements at all costs, but presented a way to make established land uses consistent with new functions. Sijmons distinguished between less dynamic functions, which together formed a stable organizing framework, and highly dynamic functions, which could be incorporated into this framework. Both types of functions had to take account of 'systemic features' of the landscape, such as the underlying soil or rock, variations in elevation, and water management issues. The Landscape Policy Document observed that large-scale agriculture and construction in unsuitable places were taking their toll on the Dutch landscape, and it identified the shell approach as the way to permit continued spatial development without subjecting that landscape to further stress. It was largely due to the efforts of designers themselves that the shell approach and contextualism – another approach identified by Sijmons – came into use on the VINEX sites. This probably had something to do with the fact that, more and more frequently, these types of major projects were going to landscape architects rather than urban designers. While the liberalization of residential building was forcing urban designers to search for new, more flexible working methods, landscape architects were used to thinking in strategic terms and to capturing both continuity and change in a single plan.

The well-conceived and often impressive master plans for the VINEX districts that were developed by the landscape architects and urban planners appointed by municipal authorities would have benefited from high-quality implementation. There was no effective way to stipulate that in the plans, however. Bakker commented, 'You can no longer sit in your garret, Berlage-style, and design your own ideal neighbourhood. The scale is too large and there are too many parties with their own interests. Surely you don't think developers let anyone tell them what sorts of houses and districts they have to build five or ten years from now?'[48] Many construction contracts for VINEX districts did include just those sorts of conditions, however, and that caused one of the biggest problems with the programme. In the 1990s,

ruimtelijke ontwikkelingen toe te staan zonder het landschap daarbij verder in het gedrang te brengen. Het was vooral aan ontwerpers zelf te danken dat de cascobenadering of het contextualisme – een andere benadering die Sijmons indertijd onderscheidde – ingang vonden op de vinexlocaties. Dat had waarschijnlijk ook te maken met het feit dat het steeds vaker landschapsarchitecten waren en niet stedenbouwkundigen die dit soort grootschalige opdrachten kregen. Terwijl stedenbouwkundigen door het wegvallen van de volkshuisvesting een middel misten om hun plan vorm te geven, waren landschapsarchitecten gewend om in structuren te denken en continuïteit en verandering in één plan te vatten.

De weldoordachte en vaak sterke masterplannen die de door de gemeentebesturen ingehuurde landschapsarchitecten of stedenbouwkundigen voor de vinexwijken ontwierpen waren gebaat bij een kwalitatieve invulling. Die was echter niet in de masterplannen te regelen. Bakker: 'Je kunt niet meer, à la Berlage, vanaf je zolderkamertje je eigen ideale buurt ontwerpen. Daarvoor is de omvang te groot en zijn er te veel belangen in het spel. Je dacht toch niet dat projectontwikkelaars zich laten voorschrijven welke wijken en woningen ze over vijf of tien jaar moeten bouwen?'[36] In veel vinexcontracten deden ze dat laatste echter wel en dat vormde nou net een van de grootste problemen. Toen de marktvraag eind jaren negentig omsloeg van een kwantitatieve naar een kwalitatieve, konden de contracten hier niet meer op worden aangepast. De gemeentebesturen zouden in de problemen komen met bouwprogramma's als ze opeens lagere dichtheden zouden vereisen. Bovendien maakte het de ontwikkelaars niet veel uit; de meeste woningen, vooral die binnen de Randstad lagen, verkochten toch wel. Daarom gingen ze door met de bouw van de 'versteende tentenkampen' zoals de architect Carel Weeber de vinexwijken ook wel aanduidde. Volgens hem en andere critici bestonden de wijken uit fantasiearme blokken en rijtjes van eenvormige en ook nog eens veel te kleine woningen op minimale kavels. De vele kritiek gaf de term 'vinex' zo'n negatieve connotatie dat verschillende wijken, waaronder Leidsche Rijn, van de term af hoopten te komen door zich als 'een nieuw stadsdeel' te presenteren.[37]

Hoewel sommige wijken door eindeloze repetitie en armoedige materialen inderdaad niet om over naar huis te schrijven waren, strookte de heftige kritiek niet met de werkelijkheid. Al snel bleek dat bewoners van de wijken zeer tevreden waren met zowel hun woning als hun woonomgeving. Ook bleken de meeste wijken een stuk gevarieerder te zijn in opzet en architectuur dan de kritiek deed vermoeden. Door de aanstelling van kwaliteitsteams en supervisoren hadden verschillende gemeentebesturen de ontwikkelaars tot kwaliteit weten te bewegen. Daarmee was het welstandsbeleid weer helemaal terug op de agenda. Andere ontwikkelaars gingen uit zichzelf het experiment aan en namen vooruitstrevende architecten in de arm. In de jaren negentig doken steeds meer initiatieven en programma's op om corporaties, ontwikkelaars en lokale overheden te stimuleren de kwaliteit van de ruimtelijke ontwikkeling hoog te houden. Een van de vroegste initiatieven was de NWR-BouwRAI in Almere, opgezet door en voor de corporaties zelf. De gemeente Almere reserveerde twee complete wijken, eerst de Muziekwijk en later de Filmwijk, om toekomstige en experimentele woonvormen te tonen. De Filmwijk, in 1992 onderdeel van de buitenexpositie 'Grensverleggend bouwen' gaf gevestigde en nieuwe ontwerpers de kans om te experimenteren met alternatieve plattegronden, vormen en kleuren. De gerealiseerde woningen moesten de bezoekers laten zien dat nieuwbouw voor dezelfde prijs ook anders kon.

Ook de rijksoverheid riep in de jaren negentig allerhande stimuleringsmaatregelen in het leven om, met het oog op de toenemende marktwerking when the market started demanding high-quality housing rather than as much housing as possible, the contracts could no longer be altered. Municipal executives knew that if they started demanding lower-density housing, it would throw their building programmes into disarray. Besides, the developers had little incentive to change course, since they could still find purchasers for most units, especially within the Randstad. So they went on building their 'petrified campsites', as Carel Weeber called the VINEX districts. He and other critics argued that these districts were no more than assemblages of unimaginative housing blocks and rows of undersized dwellings on tiny plots of land. All this criticism gave the term VINEX such negative connotations that many developments, such as Leidsche Rijn, avoided it altogether, instead calling themselves 'new urban districts'.[49]

Although the unbroken monotony and poor-quality materials of some VINEX districts made them nothing to write home about, the picture painted by the critics was bleaker than the reality. It soon became clear that the residents of these districts were generally very happy with their homes and with their living environment. Most VINEX districts were also a good deal more varied in their organization and architecture than the critics suggested. Quite a few municipal executives had set up quality control teams and supervisors to monitor the developers' work, a measure which marked the return of building aesthetics policies (*welstandsbeleid*). And some developers tried experiments of their own, with the help of forward-looking architects. In the course of the 1990s, all sorts of initiatives and programmes popped up to encourage housing associations, developers, and local authorities to maintain high standards in spatial development. One of the earliest initiatives was the NWR-BouwRAI, an exhibition in Almere set up by and for housing associations. The municipality of Almere reserved two entire districts, the Muziekwijk ('Music District') and later the Filmwijk ('Film District') for experimental and futuristic forms of housing. In 1992, the Filmwijk was part of the outdoor exhibition *Grensverleggend bouwen* ('New horizons in building'), which gave established and novice architects and the chance to experiment with unconventional floor plans, forms, and colours. The finished houses were intended as a demonstration to visitors that there were alternative forms of new architecture, which did not even have to cost more.

The national authorities also set up many incentive programmes in the 1990s to encourage high-quality building in a world of market forces and decentralization. One effective measure, discussed both in the Fourth Policy Document and in the VINEX, was the model plan system. Municipalities, provinces, private organizations, and individuals could submit to the RPD's Model Plans Office (*Secretariaat Voorbeeldplannen*) plans that were exemplary in one or more of several categories: the urban planning quality of postwar housing districts; public space; approaches to ground and surface water, energy, and waste; the preservation of characteristic landscape elements; and the reduction of car use. These plans enhanced the daily living environment, forming a non-binding complement to the Spatial Development Perspective. A large number of plans were submitted, and the ones that met the criteria were dubbed model plans and received small national grants for further development. One early example (construction began in 1991) was for the environmentally friendly district of Morrapark in Drachten, an initiative of the municipality of Smallingerland and the province of Friesland. Many of the submissions were the products of municipalities or other public-sector organizations, in partnership with architects or spatial designers either from within the organization or from outside it. The system thus benefited the design professions, if only by demonstrating the value of design to the public sector. It also enabled the national authorities to highlight themes of their own, moving beyond municipal priorities such as the cultural buildings with brashly innovative

en decentralisatie, andere partijen tot kwaliteit te verleiden. Effectief was de regeling voor voorbeeldplannen die ze in zowel de *Vierde Nota* als de *VINEX* aankondigde. Gemeenten, provincies, marktpartijen of particulieren konden bij het secretariaat Voorbeeldplannen van de RPD plannen indienen die voorbeeldig waren als het ging om de stedenbouwkundige kwaliteit van naoorlogse woonwijken, de openbare ruimte, de omgang met grond- en oppervlaktewater, energie en afval, het behoud van karakteristieke elementen in het landschap en het beperken van de automobiliteit. Deze plannen kwamen de *Dagelijkse Leefomgeving (DALO)* ten goede en vormden daarmee de zachte tegenhanger van het meer rijksgestuurde *ROP*. De regeling leidde tot flink wat inzendingen van ideeën, die, als ze voldeden aan de criteria, tot 'voorbeeldplan' werden uitgeroepen en op een kleine financiële bijdrage van de rijksoverheid konden rekenen om de planvorming verder op gang te brengen. Een van de voorbeeldplannen was de milieubewust opgezette wijk Morrapark in Drachten, een initiatief van de gemeente Smallingerland en de provincie Friesland, waarvan de bouw meteen ook in 1991 startte. Zo kwam een groot deel van de inzendingen voort uit een samenwerking tussen gemeenten of andere overheden met interne of externe ontwerpers. De regeling betekende dus zeker een impuls voor de ontwerpwereld, al was het maar om haar meerwaarde aan overheden te tonen. Tevens wist de rijksoverheid zo andere thema's op de kaart te zetten dan de thema's waar de grote gemeenten zelf wel projecten voor opstartten, zoals culturele voorzieningen in de meest interessante ontwerpen die rond deze tijd in verschillende steden vorm kregen en die de aantrekkingskracht van de steden voor bewoners en bezoekers moesten verhogen. Een andere, blijvende stimuleringsmaatregel was het in 1991 in het leven geroepen architectuurbeleid, tot stand gekomen op initiatief van de Ministeries van Welzijn, Volksgezondheid en Cultuur

(WVC) en VROM. In de eerste architectuurnota *Ruimte voor Architectuur* (1991) zette de rijksoverheid in op diverse maatregelen om goed opdrachtgeverschap van zichzelf in diverse rijksgebouwen en -projecten en van andere partijen te stimuleren. Het scheppen van een goed architectuurklimaat zag ze als eerste voorwaarde. Daarom initieerde en ondersteunde ze het Stimuleringsfonds voor Architectuur, het Fonds BKVB, het Nederlands Architectuurinstituut en het Berlage Instituut, de internationaal georiënteerde ontwerpopleiding. Deze fora dienden op hun beurt allemaal op een eigen manier het vormgeving, ontwerp- en architectuurklimaat te verbeteren. De rijksoverheid committeerde zich om iedere vier jaar de nieuwe aandachtspunten in een architectuurnota te verwoorden, die tevens het kader bood voor de bovengenoemde fora. Het interdepartementale Platform Architectuurbeleid, met Rijksbouwmeester Kees Rijnboutt aan het hoofd, kreeg de taak om het beleid verder uit te dragen. Een indirect gevolg van de eerste nota was de oprichting van lokale architectuurcentra door het hele land. Zo groeide in de jaren negentig een flinke infrastructuur om het architectuurklimaat te versterken in de hoop de resultaten daarvan uiteindelijk ook daadwerkelijk in de realiteit terug te zien. Maar de stimuleringmaatregelen schiepen aanvankelijk vooral de nodige ruimte om los te komen van de dagelijkse bouwpraktijk en vernieuwende concepten en theorieën te ontwikkelen. De architectuur, maar ook de architectuurkritiek voer er wel bij.

Een nieuwe generatie van conceptuele ontwerpers stond op. Waar Rem Koolhaas zich in 1990 tijdens zijn afscheid aan de TU Delft nog afvroeg 'hoe modern is de Nederlandse architectuur?' en alle te stilistische varianten van het modernisme afdeed als 'onderwijzersmodernisme zonder het oorspronkelijke idealisme', was het beeld een decennium later een stuk rooskleuriger. De vernieuwende en soms provocatieve 'superdutch'-generatie die Kool-

designs that sprang up in a number of major cities around this time, which were intended to make those cities more attractive to both residents and tourists.

Another support measure, and one which stood the test of time, was the architecture policy introduced in 1991 by the Ministry of Welfare, Health, and Public Affairs (*Ministerie van Welzijn, Volksgezondheid en Cultuur*) and VROM. In the first national policy document on architecture, *Ruimte voor Architectuur* ('Space for Architecture'; 1991), the national authorities announced a range of measures to encourage good practice among national and other organizations commissioning buildings and planning projects. The main policy objective was to create a favourable climate for architecture. To this end, national government established and financed the Netherlands Architecture Fund, the Netherlands Foundation for Visual Arts, Design, and Architecture, the Netherlands Architecture Institute, and the Berlage Institute, an internationally oriented postgraduate design course (the *Stimuleringsfonds voor Architectuur, Fonds BKVB, Nederlands Architectuurinstituut*, and *Berlage Instituut*, respectively). Each one was, in its own way, intended to improve the climate for design and architecture. The national authorities made a commitment to present a new architecture policy document once every four years, to address new issues and provide a framework for these new organizations. The inter-ministerial Architecture Policy Forum (*Platform Architectuurbeleid*), headed by the Chief Government Architect (*Rijksbouwmeester*) Kees Rijnboutt, was charged with disseminating this policy. One indirect result of this first architecture policy document was the establishment of local architecture centres throughout the Netherlands. In short, the 1990s saw the creation of a solid infrastructure in support of architectural work. It was hoped that this infrastructure would soon lead to visible improvements. But at first, the primary effect of the incentive programmes and other support measures was to offer architects a respite from their day-to-day work to develop innovative concepts and theories. This had a salutary effect not only on architecture but also on architectural criticism.

A new generation of conceptual designers arose. In 1990, in his farewell speech at Delft University of Technology, Rem Koolhaas asked the question, 'How modern is Dutch architecture?', dismissing overly stylized variants of modernism as 'scholastic modernism devoid of the movement's original idealism'. A decade later, the situation was looking a good deal brighter. The new generation of 'SuperDutch' designers, innovative and sometimes provocative, shared Koolhaas' interest in the urbanized landscape and the dynamism of other regions of the world. Their conceptual approach attracted international attention, and many received commissions from outside the Netherlands. Dutch architects metamorphosed into superstars, giving lectures all over the world, but not always getting the projects they wanted in their own country. The national authorities – specifically, Chief Government Architect Wytze Patijn – speculated in the mid-1990s that such disappointments might be due to the celebrity architects' conceptualism. In an interview he said, 'Architecture must not isolate itself; if it does, there is too great a risk that the Netherlands will be viewed solely as a gigantic work of art. I can't stand sermons, stories with inspiring morals but little or no real value. The question is not just how to keep the Netherlands beautiful, but how to build bridges between the many organizations involved in spatial planning.[50] Backing these words with action, he convinced the agriculture and transport ministries to take part in preparing the next architecture policy document, *De architectuur van de ruimte* (The Architecture of Space; 1997), and he expanded the scope of that document to include urban development, the Dutch landscape, and infrastructure. Patijn led design workshops associated with the second generation of strategic national projects (*nieuwe sleutelprojecten*) selected in 1998 – namely, the areas sur-

haas' interesse deelde in het verstedelijkte landschap en de dynamiek in andere werelddelen was opgestaan. De conceptuele aanpak van de nieuwe generatie trok ook internationaal de aandacht en velen kregen dan ook opdrachten in het buitenland. Zo groeide de Nederlandse architect uit tot een superster van formaat, die in het buitenland de ene na de andere lezing hield, maar in eigen land niet altijd de opdrachten kreeg die hij wilde. De rijksoverheid, nu in de persoon van Rijksbouwmeester Wytze Patijn, vroeg zich halverwege de jaren negentig openlijk af of juist de conceptualiteit van de sterarchitecten daar niet ook zelf schuldig aan was. In een interview stelde hij: 'Architectuur moet zich niet isoleren, anders is het gevaar groot dat Nederland alleen nog maar als een groot kunstwerk wordt opgevat. Ik stoor me aan avondwijdingsverhalen, aan verhalen met mooie doelstellingen, die nauwelijks realiteitswaarde hebben. Het gaat niet alleen om de vraag hoe we Nederland mooi kunnen houden, maar ook om het slaan van bruggen tussen de verschillende instanties die in de ruimtelijke ordening actief zijn.'[38] Om de daad bij het woord te voegen, besteedde hij in de tweede architectuurnota, *De architectuur van de ruimte* (1997), ook aandacht aan stedenbouw, landschap en infrastructuur en wist hij de Ministeries van LNV en V&W bij de nota te betrekken. Ontwerpateliers onder leiding van de Rijksbouwmeester en gekoppeld aan de in 1998 benoemde tweede generatie strategische rijksprojecten ofwel 'nieuwe sleutelprojecten', de zes belangrijkste HSL-stations, moesten de meerwaarde van het ontwerp in zulke complexe opgaven tonen. Deze ateliers, de bovengenoemde voorbeeldplannen en de architectonische infrastructuur konden echter niet voorkomen dat veel ontwerpers en critici uitkeken naar een meer gedegen visie op de toekomst van de ruimtelijke ordening.

Halverwege de jaren negentig kwam de onvrede over de koers van de ruimtelijke ordening, die velen te vrijblijvend vonden, in verschillende debatten, initiatieven en manifesten aan de orde. Bakker verwoordde haar kritiek als volgt: 'Het is tijd om over te stappen, van compromis- en compensatie-planning (typisch voor het poldermodel) naar het scheppen en weergeven van duidelijke (politieke, sic) keuzes, en eraan vast te houden: 'Dit is wat we willen, dit zijn onze redenen en daarom moet dit gebeuren'. Zo'n ommekeer is misschien wel het allermoeilijkste om voor elkaar te krijgen in onze bijna overgedemocratiseerde samenleving. Iemand moet ervoor zorgen dat de ruimtelijke ontwikkeling in een bepaalde richting wordt gestuurd. Dat is de taak van de opdrachtgever'.[39] Op initiatief van onder andere H+N+S landschapsarchitecten en met behulp van de verschillende beroepsver-enigingen van ontwerpers ontstond in 1997 de Stichting de Nieuwe Kaart, die alle plannen van alle gemeenten en andere relevante partijen in kaart bracht. Het resultaat maakte duidelijk hoeveel plan-nen en ruimteclaims er wel niet klaarlagen en ook hoe moeilijk het was om vanuit een terugtredende rijksoverheid hier de juiste sturing op uit te oefe-nen. Als reactie hierop presenteerden de diverse beroepsorganisaties, de Beroepsvereniging van Nederlandse Stedenbouwkundigen en Planologen (bnSP), de Nederlandse Vereniging voor Tuin- en Landschapsarchitectuur (NVTL) en het Nederlands Instituut voor Ruimtelijke Ordening en Volkshuis-vesting (NIROV) in 1998 het manifest *Het lage(n) land* met daarin een oproep aan de rijksoverheid om meer helderheid te scheppen: 'Het bruist. Iedereen wil weten wat ons over pakweg dertig jaar te wachten staat. Op de valreep van de oude eeuw doen we een poging de volgende naar onze hand te zetten. We willen het millennium graag ordente-lijk en planmatig binnentreden'.[40] Ontwerpers keken reikhalzend uit naar meer politieke stellingname in de op dat moment in voorbereiding zijnde *Vijfde Nota.*

rounding the six planned HSL stations – in order to demonstrate the crucial role of the design disciplines in meeting these complex challenges. Yet even with these workshops, the above-mentioned model plan system, and the new infrastructure for architecture, many architects, planners, and critics were still yearning for a more precise vision of the future of spatial planning.

In the mid-1990s, a spate of debates, initiatives, and manifestos gave voice to this dissatisfaction with the course of Dutch spatial planning. In fact, many professionals felt that no clear course was being pursued at all. As Bakker put it, 'It is time to make the leap from compromise and compensatory planning (typical of the Dutch consensus model) to making and communicating clear political choices, and sticking to them: "Here's what we want, here are our reasons, and here's why it has to happen." This type of about-face may be the most difficult thing of all to accomplish in our almost over-democratized society . . . Somebody has to make sure that spatial development is moving in a well-defined direction. That is the job of the client.'[51] On the initiative of H+N+S Landscape Architects and others, with the aid of the Dutch organizations for the design professions, Stichting de Nieuwe Kaart ('The New Map Foundation') was founded in 1997, with the aim of producing a map that showed all spatial plans by municipalities and other relevant parties. The final product revealed just how many claims on space and finished plans were out there, ready to be implemented, and how difficult it was for national government, which had relinquished much of its authority in this field, to play an adequate coordinating role. The professional organizations[52] followed up with a manifesto calling on the national authorities to clarify the situation: 'The atmosphere is highly charged. Everyone wants to know what we can expect over the next thirty years. As the old century draws to a close, we are trying to gain a grip on the new one. We would like to enter the new millennium in an orderly, well-planned fashion.'[53] Architects and planners were desperately hoping that in the Fifth Policy Document on Spatial Planning, which was then being drafted, the public sector would finally stake out a firm political position.

47 Translator's note: The WRR is also referred to in English as the Netherlands Scientific Council for Government Policy, but this is a misnomer, given that it includes researchers and scholars of all kinds, rather than just scientists.

48 Arnold Koper, 'Wonen in Vinex-land', *De Volkskrant,* 10 June 2000.

49 J.N.A. Groenendijk, *Communicatie Cases 3*, Alphen aan den Rijn 2000.

50 Janny Rodermond, 'Ik stoor me aan avondwijdings verhalen', *De Architect,* no. 1, 1997, pp. 61-63, at p. 61.

51 Bakker, R. (1995) *De uitdaging van het opdracht geverschap, jaarverslag Landschap Architectuur en Planning Nederland*, Rotterdam, pp. 8-21, at p. 16.

52 Namely the Dutch Professional Organisation of Urban Designers and Planners (*Beroepsverening van Nederlandse Stedenbouwkundigen en Plano-logen*; BNSP), the Netherlands Association for Landscape Architecture (*Nederlandse Vereniging voor Tuin- en Landschapsarchitectuur*; NVTL), and the Netherlands Institute for Planning and Housing (*Nederlands Instituut voor Ruimtelijke Ordening en Volkshuisvesting*; NIROV).

53 *Het lage(n) land. Een oproep vanuit de vakwereld,* Amsterdam 1998, p. 9.

36 Arnold Koper, 'Wonen in Vinex-land', *De Volkskrant,* 10 juni 2000.

37 J.N.A. Groenendijk, *Communicatie Cases 3*, Alphen aan den Rijn 2000.

38 Janny Rodermond, 'Ik stoor me aan avondwijdingsverhalen', *De Architect,* no. 1, 1997, pp. 61-63.

39 Riek Bakker, *De uitdaging van het opdrachtgeverschap*, Rotterdam 1995, pp. 8-21.

40 *Het lage(n) land. Een oproep vanuit de vakwereld,* Amsterdam 1998, p. 9.

2000-2010: Naar een integrale aanpak?
2000-2010: Towards an Integrated Approach?

Nederland ging optimistisch het nieuwe millennium in: de kennis- en diensteneconomie was flink gegroeid, het gemiddelde inkomen ook en de distributiefunctie van Nederland stond volledig op de kaart. In veel steden waren allerhande (culturele) projecten in ontwikkeling. Deze moesten – onder andere door hun bijzondere architectuur en buitenruimte – burgers en toeristen in hun spaarzame vrije tijd een beleving bieden waarvoor ze zouden blijven of terugkomen. De steden speelden bovendien een belangrijke rol als de enige ankerpunten binnen de steeds verder groeiende 'space of flows', bestaande uit netwerken en stromen van goederen, diensten en personen. Juist door hun sterke historische en culturele identiteit vormden de steden, en dan met name de stadscentra, aantrekkelijke vestigingsplaatsen voor nieuwe, vaak ook creatieve, bedrijvigheid. Gemeentebesturen speelden hier op in door nog meer dan in voorgaande decennia, deze identiteit uit te buiten in nieuwe projecten. Ook de verschillende strategische projecten uit de jaren negentig droegen hier hun steentje aan bij. Zo kwamen op centrale, vaak bij het station gelegen voormalige industrielocaties projecten tot stand waarin de historische structuur of identiteit een belangrijke rol speelde. Zo transformeerde de gemeente Hengelo in PPS-constructie het voormalige Storkterrein tot een woon- en kantorenwijk met toepasselijke functies als het ROC en kleinschalige bedrijvigheid in de oude fabriekshallen. Amsterdam wist de voormalige Westergasfabriek te ontwikkelen tot creatieve 'hotspot' en ontwikkelde tegelijkertijd aan de zuidkant van de stad het nieuwe hoogstedelijke zakencentrum van de Zuidas.
Terwijl de stadscentra door het compacte stadsbeleid en de projectsturing floreerden, konden andere stadsdelen minder meekomen. Waar in de

The Netherlands entered the new millennium full of optimism. Its service and knowledge industries had grown substantially, as had the average income, and the country had firmly established its reputation as a distribution hub. Many cities were at work on all sorts of cultural and other projects. These tended to involve unusual architecture or outdoor spaces, and offered leisure-time experiences tailored to attract tourists to the city and convince residents to stay there. The cities also played an important role as the only fixed points in an ever-expanding 'space of flows' made up of networks and flows of goods, services, and people. Thanks to their strong historical and cultural identities, the cities (especially the city centres) formed attractive climates for new types of business, often in the creative sector. Municipal leaders encouraged this trend, more than in previous decades, by making their identities the focal point of new initiatives. The strategic projects set in motion in the 1990s were often used for this purpose as well. As a result, former industrial sites – often near the railway station – became the locations of new developments highlighting historical structures or identities. The municipality of Hengelo set up a public-private partnership to transform the former Stork site into a district of residential and office buildings with historically appropriate functions; for instance, the old factory buildings were put to use for small-scale industrial activity. Amsterdam was able to transform a former coal gas factory, the Westergasfabriek, into a creative hot spot, and at the same time to transform the south of the city into a new, centrally located business district known as the Zuidas ('South Axis').

While the city centres flourished under the compact city policy and project-based approach, other parts of town were not as fortunate. In the 1970s, the oldest residential districts had caused the greatest concern, but in the 1990s attention had shifted to the districts built during postwar reconstruction. Plagued by a host of social and economic problems, these districts seemed a world away from the glamorous projects in the city centres. As early as 1994, at the initiative of the four major cities in the Randstad, a national Major Cities Policy (*Grotesteden-beleid*)[54] had been formulated, the purpose of which was to improve working and living conditions in the major cities, and especially in these deprived districts. This policy quickly spread to other Dutch cities. Just as many city leaders were feeling the need to work towards a new, broad-based perspective on the future of the city, the national authorities offered them an extra inducement: the Urban Regeneration Investment Budget (*Investeringsbudget Stedelijke Vernieuwing*; ISV). To qualify for ISV funds, participants in the Major Cities Policy and other municipalities in the Framework Act areas (see previous section) had to produce strategic plans (*structuurplannen*). To draft such a plan, it was necessary to develop a holistic vision of the city's future, which could then be realized through constituent projects (*deelprojecten*). One novel feature of this programme was the interactive planning process. The municipal executive no longer determined the content of the plan on its own, but worked with an assortment of investors, private citizens, and interest groups, so that the plan was continually being adapted to reflect changing insights. And such plans dealt with much more than just spatial design; quality of life was also on the agenda, as were environmental sustainability and water management.

In short, these strategic plans were the first stage in a dawning awareness that a more integrated perspective was required. This was also true at the national level, as design professionals had insisted throughout the 1990s. Through its national map, Stichting de Nieuwe Kaart had demonstrated that the country could not accommodate all the conflicting claims on its space. Nevertheless, new claims were

jaren zeventig de oude stadswijken nog de grote probleemgebieden waren, waren dit sinds de jaren negentig de naoorlogse woonwijken. Deze kwamen ver af te staan van de glamoureuze projecten die zich in de binnenstad aftekenden: verschillende sociale en economische problemen kwamen hier samen. Al in 1994 was op initiatief van de vier grote steden in de Randstad het Grotestedenbeleid tot stand gekomen, gericht op het verbeteren van het wonen, werken en leven in de grote steden en met name bedoeld voor deze achterstandswijken. Dit beleid spreidde zich al snel uit over meer Nederlandse steden. Terwijl onder veel stadsbesturen zelf de behoefte ontstond om weer aan een breed perspectief op de toekomst van de stad als geheel te werken, gaf de rijksoverheid hier een impuls aan door middel van het Investeringsbudget Stedelijke Vernieuwing (ISV). Om in aanmerking te komen voor ISV-gelden dienden de steden die meededen in het Grotestedenbeleid en andere gemeenten in de Kaderwet-gebieden namelijk een structuurplan op te stellen. Daardoor werden ze gedwongen om een totaalvisie op de toekomst van de stad te ontwikkelen, die dan vervolgens wel weer vorm kon krijgen in deelprojecten. Nieuw was het interactieve planproces dat aan het maken van deze plannen voorafging. Het was niet langer het gemeentebestuur dat het plan maakte, maar ook diverse investeerders, burgers en andere belangengroepen dachten en werkten mee. Het plan paste zich steeds aan de veranderende inzichten aan. De plannen omvatten ook heel wat meer dan de ruimtelijke ordening alleen: behalve vraagstukken op het gebied van leefbaarheid kregen ook een duurzaam milieu en waterhuishouding de nodige aandacht.

Daarmee lieten de structuurplannen al zien dat behoefte bestond aan een meer integrale visie. Dat die behoefte ook en vooral voor de nationale schaal gold maakten de vele oproepen vanuit de vakwereld in de jaren negentig al duidelijk. De Stichting de Nieuwe Kaart had aangetoond dat het land niet

Zuidas, 2009.

2000-2010

De Zuidas was en is een van de zes tweedegeneratiesleutelprojecten van de rijksoverheid. Als belangrijk internationaal zakencentrum moet de Zuidas, gelegen bij Schiphol en knooppunt van de hsl-lijn, de mainportfunctie van Amsterdam bestendigen. Door het grote aantal betrokken partijen die allemaal hun eigen belangen in de ontwikkeling van het project hebben, omschreef supervisor De Bruijn zijn rol ook wel als 'schikken en plooien van alle belangen, lobbyen en overtuigingswerk'.1 Waar dit op het niveau van een project meestal wel tot een zekere consensus leidde, was het aantal ruimteclaims en belangenpartijen op het nationale niveau te groot en waren de mogelijkheden tot sturing vanuit de rijksoverheid te klein om nog een globaal ruimtelijk plan – zonder duidelijke keuzes of uitvoeringsinstrumenten – te presenteren. De Vijfde Nota ging dan ook aan het polderen ten onder. De onlangs verschenen Nota Ruimte – opgesteld door VROM, VenW, LNV en EZ – en de nieuwe WRO hebben de rollen met de leus 'decentraal wat kan, centraal wat moet' realistischer verdeeld. Provincies en gemeenten krijgen meer ruimte om hun opgaven zelf te agenderen en aan te pakken. Om ze bewust te maken van de bijdrage die het ontwerp hieraan kan leveren heeft de rijksoverheid in de architectuurnota Een cultuur van ontwerpen verschillende maatregelen gepresenteerd.

The Zuidas development corridor is one of six second-generation key projects adopted by central government. The plan is to strengthen Amsterdam's role as an international hub by creating a major business centre near Schiphol airport and the high-speed rail network. The project involves a great many parties, each with their own interests, and its supervisor, Pi de Bruijn, once described his role as 'lobbying, cajoling and trying to reconcile all the interests at stake'.[63] Although this led to a certain degree of consensus at project level, the number of claims on space and interested parties at national level proved too great, and the scope for management by central government too small, to support a general spatial plan that failed to make clear choices or specify the means of implementation. Indeed, the Fifth Policy Document soon sank under the weight of all this consensus decision-making. The recent National Spatial Policy Document – drawn up collaboratively by the housing and spatial planning, transport and public works, agriculture, and economic ministries – and the new Spatial Planning Act have now allocated roles more realistically, introducing the principle, 'Decentralize where possible, centralize where necessary.' Provincial and municipal authorities have more scope to define their own challenges and deal with them. To raise their awareness of the potential contribution of design, central government has set out various measures in a memorandum entitled Architecture and Spatial Design: A design-based culture.

Fotomontage Zuidas.
Photomontage of the Zuidas.

Pi de Bruijn, 2006.

alle ruimtevragende functies tegelijkertijd kon herbergen. Toch leken deze ondertussen alleen maar toe te nemen. Zo had het compactestadsbeleid de mobiliteit niet teruggedrongen, maar bleek deze als cruciale factor in de netwerkeconomie alleen maar gegroeid te zijn. Dat betekende dus dat hier hoe dan ook ruimte voor moest zijn. De sinds de jaren vijftig bestaande Raad voor de Ruimtelijke Ordening sprak in dit licht van het versterken van 'corridors', ruimtelijke verbindingsstroken waarin verschillende vervoersstromen samenkwamen. Tevens bleek behalve de vraag naar hoogstedelijke woonmilieus ook de vraag naar groene woonmilieus nog altijd groot te zijn. Daar kwam nog eens bij dat verschillende hoogwaterstanden aan het eind van de jaren negentig hadden aangetoond dat de belangen van de fysieke ondergrond meer aandacht verdienden dan ze tot nu toe gekregen hadden. Al in de *Vierde Nota* was 'Nederland Waterland' oftewel de functie van de delta tot een van de centrale thema's van de ruimtelijke ordening benoemd, maar nu maakte de realiteit deze functie pas echt urgent. Het opnemen van voldoende waterbergingsgebieden bleek met het oog op klimaatverandering een cruciale opgave te zijn. Ter voorbereiding op de te verschijnen *Vijfde Nota* bracht de RPD – geïnspireerd door eerdere aanzetten van NNAO – vier verschillende scenario's voor de toekomst van Nederland in kaart. Dit waren Stedenland met vooral sterke steden, Stromenland met 'corridors' en andere transportassen, Parklandschap met een nadrukkelijke verweving van stad en land en Palet met maximale ruimte voor bedrijven en burgers. De scenario's waren bedoeld om de politiek inzicht te geven in de ruimteclaims, maar ook in de verschillende keuzes die hierin te maken waren. Minister van VROM op dat moment, Margreeth de Boer, sprak zich echter al direct uit voor het model Stedenland en zette daarmee de discussie voor de *Vijfde Nota* op scherp. Want daarmee zette ze de andere cruciale ruimtevragende ministeries, zoals VenW en LNV op een zijspoor.

continually being made. The compact city policy had not succeeded in reducing mobility; on the contrary, mobility had become crucial to the new network economy. That meant that, by hook or by crook, space had to be found for it. The Spatial Planning Council (founded in the 1950s and still active) talked about strengthening 'corridors', strips of space used for a variety of transport flows. The demand for centrally located city neighbourhoods and green living environments also proved to be as great as ever. On top of that, repeated flooding in the late 1990s had underscored the need to pay more attention to the physical terrain on which building took place. Even before then, the Fourth Policy Document had identified the role of the delta as one of the central themes of spatial planning, but it was real-life crises that finally imparted a sense of urgency. With the looming threat of climate chance, reserving enough flood storage areas emerged as a crucial challenge. In preparation for the forthcoming Fifth Policy Document, the RPD – inspired by the earlier NNAO initiative – mapped out four different scenarios for the future of the Netherlands: Cityland, in which the cities were strongest; Flowland, full of 'corridors' and other transport axes, Parkland, in which urban and rural areas were as intermingled as possible, and Palette, with a maximum of space for businesses and individuals. These were intended to give politicians insight into competing claims on space and the choices that could be made between them. But Margreeth de Boer, then Minister of Housing, Spatial Planning, and the Environment, immediately came out in favour of the Cityland scenario. This sidelined other government departments with crucial claims on space, such as the transport and agriculture ministries, and thus polarized the debate.

The version of the Fifth Policy Document ultimately sent to the Lower House of Parliament (in 2001) did, in fact, advocate strong cities. These were simply the urban hubs discussed in the Fourth Policy Document, however, with the new name of urban networks (*stedelijke netwerken*), a nod to the planning implications of the network economy. The document looked ahead as far as 2030, envisaging the intensification of built-up areas, multiple land use wherever possible, and the transformation of dysfunctional structures. And it set up new funding programmes to achieve these goals, such as the Intensive Land Use Stimulus Programme (*Stimuleringsprogramma Intensief Ruimtegebruik*; STIR) and the Urban Regeneration Innovation Programme (*Innovatie Programma Stedelijke Vernieuwing*; IPSV). The urban networks were permitted to expand, but only if the municipalities within the network could negotiate a mutually satisfactory arrangement. The national authorities no longer supplied a land-use map for the entire country, as they had even in the VINEX. Instead, they introduced a system of red and green contours. Instead, municipalities were responsible for using red contours to indicate the outer limits of their built-up areas. At the same time, the provincial and national authorities were to jointly decide on the locations of green contours, which would surround the most important nature reserves and areas of cultural or historical value. Within the green contours, construction would be permitted only for agricultural and recreational purposes, and only under very strict conditions.

The design sector hailed the document as a fine piece of research, which accorded a central role to the layer approach to spatial development (the fashionable successor to the shell approach). Three layers were involved: patterns of human occupation, infrastructural networks, and the physical terrain. Yet design professionals and politicians also identified this as one of the document's weaknesses: the national authorities rarely set priorities among these layers. Minister Jan Pronk wished to leave these decisions to lower levels of government and other parties, in an approach typical of both the Dutch consensus model and the governing coalition of the Labour Party (PvdA) and the libertarian D66 and VVD parties. Many felt, however, that Pronk was ignoring the harsh realities of spatial planning, in which every ministry, province, municipality,

Inderdaad pleitte de *Vijfde Nota* die uiteindelijk in 2001 in conceptvorm naar de Tweede Kamer werd gestuurd uiteindelijk ook voor sterke steden. Dit waren echter niet meer de stedelijke knooppunten uit de *Vierde Nota,* maar – geheel conform de ruimtelijke implicaties van de netwerkeconomie – stedelijke netwerken. De komende jaren – de nota keek vooruit naar 2030 – ging het volgens de rijksoverheid om het intensiveren van het bebouwde gebied, het zoveel mogelijk combineren van verschillende functies en het transformeren van niet meer functionerende structuren. Daarvoor riep ze zelfs nieuwe stimuleringsprogramma's in het leven, zoals het Stimuleringsprogramma Intensief Ruimtegebruik (STIR) en Innovatie Programma Stedelijke Vernieuwing (IPSV). De stedelijke netwerken mochten ook wel uitbreiden, maar de gemeentebesturen binnen een netwerk moesten hier onderling afspraken over zien te maken. De rijksoverheid leverde niet meer, zoals bij de *Vierde Nota Extra* nog het geval was, een locatiekaart voor het hele land. In plaats daarvan introduceerde ze de rode en groene contouren. Gemeenten dienden zelf door middel van een rode contour de grens van mogelijke bouwlocaties aan te geven. Ondertussen bepaalden de provincies in overleg met de rijksoverheid waar de groene contouren kwamen te liggen: rondom de belangrijkste natuurgebieden en cultuurhistorische monumenten. Dat betekende dat hierbinnen alleen agrarische en recreatieve nieuwbouw onder zeer strenge voorwaarden toegestaan waren.

De ontwerpwereld onthaalde de nota als een knap staaltje onderzoekswerk dat de inmiddels in zwang geraakte lagenbenadering, min of meer het vervolg op de cascobenadering, voor ruimtelijke ontwikkelingen centraal stelde. Dat betekende dat de nota, behalve de laag van de netwerken en het occupatiepatroon, ook de laag van de fysieke ondergrond meewoog. Tegelijkertijd was dit volgens ontwerpers en politici ook een van de manco's: de rijksoverheid presenteerde nauwelijks keuzes tussen de verschillende lagen. Minister Jan Pronk wenste deze keuzes inderdaad 'paars-polderiaans' aan de lagere overheden en andere partijen over te laten. Volgens velen ging hij daarmee echter voorbij aan de realiteit van de ruimtelijke ordening waarin ieder ministerie, iedere provincie, gemeente en andere partij vooral voor zijn eigen belang streed. Die realiteit had Pronk al bij het opstellen van de nota parten gespeeld: verschillende werkgevers en organisaties op het gebied van milieu waren uit het voorbereidende overleg over de groene ruimte gestapt omdat dit volgens hen richtingloos was. De scherpste kritieken kwamen echter tijdens de debatten in de Tweede Kamer. Fractievoorzitter van de SP Jan Marijnissen stelde hier: 'De doelen die de minister in de *Vijfde Nota* heeft gesteld zijn boterzacht; nergens legt hij zich vast op cijfers en details, en belangrijke beslissingen worden vooruitgeschoven. Bovendien is onduidelijk hoe de plannen van Pronk zich verhouden tot het beleid van collega-ministers. Dit maakt het debat over de ruimtelijke ordening ondoorzichtig. Door het uitblijven van fundamentele keuzes gaat de regering de discussie over de ruimtelijke ordening uit de weg en blijft onduidelijk wie in Nederland bepaalt hoe de schaarse ruimte wordt gebruikt'.[41] De contouren waren volgens velen te vrijblijvend, helemaal te meer gemeenten buiten de contouren ook zogenaamde 'balansgebieden' aan mochten wijzen.

De nota bracht zoveel kritiek teweeg dat goedkeuring van de Tweede Kamer uitbleef. De kritiek vormde tevens de bevestiging voor de reeds in gang gezette verzelfstandiging van de RPD tot een onafhankelijk planbureau. Hoewel sinds de oprichting van de RNP tijdens de Tweede Wereldoorlog het een en ander veranderd was, had de dienst altijd haar dubbele rol van adviseur en criticus enerzijds en beleidsdienst anderzijds behouden. Inmiddels was het, gezien de toenemende complexiteit van de vraagstukken en de noodzaak om hierin scherpe beleidsmatige keuzes te maken,

and non-governmental party was mainly out to promote its own interests. This fact had created problems for Pronk during the drafting of the new policy document; a number of employers and environmental organizations had walked out of the preparatory talks in protest, complaining that the process was 'aimless'. The sharpest criticism came in the parliamentary debates, however. Jan Marijnissen, leader of the Socialist (SP) parliamentary party, said, 'The goals set by the minister in the Fifth Policy Document are as soft as butter; nowhere in it does he specify figures or details, and serious decisions are postponed. What is more, it is unclear how Pronk's plans relate to the policies of his fellow ministers. This muddies the debate over spatial planning. By failing to make fundamental choices, the government is dodging real discussion of spatial planning, and it remains unclear who is in charge of deciding how this country's very limited space will be used.'[55] Many people felt that the contours did not represent a firm enough commitment, especially since municipalities could expand even outside the contours by designating so-called 'balance areas' (*balansgebieden*).

The Fifth Policy Document drew so much fire that in the end it was not approved by the Lower House. This criticism confirmed the wisdom of turning the National Spatial Planning Agency (RPD) into an independent planning agency, a process which was already under way. Although a good deal had changed since the Second World War, when the agency was founded (as the RNP), it had maintained its dual role as an adviser and a critic on the one hand and a producer of policy on the other. Given the growing complexity of the issues and the need for firm policy decisions, there was no way it could keep up this balancing act. In 2001, the Dutch government therefore decided to transform the RPD into the independent Netherlands Institute for Spatial Research (*Ruimtelijk Planbureau*; RPB), which could distance itself from government policies and offer advice based on its own research. Meanwhile, spatial policy itself was moving in a new direction. Some time before, the Social and Economic Council (SER) had advised the government not to base its thinking on policy documents, but to 'respond to society's needs with development planning (*ontwikkelingsplanologie*) that incorporates area-based, tailor-made approaches, interactive plan development, and an integrated approach'.[56] It was ultimately the provinces, in 2001, that took the lead in area-based development through partnerships with other parties, working out of the Association of Provincial Authorities' committee on spatial planning (*Interprovinciaal Overleg Ruimtelijke Ordening*; IPO-RO).

The provinces, which had previously focused on assessment and planning permission, had to adjust to an entirely new role. Even so, the initial results looked promising. For example, Pieter van Geel, a member of the provincial executive in North Brabant, developed an effective way to reduce intensive livestock farming in and around the national park De Grote Peel, by allowing farmers who gave up this type of farming to build houses, and then putting the revenue from the increase in property value into an provincial fund for recovery of landscape. This programme persuaded huge numbers of pig farmers to change careers. In the meantime, the third policy document on architecture, *Ontwerpen aan Nederland* (Shaping the Netherlands; 2001), had identified the redevelopment of the sandy-soil areas in Limburg and North Brabant as one of ten major Dutch design projects, in an attempt to encourage new ideas about the future of these areas. But this interactive, area-based mode of planning required a completely new attitude on the part of spatial designers. No longer could they play a clearly delimited role, such as developing a master plan and handing it over. More and more often, as they carried out their design work, they also had to provide alternatives and serve the interests of the larger process. The architecture policy document also emphasized, however, that their contribution to these large-scale projects could be crucial: 'When designers

onmogelijk om deze rol te blijven spelen. Daarom besloot het kabinet in 2001 tot verzelfstandiging van het Ruimtelijk Planbureau (RPB), dat voortaan op enige afstand vanuit eigen onderzoek adviezen zou verstrekken. Ondertussen ontwikkelde het beleid zich vanzelf in een nieuwe richting. Al eerder had de Sociaal Economische Raad (SER) geadviseerd om niet vanuit nota's te denken maar 'op de maatschappelijke vraag in te spelen met ontwikkelingsplanologie, waarbij sprake is van gebiedsgericht maatwerk, interactieve planontwikkeling en een integrale aanpak'.[42] Uiteindelijk waren het de provincies die in 2001 vanuit het Interprovinciaal Overleg Ruimtelijke Ordening (IPO-RO) het voortouw namen om gebiedsontwikkeling in de praktijk met andere partijen op te pakken.

Het vergde een compleet nieuwe rol van de provincies, die zich tot dan toe vooral op het toetsen en toelaten hadden gericht. Desondanks waren de eerste resultaten hoopgevend: zo ontwikkelde de gedeputeerde P. van Geel in Noord-Brabant een goede methode om de intensieve veehouderij in de Peel en omgeving te saneren door agrariërs die stopten de mogelijkheid te bieden een woning te bouwen en de grondwaardestijging die hierdoor ontstond terug te laten vloeien in een provinciaal fonds voor landschapsherstel. Hiermee wist hij varkensboeren massaal tot stoppen te brengen. Ondertussen had de derde architectuurnota *Ontwerpen aan Nederland* (2001) de reconstructie van de zandgebieden in Limburg en Brabant tot een van de tien grote ontwerpprojecten in Nederland benoemd om zo de ideevorming over de toekomst van deze gebieden te stimuleren. Van ontwerpers vroeg de nieuwe interactieve en gebiedsgerichte planning echter een compleet nieuwe opstelling: niet langer hadden ze een afgebakende rol in het proces waarbij ze een masterplan of ander plan leverden, maar steeds meer moesten ze al ontwerpend alternatieven aandragen en het proces verder helpen. De architectuurnota stelde echter nadrukkelijk dat hun bijdrage aan deze projecten van hoger schaalniveau cruciaal kon zijn: 'Wanneer ontwerpers in een zo vroeg mogelijk stadium van een ruimtelijk of architectonisch project worden betrokken, komt hun integrerende en creatieve kracht beter tot zijn recht'.[43]

Dat was ook het streven van het Ontwerpatelier Deltametropool. De Deltametropool was als opgave niet alleen opgenomen in de architectuurnota, maar was tevens een van de belangrijkste stedelijke netwerken uit de *Vijfde Nota.* Al vanaf de jaren negentig was zowel vanuit de rijksoverheid als vanuit de steden zelf de ene na de andere nota over de toekomst van de Randstad verschenen, zonder al teveel resultaat. Een grote stap op weg naar een gezamenlijke ruimtelijke visie vormde de verklaring die de wethouders van de vier grote steden in 1998 ondertekenden en die tot de oprichting van de Vereniging Deltametropool leidde. Deze vereniging groeide al snel uit tot een gezaghebbende denktank die het concept Deltametropool op de agenda van de architectuurnota en de *Vijfde Nota* wist te krijgen. De nieuwe Rijksbouwmeester Jo Coenen stelde daarop voor om het concept van de Deltametropool door middel van ontwerpend onderzoeken te toetsen. Daartoe stelde hij vanuit het Atelier Rijksbouwmeester, VROM en ondersteund door het bestuurlijke verband Regio Randstad een Ontwerpatelier in waarin vier ontwerpteams ieder een onderdeel van de Deltametropool onderzochten. Het resulteerde in vier compleet verschillende visies op de Deltametropool: terwijl het team onder leiding van Luigi Snozzi een infrastructurele ring met daaromheen allerhande projecten voorstelde, presenteerde het team onder leiding van Rem Koolhaas een in tweeën gedeelde metropool: met een noordflank bestaande uit Amsterdam en een zuidflank bestaande uit Rotterdam en Den Haag. Het team onder leiding van Teun Koolhaas werkte de sprong van Amsterdam naar Almere uit, die de *Vijfde Nota* ook als belangrijke woningbouwmo-

are involved in a spatial or architectural project at the earliest possible stage, their creative and integrative powers can have a greater impact.'[57]

That was also the goal of the Delta Metropolis Design Studio (*Ontwerpatelier Deltametropool*). The Delta Metropolis (essentially the Randstad in a new guise) was not only one of the challenges mentioned in the architecture policy document, but also one of the most important urban networks dealt with in the Fifth Policy Document on Spatial Planning. Since the 1990s, both national and city authorities had been producing one policy paper after another about the future of the Randstad, but to little effect. One large step on the road to a shared spatial vision was a declaration signed by the aldermen of the four major cities in 1998, which led to the establishment of the Delta Metropolis Association (*Vereniging Deltametropool*). This association soon developed into a highly influential think tank, and it was the efforts of its members that secured a place for the Delta Metropolis concept in the architecture policy document and the Fifth Policy Document. The new Chief Government Architect, Jo Coenen, responded with a proposal to test the concept through design-based research. In partnership with the spatial planning ministry and with the support of Regio Randstad ('Randstad Region'), a cooperative forum for provincial authorities in the Randstad, his office set up a studio made up of four design teams, each of which studied part of the Delta Metropolis concept. This resulted in four utterly different perspectives. While the team led by Luigi Snozzi imagined an infrastructural ring with a variety of projects around it, the one led by Rem Koolhaas presented a bisected metropolis, with a north flank consisting of Amsterdam and a south flank consisting of Rotterdam and The Hague. The team led by Teun Koolhaas examined the area from Amsterdam to Almere, which the Fifth Policy Document had mentioned as a major potential location for new housing. Although the studio offered design professionals a rich vein of large-scale spatial challenges to investigate, many critics questioned the project's utility, since there was no specific question and no client. Back in 1997, the planning expert Luuk Boelens had written about the 'scenario machine': 'The future unfolds not so much thanks to us as despite us, and entirely beyond our field of vision. For despite the public debates about whether projects are necessary or useful, the decisions that really matter are made in the turrets and corridors of the Binnenhof [the parliamentary and governmental complex in The Hague – trans.], without vision and without a thorough understanding of the time element.'[58]

And indeed, by that point the real planning was taking place at the provincial and municipal levels, and they often had no idea what to do with such scenarios. Furthermore, the municipalities were fully occupied with their responsibilities for the VINEX housing estates. One striking tendency was their increasing responsiveness to consumer demand. While in the 1990s long-term contracts had often resulted in estates that did not fully reflect demand, either quantitatively or qualitatively, the newer VINEX districts were a definite improvement. Municipal executives and their private partners came up with highly original responses to the need for identity and individuality – a need that had been recognized by the national Belevedere Policy Document (*Nota Belvedere*; 1999), which also presented a solution called 'conservation through development' that concentrated on the role of cultural history in spatial planning. This involved incorporating all sorts of historical references and other experiential elements into the new districts and dwellings. Brandevoort, for instance, was a large new district outside Helmond in the style of a seventeenth-century fortified Brabant town, under the supervision of the German neo-traditionalist Rob Krier. The municipality was not looking for an 'ordinary' new housing estate, but a district in true Brabant style. Professionals were fiercely critical of this 'sham architecture', but the municipality, the market, and the residents were satisfied. Krier commented, 'People

gelijkheid aanhaalde. Hoewel deze ateliers aan ontwerpers allerlei kansen boden om de grootschalige ruimtelijke opgaven ontwerpenderwijs te onderzoeken, twijfelden verschillende critici aan het nut ervan zolang een concrete vraag of opdrachtgever ontbrak. Al in 1997 schreef planoloog Luuk Boelens over de 'scenario-machine': 'de toekomst ontwikkelt zich niet zozeer dankzij, maar eerder ondanks ons en zelfs volledig buiten ons blikveld. Want de werkelijke beslissingen die er toe doen worden ondanks de maatschappelijke 'nut-en-noodzaak-discussies' gemaakt in de achterkamertjes, in de torentjes van het Binnenhof en in de wandelgangen, zonder visie en zonder een gedegen zicht op tijd'.[44] Inderdaad speelde de realiteit zich ondertussen grotendeels binnen de provincies en gemeenten af en die wisten vaak helemaal nog niet hoe de scenario's te benutten. De gemeenten waren bovendien nog druk bezig met de invulling van de Vinexopgave. Opvallend was de toenemende aandacht die ze daarin besteedden aan de wensen van de consument. Waar het in de jaren negentig vanwege langdurige contracten nog moeilijk was om de vraag van kwantiteit naar kwaliteit ook daadwerkelijk in de wijken te vertalen, lukte het in de nieuwere wijken wel. Gemeentebesturen en marktpartijen vertaalden de behoefte aan identiteit en eigenheid – een behoefte die de rijksoverheid in de in 1999 verschenen *Nota Belvedere* onderkende en waarvoor ze de methode 'behoud door ontwikkeling' ontwikkelde, gericht op de bijdrage van cultuurhistorie in de ruimtelijke ontwikkeling – op geheel eigen wijze. Dit deden ze door allerhande historische referenties en andere belevingselementen aan de nieuwbouwwijken en -woningen toe te voegen. Zo kwam bij Helmond de wijk Brandevoort tot stand, een flinke nieuwbouwwijk in de stijl van een zeventiende-eeuws Brabants vestingstadje, onder supervisie van de Duitse neo-traditionalist Rob Krier. De gemeente wilde hier geen 'gewone' nieuwbouwwijk, maar een echte Brabantse wijk. Onder het vakpubliek klonk veel kritiek op deze 'namaakarchitectuur', maar gemeente, markt en bewoners waren content. Krier: 'De mensen zullen er wonen zoals in de oude vestingstadjes Heusden en Naarden. Als Koolhaas en andere critici zeggen dat het oubollig, ouderwets, romantisch en sentimenteel is, nou en? Wat is er slecht aan oubollig of sentimenteel, als de mensen zich er prettig bij voelen?'[45] Sjoerd Soeters wist in 's-Hertogenbosch als supervisor zelfs een vinexwijk in de vorm van nepkastelen op een grote golfbaan te bouwen. Het resulteerde in flinke kolossen in een verder alleen voor golfers toegankelijk landschap. Dit soort exclusieve, neo-historische woondomeinen met soms openbare, soms semi-openbare en soms zelfs private buitenruimten, verrezen er steeds meer. Ook kwamen nu wel de eerste projecten tot stand waarin burgers een nóg nadrukkelijker rol kregen in het maken van hun omgeving. In 2000 zette de rijksoverheid het particulier opdrachtgeverschap op de agenda door te stellen dat binnen vijf jaar eenderde van alle nieuwbouwwoningen door particulieren zelf zou moeten kunnen worden ontwikkeld. Zo wilde het rijk de diversiteit in het algemeen en die van de vinexwijken in het bijzonder bevorderen. Het particulier opdrachtgeverschap bood bovendien kansen voor jonge ontwerpers om ervaring op te doen. Mede daarom verscheen ook dit als een van de projecten binnen *Ontwerpen aan Nederland*. Omdat in 2005 de grens van eenderde bij lange na niet gehaald was, maakte de overheid speciale Convenanten Woningbouwafspraken met de gemeenten voor de periode tot 2010. Daaraan waren financiële prikkels verbonden. Ondertussen maakte de Grondexploitatiewet het voor gemeenten mogelijk om woningbouwgrond – ook als die in handen van ontwikkelaars was – aan te wijzen voor particulier opdrachtgeverschap. De afspraken wierpen hun vruchten af: hoewel het aandeel van particulier opdrachtgeverschap in de totale bouwproductie nog altijd tegenviel, verrezen nu wel enkele grote nieuwbouwwijken waarin het particu-

will live there the same way they do in the old fortified towns of Heusden and Naarden. So Koolhaas and other critics call it corny, old-fashioned, romantic, and sentimental. So what? What's so terrible about being corny or sentimental, if the people who live there feel comfortable with it?'[59] In Den Bosch, Sjoerd Soeters even supervised the construction of a VINEX estate in the form of fake castles on a large golf course. The colossal structures towered above a landscape otherwise accessible only to golfers. More and more exclusive, revivalist residential settings like these were constructed, with park-like surroundings that were sometimes public, sometimes semi-public, and sometimes private.

Around the same time, the first spatial projects in which the public played its expanded new role were also taking form. In 2000, the national authorities had proposed a greater role for private individuals in commissioning new homes, suggesting that within five years they should be able to take responsibility for commissioning a third of all new housing units. The aim was to promote diversity in housing in general, and in the VINEX estates in particular. Emphasizing the role of private individuals as clients also created opportunities for young designers to gain work experience. Partly for that reason, this was also one of the projects included in the third architecture policy document, *Ontwerpen aan Nederland*. Seeing that the target of one-third had not nearly been reached by 2005, national government entered into voluntary agreements with the municipalities for the period until 2010. These agreements, known as housing covenants (*convenanten woningbouwafspraken*), involved financial incentives to build. Meanwhile, the Land Development Act (*Grondexploitatiewet*) made it possible for municipalities to designate planned housing sites – even those in the hands of developers – for development by private individuals. This approach began to bear fruit; although private development still represented a disappointingly low share of total building, it did play a prominent role in the construction of a few large housing districts. One such district was Roombeek in Enschede, which had been the site of a catastrophic fireworks accident in 2002. Thanks to effective cooperation between the municipal portfolio holder, the urban planner Pi de Bruijn, and an independent planning firm, in the end 500 of the 1,500 dwellings were commissioned by private individuals. This district was the object of great curiosity among design professionals. More recent examples of commissioning by private individuals include large-scale developments in Almere, for which the alderman Adri Duivesteijn took the initiative. As the Fifth Policy Document proposed, Almere has continued to serve as a major location for new housing near Amsterdam, and a total of 60,000 dwellings are planned for construction there by 2030. Of that number, 20,000 are to be commissioned by private individuals. In other districts of Almere, too, Duivesteijn has changed the roles so that individuals have more influence over the development of their neighbourhoods.

The world of spatial planning had changed profoundly, with municipalities acting on their own ideas and strategic plans, often in partnership with private parties, and provinces responding more actively to the planning challenges they faced. This new situation was acknowledged in the new national Spatial Policy Document (*Nota Ruimte*), which introduced the principle, 'Decentralize [authority] where possible, centralize where necessary.' In 2008, the new Spatial Planning Act came into force, replacing the 1965 act and redistributing planning powers over the levels of government. The new act assumes that the national, provincial, and municipal authorities will all develop their own strategic plans, known as structural visions (*structuurvisies*).[60] Municipalities will use their structural visions as the basis for zoning plans, which will no longer be reviewed at provincial level. They will also be required to do more than in the past to ensure compliance with these zoning plans. Yet this trend towards decentralization does not imply that there is no role left for national

lier opdrachtgeverschap een prominente rol kreeg. Een van die voorbeelden is Roombeek, de wijk die in 2002 door de vuurwerkramp getroffen werd. Hier zijn door een goede samenwerking tussen de wethouder, stedenbouwkundige Pi de Bruijn en een extern projectbureau uiteindelijk 500 van de 1500 woningen door burgers zelf gebouwd. De wijk kon vanuit de vakwereld op veel aandacht rekenen.

Van recenter datum zijn de grootscheepse ontwikkelingen in Almere, met wethouder Duivesteijn als drijvende kracht. Conform het voorstel uit de *Vijfde Nota* groeit Almere als belangrijke woningbouwlocatie in de nabijheid van Amsterdam tot 2030 met ongeveer 60.000 woningen waarvan er 20.000 door particulier opdrachtgeverschap moeten verrijzen. Maar ook in de andere wijken heeft Duivesteijn de rollen zo weten om te draaien dat burgers meer invloed hebben op de ontwikkeling van de wijk.

De zo ontstane realiteit van gemeenten die op basis van hun eigen ideeën en structuurplannen aan de slag gaan en daarin met marktpartijen samenwerken en provincies die zelf actiever opgaven oppakken, kreeg in 2006 vorm in de nieuwe *Nota Ruimte* onder het motto 'decentraal wat kan, centraal wat moet'. De nieuwe WRO die in 2008 in werking trad en daarmee de wet uit 1965 verving, heeft de verantwoordelijkheden van de bestuurslagen ook zo herverdeeld. De WRO veronderstelt dat het rijk, provinciebesturen en gemeentebesturen hun eigen verhaal vormgeven in structuurvisies. Gemeenten vertalen die structuurvisies in bestemmingsplannen, waarbij de toetsende rol van de provincies vervalt. Tevens gaan gemeenten zelf beter toezien op de handhaving van hun bestemmingsplan. Deze decentralisatie betekent echter niet dat de rol van de rijksoverheid daarmee is uitgespeeld. Integendeel: de *Nota Ruimte*, in feite de belangrijkste structuurvisie van het rijk, presenteert een ruimtelijke hoofdstructuur die in samenwerking met de Ministeries van VenW, LNV en EZ tot stand is gekomen en dus – in tegenstelling tot de eerdere *Vijfde Nota* – vanuit een integrale visie aangeeft waar de rijksoverheid zelf verantwoordelijkheid voor draagt. Deze hoofdstructuur bestaat uit de mainports Schiphol en de Rotterdamse haven, de brainports, waaronder Eindhoven, de greenports die van groot belang zijn voor de landbouw, de zes tweedegeneratiesleutelprojecten, de hoofdverbindingsassen en de zes belangrijkste nationale stedelijke netwerken, waaronder de Randstad. Maar de hoofdstructuur heeft ook een groene kant met de grote rivieren, het IJsselmeergebied, de kust, de Vogel- en Habitatrichtlijngebieden en natuurbeschermingsgebieden, de Ecologische Hoofdstructuur en robuuste ecologische verbindingen, de werelderfgoedgebieden en nationale landschappen. In de gehele ruimtelijke hoofdstructuur speelt de rijksoverheid een belangrijke coördinerende rol: ze financiert de belangrijkste projecten en regelt de afstemming met de andere ministeries en overheden. Daarnaast heeft ze in *Nota Ruimte* algemene basiskwaliteitregels vastgelegd waar provincies en gemeenten zich ook bij ontwikkelingen buiten de hoofdstructuur aan moeten houden, zoals het bundelingsbeleid voor verstedelijking, milieuwetgeving en een goede balans tussen rode en groen/blauwe functies. Vervolgens is het aan de provincies en gemeenten om op basis van de kwaliteitsregels hun structuurvisie op te stellen. Volgens de rijksoverheid kan het ontwerp daar een belangrijke bijdrage aan leveren. Hoe, heeft ze zelf laten zien in de door haarzelf opgestelde *Structuurvisie Randstad 2040* (2008) die, ter aanvulling op de visie uit de *Nota Ruimte*, de ambities voor de toekomst van de Randstad duidelijk maakt. Voor de opstelling van de visie heeft de rijksoverheid ontwerpateliers in het leven geroepen, die alle drie vanuit een specifieke opgave aan de slag gingen. De scenario's die hier uit voortkwamen hebben de ruimtelijke opgaven niet alleen helder verbeeld, maar daardoor ook het politieke debat voor het opstellen van de *Structuurvisie* gevoed en aangescherpt. Om die reden

government. On the contrary, the Spatial Policy Document, which is in fact the most important national structural vision, presents a general spatial framework developed collaboratively by four ministries: Housing, Spatial Planning, and the Environment; Transport and Public Works; Agriculture, Nature, and Food Quality; and Economic Affairs. In contrast with the earlier Fifth Policy Document, it thus presents an integrated view, for which national government as a whole bears responsibility. This general spatial framework consists of the international transport hubs of Schiphol and the Port of Rotterdam ('mainports'), centres for research and innovation such as Eindhoven ('brainports'), areas of critical importance to agriculture ('greenports'), the six secondgeneration strategic national projects near the planned high-speed railway stations ('new key projects'), the main transport corridors (or 'axes'), and the six main national urban networks, including the Randstad. But the general framework also has a green side, including the major rivers, the IJsselmeer area, the coast, the nature reserves protected by the European Union's Birds and Habitats Directives, the National Ecological Network (*Ecologische Hoofdstructuur*) and robust ecological corridors, World Heritage Sites, and national landscapes. Throughout this general spatial framework, national government plays an important coordinating role, financing the main projects and taking care of coordination with other ministries and levels of government. In addition, the Spatial Policy Document sets out basic standards of quality to be adhered to by provinces and municipalities, even when operating outside the general framework. These standards include the clustering policy for urban development, environmental legislation, and a proper balance between built-up 'red' areas and 'green/blue' recreation areas, parks, and nature reserves.

It is up to the provinces and municipalities to draw up their own structural visions on the basis of these quality standards. National government maintains that design can make an important contribution to this process, and it has shown how in its own Randstad 2040 Structural Vision (*Structuurvisie Randstad 2040*; 2008) which supplements the Spatial Policy Document by setting out national government's ambitions for the future of the Randstad. To develop this vision, the national authorities set up three design studios, each of which took on a particular spatial planning challenge. The scenarios that they developed not only brought the challenges into clearer focus, but also raised the level of the political debate leading up to the Structural Vision. For this reason, just as national government was starting to take a more hands-off approach and give other levels more authority to deal with challenges on their own terms, it identified spatial design at municipal and regional level as one of the central themes of the fourth architectural policy document, *Een cultuur van ontwerpen* ('Architecture and Spatial Design: A design-based culture', 2008). This was an area that could use some support; in the words of the document, 'the quality of in-house design in major municipalities has declined, and in smaller municipalities urban planning expertise is gradually disappearing'. [61] To convince provinces and municipalities of the value of design, the national authorities have assigned a central role to design, and thus to the content of specific designs, in the twenty-three local and regional projects supported out of the national Spatial Policy Document budget. The Board of Government Advisors established in 2005, made up of the Chief Government Architect and three other Government Advisors on Landscape, Infrastructure, and Cultural Heritage, helps to safeguard the quality of design in plans by the Ministries of Agriculture, Nature and Food Quality; Education, Culture and Science; and Transport, Public Works and Water Management.

The aim is to breathe new life into the long tradition of Dutch spatial design, right down to the smallest scale. In various regions, partnerships have formed in which the major cities, which still have large urban development departments, help smaller municipalities

heeft de rijksoverheid – juist nu ze zelf een stap terug doet en overheden dus zelf proactiever met opgaven aan de slag moeten gaan – het ontwerp op het stedelijke en regionale schaalniveau als een van de belangrijkste speerpunten van de vierde architectuurnota *Een cultuur van ontwerpen* (2008) benoemd. Dat kan wel een impuls gebruiken want: 'het institutionele ontwerp bij grote gemeenten is verzwakt en bij kleinere gemeenten verdwijnt de stedenbouwkundige expertise langzamerhand'. [46] Om provincies en gemeenten de meerwaarde van het ontwerp te tonen geeft de rijksoverheid in de 23 lokale of regionale *Nota Ruimte* budget projecten waar ze zelf bij betrokken is, het ontwerp en daarmee ook de inhoud een nadrukkelijke rol voor in het proces. Ook het sinds 2005 bestaande College van Rijksadviseurs, dat zowel een Rijksbouwmeester als een Rijksadviseur voor het Landschap, voor de Infrastructuur als het Cultureel Erfgoed bevat, helpt om het ontwerp en de borging van kwaliteit, ook binnen de plannen de Ministeries van LNV, VenW en OCW te waarborgen.

Doel is om zo ook op de lagere schaalniveaus de lange traditie van ontwerpen aan Nederland nieuw leven in te blazen. Inmiddels zijn in verschillende regio's al samenwerkingsverbanden ontstaan waarin de grote steden, die nog de beschikking hebben over een uitgebreide Dienst Stadsontwikkeling, de kleine gemeenten helpen met het opstellen van hun structuurvisie en bestemmingsplan. Zo is DRO Amsterdam – een van de weinige diensten waar projecten nog voortkomen uit een combinatie van ontwerpend onderzoek en 'zinvol overleg, inhoudelijk debat, brede gedachtevorming, vroege uitwisseling en heldere politieke besluitvorming' – bijvoorbeeld dé trekker achter de planvorming voor de gehele Metropoolregio Amsterdam. [47] Ook hebben inmiddels enkele provincies, waaronder Overijssel, provinciale ateliers opgezet om hier niet alleen de provinciale en regionale opgaven te agenderen, maar ook gemeenten van de nodige adviezen te voorzien. Zo ontstaan vanuit de provincies en gemeenten onderling nu verbanden die het ontwerp op het lagere schaalniveau in positie brengen om zo goede structuurvisies te kunnen maken. En die zijn, gezien de complexe opgaven, vele ruimteclaims en veranderende bestuurlijke realiteit, hard nodig om vervolgens integrale plannen en projecten vorm te geven. De toekomst zal uitwijzen of de nieuwe rolverdeling, de nieuwe visies en de nieuwe uitvoeringsinstrumenten ertoe bijdragen dat ontwerp en politiek elkaar de volgende decennia succesvol kunnen versterken.

41 Jan Marijnissen, 'Vijfde Nota mijdt politiek debat', *De Volkskrant,* 22 januari 2001.
42 Van der Cammen, De Klerk, p. 428.
43 Ministerie van VROM, *Ontwerpen aan Nederland,* Den Haag 2001, p. 50.
44 Luuk Boelens, 'De scenario-machine. De planologie rusteloos op zoek naar houvast', *Archis,* no. 6, 1997, pp. 42-55, p. 55.
45 Peter de Graaf, 'Rob Krier: ontwerper van Brandevoort', *De Volkskrant,* 13 juli 2000.
46 *Een cultuur van ontwerpen. Van architectuur naar ruimtelijk ontwerp,* Den Haag 2008, p. 20.
47 Zef Hemel, ingezonden stuk 'Ontwerpen in alle windrichtingen', 2009.

to draft their structural visions and zoning plans. For instance, Amsterdam's Physical Planning Department (*Dienst Ruimtelijke Ordening*; DRO) – one of the few municipal departments where projects still involve a combination of design-based research and 'useful consultation, substantive debate, broad thinking, early-stage exchanges, and clear political decision-making' – is the engine of the planning process for the entire Amsterdam Metropolitan Region (*Metropoolregio Amsterdam*).[62] A few provinces, such as Overijssel, have set up provincial studios, not only to bring provincial and regional challenges to the fore, but also to provide municipalities with much-needed advice. Cooperative ties like these between provinces and municipalities are making it possible for the lower levels of government to develop sound structural visions. And those visions will be essential – given the complex challenges they face, the many competing claims on space, and the changing realities of government – as a first step towards integrated plans and projects. Time will tell whether the new division of responsibilities, the new visions, and the new instruments for implementation will help design and politics to strengthen each other in the coming decades.

54 Translator's note: Also known by various other names in English, such as Large Cities Policy, Big City Policy, and Major City Policy.
55 Jan Marijnissen, 'Vijfde Nota mijdt politiek debat', *De Volkskrant,* 22 January 2001.
56 Van der Cammen & De Klerk, p. 428.
57 Ministry of Housing, Spatial Planning, and the Environment, *Ontwerpen aan Nederland,* The Hague 2001, p. 50.
58 Luuk Boelens, 'De scenario-machine. De planologie rusteloos op zoek naar houvast', *Archis,* no. 6, 1997, pp. 42-55, at p. 55.
59 Peter de Graaf, 'Rob Krier: ontwerper van Brandevoort', *De Volkskrant,* 13 July 2000.
60 Translator's note: *Structuurvisie* is also translated in other documents as 'structure vision' and 'structural concept'.
61 *Een cultuur van ontwerpen. Van architectuur naar ruimtelijk ontwerp,* The Hague 2008, p. 20.
62 Zef Hemel, unpublished essay, 'Ontwerpen in alle windrichtingen', 2009.
63 Arnold Koper, 'Mengen, mengen, mengen', *De Volkskrant,* 3 October 2002.

Bibliography:

www.archined.nl, various articles relating to the VINEX and the Fourth and Fifth Policy Documents.

Jelte Boeijenga & Jeroen Mensink, *VINEX Atlas,* Rotterdam 2008.

Luuk Boelens (ed.), *Nederland netwerkenland. Een inventarisatie van de nieuwe condities van planologie en stedenbouw,* Rotterdam 2000.

Hans van der Cammen & Len de Klerk, *Ruimtelijke ordening van grachtengordel tot VINEX-wijk,* Houten 2008.

Koos Bosma, *Ruimte voor een nieuwe tijd. Vormgeving van de Nederlandse regio 1900-1945,* Rotterdam 1993.

Koos Bosma & Cor Wagenaar, *Een geruisloze doorbraak. De geschiedenis van architectuur en stedebouw tijdens de bezetting en wederopbouw van Nederland,* Rotterdam 1993.

Hans van der Cammen & Len de Klerk, *Ruimtelijke ordening van grachtengordel tot VINEX-wijk,* Houten 2008.

M. Duijvendak & B. de Vries, *Stad van het Noorden. Groningen in de twintigste eeuw,* Assen 2003.

Jannemarie de Jonge, *Een kwart eeuw Eo Wijers-Stichting. Ontwerpprijsvraag als katalysator voor gebiedsontwikkeling,* Gouda 2008.

Han Meyer & Leo van den Burg (eds.), *In Dienst van de Stad. 25 jaar werk van de stedenbouwkundige diensten van Amsterdam, Den Haag, Rotterdam / Working for the City: 25 Years of Work from the Urban Design Departments of Amsterdam, The Hague, Rotterdam,* Amsterdam 2005.

Sergio Polano, *Hendrik Petrus Berlage: Complete Works,* Milan 2003.

Vincent van Rossem, *Het Algemeen Uitbreidingsplan van Amsterdam. Geschiedenis en ontwerp,* Rotterdam 2001.

Marijke van Schendelen, *Natuur en ruimtelijke ordening in Nederland. Een symbiotische relatie,* Rotterdam 1997.

G. Smienk, *Nederlandse landschapsarchitectuur. Tussen traditie en experiment,* Amsterdam 1993.

H.T. Siraa, *Een miljoen nieuwe woningen. De rol van de rijksoverheid bij wederopbouw, volkshuisvesting, bouwnijverheid en ruimtelijke ordening (1940-1963),* The Hague 1989.

Marinke Steenhuis, *Stedenbouw in het landschap. Pieter Verhagen (1882-1950),* Rotterdam 2007.

Ed Taverne, *Bij de gratie van het conflict. Bouwen, wonen en sturen in het tijdperk van de stuifzandsamenleving,* Amsterdam 2008.

E. Taverne & K. Schuyt, *1950. Welvaart in zwart-wit,* The Hague 2000.

www.tuindorplansink.nl

Martien de Vletter, *De kritiese jaren zeventig. Architectuur en stedenbouw in Nederland 1968-1992,* Rotterdam 2004.

Cor Wagenaar, *Welvaartsstad in wording. De wederopbouw van Rotterdam 1940-1952,* Rotterdam 1992.

Literatuur:

www.archined.nl, diverse artikelen rondom de *Vierde Nota,* de *VINEX* en de *Vijfde Nota*

Jelte Boeijenga, Jeroen Mensink, *Vinex Atlas,* Rotterdam 2008.

Luuk Boelens (red.), *Nederland netwerkenland. Een inventarisatie van de nieuwe condities van planologie en stedenbouw,* Rotterdam 2000.

Hans van der Cammen, Len de Klerk, *Ruimtelijke ordening van grachtengordel tot VINEX-wijk,* Houten 2008.

Koos Bosma, *Ruimte voor een nieuwe tijd. Vormgeving van de Nederlandse regio 1900-1945,* Rotterdam 1993.

Koos Bosma, Cor Wagenaar, *Een geruisloze doorbraak. De geschiedenis van architectuur en stedebouw tijdens de bezetting en wederopbouw van Nederland,* Rotterdam 1993.

Hans van der Cammen, Len de Klerk, *Ruimtelijke ordening van grachtengordel tot VINEX-wijk,* Houten 2008.

M. Duijvendak, B. de Vries, *Stad van het Noorden. Groningen in de twintigste eeuw,* Assen 2003.

Jannemarie de Jonge, *Een kwart eeuw Eo Wijers-Stichting. Ontwerpprijsvraag als katalysator voor gebiedsontwikkeling,* Gouda 2008.

Han Meyer, Leo van den Burg (red.), *In Dienst van de Stad. 25 jaar werk van de stedenbouwkundige diensten van Amsterdam, Den Haag, Rotterdam,* Amsterdam 2005.

Sergio Polano, *Hendrik Petrus Berlage. Het complete werk,* Alphen aan den Rijn 1988.

Vincent van Rossem, *Het Algemeen Uitbreidingsplan van Amsterdam. Geschiedenis en ontwerp,* Rotterdam 2001.

Marijke van Schendelen, *Natuur en ruimtelijke ordening in Nederland. Een symbiotische relatie,* Rotterdam 1997.

G. Smienk, *Nederlandse landschapsarchitectuur. Tussen traditie en experiment,* Amsterdam 1993.

H.T. Siraa, *Een miljoen nieuwe woningen. De rol van de rijksoverheid bij wederopbouw, volkshuisvesting, bouwnijverheid en ruimtelijke ordening (1940-1963),* Den Haag 1989.

Marinke Steenhuis, *Stedenbouw in het landschap. Pieter Verhagen (1882-1950),* Rotterdam 2007.

Ed Taverne, *Bij de gratie van het conflict. Bouwen, wonen en sturen in het tijdperk van de stuifzandsamenleving,* Amsterdam 2008.

E. Taverne, K. Schuyt, *1950. Welvaart in zwart-wit,* Den Haag 2000.

www.tuindorplansink.nl

Martien de Vletter, *De kritiese jaren zeventig. Architectuur en stedenbouw in Nederland 1968-1992,* Rotterdam 2004.

Cor Wagenaar, *Welvaartsstad in wording. De wederopbouw van Rotterdam 1940-1952,* Rotterdam 1992.

Mateusz Herczka.

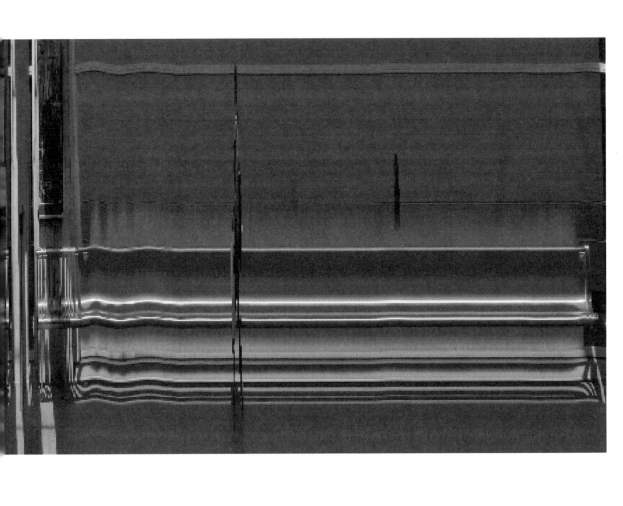

Reflectie op vandaag

Reflections on the Present Day

Dit deel van het boek is een verzameling quotes. Geen willekeurige verzameling en niet van willekeurige mensen. Een gerichte verzameling van mensen en quotes uit gesprekken, e-mails en debat met ontwerpers, ontwikkelaars, bestuurders en bureaucraten. Uit binnen- en buitenland. Het karakter van de gesprekken en de aard van de vragen verschillen sterk en daarom ook de bijdragen. Van intieme etentjes met de microfoon op tafel tot publiek debat voor een volle zaal toehoorders. Voor een gerichte internationale reflectie hebben we diverse keyspelers uit de internationale ruimtelijke ordening bevraagd.

Gesprekken met Nederlandse ontwerpers, bestuurders, ontwikkelaars, onderzoekers op **13 oktober 2008, 20 oktober 2008, 12 december 2008** en **9 februari 2009** en een gerichte vraag in **januari 2009** om inzicht te krijgen in de rol van het ontwerp in de Nederlandse bureaucratie. Gericht op de toekomstige wensen en doelen voor het versterken van die rol van ontwerp in de Nederlandse politiek bestuurlijke planningscontext.

In **januari 2009** tien vragen aan internationale contacten over ontwerp en politiek voor een internationale benchmark die een beeld geeft van de rol van ontwerp in de verschillende internationale contexten. Met als doel deze lessen te gebruiken om de rol van het ontwerp in de Nederlandse politiek te versterken.

De nationale gesprekken en vragen en de internationale benchmark zijn de basis van deze verzameling quotes. Deze quotes zijn aangevuld met uitspraken in het debat over het tweede deel van deze reeks *Ontwerpen aan Randstad 2040* op **24 juni 2009**, het manifest van de Maak Ons Land Manifestatie van het Nederlands Architectuurinstituut in **mei 2009**, en quotes uit de Urban Age conferenties in Londen (**november 2005**) en São Paulo (**december 2008**). De quotes gaan over de opgave, over de actoren, over de opleiding en over het ontwerp. Kenmerkend en daarmee aanvullend op het histo-

This section of the book is a collection of quotes. Not a random collection of quotes from random people, but a focused selection of quotes from conversations, e-mail exchanges, and debates with designers, public administrators, developers, political leaders, and bureaucrats, from the Netherlands and abroad. The diversity of the contributions reflects the wide variation in the nature of the questions, and of the conversations, which ranged from informal dinners with the microphone on the table to public debates in front of a packed house. For focused international reflection, we also invited a number of key figures in international spatial planning to take part.

The conversations with Dutch designers, public administrators, developers, and researchers took place on **13 October 2008, 20 October 2008, 12 December 2008,** and **9 February 2009**. In **January 2009**, to gain insight into the role of design in Dutch bureaucracy, we posed a specific question about future wishes and objectives for strengthening the role of design in the Dutch political and administrative planning context.

In **January 2009**, we asked our international contacts ten questions about design and politics to obtain an international benchmark, an image of the role of design in their different international contexts. Our aim was to use the lessons that we learned to strengthen the role of design in Dutch politics.

The national conversations and questions and the international benchmark form the basis for this collection of quotes. Additional quotes were drawn from the debate on the Part II of this series of books, *Designing Randstad 2040*, on **24 June 2009**, the manifesto of the 'Shape our Country' event at the Netherlands Architecture Institute in **May 2009**, and quotes from the Urban Age conferences in London (**November 2005**) and São Paulo (**December 2008**). The quotes relate to the challenges we face, the actors, the programme of education, and design itself.

One striking fact, which enriches the historical perspective presented elsewhere in the book, is that the quotes do not give a single clear picture of the challenges, the actors, or the educational programme. Confrontation between different perspectives not only yields new insights but also reinforces the conclusion that there is not just one story, nor need there be just one. A profusion of stories strengthen, challenge, and confront each other. Our other striking conclusion is that these many perspectives do not lead to stalemate, but to innovation and growth. The dynamics of stories, which always have more than one interpretation, turns the relationship between tasks and designs and spatial planning into a political question. We are just starting down this road: no new concepts, but many confrontations between stories of politics and design.

The participants:
Martin Aarts (Urban Development and Housing Department (DS+V), Rotterdam, The Netherlands), **Louis Albrechts** (KULeuven, Belgium), **Rachelle Alterman** (Technion - Israel Institute of Technology), **Andy Altman** (2012 Legacy Delivery Company London, Great Britain), **Hilde Blank** (BVR, The Netherlands, in: *Atelier Overijssel. Twee jaar ontwerpen aan ruimtelijke kwaliteit*, 2008), **Luuk Boelens** (Urban Unlimited, The Netherlands), **Florian Boer** (De Urbanisten, The Netherlands), **Ole Bouman** (NAi, The Netherlands), **Matthijs Bouw** (One Architecture, The Netherlands), **Alfredo Brillembourg & Hubert Klumpner** (Urban Think Tank, Venezuela/USA), **Richard Brown** (London Development Agency, Great Britain), **Virna Bussadori** (ECTP-CEU, Italy), **Fabio Casiroli** (Politecnico di Milano, Italy), **Jose Castillo** (Arquitectura 911 SC, Mexico), **Joan Clos** (Mayor of Barcelona, Spain), **Michael Cohen** (New School University New York, USA), **Bernard Colenbrander** (Eindhoven University of Technology, The Netherlands), **P.K. Das** (PK Das and Associates, India), **Simin Davoudi** (Newcastle University, Great

risch perspectief is dat de quotes niet één duidelijk beeld geven over opgave, actoren of opleiding. De confrontatie van de verschillende perspectieven geeft niet alleen nieuwe inzichten maar versterkt ook het beeld dat er niet één verhaal is, en dat dit ook niet nodig is. Dat de vele verhalen elkaar versterken, uitdagen en confronteren. Dat die verschillende perspectieven niet leiden tot een lock-in maar tot innovatie en ontwikkeling is de andere kenmerkende conclusie. De dynamiek van verhalen die niet eenduidig zijn maakt de relatie tussen de opgaven en ontwerp en ruimtelijke ordening politiek. Daarin staan we aan het begin. Geen nieuwe concepten maar vele confrontaties van verhalen in politiek en ontwerp.

De deelnemers:
Martin Aarts (DS+V Rotterdam, Nederland), **Louis Albrechts** (KULeuven, Belgium), **Rachelle Alterman** (Technion - Israël Institute of Technology), **Andy Altman** (2012 Legacy Delivery Company London, Groot-Brittannië), **Hilde Blank** (BVR, Nederland, in: *Atelier Overijssel. Twee jaar ontwerpen aan ruimtelijke kwaliteit*, 2008), **Luuk Boelens** (Urban Unlimited, Nederland), **Florian Boer** (De Urbanisten, Nederland), **Ole Bouman** (NAi, Nederland), **Matthijs Bouw** (One Architecture, Nederland), **Alfredo Brillembourg & Hubert Klumpner** (Urban Think Tank, Venezuela/USA), **Richard Brown** (London Development Agency, Groot-Brittannië), **Virna Bussadori** (ECTP-CEU, Italië), **Fabio Casiroli** (Politecnico di Milano, Italië), **Jose Castillo** (Arquitectura 911 SC, Mexico), **Joan Clos** (Mayor of Barcelona, Spanje), **Michael Cohen** (New School University New York, USA), **Bernard Colenbrander** (TU Eindhoven, Nederland), **P.K. Das** (PK Das and Associates, India), **Simin Davoudi** (Newcastle University, Groot-Brittannië), **Wim Derksen** (VROM, Nederland), **Adri Duivesteijn** (Almere, Nederland), **Yttje Feddes** (Feddes/Olthof, Nederland), **Paul Gerretsen** (Vereniging

Deltametropool, Nederland), **Mark Graafland** (Bureau Kroner, Nederland), **Karen de Groot** (van Paridon x de Groot, Nederland, in: *Atelier Overijssel. Twee jaar ontwerpen aan ruimtelijke kwaliteit*, 2008), **Henk Hartzema** (Studio Hartzema, Nederland), **Maarten Hajer** (Planbureau voor de Leefomgeving, Nederland), **Hans Hede** (Stockholm County Council, Zweden), **Zef Hemel** (DRO Amsterdam, Nederland), **Jandirk Hoekstra** (H+N+S, Nederland, in: *Atelier Overijssel. Twee jaar ontwerpen aan ruimtelijke kwaliteit*, 2008), **Maurits de Hoog** (TUDelft, Nederland), **Allard Jolles** (Atelier Rijksbouwmeester, Nederland), **Jannemarie de Jonge** (Wing, Nederland, in: *Beleid en onderzoek in actie, Alterra,* 2004), **Gareth Jones** (London School of Economics, Groot-Brittannië), **Christiaan van der Kamp** (Midden Delfland, Nederland), **Maarten Kloos** (Arcam, Nederland), **Rem Koolhaas** (OMA, Nederland), **Kristian Koreman** (ZUS, Nederland), **Dieter Läpple** (HafenCity Universität Hamburg, Duitsland), **Eric Luiten** (TUDelft, Nederland), **Erminia Maricato** (Universidade de São Paulo, Brazilië), **Han Meyer** (TUDelft, Nederland), **Shelagh McCartney** (Harvard University, USA), **Nir Mualam** (Technion - Israel Institute of Technology), **Wolfgang Nowak** (Alfred Herrhausen Society, Duitsland), **Frits Palmboom** (Palmbout, Nederland), **Maarten van Poelgeest** (Amsterdam, Nederland), **Michelle Provoost** (Crimson, Nederland), **Theo Rietkerk** (Overijssel, Nederland, in: *Atelier Overijssel. Twee jaar ontwerpen aan ruimtelijke kwaliteit*, 2008), **Philip Rode** (London School of Economics, Groot-Brittannië), **Eduardo Rojas** (Inter-American Development Bank), **Janette Sadik-Khan** (Department of Transportation New York City, Nederland), **Deborah Saunt** (DSDHA, Groot-Brittannië), **Fred Schoorl** (Ymere, Nederland), **Joost Schrijnen** (TUDelft, Nederland), **Richard Sennett** (London School of Economics, Groot-Brittannië), **Alain Thierstein** (TUMünchen, Duitsland),

Britain), **Wim Derksen** (Ministry of Housing, Spatial Planning, and the Environment (VROM), The Netherlands), **Adri Duivesteijn** (Almere, The Netherlands), **Yttje Feddes** (Feddes/Olthof, The Netherlands), **Paul Gerretsen** (Delta Metropolis Association, The Netherlands), **Mark Graafland** (Bureau Kroner, The Netherlands) **Karen de Groot** (van Paridon x de Groot, The Netherlands, in: *Atelier Overijssel. Twee jaar ontwerpen aan ruimtelijke kwaliteit*, 2008), **Henk Hartzema** (Studio Hartzema, The Netherlands), **Maarten Hajer** (Netherlands Environment Assesment Agency, The Netherlands), **Hans Hede** (Stockholm County Council, Sweden), **Zef Hemel** (Physical Planning Department, Amsterdam, The Netherlands), **Jandirk Hoekstra** (H+N+S, The Netherlands, in: *Atelier Overijssel. Twee jaar ontwerpen aan ruimtelijke kwaliteit*, 2008), **Maurits de Hoog** (Delft University of Technology, The Netherlands), **Allard Jolles** (Office of the Chief Government Architect, The Netherlands), **Jannemarie de Jonge** (Wing, The Netherlands, in: *Beleid en onderzoek in actie, Alterra,* 2004), **Gareth Jones** (London School of Economics, Great Britain), **Christiaan van der Kamp** (Midden Delfland, The Netherlands), **Maarten Kloos** (Arcam, The Netherlands), **Rem Koolhaas** (OMA, The Netherlands), **Kristian Koreman** (ZUS, The Netherlands), **Dieter Läpple** (HafenCity Universität Hamburg, Germany), **Eric Luiten** (Delft University of Technology, The Netherlands), **Erminia Maricato** (University of São Paulo, Brazil), **Han Meyer** (Delft University of Technology, The Netherlands), **Shelagh McCartney** (Harvard University, USA), **Nir Mualam** (Technion - Israel Institute of Technology), **Wolfgang Nowak** (Alfred Herrhausen Society, Germany), **Frits Palmboom** (Palmbout, The Netherlands), **Maarten van Poelgeest** (Amsterdam, The Netherlands), **Michelle Provoost** (Crimson, The Netherlands), **Theo Rietkerk** (Overijssel, The Netherlands, in: *Atelier Over-ijssel. Twee jaar ontwerpen aan ruimtelijke kwaliteit*, 2008), **Philip Rode** (London School of

Economics, Great Britain), **Eduardo Rojas** (Inter-American Development Bank), **Janette Sadik-Khan** (Department of Transportation New York City, The Netherlands), **Deborah Saunt** (DSDHA, Great Britain), **Fred Schoorl** (Ymere, The Netherlands), **Joost Schrijnen** (Delft University of Technology, The Netherlands), **Richard Sennett** (London School of Economics, Great Britain), **Alain Thierstein** (TU München, Germany), **Ton Venhoeven** (Board of Government Advisors, The Netherlands), **Paula Viganò & Bernardo Secchi** (Studio Associato Bernardo Secchi Paola Viganò, Italy), **Nathalie de Vries** (MVRDV, The Netherlands), **Mark Watts** (Arup, Great Britain), **John Worthington** (DEGW, Great Britain), **Ries van der Wouden** (BSP, The Netherlands), **Robert Yaro** (RPA, USA)

Ton Venhoeven (College van Rijksadviseurs, Nederland), **Paula Viganò & Bernardo Secchi** (Studio Associato Bernardo Secchi Paola Viganò, Italië), **Nathalie de Vries** (MVRDV, Nederland), **Mark Watts** (Arup, Groot-Brittannië), **John Worthington** (DEGW, Groot-Brittannië), **Ries van der Wouden** (BSP, Nederland), **Robert Yaro** (RPA, USA)

Mateusz Herczka.

De opgave

Waar moeten we aan werken?

About the challenges
What we need to work on?

Fabio Casiroli (December 2008)
'All cities must offer their citizens and city users a substantial enhancement of the public transport services and intelligent location of the primary urban functions, near to nodes which are better served by public transport systems. These will make cities more accessible to all and therefore fairer.'

Nathalie de Vries (January 2009)
'Almost everyone agrees that a railway station should not be a conventional building. Travel should be a pleasant experience in the public space. It begins with the building itself, which usually occupies a special place in the city. The journey, through landscapes and past cities, is an experience. Stations and their environs are important public spaces in the city, both day and night.'

Ton Venhoeven (13 October 2008)
'An interesting middle course between a market economy and a planned economy is indicative planning: you say where you want to go, but not how. You set a timeframe, though. Everyone's creativity and the opportunities that arise all move in that direction. You could apply this principle to the realization of ecological cities – the objective in the last century was to eradicate the extreme dichotomy of rich and poor, and we succeeded. And now we face a global population explosion from 6 billion to 20 billion, and everyone wants an American standard of living. How are we going to deal with that?'

Ole Bouman (24 June 2009)
'But I know for sure that most Dutch people cannot debate spatial planning issues in this way; they don't want to debate them and, frankly, aren't interested. I also know that people like to debate issues that affect them directly – energy, social cohesion, and migration – issues that have profound spatial implications and which they are eager to see reflected in spatial design. . . . This *does* play a significant role in people's daily lives.'

Ton Venhoeven (13 oktober 2008)
'Alle sectoren zijn gevangenen van datzelfde systeem waarbij de sectoren uit elkaar geknipt zijn in wonen, werken, mobiliteit, etc. Omdat we allemaal maar een klein stukje van de taart kunnen pakken, kunnen we niet aan de parameters trekken die er echt toe doen'.

Fabio Casiroli (december 2008)
'Alle steden moeten de burgers en gebruikers van hun stad een aanmerkelijke verbetering van het openbaar vervoer bieden en de primaire stedelijke functies dienen op intelligente wijze te worden geplaatst in de buurt van knooppunten die door de openbare vervoersdiensten beter worden bediend. Hierdoor worden steden beter toegankelijk voor iedereen en daardoor rechtvaardiger.'

Ton Venhoeven (13 oktober 2008)
'Als het alleen maar over schoonheid gaat dan is het een particuliere hobby. Maar gaat het erom Nederland energie- en voedselproducerend te maken of klimaatbestendig, dan gaat het niet meer over esthetiek alleen. Naarmate de opgave groter wordt moet je als stedenbouwkundige ook met lelijkheid kunnen omgaan.'

Wolfgang Nowak (december 2008)
'Als we de snelle, bijna overweldigende groei van de steden in de wereld in beschouwing nemen, willen mensen misschien niet dat we spreken van een stedelijk tijdperk maar van een stedelijke revolutie. In 's werelds grote stedelijke gebieden nemen zowel de rijkdom als de armoede in een gelijk tempo toe en de uitdagingen waarmee die ontwikkeling gepaard gaat liggen voor de hand.'

Theo Rietkerk (januari 2009)
'Bovendien daagt de maatschappelijke zorg over de kwaliteitsontwikkeling van onze landschappen, dorpen en steden de provincie uit zorgvuldig om te gaan met haar waarden en in te zetten op een impuls.'

Michael Cohen (december 2008)
'De economische structuur van de stad in het bijzonder verandert, de ontwikkelingen op het gebied van productie en kredieten zullen consequenties hebben voor de investeringen, de consumptie en de werkgelegenheid in de stad. De vraag zal dalen, stedelijke economieën zullen waarschijnlijk krimpen zoals we bijvoorbeeld in Argentinië hebben gezien. Daar hebben we een verschuiving gezien in de consumptie, in de spreiding van economische activiteit, weg van de productie, met alle gevolgen van dien voor de auto. Maar we zien het ook in de reparatiesector, in marketing, in de reclame. Ik zou als vraag willen opperen: krijgen we meer informaliteit te zien, of niet?'

Gareth Jones (december 2008)
'De groep die me hier het meest interesseert is in de stad demografisch dominant, economisch belangrijk, maatschappelijk vitaal en cultureel actief: het zijn de jonge mensen. Zij zijn de grote groep die niet wordt gehoord in São Paulo, en naar mijn idee in elke andere stad. Het is zeker niet gemakkelijk je vele manieren en vele gevallen voor te stellen waarin jonge mensen een serieuze en centrale rol spelen in zaken als planning en ontwerp, of zelfs in het bestuur.'

Janette Sadik-Khan (december 2008)
'De keuzes die we maken voor de openbare ruimte, hoe we ons op straat voortbewegen, hoe we onze straten ontwerpen, wat we doen met de ruimte tussen de gebouwen, of we die ruimte bestemmen voor pleinen en trottoirs dan wel toewijzen aan rijbanen voor auto's, kan van diepgaande invloed zijn op de economie, de kwaliteit van leven, de gezondheid van het milieu en de duurzaamheid van onze steden; en in New York City is duurzaamheid absoluut het devies.'

In these terms, they *do* want to talk about it, they *will* make their voices heard by politicians and ultimately ensure that, whatever scenarios we may dream up, the end result will look very different. And as professionals, however subtle we are, however useful the instruments we have developed are, and however cognizant we are of the historical implications, we must be able to factor those political forces into what we say.'

Wolfgang Nowak (December 2008)
'Considering the rapid growth of the world's cities, which is nearly overwhelming, one may not wish to speak of an urban age but of an urban revolution. Wealth and poverty are increasing at the same fast pace in the world's large metropolitan areas, and the challenges connected with this development are obvious.'

Alfredo Brillembourg & Hubert Klumpner (January 2009)
'Economic models are questioned, environmental disasters in Asia, war in the middle east, genocide in Africa, it is the live after the terrorist attack on the Twin Towers; the collapse of the welfare state, the growth of world debt, political bankruptcy, the explosion of urban settlements built and inhabited outside any regulatory framework: what does all this mean for the future of the contemporary city?'

Ton Venhoeven (13 October 2008)
'Every sector is a prisoner of this system which partitions housing, work, mobility, etc. Since none of us has access to more than a small piece of the pie, we cannot change the parameters that really matter.'

Hilde Blank (January 2009)
'For the next two years the studio will be exploring the theme of town and country, so the countryside will no longer be the focal point. If you take a look at business park development, the creation of cultural attractions and complex mobility issues,

you'll find that every village and town wants to plot its own course, without consultation or cooperation. In order to influence these developments, provincial authorities need to make bold judgments about the urbanization strategy they want to see implemented.'

Theo Rietkerk (January 2009)
'Furthermore, society's concerns about the future quality of our landscapes, villages, and cities challenge provinces to be good stewards of their assets and try to inject new energy into the process.'

Ton Venhoeven (13 October 2008)
'If it's just about beauty, it's a personal hobby. But if it's about making the Netherlands an energy and food producer or climate-proof, then it is not just about aesthetics. The larger the scale of the task, the more important it is for an urban planner to be able to deal with ugliness.'

Henk Hartzema (January 2009)
'In my opinion we are witnessing a seminal moment in the history of spatial planning in the Netherlands: local autonomy is being subjugated to national interests, and vision and dynamism are being overrun by public participation and regulation.'

Ole Bouman (20 October 2008)
'In recent years the state has devoted a great deal of attention to decentralizing what can be done locally but has more or less abandoned its pledge to let us know what needs to be carried out at central government level. Given the credit crisis, the climate crisis, and the collapse of other systems, it is time a few guiding principles were formulated to tell us what needs to be done at central level.'

Jandirk Hoekstra (January 2009)
'In some cases, urgent spatial projects at regional level are like orphans: everyone knows they exist but no one feels responsible for them.'

Hilde Blank (januari 2009)
'De komende twee jaar richt het atelier zich op het thema stad en land, dus het landelijk gebied staat niet langer centraal. Wanneer je kijkt naar de ontwikkeling van bedrijventerreinen, het creëren van culturele attracties en de complexe mobiliteitsvraagstukken, dan blijkt dat ieder dorp en iedere stad een eigen koers wil varen, zonder overleg en samenwerking. Als de provincie daar invloed op wil uitoefenen, dan moet het uitspraken durven doen over de gewenste verstedelijkingsstrategie.'

Alfredo Brillembourg & Hubert Klumpner (januari 2009)
'De kosten in tijd en geld van het transport van mensen, goederen en landbouwproducten naar waar er behoefte aan bestaat, zijn aanzienlijk en verspillend. Manieren vinden om werk, voedsel, huisvesting, onderwijs en al die andere levensbenodigdheden en voorzieningen in de stad te integreren is geen sinecure. Maar we geloven dat het zowel mogelijk als noodzakelijk is, althans in zekere mate en in ieder geval in de tropen. [...] Dit zou zowel werkgelegenheid betekenen voor de chronisch werkzoekenden en werklozen als prijsverlagend werken voor de kopers omdat de vervoerskosten worden geëlimineerd. Belangrijker is misschien nog dat zo'n gemengd gebruik een heilzaam effect heeft op het stedelijk weefsel en de levens van de inwoners. Het straatleven komt in beweging, mensen lopen van huis naar hun werk of de winkel, ontmoeten elkaar en leren elkaar kennen. Dat geeft hun dan weer een gevoel van thuis zijn en bevordert hun betrokkenheid bij hun buurt, wat criminaliteit en vandalisme tegengaat.'

Han Meyer (januari 2009)
'De stedenbouwkundige discipline, die bij uitstek de publieke zaak betreft, heeft het moeilijk gekregen in een periode waarin de publieke zaak in het algemeen als minder relevant wordt beschouwd

en in elk geval onderwerp is geworden van meningsverschillen en veranderde opvattingen. Nu de meest hardvochtige neoliberale kantjes door de kredietcrisis weer afgeslepen lijken te worden en 'de publieke zaak' op een weer wat bredere belangstelling kan rekenen, ontstaan ook voor de stedenbouw weer nieuwe kansen.'

Alfredo Brillembourg & Hubert Klumpner
(januari 2009)
'De wonden waaraan de stadsbewoner lijdt, kunnen naar onze overtuiging genezen en de stad kan gezond worden en tot leven komen als alle burgers werkelijk gelijke verantwoordelijkheid, kansen en vrijheid genieten.'

Eduardo Rojas (december 2008)
'Dus dat is de uitdaging van grootstedelijke gebieden en regio's: hoe bevorderen we samenwerking tussen de verschillende jurisdicties en instanties? Hoe zorg je voor een efficiënte productie en distributie van kwantitatief en kwalitatief adequate diensten en hoe zorg je ervoor dat de kosten evenwichtig onder de begunstigden worden verdeeld?'

Erminia Maricato (december 2008)
'Dus hebben we steden die oases van de Eerste Wereld zijn en lijden alle steden onder een gebrek aan zichtbaarheid; ik heb het over alle grootstedelijke gebieden en ik daag iedereen uit om me tegen te spreken als we het hebben over grootstedelijke gebieden, niet per se steden, en de gevolgen van deze stad, het oude en het nieuwe gebied, ze vullen elkaar aan, we kunnen geen insluiting hebben als we ze niet allebei veranderen.'

Alfredo Brillembourg & Hubert Klumpner
(januari 2009)
'Economische modellen staan ter discussie, milieurampen in Azië, oorlog in het Midden-Oosten, genocide in Afrika, het leven na de terreuraanslag

Mark Watts (January 2009)
'In the context of climate change, urban designers have an even more important role. Politicians will set emission reduction and adaptation targets based on information provided by scientists. Skilled urban designers are required to translate this into design for cities that enhances quality of life rather than diminishing it, and which can attract public support. Most importantly than this, urban designers have to calculate how best to integrate resource streams, so that societies minimize waste and maximize efficiency – while creating beautiful, liveable spaces.'

Alfredo Brillembourg & Hubert Klumpner
(January 2009)
'In the end, there is both a struggle and a synergy between social realities and architectural and urban ideas: each influences, constructs, and deconstructs the other. In order to seize that responsibility and to develop ways in which to exercise it in a humane fashion, we must be able to grasp what the informal city is, to make it visible and comprehensible. Only then can we learn to live, in the most complete and meaningful sense of the word, in today's cities.'

Joost Schrijnen (12 December 2008)
'In the Netherlands, we have always thought of cities as geographical areas with defined boundaries. I believe that that concept is still entrenched in our minds and in local government. As a result, there is a problem with how we define the concept of "city" in Dutch culture. I understand this definition in the administrative context, but less so in the context of the physical reality we live in.'

Ton Venhoeven (13 October 2008)
'In the Western world we experience a systemic crisis once every hundred years or so. Generally, you could say that the French Revolution overturned the *ancien régime* and yielded new ideas about urban planning and architecture and introduced the idea of the encyclopaedia in architecture. And modern-

ism started out at the beginning of the twentieth century as a reasonably idealistic movement, which subsequently became bureaucratized and banal, and now we have arrived at a juncture where we desperately need new energy. You can see that in the popularity of the cradle-to-cradle concept.'

Rem Koolhaas (November 2005)
'It has been argued that the dynamics of work have changed and therefore spaces will have to change. I am not so sanguine about the connection between form and content. . . . My theory is that the new workplace will probably not need new forms, but the new dynamics of work will simply infiltrate existing forms of the city, exactly because they are new and therefore have a more creative ability to interpret and less need to convert. In a sense they will be both condemned and privileged to use existing material.'

Ton Venhoeven (13 October 2008)
'I think that as a country you need to realize, in the context of globalization, that you're actually a company that needs to work hard on research and development. Can we please get our universities to come up with ideas that address our problems, for example in the areas of climate change, mobility, energy supply, and then see what kind of influence that has on spatial planning and urban design.'

Yttje Feddes (24 June 2009)
'It would be interesting to think about which elements [from the Randstad 2040 design studios] could work as spatial plans in this time of economic crisis. . . . I personally believe that looking at the landscape plan of the Randstad, thinking about the dominant role of water in that plan and the absolute necessity of integrating water, nature, and recreation, and addressing the urgent problem of climate change, all in one grand gesture, is one of the big projects that deserve attention precisely at this time.'

op de Twin Towers; de ineenstorting van de verzorgingsstaat, de groei van de schulden in de wereld, politieke faillissementen, de explosie van stedelijke nederzettingen die buiten enig regelend kader worden gebouwd en bewoond: wat betekent dit alles voor de toekomst van de hedendaagse stad?'

Andy Altman (november 2005)
'Een van de interessante dingen in het algemeen, zeker in de Verenigde Staten en ook in de steden waar de *Urban Age* naartoe is gereisd, is de terugkeer van planning en gedurfde visies. De planning komt bij uit de coma waarin ze sinds de stadsvernieuwing heeft gelegen. Na die mislukkingen en de reacties erop geraakte het zelfvertrouwen in de planning in een crisis en vroegen de planners zich af: hebben we eigenlijk wel iets te zeggen over de stad? Willen we te veel? Kunnen we al die dingen waarmaken? Maar nu kijken steden weer naar fysieke planning als manier om zich een nieuw beeld van hun toekomst te vormen, als manier om acties op gang te brengen en als manier om mensen macht te geven.'

Karen de Groot (januari 2009)
'Eigenlijk vooraf al stelden we vast dat op het niveau van de hele provincie de ruimtelijke kwaliteit vooral het resultaat was van het handelen door allerlei individuen en partijen. Wil je als provincie sturen op ruimtelijke kwaliteit, moet je dat handelen beïnvloeden. [...] De identiteit, volgens mij een veel betere term dan kwaliteit, is daar voelbaar. Als de provincie wil zorgen voor samenhang, herkenbaarheid en identiteit in Overijssel, dan moet dus het individuele handelen beïnvloed worden. En dat kan, met simpele regels en principes.'

Fred Schoorl (januari 2009)
'Het centrale kenmerk: de nieuwe stad is niet langer het domein van ambtenaren of stedenbouwers en architecten, maar van een complexe coproductie

tussen 'gewone mensen', politiek, markt en professionals. People, politicians and professionals. De wensen en initiatieven van bewoners en bedrijven moeten sterk bepalend zijn voor de invulling en groei van het ontwerp. De politiek en ambtenarij stuurt aan de voorkant, de (ontwikkelende) corporaties en ontwerpers vullen in. Maar allen worden idealiter dienstbaar aan het 'mensen maken de stad'-principe. 'Wij moeten er aan wennen dat gemeenten niet langer zelfstandig een stad kunnen maken', aldus Adri Duivesteijn op een druk bezochte publieksbijeenkomst over de nieuwe wijk.'

Yttje Feddes (24 juni 2009)
'Het lijkt me interessant te bedenken: wat zijn nu nog de elementen [uit de ateliers Randstad 2040] die als ruimtelijke plannen in crisistijd effect kunnen hebben. [...] Ik denk zelf dat juist dat denken over het landschapsplan van de randstad, de sturende factor van het water erin, en dat je water, natuur en recreatie absoluut zou moeten koppelen, als één beweging met de urgentie van de klimaatverandering, dat dat één van grote projecten is waar je nu aan door zou kunnen werken.'

Ole Bouman (20 oktober 2008)
'Het rijk heeft de afgelopen jaren aandacht besteed aan wat decentraal kan en min of meer de belofte achtergelaten om nog te laten weten wat centraal moet. Gezien de kredietcrisis, gezien de klimaatcrisis en al die andere systemen die nu in elkaar aan het vallen zijn is het hoog tijd om die paar leidende principes te formuleren die zeggen wat centraal moet.'

Ton Venhoeven (13 oktober 2008)
'Ik denk ook dat je je als land moet realiseren dat je in de context van globalisering eigenlijk een bedrijf bent dat hard moet werken aan research en development. Laten nou alsjeblieft de universiteiten de ideeën bedenken in de richting van waar we

Dieter Läpple (December 2008)
'I would put forward the notion that we should look forward to the resilient city, a city which is robust, which can adapt to an unstable environment. So on the one hand we see that we are moving from a global hierarchy to more of a polycentric global system, with opportunities. We have to make a shift from standardization, homogenization, to specification. We have to make a shift from quantity to quality, from efficiency to adaptability, and one point I would like to emphasize is that we should try to re-integrate production into the cities and urban regions.'

Alain Thierstein (January 2009)
'Mega-city regions (MCR) turn out to be the functional spaces of the knowledge economy. They are the hubs within the globally organized net of this leading economic sector. Consequently, MCR are of key importance to economic and social development at both the European and the national spatial scale. Their strategic role in spatial development is increasingly recognized; their emergence is being driven in different ways. MCR are the object of analytical research; they are normative political concepts as well as strategies of communication and marketing within the global competition of location.'

Ton Venhoeven (13 October 2008)
'My thesis is that the principles of modernism are based on the idea that society should function like a machine comprised of components that can be disassembled. That principle remains unchanged today, and has caused a world of trouble. The veneer pasted over it by postmodernism has done nothing to remedy the situation. We sit in traffic jams every day, we are producing a backseat generation, and people don't leave their homes anymore because traffic is too dangerous. The system is bankrupt.'

Andy Altman (November 2005)
'One of the interesting things across the board, certainly in the United States and also

in the cities that the Urban Age has been travelling to, is that planning and bold visions are back again. Planning is emerging from the coma that it has been in since urban renewal. After those failures and the reactions to those failures, planning suffered a crisis of confidence in the profession and planners thought: do we really have something to say about the city? Are we trying to do too much? Can we accomplish all these things? Are we listening enough to what people want? But now, cities are again looking at physical planning as a way of re-imagining their futures, as way of mobilising actions and as a way of empowerment.'

Paul Gerretsen (January 2009)
'Other parties, too, are coming to see regional planning not simply as a coordinating framework, but also as a developmental challenge: a simultaneous scaling-up and specialization of activities, necessitated by the market sector, to facilitate strategic operation on a regional scale. There is a trend towards formal and informal scale enlargement among actors such as regional transport companies, housing associations and institutions of education. Because developments on this scale are often aimed at the long term, these organizations are looking to government to give them a secure foothold and offer reliability.'

Maarten Hajer (20 October 2008)
'Sometimes we should be less sophisticated in our assessment of what is going wrong. We live in a drama democracy. Simply getting everyone together and saying "we have to think of something" is much less exciting than flying around in helicopter and looking down at the situation from a great height. But it is only then that people acknowledge there is a problem. . . . And we are up to our necks in semi-intellectuals having interesting conversations with each other. The field really has to put a stop to this tendency to dramatize its own interest, so that the people who show up to talk about quality can get a word in.'

problemen hebben, bijvoorbeeld op het gebied van klimaatverandering, mobiliteit, energievoorziening, en kijken wat voor invloed dat heeft op de ruimtelijke ordening en stedenbouw.'

Dieter Läpple (december 2008)
'Ik zou willen inbrengen dat we moeten uitkijken naar de veerkrachtige stad, een soepele en gezonde stad, die zich kan aanpassen aan een instabiele omgeving. Aan de ene kant zien we dat we van een mondiale hiërarchie in de richting gaan van een mondiaal polycentrisme dat nieuwe kansen biedt. In plaats van standaardiseren en homogeniseren moeten we gaan specificeren. We moeten van kwantiteit naar kwaliteit, van efficiency naar aanpasbaarheid, en op een bepaald punt, zou ik willen toevoegen, zouden we moeten proberen de productie te re-integreren in de steden en stadsregio's.'

Ton Venhoeven (13 oktober 2008)
'In de westerse wereld lopen we in grote lijnen elke honderd jaar tegen een systeemcrisis aan. Je kunt grofweg zeggen dat waar de Franse revolutie een afrekening was met het ancien régime en nieuwe ideeën over stedenbouw en architectuur opleverde, de introductie van het idee van de encyclopedie in de architectuur. En dat het modernisme aan het begin van de twintigste eeuw begon als een redelijk idealistische stroming, die vervolgens gebureaucratiseerd is en gebanaliseerd ook en dat we nu eigenlijk op het punt zijn aangeland waar echt weer nieuw vuur nodig is. Je merkt het aan de populariteit van het idee van cradle to cradle.'

Ole Bouman (24 juni 2009)
'Maar ik weet zeker dat een overgrote meerderheid van de Nederlandse bevolking op deze manier in ieder geval niet over ruimtelijke ordening kan debatteren en ook niet wil debatteren en het niet interesseert. Ik weet wel dat ze graag debatteren

over kwesties die hun heel erg aangaan – de energiekwestie, de sociale cohesiekwestie, de migratiekwestie – die ongelofelijk sterke ruimtelijke implicaties hebben en die ze ook heel graag ruimtelijk uitgespeeld willen zien. [...] Dat speelt wel degelijk een rol in het dagelijks leven van mensen. Zo willen ze er ook over praten, zo zullen ze politiek hun stem laten horen en zo zullen ze er uiteindelijk ook voor zorgen dat wat wij hier ook aan scenario's bedenken, het er toch heel anders uit zal zien. En wij zullen als vaklieden, hoe subtiel we ook zijn, hoe nuttige instrumenten we ook hebben ontwikkeld en hoe groot historisch besef we ook hebben, in staat moeten zijn om die krachten ook te verdisconteren in wat we zeggen.'

Alain Thierstein (januari 2009)

'Mega-stadsregio's (MSR's) blijken de functionele ruimtes van de kenniseconomie te zijn. Het zijn de knooppunten in het mondiaal georganiseerde netwerk van deze toonaangevende economische sector. MSR's zijn daarom van cruciaal belang voor de economische en maatschappelijke ontwikkeling op zowel Europese als nationale ruimtelijke schaal. Hun strategische rol in de ruimtelijke ontwikkeling wordt in toenemende mate onderkend en hun opkomst wordt aangedreven door verschillende belangen. MSR's staan centraal in analytische studies en normatieve politieke concepten, maar ook in communicatie- en marketingstrategieën binnen de mondiale concurrentie tussen locaties.'

Rem Koolhaas (november 2005)

'Men zegt dat de ruimtes moeten veranderen omdat de dynamiek van het werk is veranderd. Ik ben niet zo optimistisch over het verband tussen vorm en inhoud. [...] Mijn idee is dat er voor de nieuwe werkplek waarschijnlijk geen nieuwe vormen nodig zijn, maar dat de nieuwe werkdynamiek eenvoudigweg de bestaande vormen van de stad zal infiltreren, juist omdat ze nieuw is en daardoor meer creatief

Eduardo Rojas (December 2008)

'So this is the challenge of the metropolitan area and the metropolitan regions: How do we foster cooperation amongst these different jurisdictions and different entities? How do you provide services that are quantitatively and qualitatively adequate and deliver them efficiently, but also distribute the costs in an equitable way among the beneficiaries?'

Erminia Maricato (December 2008)

'So we have cities that are oases of the first world, and we have the poor visibility of cities in general, I am talking about all metropolitan areas, and I challenge anyone to disagree if we are talking metropolitan areas, not cities per se. The point is that old and the modern areas of the cities complement each other; we cannot achieve inclusion if we do not change both.'

Michael Cohen (December 2008)

'Specifically, the urban economic structure is changing, production and credit will affect investment, consumption and urban employment. Demand will decrease, and urban economies are likely to contract as we've seen for example in Argentina. We saw a shift in the consumption, in the composition of activity, away from manufacturing, where we've seen the car question. But we also see it in the repair industry, in marketing, in advertising. I would suggest, as a question, will we see more informality, or not?'

Gareth Jones (December 2008)

'That group that I'm most interested in here is demographically dominant in the city, it's economically important, it's socially vital and it's culturally vibrant, and that group is young people. They are the great unheard group in São Paulo or in any other city in my view. It's certainly difficult to imagine many ways and many instances in which young people take a very serious and central role in issues such as planning and design and even governance.'

Janette Sadik-Khan (December 2008)
'The choices that we make about how we travel our streets, how we design our streets, what we do with the space between buildings, whether we allocate that space to plazas and sidewalks or to lanes for cars, can profoundly affect the economy, the quality of life, the environmental health, and the sustainability of our cities, and in New York City, sustainability is absolutely the watchword for our town.'

Alfredo Brillembourg & Hubert Klumpner (January 2009)
'The cost in time and money to move people, goods, and agricultural products where they are needed is considerable and wasteful. It is no small challenge to find ways to incorporate work, food, housing, education, and all of life's essentials and amenities into the city. But we believe it is both possible and necessary, at least to some extent and certainly in the tropics. . . . This would both supply jobs for the chronically un- and under-employed and, by eliminating transportation costs, lower the prices for buyers. Perhaps more significantly, such mixed-use has a salutary effect on the urban fabric and on the lives of the inhabitants. Street-life is more vibrant; people walk from home to work to shops, mingling and becoming acquainted with one another. This, in turn, gives them a sense of belonging and a stake in their neighbourhoods, which reduces crime and vandalism.'

Han Meyer (January 2009)
'The discipline of urban planning and design, which is by definition a public good, is struggling in a period in which public goods are seen as less relevant or, at any rate, controversial and subject to changing notions. Now that the sharpest edges of neoliberalism are being dulled by the credit crisis and "the public good" seems to be attracting broader interest again, new opportunities are emerging for urban development.'

vermogen heeft om te interpreteren en minder behoefte om te verbouwen. In zekere zin zijn de nieuwe werkvormen zowel gedoemd als bevoorrecht om te gebruiken wat er al is.'

Ton Venhoeven (13 oktober 2008)
'Mijn these is dat de principes van het modernisme gebaseerd zijn op hoe de samenleving moet functioneren als een machine waarbij je verschillende componenten uit elkaar trekt. Dat principe is ongewijzigd tot op de dag van vandaag en brengt een oncontroleerbare stroom van narigheid voort. Dat er ondertussen via de invloed van het postmodernisme een stiekeme veneer overheen is gegaan doet daar niks aan af. We blijven in de file staan, er ontstaat een achterbankgeneratie, mensen komen hun huis niet meer uit omdat het verkeer te gevaarlijk is. Het systeem is dus failliet.'

Paul Gerretsen (januari 2009)
'Ook andere partijen zien de schaal van de regio niet langer alleen als een afstemmingskader, maar steeds meer als een ontwikkelingsopgave. Een gelijktijdige schaalvergroting en specialisering van activiteiten noodzaakt ook de marktsector om strategisch te opereren op de regionale schaal. Partijen als regionale vervoerders, woningbouwcorporaties en onderwijsinstellingen organiseren zich formeel of informeel op een grotere schaal. Deze partijen zoeken daarbij naar een overheid die houvast en betrouwbaarheid biedt, omdat de ontwikkelingen op deze schaal vaak gericht zijn op de lange termijn.'

Henk Hartzema (januari 2009)
'Op dit moment zijn we naar mijn overtuiging getuige van een kruispunt in de Nederlandse geschiedenis van de ruimtelijke ordening, waarin de plaatselijke autonomie ingehaald wordt door nationale belangen en waarin inspraak en regelgeving visie en dadendrang gaan overwoekeren.'

Jandirk Hoekstra (januari 2009)
'Sommige urgente ruimtelijke opgaven op het regionale niveau zijn eigenlijk weeskinderen. Iedereen erkent het bestaan ervan, maar er is nog niemand die zich er verantwoordelijk voor voelt'.

Mark Watts (januari 2009)
'Tegen de achtergrond van de klimaatverandering is de rol van stadsontwerpers nog belangrijker. Politici stellen doelen op het gebied van emissiereductie en adaptatie, gebaseerd op informatie die door wetenschappers wordt geleverd. Dan zijn er vakbekwame stedenbouwkundigen nodig om die doelen te vertalen in stedelijke ontwerpen die de kwaliteit van het leven verhogen in plaats van te verlagen en die publiek draagvlak kunnen winnen. Bovenal moeten deze stadsontwerpers de beste manier berekenen om de hulpmiddelenstromen te integreren, zodat de samenlevingen hun efficiency kunnen opvoeren en afval minimaliseren – en daarbij mooie, leefbare ruimtes scheppen'.

Kristian Koreman (13 oktober 2008)
'Traditionele middelen waar de stedenbouw op inzet zijn massa, ruimte en programma, maar ondertussen zijn er veel meer trends die een stad bepalen: opwarming van de stad, waterafvoer, voedselstromen – dat zijn categorieën die in het modernisme geen rol speelden want ze vonden toch wel plaats'.

Alfredo Brillembourg & Hubert Klumpner (januari 2009)
'Uiteindelijk is er zowel strijd als synergie tussen maatschappelijke realiteiten en architectonische en stedenbouwkundige ideeën: ze beïnvloeden, construeren en deconstrueren elkaar wederzijds. Om de verantwoordelijkheid op ons te nemen en manieren te vinden om die humaan uit te voeren, moeten we begrijpen wat de informele stad is, die zichtbaar en inzichtelijk maken. Pas dan kunnen we

Fred Schoorl (January 2009)
'The key characteristic: the new city is no longer the domain of civil servants or urban planners and architects, but of a complex coproduction involving "ordinary people", politicians, professionals, and the market. The preferences and initiatives of residents and companies are essential to the development and growth of the design. Politicians and civil servants steer from up front, and developers and urban designers fill in the details. But ideally all of them are subject to the principle that says "people make the city". At a well-attended public meeting on the new district, Adri Duivesteijn said, "We have to get used to the fact that municipalities can no longer make cities on their own."'

Kristian Koreman (13 October 2008)
'The traditional instruments of urban development are mass, space, and programme, but many new trends are now affecting how cities evolve: rising urban temperatures, water drainage, food distribution flows – these are phenomena that played no role in modernism because they happened anyway.'

Alfredo Brillembourg & Hubert Klumpner (January 2009)
'The wounds from which city-dwellers suffer can, we are convinced, be healed and the city made healthy and vibrant when all its citizens have genuine equality of responsibility, opportunity, and freedom.'

Karen de Groot (January 2009)
'We actually ascertained in advance that spatial quality throughout the province was primarily determined by the actions of a multitude of individuals and actors. A province that wants to steer development on the basis of spatial quality has to influence those actions. . . . Identity – which is a much better term, in my opinion – is palpable there. If the province of Overijssel is aiming for cohesion, recognizability, and identity, it will have to influence individual action. And that can be done with simple rules and principles.'

Alfredo Brillembourg & Hubert Klumpner
(January 2009)
'We are in a time of dramatic demographic changes, resulting in population increase and the concomitant densification of cities. The architectural community should respond by turning its attention to the incorporation of the body, movement, gender issues, and critical history into the practice of architecture and urban design; and voicing strong reservations about the absolute rationalism of the functional city. Instead, proclaim an architecture of hope and attempt to connect physical form and socio-cultural needs and to take a psychological and anthropological perspective on the city.'

P.K. Das (December 2008)
'We believe that democracy thrives in open, public spaces where the body and mind can be exercised. We can look at the physical plans and developments of our cities differently. We often look at cities from the point of view of real estate opportunities, of potential real estate turnover. Can we look at our cities and their development plans from the point of view of public spaces? For I believe that public dignity is reflected in the state of public spaces and vice versa.'

Joan Clos (November 2005)
'We dream of a new European city where you can walk instead of taking the car, where the places for work, play, and living are at walking distance in a "pedestrianized" city. If cities are dense enough, we can pay for the construction, control and maintenance of public space. We can avoid the conditions that create ghettos, people can talk to each other, and the city can become a place for encounters between different cultures, different ideas, different opportunities.'

Richard Sennett (November 2005)
'We need to better understand how to legitimize certain forms of conflict. We can only assume that we have the ability to resolve conflict, to get rid of conflict as a problem.

in de steden van vandaag leren leven, in de meest volledige en betekenisvolle zin van het woord.'

Nathalie de Vries (januari 2009)
'Vrijwel iedereen is het er wel over eens dat een station niet een banaal gebouw zou moeten zijn. Ook het reizen zelf hoort een aangename belevenis in de publieke ruimte te zijn. Dit begint al bij het gebouw zelf, dat meestal een bijzondere plek inneemt in de stad. Ook de reis, door landschappen en langs steden, levert een bijzondere ervaring op. Stations en stationsomgevingen zijn dag en nacht belangrijke openbare plekken in de stad.'

Ole Bouman (mei 2009)
'Wat diepe indruk heeft gemaakt is dat veel ontwerpers en opdrachtgevers helemaal niet zitten te wachten op werk dat ze mogen doen omdat ze daartoe competent zijn. Ze zijn veel meer geïnteresseerd in het mogen leveren van een bijdrage aan de zaken die de mensheid in het algemeen en Nederland in het bijzonder diep aan het hart gaan: het duurzaam veiligstellen van ons voedsel, het scheppen van meer tijd en ruimte, het creëren van nieuwe energie, het bijdragen aan menselijk contact en sociale cohesie, het verbeteren van de leefomgeving en het vinden van economische waarde op plekken en momenten dat niemand eraan denkt. Dit zijn de terreinen waar in tijden van economische tegenwind nieuwe voorspoed ligt te wachten.'

Kristian Koreman (13 oktober 2008)
'Wat er gebeurd is, is dat we nu in een liberale democratie terecht zijn gekomen waarin de overheid marktgericht is geworden, de markt de niches heeft gevonden van de gaten die de overheid laat vallen en als het moet ook geëngageerd over openbare ruimte of klimaat verantwoordelijkheden gaat dragen. De burger die aan de ene kant als burger wordt aangesproken en aan de andere kant als consument. En dat is ook tevens de rol van de

architect die de ene keer de professional uithangt en de andere keer ook geëngageerd kan zijn. We zitten nu in een radicale democratie waarin zoveel afstemming is, er geen enkele kloof meer bestaat, en iedereen met alles praat. Het is daardoor bijna onmogelijk om ver vooruit en los van de dagelijkse pragmatiek nog iets ergens van te vinden zonder meteen met een bepaalde pet op aan tafel te zitten.'

Ton Venhoeven (13 oktober 2008)
'Wat ik een interessante middenweg vindt tussen markteconomie en centraal geleide economie is indicatieve planning: je zegt waar je naartoe wil, maar niet hoe. Je geeft wel termijn. De creativiteit van alle mensen en de kansen die zich voordoen gaan in die richting. Dus als je dat principe zou inzetten voor het realiseren van ecologische steden – de opgave van de vorige eeuw was dat we afmoesten van de tegenstelling arm en rijk, dat is gelukt – en we zitten nu met de opgave van 6 miljard naar 20 miljard, iedereen wil de levensstandaard van Amerika: hoe gaan we dat aanpakken?'

Joan Clos (november 2005)
'We dromen van een nieuwe Europese stad waar je kunt lopen in plaats van de auto te moeten nemen, een 'voetgangersstad' waar de plekken waar je werkt, speelt en woont op loopafstand van elkaar liggen. Met voldoende dichtheid blijft de constructie, bewaking en het onderhoud van de openbare ruimte betaalbaar. We kunnen de omstandigheden waaruit getto's ontstaan vermijden, mensen kunnen met elkaar praten en de stad wordt zo een plaats waar verschillende culturen, ideeën, en kansen elkaar ontmoeten.'

Alfredo Brillembourg & Hubert Klumpner
(januari 2009)
'We leven in een tijd van dramatische demografische veranderingen met als gevolg bevolkingsgroei en daarmee gepaard een verdichting van de

That is when we assume that, ultimately, the interests of the city can be resolved into one solution that is best for the majority, that cities are not structured by irreparable differences. If that was ever realistic, it has very little to do with the kinds of cities that are coming into being. Our problem, therefore, is how to learn to dwell in constant conflict. How can we have a political process which continually expresses differences of class and race, of ethnicity and religion, of different ways of life with unresolved conflicts?'

Kristian Koreman (13 October 2008)
'We now find ourselves in a liberal democracy where government has become market-oriented and the market is filling the gaps left by government and, where necessary, taking on social responsibilities with respect to public space and climate. Members of the public are active both as citizens and as consumers. And that is also the role of the architect, who oscillates between two roles: impartial professional and engaged citizen. We find ourselves in a radical democracy with so much coordination that every single gap has been filled in and everyone is in dialogue with everybody else. As a result, it is nearly impossible to look well into the future, take a step back from your day-to-day practice, and express an opinion about anything without locking yourself into a particular role.'

Alfredo Brillembourg & Hubert Klumpner
(January 2009)
'We see the city divided physically into a two-state structure: the ghetto on one hand, the planned city on the other. For this reason, we see the informal city as an appropriate, even urgent, focus of human rights efforts. Encroachment, unrestrained growth, and urban sprawl are matters of the most basic human rights, and it is time that architecture and urbanism embraced public responsibility as the basis of professional endeavour.'

Ole Bouman (May 2009)
'What has made a profound impression on

me is that many urban designers and clients are not sitting around waiting for work in their specific field of competence. They are much more interested in being able to make a contribution to issues that deeply affect the Netherlands specifically and humanity in general: long-term food security, creating more time and space, generating new energy, contributing to human contact and social cohesion, improving the living environment, and finding economic value in places and at times that no one else has thought of. These are the domains where new prosperity can be found in times of economic decline.'

John Worthington (January 2009)
'With the recent collapse of the global financial markets and the growing awareness of the need to respond to climate change will we see a "new way" emerging? The Netherlands is well positioned for such a move with its strong not-for-profit sector, and commitment to a balanced combination of central and local planning.'

steden. Om daarop antwoord te geven moet de architectuurgemeenschap haar aandacht vestigen op de integratie van het lichaam, beweging, genderkwesties en historiografische kritiek in de praktijk van architectuur en stadsontwerp en krachtig haar voorbehoud uitspreken tegen het absolute rationalisme van de functionele stad. Verkondig in plaats daarvan een architectuur van hoop en probeer een verbinding tot stand te brengen tussen fysieke vorm en sociaal-culturele behoeften en de stad vanuit een psychologisch en antropologisch perspectief te beschouwen.'

Richard Sennett (november 2005)
'We moeten beter leren begrijpen hoe we bepaalde vormen van conflict kunnen legitimeren. We moeten ervan uitgaan dat we in staat zijn conflicten op te lossen, dat we conflicten uit de weg kunnen ruimen. Dat kan als we ervan uitgaan dat steden niet bepaald worden door onverzoenlijke tegenstellingen maar dat de belangen van de stad uiteindelijk kunnen worden verzoend in één oplossing die de beste is voor de meerderheid. Als het al ooit het geval was, gelden zulke onverzoenlijke tegenstellingen in elk geval nauwelijks voor de soort steden die nu aan het ontstaan zijn. Ons probleem is dan hoe we kunnen leven te midden van constante strijd. Hoe we kunnen leven met een politiek proces dat constant uiting geeft aan verschillen in klasse en ras, in etniciteit en religie, in levensstijl, aan een leven met onopgeloste conflicten?'

Alfredo Brillembourg & Hubert Klumpner (januari 2009)
'We zien dat de stad fysiek wordt opgedeeld in twee gescheiden systemen: aan de ene kant het getto, aan de andere kant de geplande stad. Daarom moeten mensenrechtenorganisaties zich volgens ons – en zelfs dringend – intensiever met de informele stad gaan bemoeien. Het oprukken, de onbeheerste groei en het uitdijen van de stad

zijn kwesties die raken aan de meest fundamentele rechten van de mens en het is tijd dat architecten en stedenbouwkundigen hun professioneel handelen gingen baseren op publieke verantwoordelijkheid.'

Maarten Hajer (20 oktober 2008)
'We zouden soms wat platter moeten worden in het schetsen van wat er fout gaat. We leven natuurlijk in een dramademocratie. Wat veel meer een boost geeft dan met zijn allen zeggen 'er moet iets bedacht worden', is met z'n allen in een helikopter gaan zitten en dan naar beneden kijken. Dan denken mensen pas: 'het gaat niet goed'. [...] En we zitten natuurlijk wel heel erg in een veld van halve intellectuelen die aardige gesprekken onderling hebben. Daar moet dit domein echt iets aan doen, aan het dramatiseren van haar eigen belangstelling. Dan komen vanzelf ook de mensen die praten over kwaliteit in positie.'

P.K. Das (december 2008)
'Wij geloven dat de democratie bloeit op open, publieke ruimtes waar lichaam en geest kunnen worden geoefend. We kunnen op een andere manier naar de fysieke plannen en ontwikkelingen van onze steden kijken. We bekijken steden vaak vanuit het gezichtspunt van kansen op het gebied van onroerend goed: wat is de werkelijke omzet van het vastgoed en wat de potentiële omzet in een stad? Kunnen we onze steden en hun ontwikkelingsplannen bekijken vanuit het gezichtspunt van de publieke ruimte? Ik denk namelijk dat de publieke waardigheid zich uitdrukt in de kwaliteit van de publieke ruimtes en vice versa.'

Joost Schrijnen (12 december 2008)
'Wij hebben in Nederland altijd in een begrensde stad gedacht, volgens mij zit dat nog altijd in ons eigen hoofd en in het hoofd van het bestuur. En dat we daardoor een definitieprobleem hebben in onze

eigen Nederlandse cultuur van het begrip stad.
Ik begrijp die definitie wel vanuit de bestuurlijke
context, maar minder vanuit de fysieke werkelijkheid
waarin we leven.'

John Worthington (januari 2009)
'Zullen we, na de recente ineenstorting van de mondiale financiële markten en de groeiende bewust-
wording van de noodzaak een antwoord te vinden
op de klimaatverandering, een 'nieuwe weg' zien
opkomen? Nederland is goed geplaatst om zo'n
weg te kiezen, met zijn sterke not-for-profitsector en
zijn voorkeur voor een evenwichtige combinatie van
centrale en lokale planning.'

Mateusz Herczka.

De actoren

Wie werken eraan?

About the actors

Who is doing the work?

About the designer
(role and position)

Luuk Boelens (January 2009)
'After some soul-searching, I came to the conclusion that we – urban and regional land-use planners – were getting better at presenting the possibilities and opportunities through exploratory design, but we were not exposing the underlying political forces and institutional settings, let alone incorporating them into our designs.'

Ton Venhoeven (13 October 2009)
'All of society thinks in terms of sectors and the only thing an architect can do – and this is what architecture is often about – is think about synthesis.'

Matthijs Bouw (13 October 2008)
'A number of the conditions in which modernism flourished originated in the social order of previous centuries. The question is: do urban planners have a role here? Can they put issues on the agenda and do they make mistakes purely from their own position as urban designers or because they operate in a system – a democracy – which sets them on a particular course?'

Eric Luiten (13 October 2008)
'As an institutional urban planner, you shape consensus. I have positive associations with that because I believe it is precisely what government urban planners are supposed to do. You have the ability to listen carefully and identify signs of consensus, grab hold of them and use them to move forward. In my opinion, that is what distinguishes the institutional urban planner from a planner working in the private sector: the latter is equally concerned, if not more so, with expanding his own oeuvre.'

Over de ontwerper
(rol en positie)

Maarten Hajer (20 oktober 2008)
'Als er nu één ding is waarvan ik denk dat we er aandacht aan moeten besteden is het dat sommige ontwerpers in staat zijn om bepaalde publieken te genereren en andere ontwerpers kunnen dat niet, die hebben alleen het vakpubliek als publiek. De kunst om dat te verbreden, die moet je herwinnen in dat Nederland van post-Fortuyn. Dan moet je niet nadenken over ontwerp als oplossing, maar ook over de soort ontwerper.'

Eric Luiten (13 oktober 2008)
'Als je een institutioneel ontwerper bent geef je vorm aan consensus en ik heb daar een positieve associatie bij. Omdat dat volgens mij precies is wat ambtelijk ontwerpers behoren te doen. Je bent in staat heel goed luisteren naar waar sporen van consensus kunnen optreden en die pak je vast, daar ga je mee verder. Dat onderscheidt volgens mij ook de institutioneel ontwerper van de particulier gevestigde ontwerper, want die laatste is misschien wel evenveel, zo niet meer, bezig zijn eigen oeuvre uit te bouwen.'

Nir Mualam (januari 2009)
'Beoordelingsprocessen van ontwerp op lokaal niveau door architecten en planners binnen de publieke sector zijn belangrijke mechanismes gebleken in het sturen van veranderingen en het bewaken van goede werkmethoden. Als het proces vergezeld gaat van niet-wettelijk voorgeschreven masterplannen ('visies') voor de locaties, professionele in-house architectenteams en publieke steun voor de 'visies', kan het tot gewenste resultaten leiden terwijl het doorzichtig en controleerbaar blijft.'

Wim Derksen (20 oktober 2008)
'Bij het Ruimtelijk Planbureau hebben we in het begin die boeiende vraag gehad – we kwamen voort uit de RPD waar dus ook veel ontwerpers zaten die geacht werden te ontwerpen voor het land – wat die ontwerpers bij het Ruimtelijk Planbureau moesten doen. Moesten ze gaan meedenken over hoe het land moest worden ingericht? [...] Wat uiteindelijk een mooie functie was, goed ingekaderd tussen de mensen die over de cijfers gingen, was toch een aantal goede concepten ontwikkelen. Goed onderzoek naar wonen in toekomst, landelijk wonen, een onderzoek naar malls, hoe zou je dat kunnen vormgeven? We hebben wel geprobeerd om ontwerpers ook zelf de toekomst te laten voorspellen, dat kan heel boeiend zijn, maar dat kan niet samen in een instituut waar ook ruimtelijk-economen zitten. De wetenschappelijke criteria die economen aanleggen werden door ontwerpers vaak volledig genegeerd, hoe fantasierijk ze ook waren.'

Shelagh McCartney (januari 2009)
'Binnen politieke en alle andere organisaties hebben we ontwerpers nodig op posities met macht. We zien hoe steden als Curitiba en Medellin, waar ontwerpers aan het roer staan als burgemeester, de economische, sociale en ecologische problemen van de stad oplossen met behulp van ontwerptactieken.'

Simin Davoudi (januari 2009)
'De cruciale rol die ontwerpers naar mijn mening spelen in besluitvormingsprocessen (die onvermijdelijk politiek zijn, in de zin dat ze altijd gaan over keuzes tussen verschillende belangen, waarden, etc.) zit in hun vermogen tot creatief denken. Met creativiteit bedoel ik niet alleen creativiteit op het gebied van fysiek ontwerpen en architectuur, maar juist op het gebied van problemen oplossen.'

Eric Luiten (13 October 2008)
'Because in my view spatial design is as ordinary a profession as psychology or law. It is a skill that can be used and, at times, misused, just like any other discipline. Sometimes it is useful to incorporate spatial design in your objectives and at other time it serves no purpose.'

Alfredo Brillembourg & Hubert Klumpner (January 2009)
'But we at Urban-Think Tank believe that thinkers, city administrators, architects, and planners have it in their reach to make real progress towards creating sustainable cities, and moreover, they have a responsibility to do so; not by greenwashing designs, but rather by designing for social sustainability. Our proposals should be resistant to the inevitable political and economic fluxes ahead of us. This cannot be done without the active contribution of technology transfer and research funding from leading corporations, possibly an oil company, combined with intelligent design or what we call Inclusive Design: design focused on needs, and not on formal creations.'

Alfredo Brillembourg & Hubert Klumpner (January 2009)
'Design and politics must be able to offer tools of consolidation and to distribute rather than concentrate resources, knowledge, and wealth, as we enter into a world that does not allow for insulation. As designers we have accepted ALL multiple realities that coexist with us, realities which are more powerful than single messages or isolated ideas.'

Philip Rode (January 2009)
'Design and research: a crucial link that needs to be bridged with great care and that cannot be left to one profession (i.e., the designer). The difference between analytic (or even scientific) research and exploratory (creativity-enhancing) research needs to be addressed and made more explicit.'

Shelagh McCartney (January 2009)
'Designers are needed in positions of power within political organizations and all others. Consider the cities of Curitiba and Medellin, with designers at the helm as mayors solving the economic, social, and environmental problems of the city through design strategies.'

Mark Watts (January 2009)
'Designers need to have good ideas first and foremost. Ones that seek to solve the immediate problems faced by elected representatives, but which offer the prospect of long-term, sustainable development. But good ideas are useless if you don't have the ability to communicate them to decision-makers. Designers need to get into forums where they can talk to political leaders and their advisers.'

Nir Mualam (January 2009)
'Designers' role is indeed to demonstrate the added value of their design. Their role is also to be convincing and succinct in demonstrating their point. By doing this, they may function as facilitators of change.'

Paula Vigano & Bernardo Secchi
(January 2009)
'Design is a difficult and risky job. Difficult in that the designer must never stop listening to others, never stop giving his/her own interpretation of different situations, and never stop proposing visions and projects that reconstructing the problems identified as the most important. Risky in that the designer's projects and visions can be different from the those of the political or governmental organization. The designer must be open-minded, but also a fighter: the risk he/she has to accept is being dismissed.'

Ton Venhoeven (13 October 2009)
'Design is an iterative process, and that is what sets it apart from sectoral or bureaucratic design processes, which have to be verifiable and transparent. Pyramids are built from the bottom up, alternatives are explored and then a decision is made. As a designer, one minute

Maarten van Poelgeest (9 februari 2009)
'De frustratie van ontwerpers is dat ze steeds minder de bestuurders kunnen bereiken. Ze moeten het met projectleider doen.'

Luuk Boelens (januari 2009)
'De hand in eigen boezem stekend kwam ik tot de overtuiging dat wij – stedelijke en regionale ontwerpers – met het verkennend ontwerpen weliswaar de mogelijkheden en kansen van een gebied steeds beter in beeld brachten, maar nauwelijks de achterliggende politieke krachten en institutionele settingen blootlegden, laat staan daarop aansloten.'

Ton Venhoeven (13 oktober 2009)
'De hele samenleving denkt sectoraal en het enige wat je als architect kunt doen, en daar gaat dat vak architectuur over, is denken aan synthese.'

John Worthington (januari 2009)
'De Nederlandse benadering waarbij kwaliteitsteams worden gevormd voor de levensduur van grote projecten, gevoegd bij de toegenomen continuïteit doordat de masterplanner wordt benoemd tot hoofdarchitect met direct contact met de wethouder, zorgt voor continuïteit, een kritische externe meedenker en een spreekbuis voor de oorspronkelijke aspiraties.'

Joost Schrijnen (12 december 2008)
'De ontwerper in de bureaucratie is iets anders in houding, gedrag, competenties dan de ontwerper van het particuliere bureau'.

Richard Brown (januari 2009)
'De regering die in 1997 aantrad, stelde Richard Rogers aan als hoofd van een Urban Task Force (UTF) om nieuwe huisvestingsmogelijkheden te verkennen zonder inbreuk te maken op de groene ruimte. De UTF ging aanzienlijk verder dan deze opdracht en bracht een rapport uit, *Towards an*

Urban Renaissance, waarin architectuur en stedenbouw werden geplaatst in het hart van een veel bredere visie op stadsvernieuwing, milieubehoud en compact wonen in de stad. Een van de belangrijkste vernieuwingen als reactie op het UTF-rapport was de instelling van de Commission for Architecture and the Built Environment (CABE) die binnen de centrale overheid optreedt als pleitbezorger van het stedenbouwkundig ontwerp en bovendien, als niet wettelijk voorgeschreven onderdeel van het planningsproces, ontwerpen beoordeelt en opdrachtgevers adviseert bij het specificeren en verlenen van ontwerpopdrachten.'

Nir Mualam (januari 2009)

'De rol van ontwerpers is juist dat ze de toegevoegde waarde van hun ontwerp aantonen. Hun rol is ook dat ze hun punt beknopt en overtuigend uitdragen. Zo kunnen ze veranderingen faciliteren.'

Maarten Hajer (20 oktober 2008)

'Die lineaire wereld bestaat niet meer. Het is een complexe wereld geworden, kennis haalt u in, de waarden veranderen. Ik denk dat onderzoekend ontwerp een heel probate manier is omdat die eraan gewend is ervan uit te gaan dat door wat je tekent en bedenkt nieuwe kennisvraagstukken ontstaan. De ontwerper is de integrator van kennis. Dat is iemand die multidisciplinariteit inbouwt en die een discours heeft en die door te verbeelden, door te tekenen mensen in staat stelt om mee te denken. Ik zie dat planningsproces als een langzaam ontwikkelen van een gedeeld inzicht.'

Alfredo Brillembourg & Hubert Klumpner (januari 2009)

'Door de groei van de steden en toenemende onvrede komen er architecten op die zich buiten de grenzen van hun discipline wagen en zich uit durven spreken als maatschappelijke commentatoren en stedelijke activisten. Vandaag de dag,

your attention is on the big picture, the next you're focusing on details; you're constantly working on a kind of loom, searching for weak spots in the story. In the process, you weave everything together.'

Nir Mualam (January 2009)

'Design review processes at local level by public sector architects and planners have proved to be important mechanisms in managing change and ensuring good practice. When accompanied by non-statutory master plans ("visions") for the localities, professional in-house teams of architects, and public support for those visions, the process can lead to desirable outcomes, while remaining transparent and accountable.'

Deborah Saunt (November 2005)

'For a long time, we designers were just expected to do as we were told, but now I often find myself asked to exercise my judgement. As negotiators, as mediators, architects are requested to exercise huge spans of the imagination to bring about fantastically innovative designs while also talking about transport, security, history, heritage, and public-space policy. There are lots of opportunities now to be making architecture, and fundamentally, to be involved in the making of democracy.'

Alfredo Brillembourg & Hubert Klumpner (January 2009)

'Growing cities and increasing discontent give rise to architects who venture outside the boundaries of their discipline and dare to speak as social commentators and urban activists. Today, nearly half a century later, there are still serious problems inhibiting the development and progress of architecture. In fact, the discovery that architects repeat the same mistakes over and over has led to a decline in the ideological role of architecture. Recent decades have not seen much interest in the social function of architecture. And, thus far at least, 21st-century architecture appears not to be seeking solutions to such persistent problems as housing, let alone a new vision of urbanism.'

Eric Luiten (13 October 2008)
'I agree that urban designers can make as great a contribution to agenda-setting as ecologists and hydrologists. But my sense is that the one-to-one relationship which is commonly considered to exist between spatial planning as a discipline or skill on the one hand and our pursuit of spatial quality on the other.'

Florian Boer (13 October 2008)
'I am not just an idea machine. I want my ideas to take root and have merit. I want to take design a step further with the people I work with, the municipal departments of public works and the urban planning and housing agencies.'

Ton Venhoeven (13 October 2009)
'I believe that urban designers – every urban designer – should get involved in policy and agenda-setting. As a designer, you have to be less narcissistic, less susceptible to feeling that your sensitive soul is being trampled on.'

Maarten Hajer (20 October 2008)
'If there is one thing I think we need to pay attention to, it is that some designers have the capacity to attract certain audiences and others do not; their only audience is the profession. We need to recover the ability to broaden the audience in the Netherlands after Pim Fortuyn. To do that you can't just think of design as the solution; you also have to consider the personality of the designer.'

Florian Boer (13 October 2008)
'I have the feeling that, as urban planners, we have been able to play a very important role from a distance, because we have the freedom to study the fundamentals of a number of things, doing design-driven research. Within an organization you can't do that kind of research any more, and you simply don't have the tools at your disposal to represent these things and make them tangible.'

bijna een halve eeuw later, wordt de ontwikkeling en vooruitgang in de architectuur nog altijd door ernstige problemen geremd. Feit is dat de ontdekking dat architecten telkens weer in dezelfde fouten vervallen een neergang van de ideologische rol van de architectuur met zich meebrengt. De afgelopen decennia hebben we niet veel belangstelling gezien voor de maatschappelijke functie van de architectuur. En de architectuur van de eenentwintigste eeuw lijkt, althans tot dusver, niet op zoek naar oplossingen voor aanhoudende problemen als huisvesting, laat staan naar een nieuwe visie op de stedenbouw.'

Matthijs Bouw (13 oktober 2008)
'Een aantal van de condities waarin het modernisme heeft kunnen plaatsvinden komt uit de maatschappelijk ordening van de eeuwen daarvoor. De vraag is: hebben ontwerpers hier een rol in? Kunnen ze agenderen en maken ze fouten vanuit eigen positie als ontwerper of omdat ze in een systeem functioneren – een democratie – waardoor ze op een bepaalde koers gezet worden?'

Matthijs Bouw (13 oktober 2008)
'Een van de vervelende dingen van ontwerpen in bureaucratie is dat je je eigen inhoud niet kan formuleren, sterker nog, dat er geen enkele inhoud wordt geformuleerd.'

Allard Jolles (20 oktober 2008)
'Het begin van het proces is een eerste reflectie: wat gaan we doen, maar ook hoe gaan we het doen zodat iedereen meedoet? Door dit spel wordt het moment gedicteerd. Het moment waarop je als ontwerper iets mag vinden is misschien wel nu, maar het gaat over vijftien jaar verder op z'n minst. Het vraagt van de ontwerper een lange adem, geduld, en hij moet niet bang zijn om 25 jaar lang aan een project te werken. Het eerste idee voor IJburg dateert uit 1978.'

Ton Venhoeven (13 oktober 2009)
'Het gaat om inhoud. Als de ontwerper geen inhoud te bieden heeft dan marginaliseert hij zichzelf.'

Eric Luiten (13 oktober 2008)
'Het is uiteindelijk gewoon een discipline. Het gaat om de vaardigheid ruimtelijk te ontwerpen en of je dat nou op de maan doet of in een bestuurlijk-organisatorische setting maakt niet uit.'

Florian Boer (13 oktober 2008)
'Het project is een voorbeeld van het zoeken van een verstandhouding met het bureaucratisch apparaat en hoe je als ontwerper inspiratie kunt brengen en ook tot oplossingen kunt komen die er niet waren voordat wij aan tafel waren geweest.'

P.K. Das (december 2008)
'Het punt is dat als wij als architecten en planners aan een ontwerp aan het werk gaan, ik me vooral veel zorgen maak over de vraag hoe we onze kennis inbrengen in het publieke domein en hoe we een brigade kunnen vormen van burgers of mensen die door die projecten worden geraakt om die projecten daadwerkelijk te controleren?'

Eric Luiten (13 oktober 2008)
'Ik ben het ermee eens dat ontwerpers bij kunnen dragen aan agendavorming, net zo goed als ecologen en hydrologen. Maar mijn gevoel is de een-op-eenrelatie die snel gelegd wordt tussen ruimtelijk ontwerp als discipline of vaardigheid aan de ene kant en ons streven naar ruimtelijke kwaliteit anderzijds.'

Florian Boer (13 oktober 2008)
'Ik ben geen ideeëngenerator. Ik wil ook dat wat ik bedenk ergens landt en dat het hout snijdt. Met de mensen met wie ik werk, Gemeentewerken en de dS+V, wil ik het ontwerp een stap verder brengen.'

Florian Boer (13 October 2008)
'In my opinion there is a clear difference in attitude between government urban planners and designers working for private firms in their approach to a project. Independent urban designers are less inclined to bring parties together by reconciling their wishes... but you can subject some things to critical examination, question knee-jerk reactions, and figure out whether you can offer another kind of solution.'

Simin Davoudi (January 2009)
'In my view, the most critical role played by designers in decision-making processes (which are invariably political in the sense that they always involve making choices between different interests, values, etc.) is their ability to think creatively. By creativity I don't necessarily mean creativity in physical design and architecture, but creativity in problem-solving.'

Matthijs Bouw (13 October 2008)
'I sometimes muse that we urban planners are different than lawyers. Perhaps we are more comparable to doctors or vicars, in that we tend to forget that we also provide professional services because we have a kind of agenda.'

Matthijs Bouw (13 October 2008)
'One of the irritating things about urban planning in a bureaucracy is that you cannot formulate the content yourself, or worse, no content is formulated at all.'

Bernard Colenbrander (20 October 2008)
'Perhaps there is no need to change the traditional role of the urban planner. If the design is a visual representation based on a programme, then it doesn't have to change at all in my opinion. As long as the client has the capacity to judge it on its merits.'

Joost Schrijnen (12 December 2008)
'Public sector planners are quite different from their private sector counterparts in terms of attitude, behaviour, and competences.'

Ton Venhoeven (13 October 2009)
'Substance is what matters. If an urban designer cannot offer substance, he marginalises himself.'

Maarten Hajer (20 October 2008)
'That linear world doesn't exist anymore. The world has become complex, knowledge outruns you, values change. I think that research-driven design is a highly effective method because it assumes that your designs and ideas will raise new knowledge questions. The designer is the knowledge integrator: someone who incorporates multidisciplinarity and has a discourse, and whose power of imagination and whose drawings enable people to join in the thought process. I see that planning process as the gradual development of a shared vision.'

John Worthington (January 2009)
'The Dutch approach to setting up quality teams over the life span of large projects – in which continuity is enhanced by the master planner being appointed as supervising architect with direct contact with the alderman – ensures continuity, a critical external partner, and a champion of the initial aspirations.'

Richard Brown (January 2009)
'The incoming government of 1997 appointed Richard Rogers to head an Urban Task Force (UTF), in order to explore ways of accommodating new housing without expanding onto greenfield sites. The UTF went significantly beyond this brief, and its report, *Towards an Urban Renaissance*, put architecture and urban design at the heart of a vision for civic renewal, environmental sustainability and compact urban living. One of the most important innovations in the response to the UTF report was the establishment of the Commission for Architecture and the Built Environment (CABE), which acts as a champion for design within central government, as well as undertaking design review as a non-statutory part of the planning process, and acting as client advisors on design procurement and specification.'

Matthijs Bouw (13 oktober 2008)
'Ik droom er nog wel eens van dat wij als ontwerpers anders zijn dan advocaten. Omdat wij misschien meer vergelijkbaar zijn met artsen of dominees of wat dan ook, namelijk dat wij steeds vergeten dat we ook professional services geven omdat we een soort agenda hebben.'

Florian Boer (13 oktober 2008)
'Ik heb het gevoel dat wij als ontwerpers op afstand een hele belangrijke rol hebben kunnen spelen, omdat wij ons de vrijheid konden permitteren om een aantal dingen fundamenteel te onderzoeken, ontwerpend te onderzoeken, die binnen een organisatie niet meer mogelijk zijn en die simpelweg ook het apparaat niet hebben om die dingen te verbeelden en tastbaar te maken.'

Ton Venhoeven (13 oktober 2009)
'Ik vind dat ontwerpers zich met beleid moeten bemoeien dat ze moeten agenderen. Elke ontwerper moet dat doen. Als ontwerper moet je minder narcistisch worden, minder snel het gevoel krijgen dat je op je tere ziel getrapt wordt.'

Alfredo Brillembourg & Hubert Klumpner (januari 2009)
'In het nieuwe model wordt voorgesteld architecten als lijm te laten werken tussen de twee tegengestelde krachten van planning van bovenaf en initiatieven van onderop, om ze krachtig maar productief te laten interacteren. Vandaar dat Urban-Think Tank bewust is overgestapt van de traditionele formele masterplannen naar een strategie van een activistische architect die optreedt als initiator, bemiddelaar en ontwerper.'

Bernard Colenbrander (20 oktober 2008)
'Misschien hoeft de rol van de ontwerper wel helemaal niet te veranderen ten opzichte van de klassieke rol. Als het ontwerp een beeldende voor-

stelling is op grond van een programma, dan hoeft dat wat mij betreft helemaal niet te veranderen. Wanneer de opdrachtgever maar in staat is om dat op zijn inhoudelijk merites te beoordelen.'

Alfredo Brillembourg & Hubert Klumpner
(januari 2009)

'Nu we een mondiaal perspectief aannemen dat geen eilandmentaliteit toelaat, moeten ontwerp en politiek instrumenten bieden voor consolidatie en hulpmiddelen, kennis en rijkdom niet concentreren maar verspreiden. Als ontwerpers hebben we ALLE meervoudige realiteiten aanvaard die samen met ons bestaan, realiteiten die machtiger zijn dan eenvoudige boodschappen of geïsoleerde ideeën.'

Ton Venhoeven (13 oktober 2009)

'Ontwerpen is een iteratief proces en dat is het grote verschil met sectorale of bureaucratische ontwerpprocessen, die controleerbaar en transparant moeten zijn. De piramide wordt vanonder opgebouwd, verkenning van varianten vindt plaats en dan volgt een besluit. Als ontwerper ben je het ene moment bezig met hoofdlijnen en dan weer met de details; je werkt voortdurend aan een soort weefgetouw op zoek naar de zwakke plekken in het verhaal. Zo weef je alles bij elkaar.'

Paula Vigano & Bernardo Secchi (januari 2009)

'Ontwerpen is een moeilijk en riskant vak. Moeilijk omdat de ontwerper nooit mag ophouden met luisteren naar de anderen, nooit mag ophouden met het geven van zijn/haar interpretatie van de verschillende situaties en nooit mag ophouden met het voorstellen van een visie en een ontwerp waarin de problemen die als belangrijker zijn herkend worden gereconstrueerd. Riskant omdat de plannen en visies van de ontwerper kunnen verschillen van die van de politieke organisaties of overheidsinstellingen. De ontwerper moet open zijn, maar ook vechten: het risico dat hij/zij moet aanvaarden is berusting.'

Alfredo Brillembourg & Hubert Klumpner
(January 2009)

'The new model proposes that architects work as a glue between the two opposing forces of top-down planning and bottom-up initiatives to make them interact powerfully but productively. Urban-Think Tank has thus deliberately shifted from the formal, traditional master plans to a strategy of the activist architect who operates as initiator, mediator, and designer.'

P.K. Das (December 2008)

'The point is that when we, as architects and planners, engage in design work, I'm especially concerned about how we apply our knowledge in the public domain. And how do we create a brigade of citizens or people who are affected by these projects to actually monitor them?'

Allard Jolles (20 October 2008)

'The process starts with reflection: what are we going to do, and how do we get everyone to participate? It's this intellectual game that dictates what moment will be crucial. The designer can have an opinion now, but the moment that matters is at least fifteen years in the future. The designer has to be persistent, and prepared to work on a project for 25 years. The initial idea for the IJburg was conceived in 1978.'

Florian Boer (13 October 2008)

'The project exemplifies the pursuit of a relationship with the bureaucratic system and illustrates how urban designers can bring inspiration and help develop solutions that weren't there before we came to the table.'

Ton Venhoeven (13 October 2009)

'These days we can compete with the world of advertising. We have such strong visual resources that we can present things that were once invisible. We have the power to seduce.'

Ton Venhoeven (13 October 2009)
'They [Joost Schrijnen and Niek Verdonk] aren't nestled in the cocoon of their government organization, but are constantly on the move. You really need that variety in your work in order to function properly in complex situations, such as a bureaucratic environment.'

Eric Luiten (13 October 2008)
'Ultimately, it is just a discipline. It is the skill of making places, and it doesn't matter whether you do that in a public administration setting or on the moon.'

Alfredo Brillembourg & Hubert Klumpner
(January 2009)
'We have to learn to understand situations better than the end users, and to make design explicit, stretching the relative to the absolute.'

Alfredo Brillembourg & Hubert Klumpner
(January 2009)
'We seek to influence a younger generation of architects, to encourage them to develop more socially responsible ideas about their cities, to think both broadly and deeply about the integration of communities with public spaces, architecture, landscape, agriculture, and new media into a cohesive urban environment. We have also challenged our associates to reject such examples of conventional wisdom as reliance on private automobiles and dependence on central infrastructures. Design, we believe, should emerge from a direct response to the needs and wishes of all citizens, not excluding the underprivileged and marginalized; it should challenge the assumption that commercialization is the essential criterion. The profession's fascination with the virtual image and obsession with "iconic" fluid forms is, to our thinking, at best secondary to the need for attitudes and approaches that differ significantly from those now dominating the academy and the profession.'

Philip Rode (januari 2009)
'Ontwerp en onderzoek: een cruciale band die met grote zorg moet worden gesmeed, en dat kan niet aan één beroepsgroep (de ontwerper) worden overgelaten. Het is van belang het verschil tussen analytisch (of zelfs wetenschappelijk) onderzoek en verkennend (creativiteit stimulerend) onderzoek op te helderen en expliciet te maken.'

Mark Watts (januari 2009)
'Ontwerpers moeten eerst en vooral goede ideeën hebben. Ideeën om de directe problemen op te lossen waar gekozen vertegenwoordigers voor staan, maar die uitzicht bieden op duurzame ontwikkeling op de langere termijn. Maar je hebt niets aan goede ideeën als je het vermogen mist om ze op beleidsmakers over te brengen. Ontwerpers moeten forums opzoeken waar ze met politieke leiders en hun adviseurs kunnen discussiëren.'

Florian Boer (13 oktober 2008)
'Volgens mij zit er wel degelijk onderscheid in attitude van hoe je een opgave benadert tussen een ambtelijk ontwerper en een bureauontwerper. Als extern ontwerper ben je niet zo snel geneigd de partijen samen te brengen door de wensen te harmoniseren, [...] maar kun je een aantal dingen tegen het licht houden en een aantal automatismen ondervragen of je een ander soort oplossing kunt bieden.'

Adri Duivesteijn (9 februari 2009)
'Waarom komt een ontwerper niet tot zijn recht? De vraag is dan hoe je de condities naar je hand kunt zetten. In een complexe omgeving heb je gewoon een sterke persoonlijkheid nodig met een persoonlijke opvatting.'

Eric Luiten (13 oktober 2008)
'Want in mijn ogen is ruimtelijk ontwerp net zo'n normaal beroep als psychologie of juristerij. Het is

gewoon een vaardigheid die op veel manieren kan worden ingezet en benut en soms ook miskleunt, net zoals je dat met andere disciplines hebt. Het ruimtelijk ontwerp is soms handig om mee te nemen in je doelstellingen en soms heb je er helemaal niks aan.'

Alfredo Brillembourg & Hubert Klumpner
(januari 2009)
'We moeten situaties beter leren begrijpen dan de eindgebruikers en ontwerp expliciet maken, waarbij we het relatieve oprekken tot het absolute.'

Alfredo Brillembourg & Hubert Klumpner
(januari 2009)
'We proberen een jongere generatie architecten te beïnvloeden, aan te moedigen om meer maatschappelijk verantwoordelijke ideeën over hun stad te ontwikkelen, zowel in de breedte als in de diepte na te denken over de integratie van gemeenschappen, de publieke ruimte, architectuur, landschap, landbouw en veeteelt en nieuwe media tot een samenhangende stedelijke omgeving. We prikkelen onze medewerkers ook om af te rekenen met vanzelfsprekendheden als privéauto's en centrale infrastructuren. Ontwerp moet volgens ons ontstaan uit een direct beantwoorden aan de behoeften en wensen van alle burgers en niet voorbijgaan aan die van de kansarmen en marginalen, en afrekenen met de aanname dat de commercie het centrale criterium is. De fascinatie binnen de discipline voor virtuele beelden en 'iconische' vloeiende vormen is volgens ons op z'n best secundair aan de behoefte aan visies en benaderingen die significant afwijken van de visies en benaderingen die momenteel de universiteiten en de praktijk beheersen.'

Alfredo Brillembourg & Hubert Klumpner
(januari 2009)
'Wij bij Urban-Think Tank menen echter dat denkers, stadsbestuurders, architecten en planologen niet alleen het vermogen maar ook de verantwoordelijk-

Maarten van Poelgeest (9 February 2009)
'What frustrates urban planners is their dwindling access to public administrators. They have to make do with the project leader.'

Adri Duivesteijn (9 February 2009)
'What prevents an urban designer from making full use of his talents? The question is, how do you manage the conditions? In a complex environment you simply have to have a strong personality and a personal vision.'

Wim Derksen
(conversation 2, 20 October 2008)
'When the Netherlands Institute for Spatial Research was launched – remember we had all come from the National Spatial Planning Agency whose large staff of designers was supposed to be designing for the country – we had to answer that fascinating question: what was our role there as designers? Were we supposed to be thinking about the organization of the entire country? . . . In the end, it was a wonderful job, well placed between the data people, and we managed to come up with a number of good ideas. Good research into future housing, country living, malls – what kind of design would work there? We tried having designers predict the future: it was an interesting exercise but it didn't work in an institute that also employed land-use economists. The designers, as imaginative as they were, tended to ignore the scientific parameters that the economists supplied.'

heid hebben om echt iets te bereiken op het punt van duurzaam stadsontwerp; niet met 'groen geverfde' ontwerpen, maar met ontwerp gericht op maatschappelijke duurzaamheid. Onze voorstellen moeten opgewassen zijn tegen de onvermijdelijke politieke en economische verschuivingen die voor ons liggen. Dat is niet te doen zonder de actieve bijdrage van vooraanstaande bedrijven, hetzij via de overdracht van technologie of de financiering van research, gecombineerd met intelligent ontwerp, of wat we Inclusive Design noemen. Ontwerp gericht op behoeften, niet op de creatie van vormen.'

Ton Venhoeven (13 oktober 2009)
'Wij kunnen tegenwoordig concurreren met de reclamewereld. Wij hebben zulke ongelofelijk sterke beeldmiddelen, dat we dingen kunnen visualiseren die tot nu toe onzichtbaar waren. We kunnen verleiden.'

Deborah Saunt (november 2005)
'Wij ontwerpers werden lange tijd gewoon geacht te doen wat ons gezegd werd, maar tegenwoordig wordt mij ineens vaak gevraagd mijn eigen oordeel te volgen. Van architecten als onderhandelaars en bemiddelaars wordt een enorm brede verbeel-dingskracht geëist om fantastische innovatieve ontwerpen te leveren en tegelijkertijd uitspraken te doen over het beleid voor vervoer en verkeer, veiligheid, geschiedenis, erfgoed en publieke ruimte. De kansen zijn momenteel legio om architectuur te creëren en, fundamenteler, betrokken te zijn bij het creëren van democratie.'

Ton Venhoeven (13 oktober 2009)
'Ze [Joost Schrijnen en Niek Verdonk] zitten niet in de cocon van hun ambtelijke organisatie, maar zijn voortdurend onderweg. Die afwisseling van werk heb je keihard nodig om in complexe situaties, zoals een bureaucratische omgeving, goed te kunnen functioneren.'

Over de politiek
(rol en positie)

Louis Albrechts (januari 2009)
'De politiek moet openstaan voor creativiteit, empathie, en aanvaarden dat het ook kan mislukken, inzicht hebben in de manier van denken van de ontwerper. Ik gebruik dit altijd in een zeer brede betekenis.'

John Worthington (januari 2009)
'De staat en de samenleving zijn altijd belangrijke opdrachtgevers van architectuur en beschermers van de kunsten geweest. De vraag voor de verschillende landen/regimes is: hoe kijkt men aan tegen het proces van de planning en vormgeving van de omgeving? Is het zuiver een proces van doelen bereiken, politieke idealen uitdragen, of een combinatie daarvan die het erfgoed van de natie versterkt en aanvult? De beroepsethiek van de professionals bevordert via hun gedragscodes een betrokkenheid bij zowel de opdrachtgever als de bredere gemeenschap die boven het eigenbelang uitstijgt. Dat is een positie die in de laatste dertig jaar onder toenemende druk staat.'

Matthijs Bouw (13 oktober 2008)
'Een van de grootste fouten die de overheid heeft gemaakt is om de burger als consument te gaan beschouwen. Daarmee is het publieke denken door de plee gespoeld.'

Mark Graafland (13 oktober 2008)
'Het begint bij de bestuurder met een verhaal en ambitie, en met een lange adem, voor het ontwerpen kan beginnen. Eerst het gesprek van de bestuurder met iedereen, ook politiek, over de grote ingreep, over de alternatieven. Vanuit het doordenken en onderzoeken van de alternatieven

About politics
(role and position)

Maarten van Poelgeest (9 February 2009)
'As a city councillor, I am far removed from it all, because there are so many projects of all sizes that there is very little scope for getting involved at the planning level. . . . I have to trust others – the Physical Planning Department for example – to do a good job, and give them the space to do that.'

Joost Schrijnen (12 December 2008)
'As Rem Koolhaas once said in an interview: when I look at the Netherlands, I see a public sector that doesn't know what it wants, that has ambition but no ideology. Its only aspiration is to be progressive. All government can do is exploit potential market advantages, but it fails there, too. Governing boils down to resisting the inevitable for five years and then reluctantly agreeing to it.'

Mark Watts (January 2009)
'At the Greater London Authority, where I was an adviser to the then mayor, Ken Livingstone, we created a specialist Design for London team with a remit to intervene in any aspect of planning policy. This gave the mayor additional insight to inform his planning decisions and helped shift the authority onwards from standard approaches to development.'

Robert Yaro (January 2009)
'For design and the designer to occupy a good position and role in a political/governmental organization you need to hire talented designers, place them in positions of authority, and pay attention to their recommendations.'

Maarten van Poelgeest (9 February 2009)
'In the Council, we once discussed a document concerning IJburg. In the end we said

there is a discussion about architecture and urban planning, and asked what our approach should be. One of the results was an agreement that all designers of plans in excess of 25,000 m² would give presentations to the Council at some point. In addition, we agreed to invite two or three international experts to assess the city every couple of years.'

Maarten Kloos (20 October 2008)
'Is it true that the old notion of large-scale frameworks providing the parameters for small-scale frameworks doesn't apply anymore? I sometimes wonder if we aren't too quick to say that things can't be influenced, or are too complex. I think that old-fashioned clarity may as well be the goal once in a while.'

Christiaan van der Kamp (9 February 2009)
'It is crucial for public administrators to have the courage to take their time and persuade the municipal council that it is sensible to do the same, regardless of the fact that the interest clock is ticking.'

Maarten van Poelgeest (9 February 2009)
'It remains abstract for many people and, as a result, politicians are reluctant to articulate it. This is a constant source of problems. It has to be more practical so that people think: I have something to lose.'

Mark Graafland (13 October 2008)
'It takes a public administrator with ambition and a story, and with staying power, before design can begin. First the administrator talks to everyone concerned, including political leaders, about the major operation, and about the alternatives. This is based on thinking through and investigating the alternatives with the help of a designer, who makes a plan for each site, but without turning the whole thing into architecture. The administrator is the one who can use design to break through the prevailing culture. Compared to that, the designer plays a modest role. First talking, then building.'

met een rol voor de ontwerper: de ontwerper maakt voor elke locatie een plan zonder dat het architectuur wordt. De cultuur doorbreken met het ontwerp, dat kan de bestuurder. Daarbij ben je als ontwerper bescheiden. Eerst praten, dan bouwen.'

Maarten van Poelgeest (9 februari 2009)
'Het blijft voor heel veel mensen abstract en daardoor is het dus ook politiek minder gearticuleerd. Daar blijf je last van hebben. Het moet praktischer worden, dat mensen denken: ik heb iets te verliezen.'

Christiaan van der Kamp (9 februari 2009)
'Het je tijd durven nemen als bestuurder en de gemeenteraad ervan overtuigen dat het verstandig is dit ook te doen, ondanks het feit dat de rentetikker loopt, is cruciaal.'

Maarten Hajer (20 oktober 2008)
'Het laatste wat je wilt is een overheid die wel zelfvertrouwen heeft, maar geen ideeën en geen technieken en geen wetenschappelijke onderbouwing meer, want dan is het voorbij. De vraag is dus: wat is er nodig vanuit ontwerpen en plannen om ervoor te zorgen dat nu veel beter wordt geluisterd, veel verscheidener wordt opgesteld, veel beter wordt geprobeerd inzichten en kennis van mensen te combineren.'

Maarten van Poelgeest (9 februari 2009)
'Het vraagt dus de dapperheid van een bestuurder om op een zeker moment te zeggen: ik weet ook niet precies wat het is, maar dit is het niet. Terwijl er op dat moment al heel veel kosten gemaakt zijn en er allemaal belangen spelen.'

Ole Bouman (20 oktober 2008)
'Ik heb al paar middagen of avonden meegemaakt over de rol van het ontwerp en uiteindelijk is conclusie dan: geef de macht aan de dorpsgek.

Geef de macht aan een of andere gek die er altijd wel is, een wethouder of projectleider die het nog aandurft, en dat de overheid zou kijken naar de dorpsgekken om zijn eigen beleid op te baseren. Wij hebben nu te maken met een discussie waarin we de regel willen vinden. Het zou wel heel bar zijn als de overheid moet leunen op uitzonderingen en niet op de regel.'

Maarten van Poelgeest (9 februari 2009)
'Ik sta als wethouder toch op grote afstand, omdat er zoveel grote en kleine projecten zijn dat je nauwelijks met het planniveau bezig kunt zijn. [...] Je moet toch meer vertrouwen hebben dat anderen het goed doen, zoals de DRO, en ze de ruimte dan ook geven.'

Mark Watts (januari 2009)
'In de Greater London Authority, waar ik als adviseur werkte van de voormalige burgemeester Ken Livingstone, hebben we een 'Design for London'-team van specialisten ingesteld met de bevoegdheid zich te mengen in elk aspect van het planningsbeleid. Dit team verschafte de burgemeester aanvullende inzichten waarop hij zijn planningsbeslissingen kon baseren en zorgde ervoor dat de Authority kon opschuiven van stan-daardoplossingen naar ontwikkeling.'

Maarten Kloos (20 oktober 2008)
'Is het waar dat het oude idee van grotere kaders die de maat zetten voor de kleinere kaders gewoon niet meer bestaat? Ik twijfel er soms aan of we niet erg gemakkelijk zeggen dat dingen niet maakbaar zijn of te complex zijn. Ik denk dat een ouderwetse helderheid best eens het streven zou kunnen zijn.'

Maarten Hajer (20 oktober 2008)
'Je moet kennis niet van de plank halen, kennis moet worden ontwikkeld: kennis als coproductie. In het proces doen zich veranderingen voor, want

Maarten van Poelgeest (9 February 2009)
'It takes courage for a public administrator to say "I'm not sure what the best solution is, but this isn't it" when a lot of money has been spent and a slew of interests are involved.'

Ole Bouman (20 October 2008)
'I've been to a few afternoon and evening talks on the role of design and the conclusion is always: hand over power to the village idiot. Give the power to some lunatic or other, an alderman or project manager who has the nerve to take it on, and the government can base its policy on that lunatic's ideas. In the discussion that we're engaged in now, our aim is to find the general rule. It would be outrageous for government to rely on the exceptions and not on the rule.'

Matthijs Bouw (13 October 2008)
'One of biggest mistakes that government makes is treating the public as consumers. As a result, public-mindedness has been flushed down the toilet.'

Maarten Hajer (20 October 2008)
'"Our knowing is in our action." I believe this means incorporating knowledge into proc-esses, and the state should count that among its duties. It isn't about knowing everything yourself, but rather injecting knowledge into the processes you can't control.'

Mark Watts (January 2009)
'Political leaders need to recognize the role of good design and create bureaucratic structures that ensure that top-quality design advice can be heard.'

Louis Albrechts (January 2009)
'Politicians have to be open to creativity, to empathize, and to accept the possibility of failure; they need to understand the way the urban designer thinks. I always mean this in a very broad sense.'

Ole Bouman (May 2009)
'Public agencies have the duty to elevate

creativity from project level to policy level. This entails translating policy priorities, such as food production, energy consumption, scarcity of space, time pressure, social cohesion, a healthy living environment, and reassessment of economic value, into actual land-use plans and ensuring that inspiration doesn't get lost in a maze of good intentions but is channelled into a national approach.'

Mark Watts (January 2009)
'The interaction between design and politics is critical. Politicians have a responsibility to set out a vision that will improve the lives of their citizens, but they rely on designers (in the widest sense) to achieve it.'

Maarten Hajer (20 October 2008)
'The last thing you want is a government bursting with self-confidence but totally lacking in ideas, techniques, and a scientific basis, because then you're finished. So the question is: what needs to be done, from a design and planning perspective, to make sure that government listens better, is much more open to diversity, and makes a much better effort to combine different people's insights and knowledge?'

John Worthington (January 2009)
'The State, the community, has always been a major commissioner of construction and patron of the arts. The question for different countries/regimes is, how is the process of planning and moulding the environment viewed? Is it purely a process of achieving targets, expressing political ideals, or a combination which adds to and enhances the heritage of the nation? Professional ethics, as expressed in codes of conduct, places commitment to both the client and the wider community above self-interest. Over the last thirty years, this position has been under increasing pressure.'

Maarten Hajer (20 October 2008)
'You shouldn't be recycling old knowledge. Knowledge has to be developed; knowledge

burgers praten terug. Dus je moet als overheid bereid zijn om te itereren en niet de wijsheid in pacht te hebben.'

Robert Yaro (januari 2009)
'Om het ontwerp en de ontwerper een goede positie en rol in politieke en overheidsorganisaties te geven moet je talentrijke ontwerpers inhuren, ze gezaghebbende posities geven en luisteren naar hun aanbevelingen.'

Maarten Hajer (20 oktober 2008)
'Our knowing is in our action. Volgens mij gaat het erom de kennis in te brengen in processen en moet de overheid dat als rijkstaak gaan zien. Niet om alles eerst zelf te weten, maar om in al die processen waarin je niet zelf de baas bent kennis in te brengen.'

Ole Bouman (mei 2009)
'Overheden hebben tot taak de creativiteit van projectniveau tot beleidsniveau te verheffen. Het gaat erom de speerpunten zoals voedselproductie, energieverbruik, ruimteschaarste, tijdnood, behoefte aan sociale cohesie, gezonde leefomgeving en de herijking van economische waarde in daadwerkelijke ruimtelijke ordening om te zetten en ervoor te zorgen dat inspiratie uiteindelijk niet blijft steken in een bonte verzameling goede bedoelingen maar wordt gekanaliseerd tot een nationale aanpak.'

Mark Watts (januari 2009)
'Politieke leiders moeten het belang van goed ontwerp onderkennen en bureaucratische structuren creëren die garanderen dat ontwerpadvies van topkwaliteit wordt gehoord.'

Mark Watts (januari 2009)
'Tussen ontwerp en politiek bestaat een kritische interactie. Politici hebben de verantwoordelijkheid

een visie uit te zetten om hun burgers een beter leven te bezorgen, maar ze hebben ontwerpers (in de breedste zin) nodig om die visie waar te maken.'

Allard Jolles (20 oktober 2008)

'Waar ik me aan gestoord heb, is die uitspraak: centraal wat moet, decentraal wat kan. Wat moet dan centraal? Dat wil ik wel eens lezen en dat kon ik nooit vinden. Dat lijkt me met betrekking tot ontwerpen bij de overheid taak nummer 1. Hoe ik vanuit de gemeente naar het rijk keek? Als er geen wet was en geen geld, dan deden we het niet. Want we hadden het druk genoeg. Dat besef moet bij het rijk maar eens doordringen.'

Maarten van Poelgeest (9 februari 2009)

'We hebben ooit een notitie besproken in de raad over IJburg. Het resultaat daarvan is dat we gezegd hebben: er is dus een discussie over architectuur en stedenbouw en hoe gaan we dat doen? Een van de resultaten daarvan is dat we hebben afgesproken dat de ontwerper van elk plan dat groter is dan 25.000m² dat een keer aan de raad presenteert. Een ander ding is dat we eens in paar jaar twee of drie internationale deskundigen de stad laten visiteren.'

Joost Schrijnen (12 december 2008)

'Zoals Rem Koolhaas eerder in een interview zei: Als ik nu naar Nederland kijk, zie ik een overheid die niet weet wat ze wil, die wel een ambitie heeft maar geen ideologie. Die als enige doelstelling heeft progressief te willen zijn. Het enige wat de overheid kan doen is de uitbuiting van de mogelijke marktvoordelen, maar ook dat lukt niet. Regeren wordt eigenlijk gezien als het onvermijdelijke nog vijf jaar tegenhouden en dan met tegenzin akkoord gaan.'

is a co-production. In the process, changes occur, because the public talks back. So, as a public agency you have to be prepared to iterate and disabuse yourself of the notion that you know it all.'

Allard Jolles (20 October 2008)

'What irritated me was the idea that things should be done at the lowest possible level: at local level where possible and at central level where necessary. How do you know when it is necessary for central government to act? I would like to know, but I've never been able to find an explanation. With regard to government land-use planning, that should be task number 1. What is my view of central government from the local perspective? We wouldn't do anything that wasn't funded or prescribed by law. We have enough on our plates already. Central government needs to realize this at some point.'

About bureaucracy (role and position)

Ole Bouman (20 October 2008)
'Allard talked about the cleverness and intuition a planner needs in order to wait for the right moment. . . . This is probably the best way to make something happen. But is it enough to keep a profession healthy that depends on a constant influx of talented individuals who are excited about entering the world of urban planning? . . . We have to make sure we are attractive enough to make young talented individuals want to work in the public sector. Do you think that this subtlety and sense of timing will draw the best people?'

Shelagh McCartney (January 2009)
'A serious barrier to the realization of good design, however, are the layers of management inherent in any bureaucratic structure. For aside from sheer prejudice or simple unawareness, one is apt to encounter such absurdities as second guessing, kow-towing, posturing, nit-picking, and jockeying for position, let alone such buck-passing institutions as the committee meeting and the task force.'

Nathalie de Vries (January 2009)
'Basic principles are reformulated over and over again in the intervals that occur between design phases. Railway stations are among the building projects in the Netherlands that take the longest to complete, much to the distress of passengers. With so many different issues and parties involved, there is a tendency to focus on details. But the source of all the problems is the failure to fix the basic principles at the start. Part of defining a clear project is thinking about the client. The public sector divides the role of client between so many parties that the buck stops nowhere. It seems as though

Over de bureaucratie (rol en positie)

Ole Bouman (20 oktober 2008)
'Allard had het over slimheid en intuïtie die je moet hebben als ontwerper om te wachten op het juiste moment. [...] Waarschijnlijk is dat de beste manier om er iets van te maken. Maar het is de vraag of dat op termijn een vak overeind houdt dat het altijd moet hebben van het nieuwste talent dat het leuk vindt om in de ontwerpwereld terecht te komen. [...] Wij moeten er toch ook voor waken dat we over twintig, veertig jaar dermate aantrekkelijk zijn voor de ontwerpwereld dat het nieuwste talent ook voor de overheid wil werken. Denk je dat je met dit soort subtiliteit en timing de beste mensen binnenhaalt?'

Zef Hemel (januari 2009)
'Binnen de dienst wordt nauw samengewerkt met de meer dan dertig planologen. Dit vanuit het besef dat de ontdekkingstocht niet alleen een kwestie is van mooie ontwerpen maken, maar ook en vooral van zinvol overleg, inhoudelijk debat, brede gedachtevorming, vroege uitwisseling en heldere politieke besluitvorming. Wat bovendien nieuw is in de aanpak, is dat de DRO, op zijn beurt, samenwerking heeft gezocht met de andere diensten in de ruimtelijke sector binnen de gemeente: het ontwikkelingsbedrijf, het ingenieursbureau, de dienst infrastructuur en de dienst economische zaken. Liefst zes centrale diensten hebben zich inmiddels verenigd in een ontwikkelingsalliantie.'

Paula Vigano & Bernardo Secchi (januari 2009)
'Bureaucratie is nodig. Zoals Weber duidelijk heeft gemaakt is bureaucratie verbonden met de idee van democratie. Maar bureaucratie biedt altijd verzet tegen vernieuwing; de bureaucratie volgt altijd procedures die voortvloeien uit achterhaalde

theorieën en ontwerppraktijken en dat is voor de ontwerper een probleem. Italië is een specifiek geval: daar heerst een verkeerde interpretatie van liberalisme, namelijk als het ontbreken van elke regel en tegelijkertijd als het gevolg van het aankoeken van te veel regels. In beide gevallen is het resultaat misleidend en het gevolg voor dit moment is catastrofaal. In andere contexten ervaren we een gebrek aan flexibiliteit, maar er is ook de sterke en doeltreffende organisatie van het Franse systeem, dat ruimte schept maar soms tekortschiet in innovatie omdat het accent ligt op continuïteit, en de opener Vlaamse context die in sommige gevallen een interessant evenwicht lijkt te vinden tussen consensusvorming en innovatie.'

Richard Brown (januari 2009)

'Een probleem: in de cultuur van professionele ontwerpers in het Verenigd Koninkrijk zouden velen werken in een politieke organisatie lager aanslaan dan in een private praktijk, dus waarschijnlijk is een gemengde aanpak (waarbij een beperkte capaciteit binnenshuis wordt aangevuld met zelfstandige ontwerpers die als adviseur worden ingehuurd voor een specifieke opdracht en tijdsduur) te verkiezen boven rechtstreeks mensen in dienst nemen, wat mogelijk niet voldoende mensen trekt met de juiste kwalificaties en creatieve instelling.'

Richard Brown (januari 2009)

'Er moet in de leiding van de organisatie een duidelijk boegbeeld zijn en de procedures voor projectontwikkeling en het verlenen van opdrachten moeten voorzien in een adequate beoordeling en waardering van ontwerpoverwegingen.'

Ton Venhoeven (13 oktober 2008)

'Het gebrek aan kennis bij de overheid om te weten wat een goede ontwerper is voor de klus. Alle ontwerpers zijn inmiddels naar private partijen gegaan en wat er over is dat zijn de managers. [...]

the different levels of government forget that they would benefit (financially and otherwise) from a clear project structure.'

Paula Vigano & Bernardo Secchi (January 2009)

'Bureaucracy is necessary. As Weber pointed out, bureaucracy is linked to the idea of democracy. But bureaucracy always resists innovation; it is always following procedures that are the product of out-of-date theories and design practices, and this is a problem for the designer. Italy is a case in point: it is misinterpreting liberalism as the absence of any rules and at the same time as the result of the incrustation of too many. The result is disappointing in both cases. The outcome so far has been catastrophic. In other contexts we have experienced a lack of flexibility. Exceptions include the strong, reliable organization of the French system, which provides room for design, but sometimes lacks innovation because the accent is on continuity, and the more open Flemish context, in which one can sometimes strike an interesting balance between consensus construction and innovation.'

Mark Graafland (13 October 2008)

'Design and bureaucracy strengthen one another, but it's easier for design to strengthen bureaucracy. Bureaucracy has a lot of work to do before it can strengthen design. It'll take eloquence and flexibility on the part of government, as well as confidence and continuity. It is also important to ask meaningful questions.'

Mark Graafland (13 October 2008)

'Dividing all those different processes into little pieces does away with any possibility of influence, enrichment, or improvement. And the long view, the effort to improve the process as a whole, is disrupted when you chop it up into individual steps.'

John Worthington (January 2009)

'For design to be seen to have value by

government, the professions must first demonstrate, through research and education, its potential value in framing problems and identifying solutions. This can bring about a culture of good design that provides sustainable social, economic, and environmental benefits, attracts good designers to work in government, and mobilizes government to champion high-quality environments. Innovation needs room for experiments, followed up by a rigorous process of evaluation, in an environment which recognizes that we learn from our mistakes.'

Han Meyer (January 2009)
'Increasing complexity and the growing importance of regional planning, without the requisite regional authorities to function as clients for urban planners, and fragmentation and liberalization at local level (e.g., the division of cities into boroughs, and the greater role of market actors and housing associations), have made it more difficult to preserve continuity and cohesion on a larger scale.'

Matthijs Bouw (13 October 2008)
'In every office there are always two processes running simultaneously: the provision of professional services and the creative process. Ideally the two should influence each other. If you work in the public sector, because of that Fordism, that tendency to divide things up, there is little scope for exploring that parallel process.'

Fred Schoorl (January 2009)
'In the relationship between spatial planning and politics, government's multifaceted role stands out: government is at once a patron, client, policymaker, and financier. The many and varying roles of government makes the relationship with the spatial planning discipline complex. During the period of the VINEX policy document in the 1990s, there was a remarkable systemic transition towards a more market-oriented policy, accompanied by the collapse of the urban planning tradition within municipal and central govern-

De cultuur van ontwerpen vraagt niet alleen om een meer centrale rol van de ontwerper of een vroegere en eerdere rol van ontwerper, maar om een cultuur van ontwerpen die ook bij opdrachtverstrekking, bij de generositeit om de ontwerper in het zadel te zetten en van de juiste middelen en voorwaarden te voorzien; dat is allemaal onderdeel van wat nodig is in die bureaucratie.'

John Worthington (januari 2009)
'Het is een heel gevecht om ontwerp, de belangen van de gebruikers en kwaliteit als een hoge en bepalende prioriteit op de agenda te houden. De politieke druk blijft vaak gericht op kostenbeperking, risicobeheersing en kortetermijndoelen. Kwalitatief goed ontwerp heeft de meeste kans op succes als er binnen de stad of de organisatie een actieve pleitbezorger voor is.'

Mark Graafland (13 oktober 2008)
'Het opdelen binnen de overheid van al die verschillende processen in stukjes zorgt dat de beïnvloeding, de verrijking en verbetering is verdwenen. En dat de lange lijn, de sturing op de verbetering van een enkel proces in de tijd is verknipt.'

Shelagh McCartney (januari 2009)
'Het realiseren van goed ontwerp wordt echter ernstig gehinderd door de managementlagen die in elke bureaucratische structuur ingebakken zitten. Want nog afgezien van de simpele vooroordelen en onwetendheid krijg je daar geheid te maken met zulke absurditeiten als achteraf beter weten, slaafse gehoorzaamheid, dikdoenerij, muggenziften en ellebogenwerk, om nog maar te zwijgen van afschuifsystemen als de commissievergadering of de stuurgroep.'

Bernard Colenbrander (20 oktober 2008)
'Ik hoef niet ongelofelijk ingewikkelde correcties op het systeem uit te voeren, zolang het zo is dat

het bevoegd gezag niet uit imbecielen bestaat. Het poldermodel hoeft voor mij helemaal niet om. Ik zou alleen wel willen dat er niet zo werd gezegd: kennis halen we van buiten.'

Fred Schoorl (januari 2009)
'In de verhouding ontwerp en politiek valt natuurlijk de pluriforme rol van de overheid op: de mecenas, opdrachtgever, beleidsmaker en financier. De vele en wisselende rollen van de overheid maakte de verhouding met de ontwerpende discipline er niet eenvoudiger op. De Vinexperiode in de jaren negentig was in deze lange geschiedenis een opvallende systeemwijziging naar een meer marktgericht beleid, die vergezeld ging van een deconfiture van de stedenbouwkundige traditie bij gemeentelijke diensten en rijksoverheid. De Vinex leidde tot nieuwe verhoudingen, waarbij markt en overheid soms frontaal tegenover elkaar kwamen te staan. Het heeft ongetwijfeld de meningsvorming over de ontwerpresultaten beïnvloed. Die resultaten mogen wisselend zijn, een opvallend positieve herwaardering is al gaande (zie de *Vinex Atlas*, 2008). De nieuwe verhouding tussen politiek en ontwerp heeft echter in de uitvoering tot forse spanningen geleid.'

Matthijs Bouw (13 oktober 2008)
'In een kantoor lopen er altijd twee processen parallel en de een is letterlijk het verlenen van professional services en de andere is een creatief proces. Als het goed is beïnvloeden die elkaar. Als je binnen de overheid werkt dan is vanuit datzelfde fordisme, dat opdelen in stukjes, nauwelijks meer de kans om dat parallelproces te exploreren.'

Maarten van Poelgeest (9 februari 2009)
'Je moet kijken of je niet een paar onomstreden plekken kunt creëren, waar iedereen expertise wil gaan halen, zoals een atelier. Per gemeente kan dat niet.'

ment. VINEX led to new relationships, and sometimes put the public and private sectors at odds with each other. This undoubtedly influenced public opinion about the results of the planning process. While those results may have been mixed, a strikingly positive revaluation is currently underway (see the *Vinex Atlas,* 2008). The new relationship between politicians and urban planners did, however, result in considerable tensions during implementation.'

John Worthington (January 2009)
'It has been a battle to make sure that design, the users' interests, and quality remain high-priority drivers of the agenda. Political pressures tend to focus on reducing costs, minimizing risk, and meeting short term targets. Good quality design has been most successful where there is an active advocate of design within the city or organization.'

Joost Schrijnen (12 December 2008)
'It won't get any simpler. At best, we can expect to get used to complexity. It's only going to get harder.'

Bernard Colenbrander (20 October 2008)
'I wouldn't make incredibly complicated corrections in the system, as long as the people representing the client aren't a bunch of imbeciles. You don't have to reverse the polder model, but it would be so much better if people stopped insisting that we need to bring in knowledge from outside.'

Richard Brown (January 2009)
'One problem: within the culture of UK design professionals, many would see a role working within political organizations as inferior to private practice, so a mixed approach (which brings in designers from the industry as advisors for specific tasks and periods, alongside some in-house capacity) is probably preferable to direct employment, which may not attract enough people with the right skills and creative disposition.'

Ton Venhoeven (13 October 2008)
'Public agencies lack the knowledge to determine who is a good designer for a particular job. All the designers have gone to private firms, and only the managers remain. . . . Urban design needs a culture in which the designer is given a more central role or is brought in at an earlier stage, and which has the generosity to put the designer in the driver's seat and provide the necessary resources and conditions for the job; this is all part of what is needed in that bureaucracy.'

Zef Hemel (January 2009)
'There are over thirty planning experts working in the department. We realize that the path of discovery is not merely about making appealing designs, but also – and especially – about useful consultation, substantive debate, broad thinking, early-stage exchanges, and clear political decision-making. What is new to the approach is that the physical planning department sought collaboration with the other municipal departments in the spatial planning sector: the development unit, the engineering unit, the infrastructure department and the economic affairs department. Since then, six central units have formed a development alliance.'

Richard Brown (January 2009)
'There needs to be a clear champion at the top of the organization, and procedures for project development and procurement that require proper consideration and appreciation of design issues.'

Robert Yaro (January 2009)
'To guarantee continuity of ideas and visions in the longer term, the designer's role should be institutionalized in bureaucracies. Professional and civic organizations should also insist on high-quality public design, to sustain these programs through political transitions.'

Paula Vigano & Bernardo Secchi (January 2009)
'What we need in the long term is continuity

Robert Yaro (januari 2009)
'Om de continuïteit van ideeën en visies op langere termijn te verzekeren moet de rol van de ontwerper in de bureaucratieën worden geïnstitutionaliseerd. Beroeps- en belangenorganisaties moeten ook kwalitatief goed publiek ontwerp eisen, en die programma's ondersteunen met politieke transities.'

John Worthington (januari 2009)
'Om de overheid de waarde van ontwerp te doen inzien moeten de beroepsgroepen eerst via onderzoek en onderwijs de waarde aantonen die het ontwerp kan bijdragen aan het in kaart brengen van problemen en het aanwijzen van oplossingen. Als dat begrip ontstaat, kan een cultuur van goed ontwerp groeien die duurzame sociale, economische en milieuvoordelen oplevert, waardoor het voor goede ontwerpers aantrekkelijk wordt om bij de overheid te werken en de overheid gaat trekken aan de kwaliteit van de omgeving. Innovatie vraagt ruimte voor speculatie, gevolgd door een rigoureus evaluatieproces, in een omgeving die onderkent dat we van onze fouten leren.'

Mark Graafland (13 oktober 2008)
'Ontwerp en bureaucratie versterken elkaar, maar ontwerp kan de bureaucratie gemakkelijker versterken dan omgekeerd. Voor dat laatste moet er binnen die bureaucratie nog heel veel gebeuren. Er is bevlogenheid en vrijheid nodig van de overheid, vertrouwen en continuïteit. Bovendien zijn er inhoudelijke vragen nodig.'

Joost Schrijnen (12 december 2008)
'Simpeler wordt het niet, we wennen hooguit aan complexiteit. Het wordt alleen maar moeilijker.'

Han Meyer (januari 2009)
'Toenemende complexiteit en toenemend belang van het regionale schaalniveau, zonder dat dit gepaard gaat met regionale bestuursvormen, die

als vanzelfsprekende opdrachtgevers voor steden-bouwkundigen functioneren, en een fragmentatie en liberalisering op lokaal niveau (instelling deelge-meenten, grotere rol marktpartijen en corporaties), waardoor het behartigen van continuïteit en samenhang op hogere schaalniveaus moeilijker is geworden.'

Nathalie de Vries (januari 2009)

'Tussen ontwerpfases ontstaan pauzes waarin eindeloos opnieuw uitgangspunten moeten worden vastgesteld. Stations behoren zo tot de langdurig-ste bouwprojecten van Nederland, tot groot verdriet van de reizigers. Door vele verschillende kwesties en veel verschillende betrokkenen hebben partijen de neiging zich vooral te richten op het oplossen van detailvraagstukken. Maar de bron van alle problemen ligt bij het niet duidelijk vastleggen van de uitgangspunten bij aanvang. Bij het definiëren van een heldere opdracht hoort ook de vragenstel-ler zelf, de opdrachtgever. De overheid kiest ervoor deze rol over zoveel partijen te verdelen dat er niemand meer verantwoordelijkheid neemt voor het geheel. Het lijkt of de verschillende overheden ver-geten dat zij (ook financieel) baat zouden hebben bij een heldere projectstructuur.'

Bernard Colenbrander (20 oktober 2009)

'Wanneer het om de relatie tussen ontwerp en bureaucratie gaat dan lijkt het me duidelijk dat het ontwerp gebaat is bij een eenvoudige marsroute naar realisering. En dat allerlei mechanismen die eigen zijn aan het poldermodel die eenvoudige marsroute frustreren. Dat is de realiteit. Dan gaat het erom het poldermodel zodanig in te richten dat het ontwerp op het goede moment inzetbaar is.'

Paula Vigano & Bernardo Secchi (januari 2009)

'Wat we voor de lange termijn nodig hebben is con-tinuïteit maar ook innovatie. In principe kunnen we dus wel wat discontinuïteit accepteren. Maar al de

but also innovation. So in principle we can accept some discontinuity. But all the words in this statement are ambiguous: long term, continuity, discontinuity. What is certain is that continuity and discontinuity cannot be defined in a bureaucratic way. What we need is more public debate about design. More debate at a higher level.'

Bernard Colenbrander (20 October 2009)

'When it comes to the relationship between urban planning and bureaucracy, it seems obvious to me that the design would benefit from a clear line of march towards realization. There are several mechanisms that are typical of the polder model that block that line of march. This is the reality. To remedy the situ-ation, it is necessary to structure the polder model in such a way that the design can be used at the right time.'

Maarten van Poelgeest (9 February 2009)

'You have to try to create a few uncontrover-sial places from which everyone is willing to source expertise, like a studio. You can't do that for every municipality.'

woorden in deze uitspraak zijn dubbelzinnig: lange termijn, continuïteit, discontinuïteit. Vast staat dat continuïteit en discontinuïteit niet bureaucratisch kunnen worden vastgelegd. Wat we nodig hebben is meer publiek debat over ontwerp. Meer debat op een hoger niveau.'

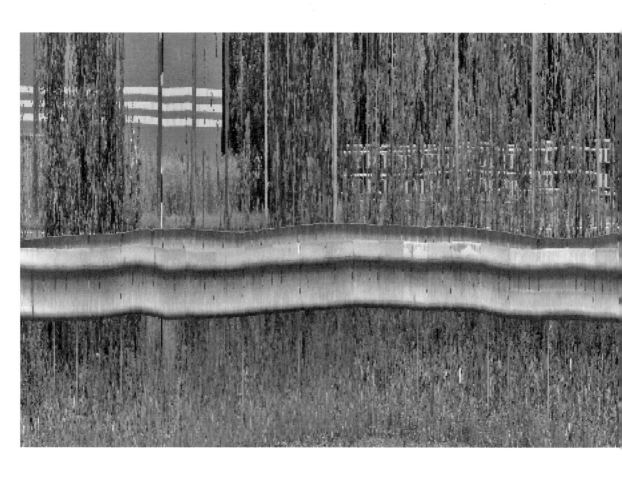

Mateusz Herczka.

De opleiding

Hoe zorgen we ervoor dat we eraan kunnen (blijven) werken?

About education

How do we make sure we can work on it?

Louis Albrechts (January 2009)
'An urban designer needs to have sufficient knowledge of how society functions, social processes, and power relations. It irritates me that traditional spatial planners and urbanists know so little about each other's fields.'

Richard Brown (January 2009)
'At a bigger scale, design operates less as a specific blueprint for new development, and more as a conceptual and physical framework that enables diverse developments to be tied together and to their context (though this may at times give rise to extremely specific interventions). This type of design perhaps requires a different skill set, with more of a focus on 'soft' interpersonal and negotiating skills, and less of a directive design philosophy.'

Allard Jolles (20 October 2008)
'At the physical planning department we had our own training institute and with good reason. It turned out that university of technology graduates worked at such a high level of abstraction that it took about four years before they were of much use as civil servants.'

Alfredo Brillembourg & Hubert Klumpner (January 2009)
'Cities are traditionally studied in the context of a single discipline: economics, politics, media studies, ecology, architecture, or sociology. But in urban design education, an interdisciplinary approach to the creation of urban environments is essential for confronting the task of understanding what now exists and for inventing new paradigms for the exploding cities of South America. The current problems of massive urbanization can not be solved in a unitary, isolated fashion, but require multiple and simultaneous approaches.'

Shelagh McCartney (January 2009)
'Designers have a broad education which teaches them to solve many problems that involve many, and often at a first glance opposing, demands.'

John Worthington (januari 2009)
'De beroepsgroepen in het ontwerp zouden jonge studenten actief moeten stimuleren tot deelname aan bachelorstudies ontwerp en architectuur, in de verwachting dat ze er een goede algemene opleiding kunnen krijgen voor allerlei loopbanen. Velen van hen zullen later gewaardeerde opdrachtgevers van de beroepsgroepen worden als ze gaan werken bij de overheid, in het bedrijfsleven of in de bouw.'

Louis Albrechts (januari 2009)
'Een ontwerper moet een voldoende basis hebben in het functioneren van de samenleving, van de processen die er zich afspelen, van de machtsverhoudingen. Mij stoort het dat klassieke ruimtelijke planners en klassieke stedenbouwkundigen zo weinig van elkaars terrein afweten.'

John Worthington (januari 2009)
'Er zijn opleidingen in architectuur en planning die banden hebben gesmeed met de lokale gemeenschap en *live*-projecten in de gemeenschap hebben opgezet (University of Sheffield). De Academy of Urbanism heeft UniverCities gelanceerd, een initiatief om de instellingen voor hoger onderwijs in contact te brengen met hun steden en de professionele gemeenschap, en de stad te gebruiken als laboratorium voor het onderwijs.'

Han Meyer (januari 2009)
'Gebrek aan kennis van deelaspecten en 'flankerende disciplines'. Integrerend ontwerpen is alleen mogelijk als er sprake is van voldoende kennis bij de ontwerper van sectorale deeldisciplines zoals verkeer, stedenbouwfysica, bodemkunde, waterhuishouding, maar ook van materialisering, constructie, beplanting, etc. Het verlies van autoriteit van stedenbouwkundigen in complexe politieke en maatschappelijke contexten heeft voor een belangrijk deel met een verzwakking van de opleidingen op deze terreinen te maken.'

211

Mark Graafland (13 oktober 2008)

'Het gaat om inzicht en verleiding. Kennis van de politieke situatie is belangrijk, dus de ontwerpers in de bureaucratie moeten politiek gevoel hebben. Het ontwerp beïnvloedt de discussie, maar hoe positioneer je het ontwerp bestuurlijk? Er is elke keer weer een andere setting.'

Simin Davoudi (januari 2009)

'Het is echter belangrijk op te merken dat stedenbouwkundigen vaak meer invloed hebben als ze over een basiskennis beschikken van ontwikkelingsprocessen en van de factoren die daarop van invloed zijn, zoals het karakter van de grond- en vastgoedmarkt, de rol van planningsvoorschriften, etc.'

Ton Venhoeven (13 oktober 2008)

'Ik vind op universiteiten de neiging om in een vroeg stadium architectuur/stedenbouw/filosofie/ontwerp/tekenen uit elkaar te trekken en al in het eerste of tweede jaar te gaan werken aan specialisaties om mensen productief te maken voor het bedrijfsleven, ik vind dat onvoorstelbaar gevaarlijk en heel eng. Mensen als Rem Koolhaas en Winy Maas hebben een brede opleiding gehad. Die hele brede opleiding heb je nodig als voorwaarde om in een bureaucratische context te kunnen werken. Je moet meer talen kunnen spreken.'

Paula Vigano & Bernardo Secchi (januari 2009)

'In ons land worden studenten langs twee sporen opgeleid: het eerste is architectuur, met allerlei cursussen stedenbouwkunde en stadsontwerp (waar we lesgeven), het tweede is planning, met weinig ontwerpcursussen en meer nadruk op sociologie, politieke wetenschappen, etc. Op het moment vinden veel docenten die scheiding tussen stedenbouw en planning niet bevredigend meer. De sporen doen in feite elke dag meer moeite naar elkaar toe te komen.'

Philip Rode (January 2009)

'Designers need to better understand policy processes, finance and decision making to contribute to pre-design phases within public and private organizations.'

Shelagh McCartney (January 2009)

'Designers should receive training for these political roles and knowledge of politics specifically.'

Ton Venhoeven (13 October 2008)

'I find that universities have a tendency to separate architecture, urban development, philosophy, design, and drafting from each other at an early stage and start students on specializations in the first or second year in order to produce graduates who are productive for the business community. I find that unbelievably dangerous and scary. People like Rem Koolhaas and Winy Maas had a broad education. You need to have had a broad education to operate in a bureaucratic context. You have to be able to speak several languages.'

Paula Vigano & Bernardo Secchi
(January 2009)

'In our country students are trained in two different tracks: the first is architecture, with many courses in urbanism and urban design (where we teach); the second one is planning, with few design courses, but where you can find courses in sociology, political sciences, etc. Today the feeling of many professors is that the division between planning and urbanism is not satisfying anymore. In fact the two tracks are trying to approach each other more closely every day.'

Eric Luiten (13 October 2008)

'I think it is important to have professional skill on the one hand and the ability to defend something in a social context on the other. I think a university is not really a university until it educates, nourishes and yields graduates who, from a specific perspective with a complex of skills, can face that enormous complexity that surprises us all and produce adequately verifiable work.'

Simin Davoudi (January 2009)
'It is, however, important to note that urban designers are often more influential if they have a basic knowledge of the development process and the factors which influence this process, such as the nature of the land and property market, the role of planning regulation, etc.'

Martin Aarts (12 December 2008)
'It is in the nature of the profession that planning experts should have knowledge of the economy and social and cultural consequences and conceive and develop scenarios based on that knowledge. Society is the tool they work with. But they cannot draft or design. [With my new course of study,] I would be situated somewhere between the planning experts and the urban designers.'

Han Meyer (January 2009)
'Poor understanding of certain aspects of design and of related disciplines. Integrated design is possible only if the designer has sufficient knowledge of sectoral sub-disciplines like traffic and transport, urban design physics, soil science, and water management, as well as building materials, construction, planting, etc. The urban developer's loss of authority in complex political and social contexts is largely due to the diminishing role of these subjects in degree programmes.'

John Worthington (January 2009)
'Schools of architecture/planning have formed links with their local communities, setting live projects within the community (University of Sheffield). The Academy of Urbanism has launched UniverCities, an initiative to bring higher education institutions, their cities, and the professional community together to use the city as a laboratory for learning.'

Shelagh McCartney (januari 2009)
'Ontwerpers moeten in hun opleiding worden getraind voor deze politieke rollen en specifieke politieke kennis opdoen.'

Philip Rode (januari 2009)
'Ontwerpers moeten meer inzicht krijgen in beleidsprocessen, financiën en besluitvorming om deel te kunnen nemen aan de fases in publieke en private organisaties die aan het ontwerp voorafgaan.'

Shelagh McCartney (januari 2009)
'Ontwerpers worden breed opgeleid, zodat ze veel problemen met veel, en op het eerste gezicht vaak tegenstrijdige eisen leren oplossen.'

Richard Brown (januari 2009)
'Op grotere schaal fungeert ontwerp niet zozeer als een concrete blauwdruk voor nieuwe ontwikkelingen maar meer als een conceptueel en fysiek kader waarin uiteenlopende ontwikkelingen onderling en met hun context kunnen worden gebundeld (hoewel hier op bepaalde momenten uiterst concrete ingrepen uit kunnen voortkomen). Dit soort ontwerp vergt misschien een andere set competenties, waarin de nadruk meer ligt op 'zachte' capaciteiten in het omgaan en onderhandelen met mensen en niet zozeer op een sturende ontwerpfilosofie.'

Martin Aarts (12 december 2008)
'Planologen, het is hun vak om kennis te hebben van de economie, de sociale en culturele consequenties en daarmee scenario's te bedenken en te ontwikkelen. De samenleving is bij hen het gereedschap. Maar ze kunnen niet tekenen of ontwerpen. Ik zou [met een nieuwe opleiding] dus tussen de planologen en stedenbouwers gaan zitten.'

Han Meyer (januari 2009)
'Stedenbouwkundigen moeten weliswaar bewust zijn van een politieke omgeving, moeten weten hoe

er strategisch in en mee te opereren, maar zijn uiteindelijk geen tovenaars. Ze zijn ook in grote mate
afhankelijk van die politieke omgeving. Die politieke
omgeving zal in de toekomst alleen maar grilliger
en onvoorspelbaarder worden. Het belangrijkste
wat de stedenbouwkundige kan inzetten is zijn/haar
vakkennis. Inzicht in de processen die leiden tot
verandering van de politieke omgeving dient uiteraard onderdeel van die vakkennis te zijn.'

Alfredo Brillembourg & Hubert Klumpner
(januari 2009)
'Steden worden traditioneel bestudeerd in de
context van één discipline: economie, politicologie,
mediawetenschappen, ecologie, architectuur
of sociologie. Maar in de stedenbouwkundige
opleiding is een interdisciplinaire benadering van
stedelijke omgevingen onontbeerlijk om opgewassen tegen de taak inzicht te krijgen in wat nu
bestaat en nieuwe paradigma's op te stellen voor
de exploderende steden van Zuid-Amerika. De
huidige problemen van massale verstedelijking zijn
niet met een eenzijdige, geïsoleerde benadering op
te lossen maar vereisen meerdere benaderingen
tegelijk.'

Eric Luiten (13 oktober 2008)
'Waar ik aan hecht is een vak beheersen aan de ene
kant en iets kunnen verdedigen in een maatschappelijke context aan andere kant. Ik denk dat een
universiteit pas echt een universiteit is als ze mensen produceert, opleidt en voedt die in staat zijn
vanuit een specifieke invalshoek met een complex
van vaardigheden in die enorme complexiteit waar
we ons allemaal over verbazen, adequaat verifieer-
baar werk kunnen leveren.'

Allard Jolles (20 oktober 2008)
'Wij hadden bij de DRO een eigen opleidingsin-
stituut en dat hadden we niet voor niets. Want het
bleek dat studenten van de TU zo'n abstractie-

John Worthington (January 2009)
'The design professions should actively encourage young students to enter undergradu-
ate design and architecture courses with the
expectation that they can get a good general
education for a variety of careers. Many of
these will later become valued clients to the
profession, by entering government, business, and construction.'

Mark Graafland (13 October 2008)
'The point is insight and enticement. Understanding the political situation is important,
so designers in government must have a feel
for politics. Design influences the discussion,
but how do you present design in a government setting? The context is different every
time.'

Han Meyer (January 2009)
'Urban planners have to be aware of a
political environment and must know how
to operate in it and with it strategically. But
they aren't magicians. To a large extent they
are dependent on that political environment,
which is going to continue becoming ever
more changeable and unpredictable. The
most important tool an urban developer has
is his or her professional knowledge. And that
knowledge should include an understanding of the processes that alter the political
environment.'

Michelle Provoost (January 2009)
'We discovered that it was crucial for architects and urban developers (and historians)
to know all about politics and public administration; the opposite should also be true. The
connection between architecture and politics
is a matter of survival in architecture, but not
in politics.'

niveau hadden dat het ongeveer vier jaar duurde
voordat je er als ambtenaar iets aan had.'

Michelle Provoost (januari 2009)
'Wij kwamen er achter dat het van levensbelang
is voor de architect en stedenbouwer (en histo-
ricus) om alles te weten over politiek en bestuur;
andersom zou het ook zo moeten zijn. De band
tussen architectuur en politiek is een zaak van
lijfbehoud voor de architectuur, maar andersom
geldt het niet.'

Mateusz Herczka.

Het ontwerp

Rol en positie

About design
Role and position

Jannemarie de Jonge (January 2009)
'And as a landscape architect I have come up against the limits of pretty pictures often enough to see that there is a need for an interactive approach. Particularly in "the countryside", the playing field where government makes a few rules, but where for the most part businesses and land owners decide what game is going to be played. They don't allow themselves to be seduced by an innovative design if it's not tied in sufficiently to the problems they are experiencing. True innovation requires the parties involved to abandon their entrenched ideas about the recognizable and familiar future in order to let in new concepts.'

Eric Luiten (13 October 2008)
'A spatial plan is a document containing agreements that have a territorial/geographical effect. When we agree on a plan, it means we agree to pursue that situation. Making a design is a much more individual type of activity, aimed at producing a proposal that can be eligible or disqualified, embraced or rejected. Krayenhoff could also have come about by putting a cultural historian, an ecologist and a management consultant together in a room. The plan was not created in some kind of magical moment of design.'

Richard Brown (January 2009)
'As the UK population continues to grow, as the mistakes of laissez-faire urban development become apparent, and as environmental issues become imperative, architecture and urban design have assumed greater importance, as critical tools in tackling many of the political issues facing the UK and creating places that can promote economic vitality, support a good quality of life, and encourage and enable environmentally responsible lifestyles.'

Karen de Groot (January 2009)
'A studio is the perfect setting for design-driven research into an abstract concept like spatial quality. As a studio, we operated

Alain Thierstein (januari 2009)
'Als we de waarneming opvatten als een leerproces, kunnen we uitgaan van een dubbel perspectief. Dat betekent dat in bestuursprocessen in de grote stad, en daarom in zowel ruimtelijk ontwerp als in ruimtelijke visualisatie het werk aan het object (het opkomende verschijnsel van mega-stadsregio's) samengaat met werk aan de waarnemer (de spelers, belanghebbenden en burgers). Het beeld, idee en concept van mega-stadsregio's moet in de geest van de waarnemer worden opgeroepen en versterkt. Ook in de werkelijke ruimte moeten deze grootschalige polycentrische stadsregio's waarneembaar worden gemaakt. In verband met het idee van een leerproces speelt nog een derde, bemiddelende proces van interventie een cruciale rol: beelden in de zin van visualisaties die de communicatie tussen de twee polen bevorderen. De benadering vergt dus drie soorten beelden: in de geest, in de werkelijkheid, en in media, en is te beschouwen als een soort 'ontwerpbeleid' dat alleen werkt als de onderdelen samenhangen: de beelden in de geest, de werkelijkheid en de media beïnvloeden en complementeren elkaar. Het gebruik van ontwerpinstrumenten als ruimtelijk ontwerp en ruimtelijke visualisatie is dus een 'pakket', en geen eenmalige oplossing.'

Joost Schrijnen (12 december 2008)
'Dat vind ik het spannende van het regionaal ontwerp: dat, in ieder geval in de Nederlandse context ervan, elke dag opnieuw de opgave, opdracht en opdrachtgever moeten worden geformuleerd. Dat maakt het regionaal ontwerp zwak en kwetsbaar. Maar tegelijkertijd is het ook interessant omdat ik er heilig in geloof dat de ontwerper in staat is om veronderstellingen te hebben van mogelijke toekomsten die door beelden kunnen worden geduid en dan kun je kijken of bij een bepaalde veronderstelde toekomst een mogelijke opdrachtgever hoort. Dus in feite vind ik het interessante van het regionaal ontwerp dat je zowel de opgave als de opdrachtgever ontwerpt.'

Philip Rode (januari 2009)
'De beloning komt op langere termijn; of iets goed ontwerp is, kan men pas na een bepaalde tijd vaststellen (dus niet als het gebouw wordt geopend). Ontwerpen voor de fysieke omgeving moet men niet zien als product van een individuele ontwerper maar als resultaat van een interdisciplinair proces.'

Frits Palmboom (januari 2009)
'De inzet is telkens om het ontwerp daar geen slachtoffer van te laten worden en om het ontwerp juist als instrument in te zetten om politieke/maatschappelijke conflicten te overstijgen, tot keuze te pressen of te verleiden, en nieuwe perspectieven op ruimtelijke kwaliteit te openen.'

Ries van der Wouden (20 oktober 2009)
'De relatie onderzoek en ontwerp is lastiger dan die van ontwerp en beleid. Je hebt een heel sterke interface nodig om dat op een goede manier bij elkaar te brengen. Je kunt ook zien wat er gebeurt als je het niet doet. Op een gegeven moment wordt het ontwerp ofwel het illustrerende plaatje bij het onderzoek of omgekeerd. Ontwerpers gingen het onderzoek dat ze deden behandelen alsof het beeldmateriaal was, alsof het ook een ontwerp was.'

Virna Bussadori (januari 2009)
'De rol die ontwerp speelt in de versterking van ruimtelijke planning wordt in Italië nog niet erkend omdat wordt onderschat hoe belangrijk planners zijn voor de reorganisatie en ontwikkeling van regio's. Planning wordt te vaak verward met louter stedelijke interventies en integratieve ruimtelijke planning wordt verward met gedetailleerd architectonisch ontwerp.'

Fred Schoorl (januari 2009)
'De vertaling van de ideologische sturing naar visie en ontwerp blijkt ook uit de stedenbouwkundige principes die in Almere Hout Noord vanuit de

independently. We were separated from the closed spatial planning system and were not bound by all kinds of conditions and design requirements. As a result, there was a lot of scope for experimentation. While designing, we went in search of inventive, stimulating and cutting-edge innovations.'

Nir Mualam (January 2009)
'Beauty as an aim in itself should not be regarded as the sole benefit of better design. Instead, it should be supplemented by less subjective aims such as promoting identity and stability whilst enabling change.'

Shelagh McCartney (January 2009)
'Design and research are interdependent. Each needs the other. Research is needed in design schools in order to push the limits of what is possible in design. This research should not just be done in terms of theory, but in terms of design. Good design cannot occur without research, even at a low level, because design is informed by research into the context.'

Ole Bouman (20 October 2008)
'Design-driven research is all well and good, but there is a big difference between design-driven research with power and design-driven research aimed at avoiding risk. The two have very little to do with each other.'

John Worthington (January 2009)
'Design has a critical role to play when seen not only as the final product, but as a tool for thinking by envisioning possible options.'

Mark Watts (January 2009)
'Design has to be informed by good research. Successful design has to be rooted in a thorough understanding of the needs of the communities it will affect and the broader aspirations of society.'

Alain Thierstein (January 2009)
'Designing in the sense of visualizing options or solutions does not add value to mega-city

regions on its own but has to be integrated into a value chain approach with analysis and communication. Analysis, visualization and communication (AVC) are indispensable tools of spatial planning that have been around a long time, each of them having specific functions and potentials and applying specific techniques and specialized knowledge. The concept of the value-added chain gives new meaning to these three planning tools when putting them together and redesigning them within this new context. As strategic methodological components of planning processes, they release a penetrating power to transform the analytical and normative concept of mega-city regions into spaces of collective action. Analysis, visualization and communication therefore have to work together in a coordinated and complementary way.'

Shelagh McCartney (January 2009)
'Design is a political action. The world in which we live is, to a large extent, the product of deliberate planning and construction. The informal and formal systems which exist are all processes of design and have political agendas and implications. The built forms that surround us strongly condition our actions, experiences, and sense of personal and collective possibilities. Relevant forms include material things: buildings, towns and cities, tools, instruments, technological systems, and other furnishings of everyday life. But other significant forms include such intangible "things" as patterns in social rules, roles, relationships, institutions, and political constitutions.'

Shelagh McCartney (January 2009)
'Design is a problem-solving activity. It provides a means of clarifying, synthesizing, and dramatizing a word, a picture, a product, or an event.'

Shelagh McCartney (January 2009)
'Design must be integrated fully into the solution and not seen as a piece that can be added or removed. Within the institutional politiek zijn bepaald. De nadruk op overmaat, omkeerbaarheid en flexibiliteit geeft aan dat organische stedenbouw zich ook werkelijk moet vertalen in fysieke kenmerken. De gebruikers en duurzame beleggers en ontwikkelaars zijn verder aan zet.'

Eric Luiten (13 oktober 2008)
'Een ruimtelijk plan is een document waarin afspraken worden vastgelegd met een territoriaal/geografisch effect. Als we het eens worden over het plan betekent dat dat we het eens worden om deze situatie na te streven. Een ontwerp maken is een veel individueler soort inspanning, gericht op het doen van een voorstel dat kan worden gekwalificeerd, gediskwalificeerd, omarmd en afgewezen. Krayenhoff had ook tot stand kunnen komen door een cultuurhistoricus, een ecoloog en een organisatiedeskundige bij elkaar te zetten. Het plan heeft niet een soort magisch ontwerpmoment gekend.'

Jannemarie de Jonge (januari 2009)
'En als landschapsarchitect ben ik voldoende tegen de grenzen van mooie plaatjes aangelopen om de noodzaak van een interactieve aanpak in te zien. Zeker op het speelveld 'platteland', waar de overheid weliswaar een aantal regels opstelt, maar ondernemers en grondeigenaren in hoofdzaak bepalen welk spel wordt gespeeld. Zij laten zich niet verleiden door vernieuwende ontwerpen als ze onvoldoende verband zien met hun eigen actuele problemen. Bij werkelijke vernieuwing moeten betrokkenen daarom eerst mentaal afscheid nemen van de gekende en bekende toekomst, om vervolgens ruimte in hun hoofd te krijgen voor nieuwe denkbeelden.'

Alfredo Brillembourg & Hubert Klumpner (januari 2009)
'Flexibiliteit en ingaan op de heersende maatschappelijke, politieke en economische condities zijn toch zeker beter bruikbare principes dan formele

ontwerpcriteria, zelfs bij het ontwerp van kantoor-gebouwen en musea. Om die principes te onder-zoeken en vruchtbaar te maken stellen we voor dat steden zones van ten minste een vierkante kilometer elk aanwijzen die kunnen dienen als 'laboratoria' voor dynamische ruimtelijke ordening, program-mering, ontwerp en bouw. Zulke zones kunnen ook dienen als educatieve en sociale 'couveuses' om gemeenschappen aan te moedigen en als centra van experimenteel ontwerp, met proefprojecten en prototypes van 'best practices'. Daar zouden de burgers en professionele ontwerpers uit de stad elkaar kunnen ontmoeten, ervaringen en vaardighe-den uitwisselen en van elkaar leren.'

Hans Hede (januari 2009)
'Goed ontwerp is belangrijk, maar men moet besef-fen dat er scherpe grenzen zijn aan wat men ermee kan bereiken tegen de achtergrond van de omvat-tende uitdagingen van de ontwikkelingsplanologie.'

Paula Vigano & Bernardo Secchi (januari 2009)
'Goed ontwerp kan niet zonder onderzoek. Ont-werp is onderzoek, niet alleen de toepassing van bestaande kennis. Elk ontwerp is een nieuw onder-zoek en vraagt nieuw onderzoek. Maar we moeten zeggen dat de politiek en de overheid meer oog moeten hebben voor dit aspect en meer onderzoek op het gebied van ontwerp moeten financieren. De trend is tegenwoordig dat vooral onderzoek in de harde wetenschappen wordt gefinancierd en dat is een vergissing. Het ontwerp beweegt zich tegen-woordig op veel terreinen (watermanagement, ener-gieproductie en -besparing, mobiliteit, etc.) die niet alleen meer fundamenteel onderzoek vergen maar ook meer ontwerponderzoek. De paradigmatische verschuiving waar we voor staan is het signaal dat we onze ontwerpbenadering moeten heroverwegen en bijsturen. Een geweldige kans, als we ontwerp opvatten als het produceren van kennis.'

system, I feel that the use of peer review is a powerful tool. If only the public is used in consultation then sometimes only 'seen-before' solutions can be accepted and items which are different, revolutionary and perhaps the very best solution cannot be used. Peer review enables various stakeholders to be represented by their respective experts and thus allows inventive decisions to be made.'

Maarten van Poelgeest (9 February 2009)
'Design plays such an important role that it provokes a response, it creates something that causes people to think: I want to have a say in this, I have to decide how I feel about this, something is going to happen here. It mobilizes people.'

Luuk Boelens (January 2009)
'Following on from the new understanding of the relational significance of the urban planner and theory and practice of planning and design (Massey 1995, Thrift 1998, Amin 2002, Hillier 2007) I am calling for a much more layered, but cohesive planning and design practice, in which a distinction is made between "tracing", "mapping", "diagramming", and "agencing" (Sanders/Boelens 2009). Tracing is about unravelling, charting and interpreting the potentials of an area or issue in question, as a systematic and creative way of exposing it. Mapping is, in fact, about seductive design, the relatively open method of identifying different possible transformations, not as an end in itself but primarily as a form of "educated matchmak-ing" between actors and potentials (i.e. not as a utopia, dream or ideal, but rather on the basis of the underlying forces and stakeholders). Diagramming is identifying the transformational and translational fields of influence of those actors in such an open and transparent way that it can go beyond the usual suspects and lead to new crossovers between new common interests, which in many cases remain undiscovered. And finally, agencing entails designing and identifying the mediating forces and new or existing

institutions needed so that creative design proposals can actually have a real-world impact. In comparison to that, the current practice of design-driven orientation is at best limited to mapping, albeit in many cases as a dream scenario or ideal rather than a lofty exercise. If we wish to create a new relationship between urban design and politics, we will want to move past the Le Corbusier-inspired tendencies of landscape and general architects like Winy Maas, Adriaan Geuze and Matthijs Bouw and explore a broader actor-oriented, design-driven endeavour.'

Hans Hede (January 2009)
'Good design is important but one should bear in mind that there are clear limits to what it can achieve, considering the overall challenges of developmental planning.'

Joost Schrijnen (12 December 2008)
'Here's what excites me about regional design: the challenge, the assignment and the client have to be redefined every day – in the Dutch context, at any rate. That makes regional design weak and vulnerable. But at the same time it's interesting, because I strongly believe that the urban designer is capable of hypothesizing possible futures that can be presented visually and that this allows you to determine whether there is a possible client for a particular hypothesized future. So, in fact, what makes regional design interesting is that you design both the task and the client.'

Shelagh McCartney (January 2009)
'I believe very strongly that design can play an important role in political processes of spatial planning and strengthen the quality of political choices. These decisions in themselves are spatial and thus design plays a large role and can have a large impact. In fact the design should play a more important role than the politics, as design has the responsibility to do what is best for society at large and is not responding to the pressure of votes or length of an election term. Political choices

Nir Mualam (januari 2009)
'Het beleid vraagt betrokkenheid van het publiek en andere mechanismes om de inbreng van het ontwerp in de eerste fases van de planning te garanderen. Men moet niet vergeten – daarnaast – mechanismes in te stellen die flexibiliteit en verandering van het ontwerp mogelijk maken.'

Richard Brown (januari 2009)
'Het gevaar van interactie tussen ontwerp en politiek is dat ze de neiging versterkt tot aandachttrekkend iconisch monumentalisme, iets wat her en der in het Verenigd Koninkrijk mislukte (zij het soms erg mooie) gebouwen heeft opgeleverd (pogingen om het 'Guggenheim-effect' te herhalen).'

Zef Hemel (januari 2009)
'Het mooie is dat ook ontwerpvisies van derden in de ambtelijke en bestuurlijke gedachtewisselingen betrokken worden. Private initiatieven krijgen daardoor een makkelijker entree in het Amsterdamse, dat nog altijd niet bekend staat als transparant en gemakkelijk te benaderen. Het bestuur komt daardoor in een vroege fase in aanraking met opgaven, ideeën en kwesties die ambtelijk nog allerminst zijn uitgekristalliseerd. Met als gevolg dat het ontwerp en de planologie weer in het centrum van de politieke aandacht zijn teruggekeerd.'

Maarten van Poelgeest (9 februari 2009)
'Het ontwerp speelt daarin zo'n belangrijke rol dat het reactie uitlokt, dat het iets neerzet waardoor mensen denken: ik wil me hier tegenaan bemoeien, ik moet hier iets van vinden, er gaat hier iets gebeuren. Het werkt mobiliserend.'

Mark Graafland (13 oktober 2008)
'Het verschil met de overheid in organisatie en sturing is dat ik met het bureau én creatief én servicegericht werk. De vraag is altijd groter dan alleen het maken van een ontwerp. Beide, service en

ontwerp, beïnvloeden elkaar op het bureau en dus in het resultaat. Dat is krachtig, maar vertaalt zich niet naar de ontwerppraktijk. Niet bij de gemeenten maar ook niet in de professionele relatie met de opdrachtgever. Het ontwerp wordt betaald, de rest wordt als vanzelfsprekend ervaren.'

Shelagh McCartney (januari 2009)

'Ik ben er heilig van overtuigd dat ontwerp een belangrijke rol kan spelen in politieke processen van ruimtelijke planning en de kwaliteit van politieke keuzes kan versterken. Die beslissingen zijn zelf ruimtelijk, dus kan ontwerp een grote en invloedrijke rol spelen. Het ontwerp zou zelfs een belangrijkere rol moeten spelen dan de politiek omdat de ont-werper de verantwoordelijkheid draagt te doen wat het beste is voor de samenleving als geheel en niet onder de druk staat van verkiezingen of de lengte van een ambtstermijn. Politieke keuzes die een visie voor de lange termijn vergen kunnen grote steun krijgen van het ontwerp. Die steun bestaat erin dat het ontwerp heel complexe situaties in zich op kan nemen en creatief kan zijn in het zoeken naar een oplossing, en een oplossing kan vinden waar die in eerste instantie onmogelijk leek.'

Robert Yaro (januari 2009)

'Ik ben ervan overtuigd dat het publiek verbeterin-gen in het ontwerp van publieke werken en in de ruimtelijke ordening zal steunen. In ben er ook van overtuigd dat ontwerp van betere kwaliteit bijdraagt aan het publieke en politieke draagvlak voor groot-schalige publieke werken.'

Jose Castillo (december 2008)

'Ik zou twee kwesties aan de orde willen stellen: de ene is het idee van de genetisch gemodificeerde infrastructuur, het idee dat we door anders tegen infrastructuur aan te kijken een bredere agenda kunnen opstellen die ruimte biedt aan de publieke ruimte, dichtheid, nieuwe modaliteiten en, weet u,

which take a long-term view can be greatly supported by design. Design can make it possible to take very complex situations and solve them creatively, finding a solution when a solution at first did not seem possible.'

Jose Castillo (December 2008)

'I'd like to introduce two issues. One is the idea of the genetically modified infrastructure, the idea that by modifying the way we look at infrastructure, we can broaden the agenda to include agents of public space, density, new modalities, and, you know, it's a way of getting beyond problem-solving. The other – and I'm stealing Saskia's term, which is the intensive periphery – is for us to change the way we understand the periphery, to change the protocols so that architects and designers can have more leverage with politicians and decision-makers.'

Robert Yaro (January 2009)

'I'm convinced that the public will support improved design in public works and in spatial planning. I'm also convinced that higher-quality design will help build the public and political support needed to sustain large-scale public works.'

Maurits de Hoog (January 2009)

'In both cases designs became objects of politics, or to be more precise, objects of power politics. This is usually detrimental to a design and to a designer. Far from supporting an overly activist identification of design with politics, I would say that the quality of a plan benefits from peace and quiet, and from trust.'

Mark Watts (January 2009)

'In my current work, as a consultant for Arup – a fairly large firm of engineers, architects and policy specialists – designers have been at the heart of setting a new direction for the firm. From a starting point of "total design" – that is, considering all impacts of the built form, not just its external appearance – we are now at the forefront of sustainable construction techniques and are increasingly focused on how to use our design skills to retrofit existing urban infrastructure, rather than building new. This has been led by an 'integrated urbanism' unit, who offer a multi-disciplinary approach that attempts to consider all design problems together, rather than in a siloed fashion.'

Florian Boer (13 October 2008)
'In my opinion, urban planning in itself can be deployed as an agenda-setting activity.'

Fred Schoorl (January 2009)
'It is also noticeable that, more so than in the VINEX period, the role attributed to urban planning is one of service to society. Apparently, the complexities of the day demand a certain modesty from politicians but also from professionals, who traditionally are passionate about designing and, in particular, making the decisions. The Almere Hout Noord district will, in any case, not be "designed to the hilt" or constrained by bureaucratic conventions and mores. In our view, there should be more scope for user initiative. In that sense, the emphasis on different forms of clienthood is understandable. A sense of service to sustainable growth, and the emphasis on it, is apparent in the decision to work exclusively with housing associations as co-developers of the district. Almere believes that these actors are better able to guarantee long-term, socially inspired engagement among residents and users of the district. This is an implicit departure from the idea of designing and building as decisive moments in urban planning. Here, it is what follows that is really important.'

Alfredo Brillembourg & Hubert Klumpner (January 2009)
'Like language, informality is in a state of continual flux; there is no 'final' product. Thus, any workable plan must establish only a broad framework and structure within which development can take place according to the wishes and needs of the community it serves.'

het gaat om een manier om voorbij probleemoplossing te komen. De andere, en ik steel nu Saskia's term, is de intensieve periferie: we veranderen onze opvatting van de periferie, we veranderen de protocollen zodat architecten en ontwerpers meer invloed krijgen op politici en beleidsmakers.'

Maurits de Hoog (januari 2009)
'In beide gevallen werden ontwerpen object van politiek, of preciezer: van machtspolitiek. Dat is meestal niet goed voor een ontwerp en ook niet voor ontwerpers. Voorbij een al te activistische vereenzelviging van ontwerp en politiek is de kwaliteit van plannen juist gebaat bij luwte, rust en vertrouwen.'

Luuk Boelens (januari 2009)
'In het verlengde van de nieuwe inzichten op het gebied van de relationele betekenis van de stedenbouwkundige en planologische ontwerp- en planpraktijk (Massey 1995, Thrift 1998, Amin 2002, Hillier 2007) stel ik een veel meer gelaagde, maar wel samenhangende plan- en ontwerperspraktijk voor. Hierbij kan een onderscheid gemaakt worden tussen *'tracing'*, *'mapping'*, *'diagramming'* en *'agenceing'* (Sanders/Boelens 2009). Bij *tracing* gaat het dan om het ontrafelen, karteren en interpreteren van de potenties van een gebied of vraagstuk in kwestie, als een systematische en creatieve manier om die bloot te leggen. Onder *mapping* gaat het dan feitelijk om het verleidelijk ontwerpen, de relatief open manier om verschillende mogelijke transformaties in beeld te brengen, niet als doel op zich, maar vooral als een *educated matchmaking* tussen actoren en potenties (dus niet als utopie, droom of wensbeeld, maar vanuit de achterliggende krachten en stakeholders). *Diagramming* is dan het in beeld brengen van het transformerend en translerend krachtenveld van die actoren op een dusdanig open en transparante manier dat het ook voorbij de *'usual uspects'* kan komen en aanleiding kan zijn voor

nieuwe cross-overs tussen nieuwe (thans vaak nog gescheiden) meekoppelende belangen. *Agenceing* tenslotte is het ontwerpen en in beeld brengen van de bemiddelende krachten en (al dan niet) nieuwe instituties die nodig zijn om creatieve ontwerpende voorstellen daadwerkelijk tot doorwerking te laten komen. In vergelijking daarmee is het huidig ontwerpend verkennen op zijn best nog slechts beperkt tot *mapping,* zij het nog vaak als droom of wensbeeld en niet als gedragen exercitie. Willen we een nieuwe relatie tussen ontwerp en politiek herstellen, dan is het derhalve wenselijk om voorbij de nog steeds Le Corbusiaans geïnspireerde neigingen van (landschaps)architecten als Winy Maas, Adriaan Geuze en Matthijs Bouw te gaan en een meer brede actorgerichte, ontwerpende inzet te ontplooien.'

Mark Watts (januari 2009)

'In mijn huidige werk als consultant bij Arup – een betrekkelijk groot bureau van ingenieurs, architecten en beleidsexperts – hebben ontwerpers het voortouw genomen in het uitzetten van een nieuwe koers voor het bedrijf. Vanuit het uitgangspunt 'total design', dat wil zeggen alle effecten van de gebouwde vorm overwegen, en niet alleen zijn uiterlijke verschijning, staan we nu vooraan waar het gaat om duurzame constructietechnieken en richten we ons steeds meer op de vraag hoe we met onze ontwerpcapaciteiten innovaties kunnen doorvoeren in bestaande infrastructuur, in plaats van nieuwbouw. Deze aanpak wordt geleid door een 'integrale stedenbouw'-eenheid [integrated urbanism] met een multidisciplinaire benadering die ontwerpproblemen van alle kanten tegelijk probeert te bekijken in plaats van op een verkokerde manier.'

Adri Duivesteijn (9 februari 2009)

'Met zoveel belangenpartijen en rollen wordt bijna elk project zo onoverzichtelijk dat het ontwerp dan toch tastbaar is en daardoor heel snel integratieka-

Richard Brown (January 2009)

'Lord Rogers was also invited to head the Architecture and Urbanism Unit (A+UU) established by Ken Livingstone on his election as mayor of London in 2000. The mayor's aspiration was for London to accommodate 10% population growth (roughly 700,000 people) and similar levels of employment growth within its current boundaries, while enhancing quality of life, social equity and environmental responsibility. Architecture and urban design were seen as central tools to achieving each of these policy objectives.'

Paula Vigano & Bernardo Secchi (January 2009)

'More than this, we think that the role of design in political processes is essential for three main reasons. First, because society structures the spatial context but is also structured by it; the relationship between political processes and spatial context goes two ways and not one way, as is usually believed, from political processes to spatial issues and design. Second, because people not only need words (often rhetorical discourses) but also want to see with some precision what you are proposing and to discuss the concrete, spatial aspects of your proposal. In a democracy, the public has the right to check up on you, and to verify that the outcome of your proposal corresponds to the promises that were made. Third, because we are convinced that design produces knowledge and that this knowledge helps to justify our presence in society.'

Rachelle Alterman (January 2009)

'Needless to say, the history of urban planning is replete with problems that arose precisely from the over-domination of design considerations in formatting urban and regional structures, neighbourhood character, housing types and design, and even transportation routes. Other considerations were shortchanged. The dominance of design considerations can be 'credited' for many failed cities around the world - whether as a whole (in postwar new towns) or in part (in the case of housing estates, high-rise areas, renewed centre cities, or re-developed areas of cities). This is partly why in the 1960s and 70s, the profession and discipline of spatial planning made a con-scious break with its origins in architectural design, instead seeking an intellectual basis in social and policy sciences (the uniquely Dutch term *planologie* superbly captures the intellectual roots of current planning).'

Louis Albrechts (January 2009)
'Research by design can make a positive contribution in various phases of the proc-ess: formulating the problem, opening up the scope of potential solutions.'

Philip Rode (January 2009)
'Rewards need to be long-term, good design can only be identified after a certain period (i.e., not when the building is opened), and designs for the physical envi-ronment should be regarded as the outcome of an interdisciplinary process rather than the product of a lone designer.'

Alfredo Brillembourg & Hubert Klumpner (January 2009)
'Surely flexibility and responsiveness to prevailing social, political, and economic conditions are potentially more useful than formal design criteria even in the design of office buildings and museums. In order to explore and exploit those principles, we propose that cities should designate areas of at least a square kilometre each that would serve as 'laboratories' for testing dynamic zoning, programming, design, and construction. These zones could serve as well as educational and social incubators to motivate communities, and as centres of experimental design, with pilot projects and prototypes that represent best practices. There, local citizens and design profession-als could interact, share experience and skills, and learn from one another.'

der wordt. Je kunt het goed vinden, slecht vinden. Het mobiliseert onmiddellijk een heleboel meningen. Het kan bemiddelen tussen de wereld van de stedenbouwkundige en die van belangengroepen, ontwikkelaars, gemeenten, enz. Degene die kan bemiddelen heeft de macht. De kracht van het beeld daarin is wel heel sterk.'

Florian Boer (13 oktober 2008)
'Mijns inziens kan ontwerpen an sich ook als een agenderende activiteit worden ingezet.'

Richard Brown (januari 2009)
'Naarmate de bevolking van het Verenigd Koninkrijk blijft groeien en de tekortkomingen van een laissez-faire stadsontwikkeling aan de dag treden, en naarmate de zorg om het milieu imperatief wordt, is het belang van architectuur en stedenbouw toegenomen als cruciale instrumenten om veel van de politieke problemen waar het Verenigd Koninkrijk voor staat aan te pakken: hoe kunnen we omge-vingen scheppen die een voedingsbodem bieden voor economische vitaliteit en een goede kwaliteit van leven en die ecologisch verantwoorde leefstijlen aanmoedigen en mogelijk maken.'

Alfredo Brillembourg & Hubert Klumpner (januari 2009)
'Net als de taal verkeert informaliteit in een voort-durend vloeiende staat, er is geen 'eindproduct'. Daarom hoeft elk werkbaar plan alleen maar een breed kader en een structuur vast te leggen waarin ontwikkeling kan plaatsvinden naar gelang de wen-sen en behoeften van de gemeenschap waarvoor het bedoeld is.'

Rachelle Alterman (januari 2009)
'Onnodig te zeggen dat de geschiedenis van de stedenbouw doordrenkt is van de problemen die juist zijn ontstaan uit de overwaardering van ont-werpoverwegingen in de formattering van stedelijke

en regionale ordening, wijkindeling, woningtypes en -ontwerp en zelfs transportroutes. Andere overwegingen zijn achtergesteld. Veel mislukte steden over de hele wereld – hetzij als geheel (de *new towns* van na de oorlog)hetzij gedeeltelijk (huisvestingsprojecten, hoogbouwwijken, vernieuwde stadscentra, herontwikkelde stadsdelen) – zijn te 'danken' aan de overheersing van ontwerpoverwegingen. Dat is een van de redenen waarom de ruimtelijke ordening als discipline en professie zich in de jaren zestig en zeventig bewust heeft losgemaakt van haar wortels in het architectonisch ontwerp en haar intellectuele basis is gaan zoeken in sociale en politieke wetenschappen (de alleen in het Nederlands voorkomende term *planologie* is een prachtige uitdrukking van de huidige intellectuele wortels van de planning).'

Ole Bouman (20 oktober 2008)
'Ontwerpend onderzoek is mooi en wel, maar er is een groot verschil tussen ontwerpend onderzoek met de macht of ontwerpend onderzoek om het risico te vermijden. Twee voorbeelden van ontwerpend onderzoek die heel weinig met elkaar te maken hebben.'

Alain Thierstein (januari 2009)
'Ontwerpen in de zin van opties of oplossingen in beeld brengen voegt op zichzelf geen waarde toe aan mega-stadsregio's maar moet samen met analyse en communicatie worden geïntegreerd in een waardeketenbenadering. Analyse, visualisatie en communicatie (AVC) zijn onmisbare instrumenten van ruimtelijke planning die al lang worden gebruikt; bij elk staan specifieke functies en potenties op de voorgrond en worden specifieke technieken en specialistische kennis toegepast. Het concept van de waardeketen voegt deze drie planningsinstrumenten samen en geeft ze zo een nieuwe betekenis, en een nieuwe vormgeving. Als strategische methodologische componenten van

Richard Brown (January 2009)
'The danger in interaction between design and politics is a tendency towards attention-grabbing iconic monumentalism, which has led to some unsuccessful – if occasionally beautiful – buildings across UK (attempts to replicate the "Guggenheim Effect").'

Mark Graafland (13 October 2008)
'The difference from public administration and management is that with this firm I can be both creative and service-minded. There's always more to a job than producing a design. The service side and the design side influence one another in the office, and that's visible in the result. It's a powerful thing, but it can't be applied to design practice. Not in the municipal bureaucracies, and not in the professional relationship with the client. The design is paid for and the rest is taken for granted.'

Frits Palmboom (January 2009)
'The goal is always to prevent design from falling victim to that, and to use design to transcend political/social conflicts, to compel or persuade parties to make choices and open up new perspectives on spatial quality.'

Zef Hemel (January 2009)
'The great thing is that design visions produced by external parties are taken into consideration in bureaucratic and governmental deliberations. This makes it easier for private initiatives to get a foot in the door with Amsterdam local government, which is not known for being particularly transparent or approachable. It exposes public administrators at an early stage to challenges, ideas and issues that have not yet crystallized at official levels, the result being that design and planning are once again the focus of political attention.'

Nir Mualam (January 2009)
'The policy calls for public participation and other mechanisms for guaranteeing design input at early stages of planning. One should

not forget to provide additional mechanisms to allow for flexibility and changes in the design.'

Paula Vigano & Bernardo Secchi
(January 2009)
'There is no good design without research. Design is research, and not just the application of existing knowledge. Every design is new research and requires new research. But we feel it is important to add that the body politic and the administration must be conscious of this aspect, and provide more funding for research in the field of design. The trend today is mainly to fund research in the hard sciences, and this is a mistake. Design is now involved in many fields (water management, energy conservation and supply, mobility, etc.) that require not only more basic research but also more research by design. The shift in paradigms we are facing is a signal that we have to reorient and rethink our design approach. A tremendous opportunity, if we conceive of design as a knowledge producer.'

Ries van der Wouden (20 October 2009)
'The relationship between research and design is trickier than the relationship between design and policy. You need a strong interface to bring the two together properly. You can see what happens if you don't. At a certain point, the design becomes either the illustration of the research or vice versa. Designers began treating their research as if it were visual material, as if it were a design.'

Virna Bussadori (January 2009)
'The role of design in enhancing the importance of spatial planning is not yet recognized in Italy, because of a failure to appreciate planners' full significance as enablers of the transformation and development of regions and territories. Planning is too often confused with mere urban intervention, and even there the important work of developing visions and integrative spatial planning schemes is confused with detailed architectural design.'

planningsprocessen maken ze een indringende kracht los waarmee het analytische en normatieve concept van mega-stadsregio's kan worden omgevormd tot ruimtes van collectieve actie. Daarom moeten analyse, visualisatie en communicatie gecoördineerd en complementair samenwerken.'

Shelagh McCartney (januari 2009)
Ontwerp en onderzoek zijn onderling afhankelijk. Het een kan niet zonder het ander. Op ontwerpopleidingen moet onderzoek plaatsvinden om de grenzen te verruimen van wat in het ontwerp mogelijk is. Dat onderzoek moet zich niet alleen richten op de theorie, maar op ontwerp. Goed ontwerp kan niet zonder onderzoek, zelfs niet op laag niveau, omdat ontwerp zich baseert op onderzoek van de context.

Shelagh McCartney (januari 2009)
'Ontwerp is een probleemoplossende activiteit. Het levert een middel om een woord, een beeld, een product of gebeurtenis te verhelderen, synthetiseren en dramatiseren.'

Shelagh McCartney (januari 2009)
'Ontwerp is politiek handelen. De wereld waarin we leven is tot op grote hoogte voortgebracht door bewuste planning en constructie. De informele en formele systemen die bestaan zijn allemaal ontworpen en hebben politieke agenda's en implicaties. De gebouwde vormen die ons omgeven, oefenen een sturende invloed uit op ons handelen, onze ervaringen en ons gevoel van persoonlijke en collectieve verantwoordelijkheid. Onder de relevante vormen zijn materiële objecten: gebouwen, steden en dorpen, gereedschappen, instrumenten, technologische systemen en andere toebehoren van het alledaagse leven. Andere relevante vormen zijn zulke ontastbare 'objecten' als stelsels van sociale regels, rollen, relaties, instellingen en politieke constellaties.'

John Worthington (januari 2009)
'Ontwerp kan een kritische rol spelen als het niet alleen wordt bekeken als eindproduct, maar als een middel om mogelijke opties voor te stellen zodat erover nagedacht kan worden.'

Shelagh McCartney (januari 2009)
'Ontwerp moet een integraal bestanddeel van de oplossing zijn, binnen het institutioneel systeem, en niet worden gezien als een onderdeel dat je kunt toevoegen of weghalen. Ik denk dat het gebruik van peer review [collegiale toetsing] een sterk stuk in dit systeem is. Als de inspraak beperkt blijft tot het publiek kan het gebeuren dat alleen 'eerder geziene' oplossingen worden geaccepteerd en voorstellen die anders zijn, revolutionair en misschien wel beter dan alle andere, buiten beschouwing blijven. Met collegiale toetsing kunnen de diverse belanghebbenden zich laten vertegenwoordigen door hun respectievelijke experts en kunnen inventieve beslissingen worden genomen.'

Mark Watts (januari 2009)
'Ontwerp moet zich baseren op goed onderzoek. Succesvol ontwerp moet geworteld zijn in een grondig inzicht in de behoeften van de gemeenschappen die ermee te maken krijgen en de bredere aspiraties van de maatschappij.'

Louis Albrechts (januari 2009)
'Research by design kan een positieve inbreng hebben in verschillende fasen van het proces: probleemformulering, het opentrekken van de scope van mogelijke oplossingen.'

Nir Mualam (januari 2009)
'Schoonheid als doel op zichzelf moet niet vooropstaan als enige winst van goed ontwerp. Er moeten minder subjectieve doelen bij komen zoals de bevordering van identiteit en stabiliteit met ruimte voor verandering.'

Fred Schoorl (January 2009)
'The translation of general ideological frameworks into visions and designs is exemplified by the urban planning principles laid down by policymakers for Almere Hout Noord. The emphasis on excess, reversibility and flexibility shows that organic urban planning really needs to be translated into physical characteristics. Now it is up to the users and the green investors and developers to make the next move.'

Richard Brown (January 2009)
'We cannot successfully predict the future political, social, environmental or economic context, so our design and visions should retain flexibility.'

Paula Vigano & Bernardo Secchi
(January 2009)
'What we want to stress is that if you are designing on a large scale you always have to think about how your design can be implemented on a small scale, and if you are designing on a small scale, what is the role of what you are doing on a larger scale?'

Alain Thierstein (January 2009)
'When approaching perception as a learning process, we can start from a dual perspective. This implies that work on the object (the emerging phenomenon of mega-city regions) as well as work on the observer (the players, stakeholders and citizens) is involved in processes of metropolitan governance, and consequently in spatial design as well as spatial visioning. In the observer's mind the image, idea and concept of mega-city regions has to be established and reinforced. In real space the perceptibility of these large-scale polycentric urban regions has to be strengthened. Referring to the idea of a learning process, a third, intermediary layer of intervention plays a crucial role: images in the sense of visualizations facilitate communication between these two poles. The threefold approach of real, media, and mental images has to be considered a kind of "design policy" that only works

in mutual correspondence: real, media and mental images comprise and influence one another. Thus, the use of design tools such as spatial design and spatial visioning has to be regarded as part of a larger package and not as a stand-alone solution.'

Maarten Kloos (13 October 2008)
'Why should you have to do it at national level when all spatial planning issues relate to the regional level? In my opinion, the design process can deliver excellent work at that level.'

Rachelle Alterman (January 2009)
'With any public planning decision, there are tradeoffs among objectives or considerations. Good design ('beauty') may not always be a 'win-win' outcome. In the past it has all too often come at the expense of social or demographic considerations, and has not recognized the particular anthropology of minority or other disadvantaged groups who, inherently, have less influence on decision-making even if public consultation is done meticulously. Furthermore, in some cases investment in design means a more expensive final product. Regardless of whether the direct expense falls on the private developer or on the government agency, in the final analysis it is often the consumers who pay part of the cost.'

Adri Duivesteijn (9 February 2009)
'With so many interested parties and roles, nearly every project is so complex that the design is the only tangible thing and as a result becomes the overarching framework in many cases. That might be a good thing or a bad thing. It immediately brings out a profusion of opinions. It can mediate between the world of the urban planner and those of interest groups, developers, municipalities etc. Whoever is in a position to mediate holds the power. The power of images in all this is very strong.'

Richard Brown (januari 2009)
'Toen Ken Livingstone in 2000 tot burgemeester van Londen was gekozen, werd Lord Rogers ook uitgenodigd de leiding op zich te nemen van de Architecture and Urbanism Unit (A+UU). De burgemeester mikte op een bevolkingsgroei voor Londen van tien procent (ca. 700.000 mensen) en een navenante groei van de werkgelegenheid binnen de huidige grenzen, en een gelijktijdige verbetering van de kwaliteit van leven, sociale rechtvaardigheid en verantwoordelijkheid voor het milieu. Architectuur en stadsontwerp werden gezien als cruciale instrumenten om elk van die beleidsdoelen te realiseren.'

Fred Schoorl (januari 2009)
'Verder valt op dat de rol van de stedenbouw, sterker dan in de Vinexperiode, er een is van dienstbaar zijn aan de samenleving. Kennelijk vraagt hedendaagse complexiteit niet alleen bescheidenheid van de politiek, maar ook van de klassieke ontwerp- en vooral bepaaldrift van professionals. De wijk Almere Hout Noord zal in ieder geval niet 'uitontworpen' worden of worden bepaald door ambtelijke normen en waarden. Er moet in onze ogen juist ruimte komen voor het eigen initiatief van gebruikers. In die zin is de nadruk op verschillende vormen van opdrachtgeverschap begrijpelijk. De dienstbaarheid aan en nadruk op duurzaam groeien blijkt ook uit de keuze voor uitsluitend corporaties als (mede) ontwikkelaars van de wijk. Almere vindt dat deze partijen een betere garantie zijn voor langdurige en sociaal geïnspireerde betrokkenheid bij bewoners en gebruikers van de wijk. Hiermee wordt impliciet afscheid genomen van het idee van ontwerpen en bouwen als bepalende momenten van stedenbouw. Het gaat in deze visie juist om de momenten die daarop volgen.'

Karen de Groot (januari 2009)
'Voor ontwerpend onderzoek naar een abstract begrip als ruimtelijke kwaliteit is een atelier de

perfecte werkvorm. Als atelier opereerden we onafhankelijk. We stonden los van het dichtgetimmerde ruimtelijkeordeningssysteem en waren niet gebonden aan allerlei voorwaarden en programma's van eisen. De experimenteerruimte was daardoor erg groot. Ontwerpend gingen we op zoek naar innovatieve, prikkelende en scherpe uitvindingen.'

Maarten Kloos (13 oktober 2008)
'Waarom zou je het op het nationale niveau moeten doen als alle ruimtelijke vraagstukken zich richten op het regionale niveau. Volgens mij kan ontwerp daar prima werk leveren.'

Paula Vigano & Bernardo Secchi (januari 2009)
'Wat we willen benadrukken is dat je, als je op grote schaal ontwerpt, altijd moet nadenken over de vraag hoe je ontwerp op kleine schaal kan worden geïmplementeerd, en dat je, als je op kleine schaal ontwerpt, je moet afvragen welke rol je werk op de grotere schaal gaat spelen.'

Paula Vigano & Bernardo Secchi (januari 2009)
'We gaan nog een stap verder en denken dat de rol van het ontwerp in politieke processen essentieel is, en wel om drie hoofdredenen: in de eerste plaats omdat de maatschappij de ruimtelijke context structureert, maar er ook door wordt gestructureerd; de relatie tussen politieke processen en de ruimtelijke context is wederzijds, en niet eenzijdig, zoals ze gewoonlijk wordt geïnterpreteerd, vanuit de politieke processen naar de ruimtelijke aspecten en ontwerp. In de tweede plaats omdat mensen niet genoeg hebben aan woorden, vaak retorische betogen, maar met enige precisie willen zien wat je voorstelt en de concrete ruimtelijke aspecten van je voorstel willen bespreken. In een democratie hebben de mensen het recht om jou te controleren en te controleren of het resultaat van wat je voorstelt overeenkomt met wat je belooft. In de derde plaats omdat we ervan overtuigd zijn dat ontwerp kennis

produceert en dat die kennis onze aanwezigheid in de maatschappij mede rechtvaardigt.'

Richard Brown (januari 2009)
'We kunnen de politieke, maatschappelijke, ecologische of economische context van de toekomst niet met succes voorspellen, daarom moeten onze ontwerpen en visies flexibel blijven.'

Rachelle Alterman (januari 2009)
'Zoals bij elke publieke planningsbeslissing is er een wisselwerking tussen doelen of overwegingen. Goed ('mooi') ontwerp levert niet altijd een 'win-winsituatie' op. In het verleden is het maar al te vaak ten koste gegaan van sociale of demografische overwegingen en van erkenning voor de bijzondere antropologie van minderheids- of andere achterstandsgroepen, die qualitate qua minder invloed hebben op de besluitvorming, ook al wordt de inspraak van burgers onberispelijk geregeld. Daar komt bij dat investeren in ontwerp in sommige gevallen het eindproduct duurder maakt. Ongeacht of de directe uitgaven voor rekening komen van de private ontwikkelaar dan wel van een overheidsinstantie, in laatste instantie is het vaak de consument die voor een deel van de kosten opdraait.'

Mateusz Herczka.

What if NL...?

MVRDV

Introduction

What is the relation between Design
and Politics? More specifically, how
does politics influence a country's and
regional spatial situation and quality,
and vice versa? What is spatial quality in
this context, and what conditions and/or
actions are necessary to achieve it?

This 'quick and dirty' research identifies
parameters that influence spatial and regional
planning, classified into four fields – People,
Planet, Profit and Politics – and applied to
the Netherlands (NL).

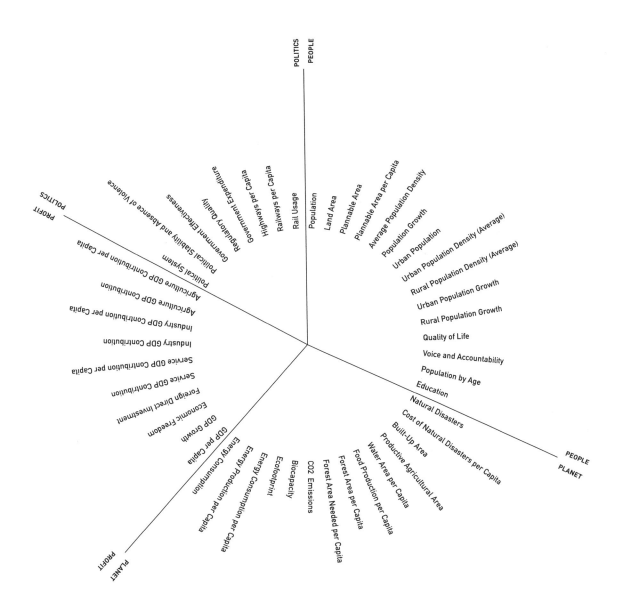

POLITICS
PEOPLE

PROFIT
POLITICS

Political Stability and Absence of Violence
Government Effectiveness
Regulatory Quality
Government Expenditure
Highways per Capita
Railways per Capita
Rail Usage
Population
Land Area
Plannable Area
Plannable Area per Capita
Average Population Density
Population Growth
Urban Population
Urban Population Density (Average)
Rural Population Density (Average)
Urban Population Growth
Rural Population Growth
Quality of Life
Voice and Accountability
Population by Age
Education
Natural Disasters
Cost of Natural Disasters per Capita
Built-Up Area
Productive Agricultural Area
Water Area per Capita
Food Production per Capita
Forest Area per Capita
Forest Area Needed per Capita
CO2 Emissions
Biocapacity
Ecofootprint
Energy Consumption per Capita
Energy Production per Capita
Energy Consumption
Energy Production
GDP per Capita
GDP Growth
Economic Freedom
Foreign Direct Investment
Service GDP Contribution
Service GDP Contribution per Capita
Industry GDP Contribution
Industry GDP Contribution per Capita
Agriculture GDP Contribution
Agriculture GDP Contribution per Capita
Political System

PEOPLE
PLANET

PLANET
PROFIT

239

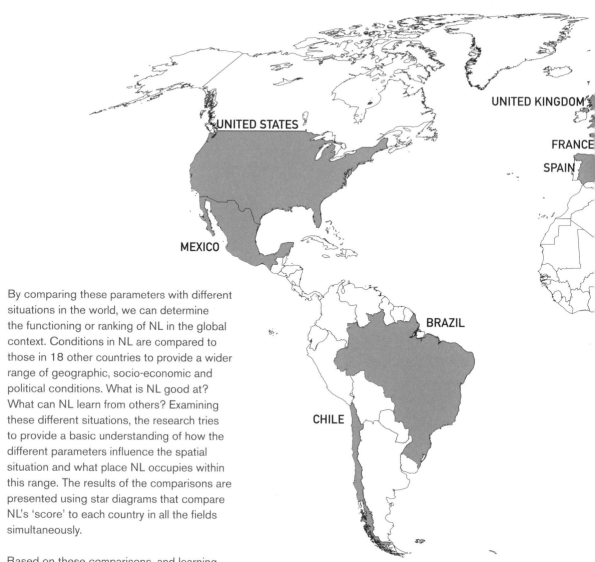

By comparing these parameters with different situations in the world, we can determine the functioning or ranking of NL in the global context. Conditions in NL are compared to those in 18 other countries to provide a wider range of geographic, socio-economic and political conditions. What is NL good at? What can NL learn from others? Examining these different situations, the research tries to provide a basic understanding of how the different parameters influence the spatial situation and what place NL occupies within this range. The results of the comparisons are presented using star diagrams that compare NL's 'score' to each country in all the fields simultaneously.

Based on these comparisons, and learning from the different situations, with their strengths, weaknesses and remarkable, sometimes contradictory characteristics, which are marked by exclamations and explained in the narrative, several hypothetical spatial scenarios for NL are imagined. What can we learn from other countries? Intentionally provocative and evocative, rather than scientific, the research approach attempts to open new perspectives for possible improvement of the spatial quality of NL.

What if NL...? What potential qualities might this yield? And how would this improve the functioning of NL?

Comparison

Overview of how NL scores compared to
other countries. Each star diagram represents
the performance of a county in all the fields
at the same time and sums up strengths and
weakness. It shows on what level NL should
or could intervene and how NL could learn
from others.

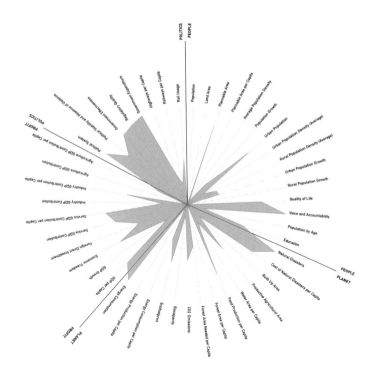

NL

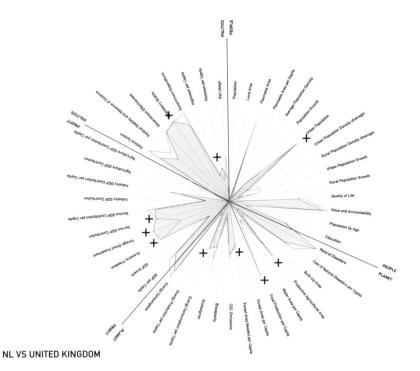

NL VS UNITED KINGDOM

243

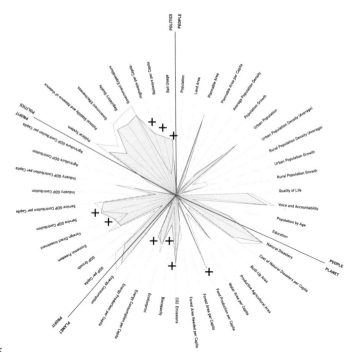

NL VS FRANCE

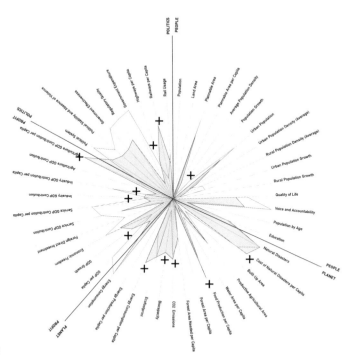

NL VS POLAND

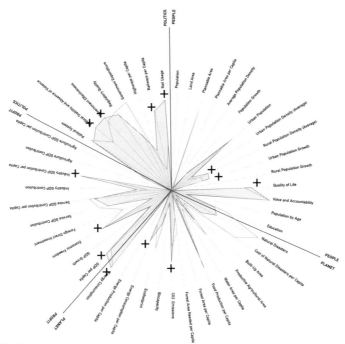

NL VS SWITZERLAND

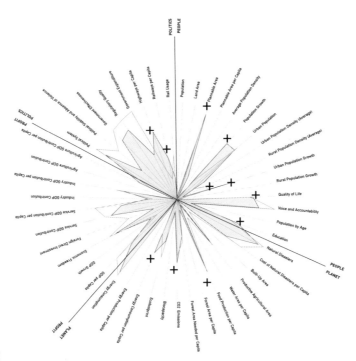

NL VS SPAIN

245

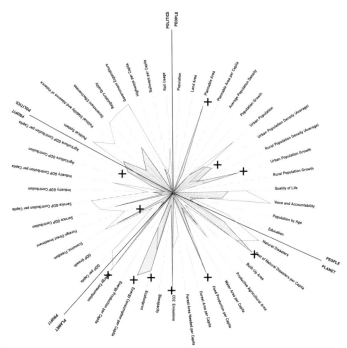

NL VS ALBANIA

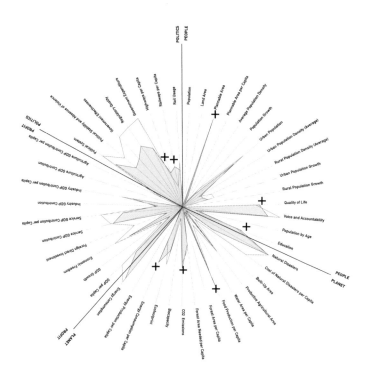

NL VS ITALY

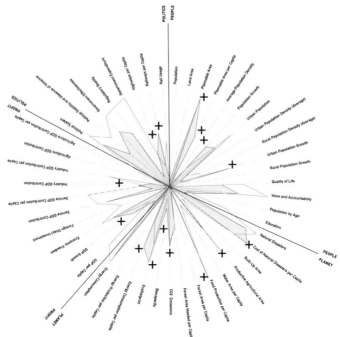

NL VS SOUTH AFRICA

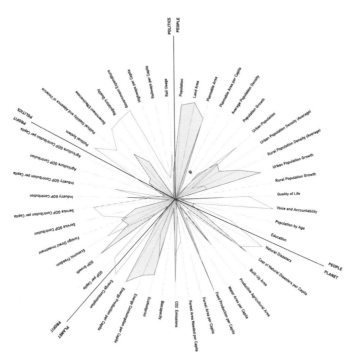

NL VS CHINA

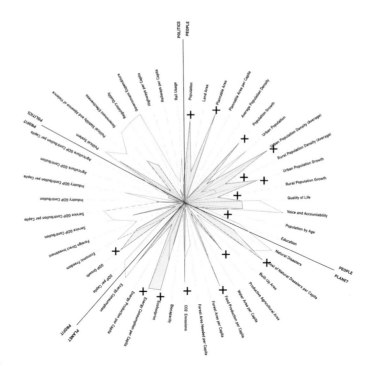

NL VS INDIA

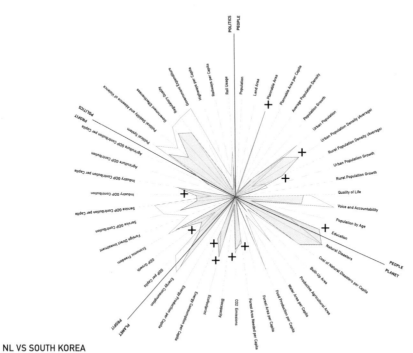

NL VS SOUTH KOREA

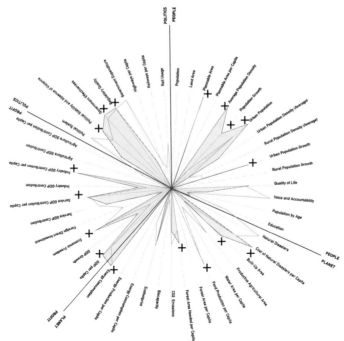

NL VS SINGAPORE

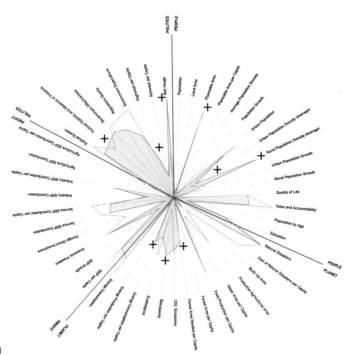

NL VS JAPAN

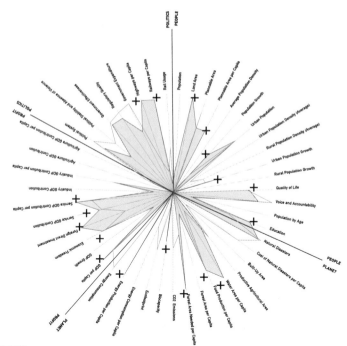

NL VS UNITED STATES

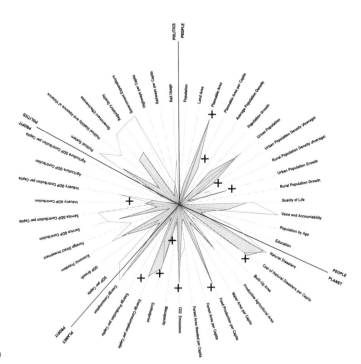

NL VS MEXICO

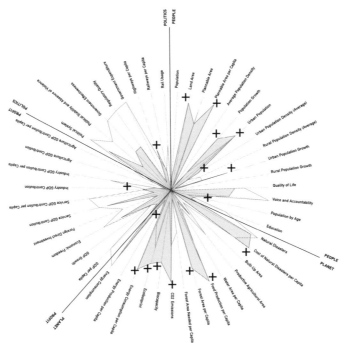

NL VS BRAZIL

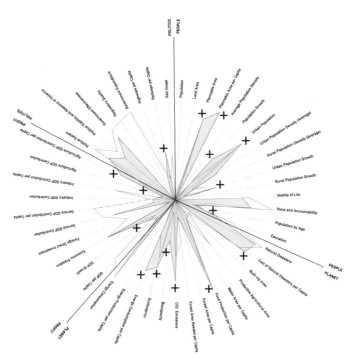

NL VS CHILE

People

The selected parameters in the People field
provide an overview of the social conditions
that influence spatial planning. This section
describes NL's society in relation to spatial
planning. It includes parameters such as
population, space, density, and percentage of
urban population, and is based on prognoses
of future urban and rural population growth
rates. By measuring the relation between the
space available and the population, it calls
into question the notion of urbanity. How rural
or urban is NL? In order to give an overview
of social conditions, quality of life, freedom,
population age, and educational level are
taken into consideration. What planning
strategy could enrich NL's human capital?
How could NL become more innovative and
free, and therefore more attractive?

POPULATION
Number of people in each country in 2007.

http://stats.oecd.org/WBOS/Index.aspx?DatasetCode=CSP2008
http://en.wikipedia.org/wiki/List_of_countries_by_population

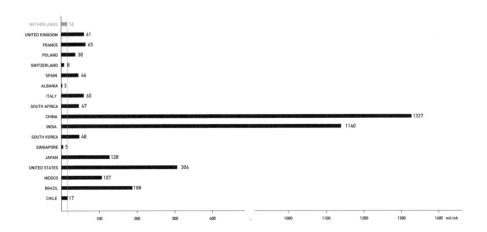

LAND AREA
Land area is a country's total area, excluding area under inland water bodies, national claims to continental shelf, and exclusive economic zones. In most cases the definition of inland water bodies includes major rivers and lakes.

http://www.nationmaster.com/graph/geo_lan_are_sq_km-geography-land-area-sq-km; CIA World Factbook

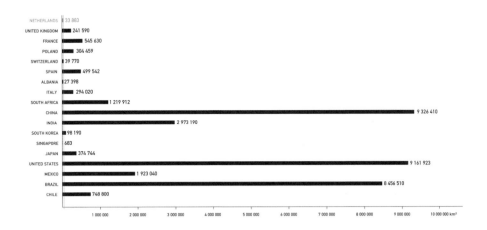

How much space does NL have? How many people are living in NL?
NL is a small country, relatively densely populated. Though the same size as Switzerland, NL has twice the population.

AVERAGE POPULATION DENSITY
Total number of inhabitants per square kilometers in 2005.

http://data.un.org/Data.aspx?d=PopDiv&f=variableID%3a14

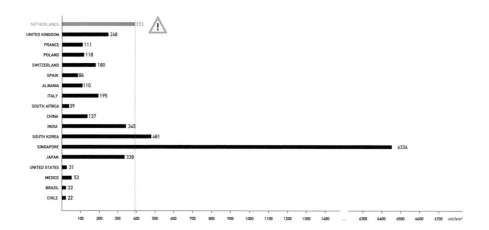

POPULATION GROWTH
Growth rate of total population in 2005.

http://earthtrends.wri.org/

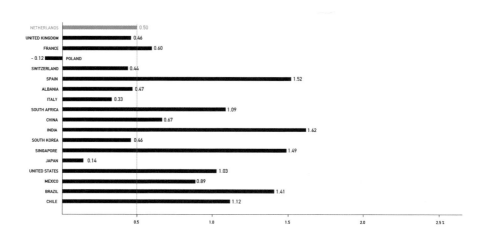

How densely populated is NL? And is NL's population growing?
NL has three times the population of Singapore. Excluding Singapore and South Korea, NL has the highest average country density, higher than India and Japan. The population growth rate is low to average.

PLANNABLE AREA

Plannable surface considered the total surface area of the countries, excluding protected areas in 2005. Managed through legal or other effective means, these areas are land and/or sea especially dedicated to the protection and maintenance of biological diversity, and natural and associated cultural resources.

http://data.un.org/Data.aspx?q=area&d=MDG&f=seriesRowID%3a616

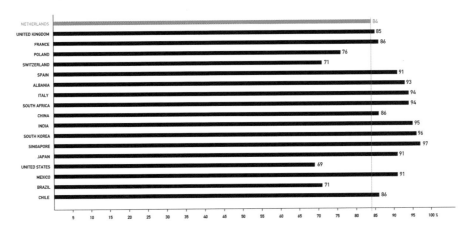

PLANNABLE AREA PER CAPITA

Land area per capita measures the country's total area per 1000 inhabitants, including areas under inlands bodies of water and coastal waterways (square kilometres per 1000 inhabitant).

https://www.cia.gov/library/publications/the-world-factbook/

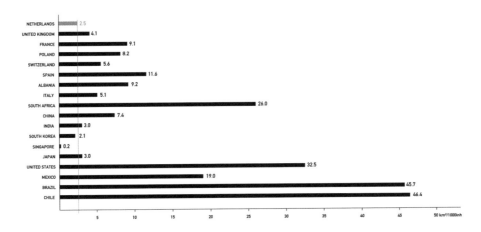

How much space does NL reserve for nature and to preserve ecosystems and natural qualities?
And how much plannable area is left?

After taking nature protection into account, the remaining plannable area is rather small, and the plannable land per capita is amongst the smallest in any country (largely because of the country's population density). Consequently, land is valuable; there is too little space to waste or misuse it.

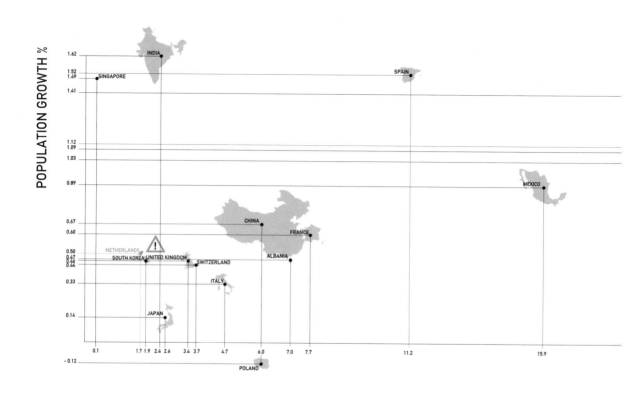

POPULATION GROWTH %

1.62	INDIA
1.52 1.49	SINGAPORE, SPAIN
1.41	
1.12 1.09 1.03	
0.89	MEXICO
0.67 0.60	CHINA FRANCE
0.50 0.47 0.46 0.44	NETHERLANDS SOUTH KOREA UNITED KINGDOM SWITZERLAND ALBANIA
0.33	ITALY
0.14	JAPAN
- 0.12	POLAND

0.1   1.7 1.9 2.4 2.6   3.4 3.7   4.7   6.0   7.0 7.7   11.2   15.9

The relation between the plannable area per capita and population growth indicates the required density for future planning. Compared with other geographically small countries such as the United Kingdom, Japan, Albania, Italy, and South Korea, NL has the highest population growth rate and the smallest available land area per capita. Assuming that NL's population growth rate will remain unchanged, NL should intensify the built up area to accommodate its growing population.

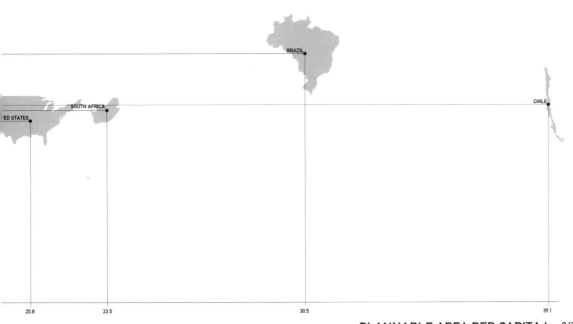

BRAZIL

CHILE

SOUTH AFRICA

ED STATES

| 20.8 | 23.5 | 30.5 | 39.1 |

PLANNABLE AREA PER CAPITA km²/inh

EXISTING NL

EXPANDED NL

What if NL expands, in the Dutch historical tradition, in order to accommodate the growing population? NL could consider reclaiming land, expanding into the sea to increase its plannable area while maintaining its current average density as the population grows. NL should add 8,300 km² of reclaimed land. By building a series of new polders and/or islands, NL would gain more space and coastline, which could be combined with better flood protection and greater biodiversity. Each island would present the opportunity to explore new forms of urbanization.

URBAN POPULATION

Urban population refers to the percentage of population living in areas defined as urban in 2006.
Definitions of urban population vary slightly from country to country.

http://data.un.org/Data.aspx?q=URBAN+POPULATION&d=WHO&f=inID%3aSDEC06

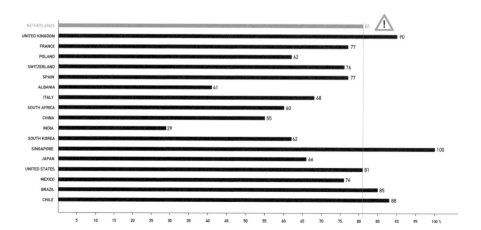

URBAN POPULATION DENSITY (AVERAGE)

Average urban population density measures the average of the different densities in all the urban
areas (inhabitants per square kilometres).

http://www.demographia.com/db-wlargestua.pdf

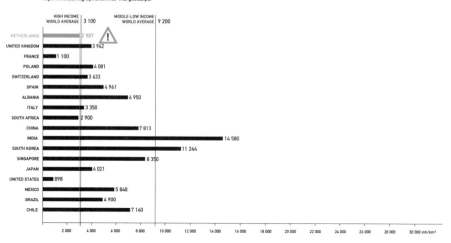

Is NL's population mainly urban or rural?

Urban population forms a very large percentage of the total (more than 50%) in almost all of the countries
selected. With 81% NL has the same share of urban population as the United States. As one of the most
urbanized countries in the group, and taking into account the size of the country, NL could be regarded as a city-
state like Singapore. Should NL be seen as a city? NL City?

How densely populated are NL's urban areas?

The difference in urban average density between high-income and middle or low-income countries is considerable.
Are there two distinct modes of urbanity, one in poor countries and one in rich countries? NL follows the trend for
high-income countries, with a fairly low urban density compared to low-income countries like China and India.

260

RURAL POPULATION DENSITY (AVERAGE)

Average rural population density is the rural population divided by the arable land area. Arable land includes land defined by the FAO as land under temporary crops, temporary meadows for mowing or for pasture, land under market or kitchen gardens, and land temporarily fallow. Land abandoned as a result of shifting cultivation is excluded.

http://www.nationmaster.com/graph/geo_rur_pop_den_rur_pop_per_sq_km_of_ara_lan-per-sq-km-arable-land (WDI).

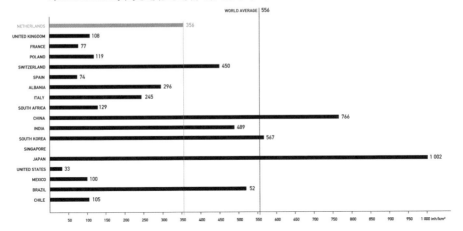

RURAL AND URBAN POPULATION GROWTH

Difference between the growth rate of rural and urban population.

http://earthtrends.wri.org/searchable_db/index.php

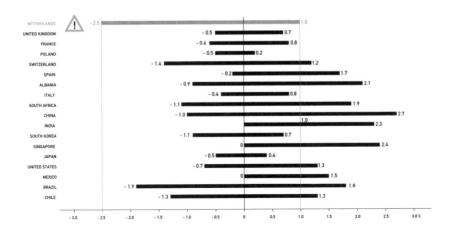

How densely populated are NL's rural areas?

Rural population density varies widely between countries. Compared to those in other European countries, NL's rural areas are quite densely populated. Looking at the world average, NL's rural areas are not so dense.

Is NL's future trend more urban or rural?

Globally the urban population is increasing while the rural population is decreasing. The growth rate of urban population in NL is quite average among the European countries studied and quite low compared to the Asian countries of China, Singapore and India. NL has a declining rural population, which reinforces its tendency toward urbanization.

EXISTING BUILT-UP AREAS

COMPACT NL

What if NL concentrates its built-up areas into urban areas, as China has?
If the whole population were concentrated in urban areas, this would lead to greater urban cohesion and offer cultural concentration with the potential for mixed use and spatial richness. And it would create new open spaces that could focus on different roles: agriculture, afforestation, windmill parks, etc., potentially striking a better balance between rural areas and the urban hubs that they support.

EXISTING BUILT-UP AREAS

DISPERSED NL

What if NL combined a high percentage of people living in urban areas with a very low average urban density, as the United States does?

If NL continues to pursue the Dutch ideal of a detached house and a garden for every family, the country could become a vast expanse of low-rise housing, as it is the norm in the United States. New spatial forms of low-rise urbanization could be experimented with. Spread evenly over the landscape, NL could become a green and continuous city-state.

QUALITY OF LIFE

The index measures the "quality of life". Developed by the Economist Intelligence Unit, it is based on a unique methodology which links the results of subjective life-satisfaction survey to the objective determinants of quality of life across countries.

http://www.economist.com/media/pdf/QUALITY_OF_LIFE.pdf

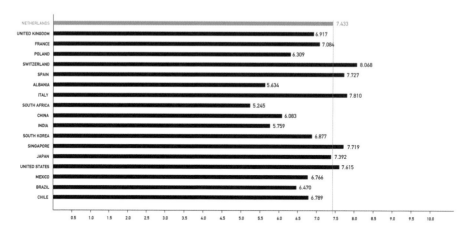

VOICE AND ACCOUNTABILITY

Voice and accountability measures the extent to which a country's citizens are able to partecipate in selecting their government, as well as freedom of expression, freedom of association and a free media.

http://info.worldbank.org/governance/wgi/sc_chart.asp

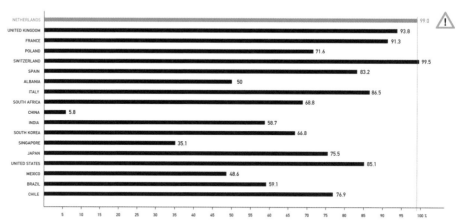

How is the quality of life in NL?

Overall, the level of 'life-satisfaction' in NL is quite high, but compared to that in the other European countries it is quite average.

How free is NL?

Together with Switzerland, NL is leading in voice and accountability. In NL almost 100% of the people are actively involved in selecting the government and are economically and culturally free.

POPULATION BY AGE

Population by age refers to the present population of the country (both sexes) older than age 65, between age 15 and age 65 and below age 15 (2009).

http://earthtrends.wri.org/

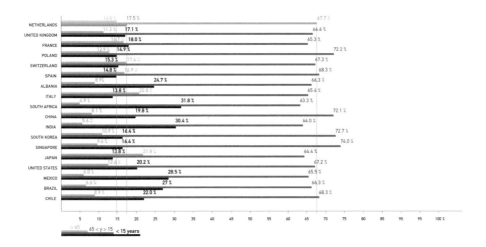

EDUCATION

This table shows the ration of total enrolment in tertiary education, regardless of age, to the population of the age group that officially corresponds to tertiary education.

http://www.nationmaster.com/graph/edu_sch_enr_ter_gro-education-school-enrollment-tertiary-gross (WDI).

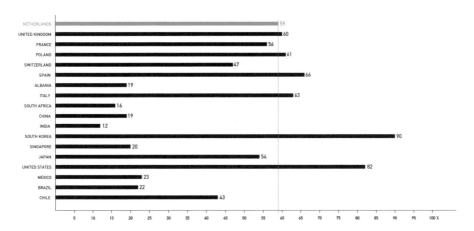

How young or how old is NL?

In most of the countries studied the percentage of young population (under 15) is higher than the percentage above 65 years of age. Compared to this general tendency, the percentage of NL's population that is young is not much more than the percentage that is elderly; in other words, NL has already a relatively old population.

How educated is NL?

NL has an average percentage of people enrolled in tertiary education, while South Korea, the United States, and Poland are leading.

EXISTING NL

ATTRACTIVE NL

What if NL becomes more attractive in order to improve its quality of life, and accordingly its competitiveness, like Switzerland and Italy?
By investing more in health care and education, and experimenting with new forms of urbanization and renewal, NL could improve the quality of life. By investing more in research NL could become more innovative and thereby unique and exemplary. By opening its borders, not only to European citizens, NL would attract young experts from all over the world to enrich the country's human capital.

Planet

The selected parameters in the Planet
field give an overview of climatic and
environmental conditions that influence
spatial planning. This section describes NL's
natural capital in relation to spatial planning,
including conditions dictated by nature and
human behaviour. Starting with climate and
potential natural disasters, it underscores the
important role of spatial planning in protec-
tive action. Continuing with land use and
bio-capacity versus consumption of energy
and CO_2 emissions, the section depicts the
impact of human behaviour on the environment. Is NL's natural capital sufficient to
sustain its patterns of consumption and
behaviour? What planning strategy could
redress the current imbalances?

NATURAL DISASTERS

This table shows the percentage of the total population affected per year,
due to different types of natural disasters in the period between 1980 and 2008.

http://www.preventionweb.net/english/countries/statistics

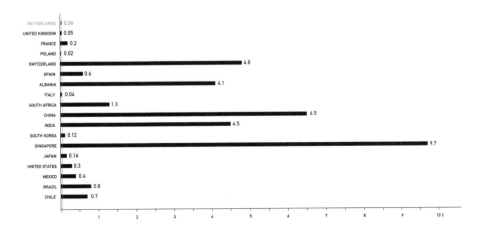

COST OF NATURAL DISASTERS PER CAPITA

This table shows the cost of per capita per year, due to different types of natural disasters
in the period between 1980 and 2008.

http://www.preventionweb.net/english/countries/statistics

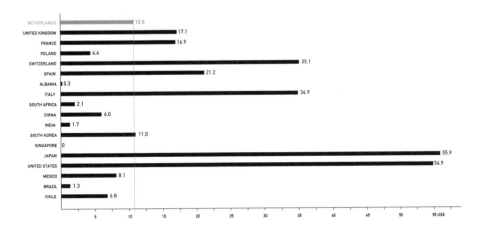

How does climate affect NL's society? And how much damage is caused by natural disasters?
Where natural disasters occur regularly and cause significant impact and damage, planning has become
a necessity of life. NL has to face the risk of flooding. The geographic conditions of living in a delta are the
exigencies that have historically made spatial planning necessary. The average yearly proportion of NL's
population affected and the ensuing costs are relatively small. It can be concluded that NL is relatively safe
compared to other countries.

EXISTING WATER

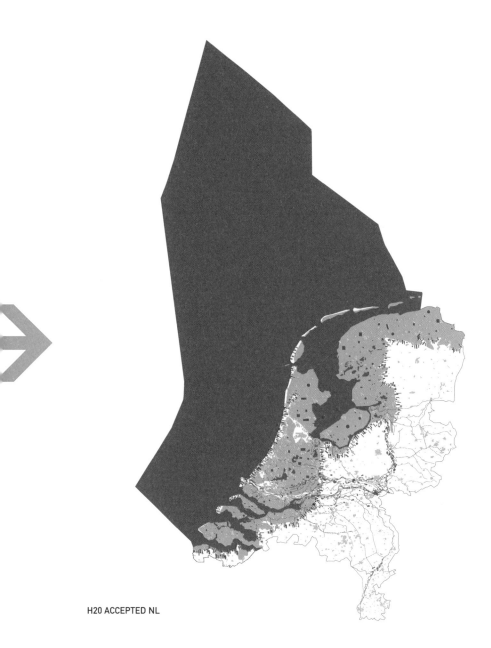

H20 ACCEPTED NL

What if the climate changes dramatically and the temperature and water level rise, having a profound impact on society?

NL would have to create a buffer and create more space for water. If the water level rises one meter from the current level, 40% of the country will be under water. NL could establish a new form of coexistence between human habitation and water, as Bangladesh has done. Living with water would present NL with social and economic opportunities. Higher patches of land within the new water area will remain as Mont-Saint-Michel-like settlements. New forms of urbanization could float on a productive waterscape, linked by raised motorways. The new coastlines could become areas of high-density urbanization.

BUILT-UP AREA

Percentage of built-up area on the total area of each country in 2006.

http://www.rprogress.org; http://www.nationmaster.com/graph/geo_lan_use_ara_lan-geography-land-use-arable;
https://www.cia.gov/library/publications/the-world-factbook/; http://earthtrends.wri.org/

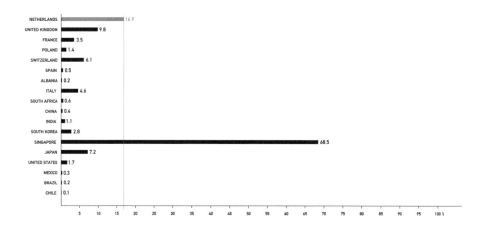

PRODUCTIVE AGRICULTURAL LAND

Agricultural land refers to the share of land area that is arable, under permanent crops, and under permanent pastures.
Arable land includes land defined by the FAO as land under temporary crops, temporary meadows for mowing or for pasture,
land under market or kitchen gardens, and land temporarily fallow.

http://www.nationmaster.com/graph/agr_agr_lan_of_lan_are-agriculture-agricultural-land-of-area

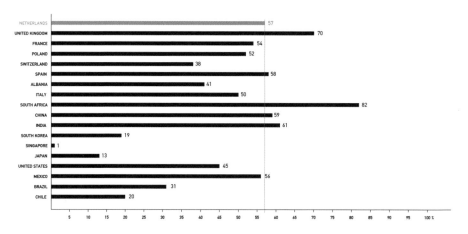

How much space in NL is currently urbanized and how much is productive?
How large is the proportion of productive space in relation to inhabited space?
NL is the most urbanized country after Singapore. It has a fairly large proportion of agricultural land, about
57% of its total land area.

FOOD PRODUCTION PER CAPITA

The food production per capita index presents net food production (after deduction for feed and seed) of a country's agricultural sector per person relative to the base period 1999-2001. The food production per capita index covers all edible agricultural products that contain nutrients; coffee and tea are excluded.

http://earthtrends.wri.org/searchable_db/index.php

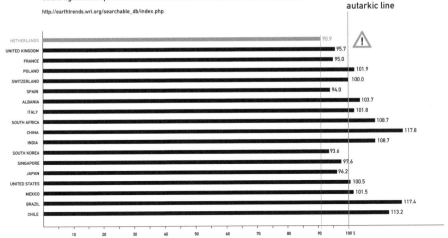

autarkic line

WATER AREA PER CAPITA

Water area per capita measures the total water area per inhabitant (square kilometres per inhabitant).

https://www.cia.gov/library/publications/the-world-factbook/

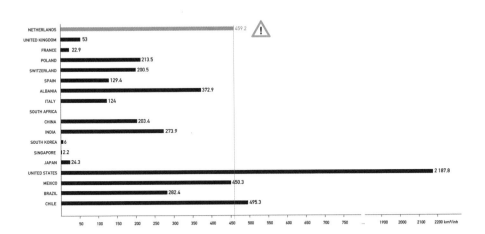

Does NL produce enough food to sustain its population?
In contrast to most of the other countries, NL produces only 90% of the food needed for domestic consumption.

How much water area per inhabitant does NL have?
NL has an exceptionally large water area per capita compared to the other countries studied, and the water resources available are more than sufficient to meet the demand. How could NL optimize the use of its large water area?

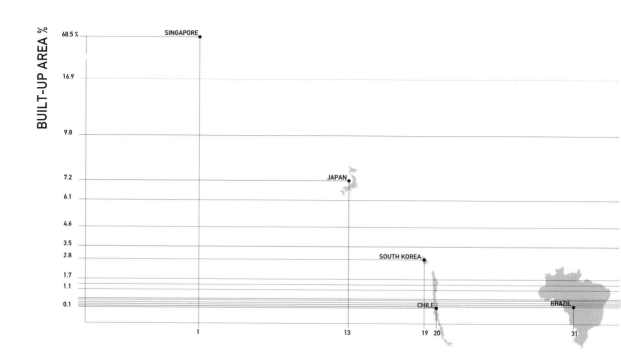

BUILT-UP AREA %

68.5 %   SINGAPORE•

16.9

9.8

7.2   JAPAN•

6.1

4.6

3.5

2.8   SOUTH KOREA•

1.7

1.1

0.1   CHILE•   BRAZIL•

1   13   19 20   31

Among the selected countries, NL stands out for its unique combination of a high proportion of urbanized areas and a high percentage of productive agricultural land. Does this mean that NL could potentially be food-wise autarkic?

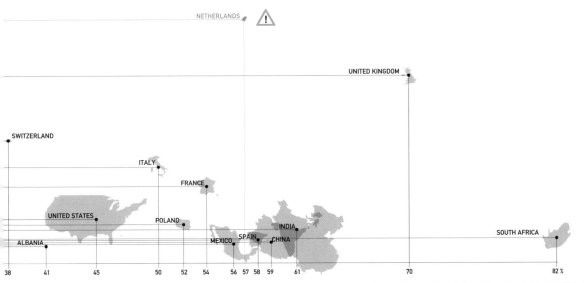

NETHERLANDS

UNITED KINGDOM

SWITZERLAND

ITALY

FRANCE

UNITED STATES

POLAND

INDIA

SOUTH AFRICA

ALBANIA

MEXICO SPAIN CHINA

38   41   45   50   52   54   56 57 58 59   61   70   82 %

PRODUCTIVE AGRICULTURAL AREA %

EXISTING AGRICULTURE

AUTARKIC NL

What if NL would become food-wise autarkic, like Switzerland?
Though agriculture takes up about 57% of the land in NL, it only produces enough to feed 90% of the
population. By intensifying and diversifying its agriculture, NL could supply all food for its population and
become food-wise autarkic.

FOREST AREA PER CAPITA

This table shows each country's total forest area (in square kilometres) per 1,000 inhabitants. For comparison purposes, it also shows (in grey) the amount of forest area per 1,000 inhabitants needed to absorb the country's annual CO_2 emissions.

http://www.nationmaster.com/graph/geo_for_lan-geography-forested-land; http://www.fao.org

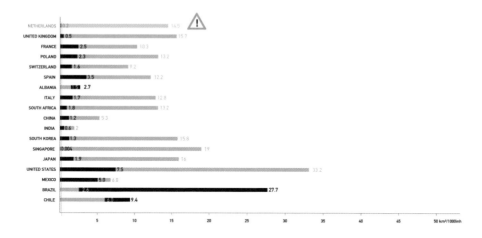

How much forest does NL have? How much forest does NL need to absorb its CO_2 production?
Most countries are made up largely of arable and forested land. Excluding the city-state of Singapore, NL has the smallest forest area per capita.

CO₂ EMISSIONS PER CAPITA

This table shows carbon dioxide emissions stemming from the burning of fossil fuels and the manufacturing of cement. This includes carbon dioxide produced by the consumption of solid, liquid, and gas fuels, as well as gas flaring (kilotonnes per 1,000 inhabitants).

http://www.nationmaster.com

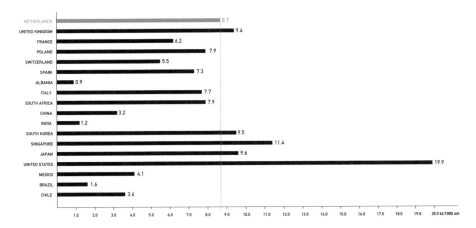

How does NL behave? How much CO₂ does it produce?
Though lower than in the extreme case of the United States and as well Singapore, Japan, South Korea, and the United Kingdom, NL's CO₂ emissions are quite high.

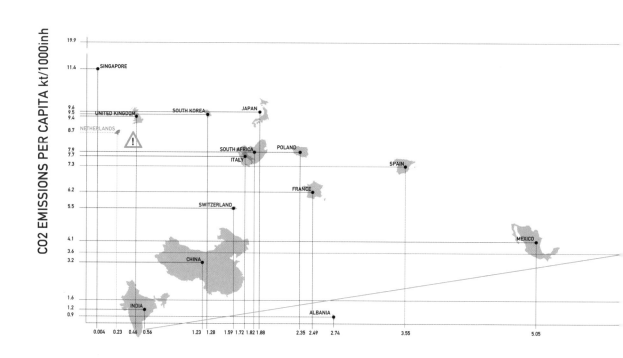

The relation between CO_2 emissions and forest area per capita gives a indication of a country's emission versus absorption. Based on the amount of forest needed to compensate for a ton of emitted CO_2, a 'responsibility line' can be drawn. Being among the countries with the highest CO_2 emissions and the smallest forest area per capita, NL is well on the 'irresponsible' side and urgently needs to take action.

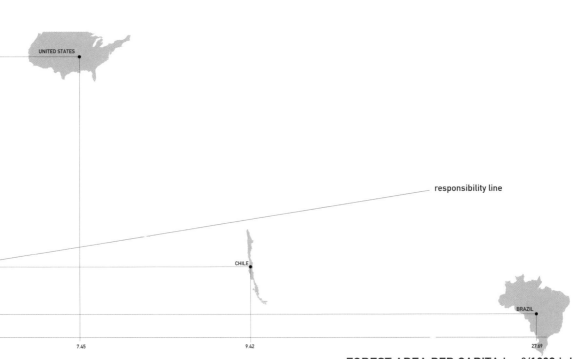

UNITED STATES

responsibility line

CHILE

BRAZIL

7.45   9.42   27.69

FOREST AREA PER CAPITA km²/1000 inh

EXISTING FOREST

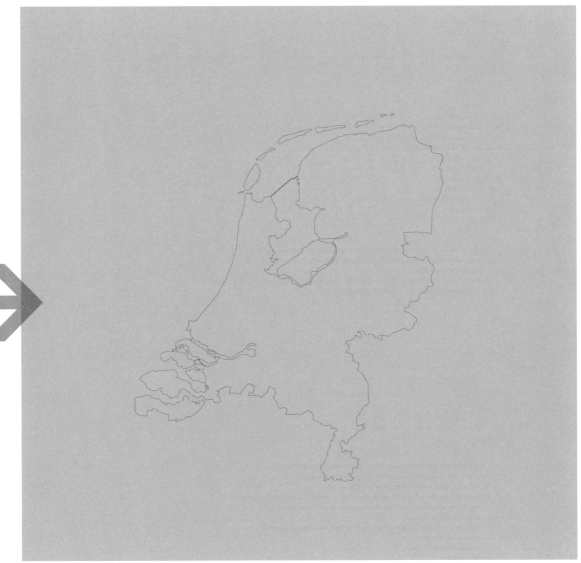

CO$_2$ FOREST NL

What would NL need to absorb its CO$_2$ production and become a low-CO$_2$ emitting country like Brazil, Chile, and Albania?

In order to absorb its current CO$_2$ emissions, NL would need 235,000 km^2 of forest. Considering that the existing forest only absorbs 1.5% of its emissions, NL should consider far-reaching measures to decrease its CO$_2$ production and/or to expand its forest area. By implementing an extensive afforestation program, NL could become a more responsible country.

BIOCAPACITY

Biocapacity refers to the capacity of a biologically productive area to generate an ongoing supply of renewable resources and to absorb its spillover wastes (global hectares per person).

http://www.footprintnetwork.org

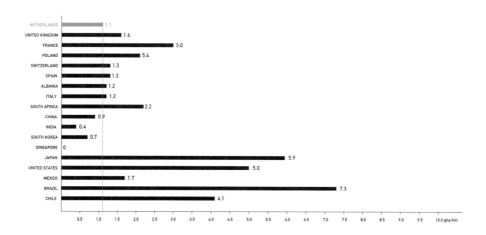

ECOFOOTPRINT

This table shows each country's ecological footprint: human demand on the biosphere, expressed in terms of the biologically productive land and sea area required to provide the resources people use and to absorb their waste (global hectares per person).

http://www.footprintnetwork.org

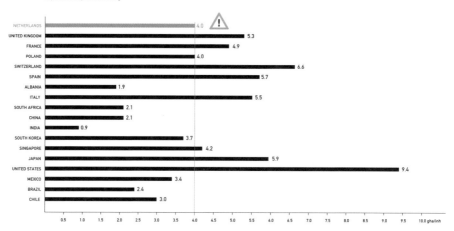

What are NL's biocapacity and ecological footprint? Are they balanced?
Almost all the countries examined have an ecological footprint that exceeds their biocapacity, with Brazil, Chile, South Africa, and Japan as exceptions. NL needs four times its own biocapacity and is consequently very dependent on other countries.

ENERGY CONSUMPTION PER CAPITA

This table shows the energy consumed per person in each country (kilograms of oil equivalent per capita).

http://data.iea.org/ieastore/default.asp.

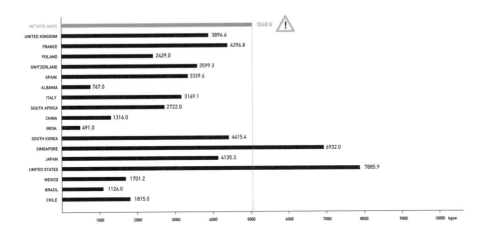

ENERGY

This table compares the total energy produced in each country (in black) with the total energy consumed (in grey) (million tonnes of oil equivalent).

http://data.iea.org/ieastore/default.asp.

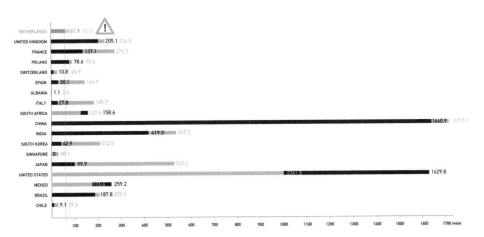

The levels of energy consumption per capita cover a wide range, underlining the economic differences amongst the selected countries. NL has one of the highest levels of energy consumption per capita, just after the United States and Singapore. How much energy per capita does NL consume? Is NL producing enough energy to satisfy its needs?

Almost all the countries examined produce less energy then they consume. Singapore does not produce energy at all, and Italy, Spain, and South Korea consume, respectively, six, five, and more than four times the amount that they produce. Though it produces only around 75% of the amount that it consumes, NL is relatively self-sufficient energy-wise.

287

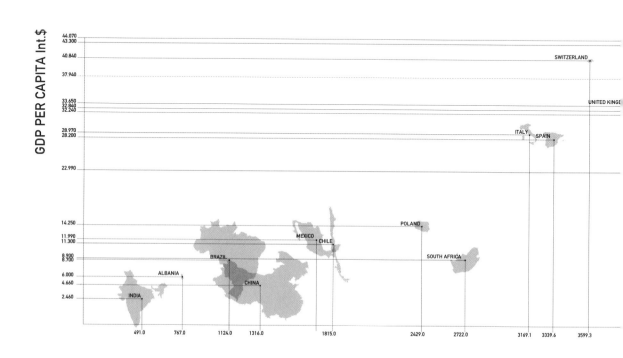

The relation between GDP and energy consumption per capita gives an idea of a country's behaviour. The relation between energy consumption and national income in NL is typical of the group studied. NL's energy consumption trails the United States and Singapore. Compared to NL, Switzerland has a higher GDP per capita with lower energy consumption per capita. If NL maintains its current behaviour, what strategies could it implement to increase the production of energy to balance its needs?

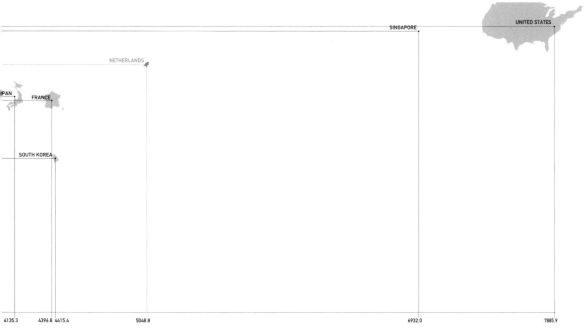

JAPAN   FRANCE

NETHERLANDS

SINGAPORE   UNITED STATES

SOUTH KOREA

4135.3   4396.8 4415.4   5048.8   6932.0   7885.9

ENERGY CONSUMPTION PER CAPITA mtoe

EXISTING WINDMILLS

WIND PARKS NL

What if NL achieved energy self-suffficiency to compete with the United States, Mexico, and South Africa? NL could compensate for its lack of natural resources by using renewable energy. A dense forest of wind turbines could be planted in the sea, taking advantage of NL's geographic potential and combining the generation of wind and tidal power. Areas along the coast and at the Doggers Bank are promising wind park locations, with advantages of strong sea winds and the answering to different constrains. Barely visible from the beaches, these zones could provide all the needed energy to meet the country's needs.

EXISTING HIGHWAYS AND RAILWAYS

ENERGY NET NL

Or...

by using leftover spaces, such as the noise buffer zones along main transport routes, for energy production devices such as solar panels and windmills, NL could harness its transport network to produce energy. This could potentially be combined with a transport system that produces energy in its own, for instance through the movement of the train along the tracks.

Profit

The selected parameters in the Profit section give a general overview of the economic conditions that determine spatial planning. This section describes NL's economic capital in relation to spatial planning, including the contributions of different sectors and attractiveness to investors. The selected parameters also describe the level of prosperity, measuring the distribution, the growth, the freedom, and the attractiveness of NL's economy. Looking at the performance of different economic sectors makes it possible to imagine future economic orientations and specializations. What planning strategies or policies could boost NL's economic capital and prosperity?

GDP PER CAPITA

Gross national income per capita (PPP international $) in 2006. PPP (purchasing power parity) takes into account the relative cost of living and the inflation rates in different countries, rather then just comparing their nominal gross domestic product (GDP).

http://data.un.org/Data.aspx?q=income+per+capita&d=WHO&f=inID%3aSDEC14

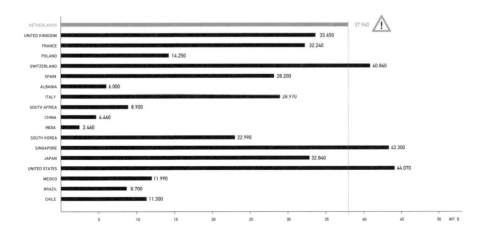

GDP GROWTH

Average annual growth in percentage in 2006,using fixed prices and no direct effect of inflation.

http://stats.oecd.org/WBOS/Index.aspx?DatasetCode=CSP2008

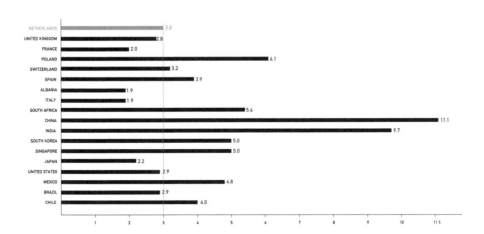

How prosperous is NL?

GDP per capita covers a wide range of values, with a large gap between rich and poor countries. NL, like Switzerland, Singapore, and the United States, has one of the highest levels of GDP per capita.

Is NL's economy growing?

A country's GDP growth rate tends to be inversely related to its GDP per capita; countries with a low GDP per capita have a higher GDP growth rate. Among wealthy countries, NL has a relatively high growth rate (2006).

295

ECONOMIC FREEDOM

Economic freedom is the right of every human to control his or her own labour and property. In an economically free society, individuals are free to work, produce, consume, and invest in any way they please, with that freedom both protected by the state and unconstrained by the state. In economically free societies, governments allow labour, capital and goods to move freely, and refrain from coercion or constraint of liberty beyond the extent necessary to protect and maintain liberty itself.

http://www.heritage.org/Index/About.aspx

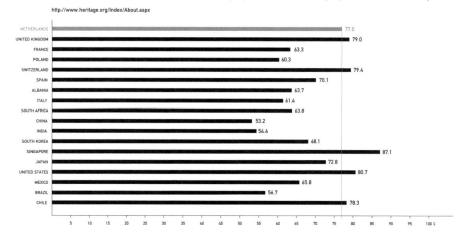

Is NL economically free?

Economic freedom is quite high in all the countries studied. At 77% NL is less economically free than Singapore, the United States, the United Kingdom, Switzerland, and Chile.

FOREIGN DIRECT INVESTMENT

Foreign direct investment is net inflows of investment to acquire a lasting management interest (10 percent or more of voting stock) in an enterprise operating in an economy other than that of the investor. It is the sum of equity capital, reinvestment of earnings, other long-term capital, and short-term capital as shown in the balance of payments. This table shows net inflows into the reporting economy (US$).

International Monetary Fund, International Financial Statistics and Balance of Payments databases, and World Bank, Global Development Finance.

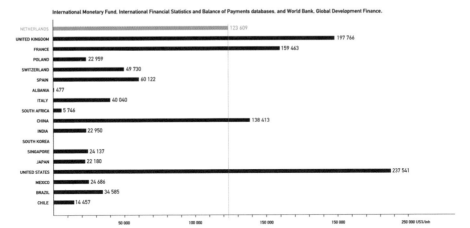

NETHERLANDS	123 609
UNITED KINGDOM	197 766
FRANCE	159 463
POLAND	22 959
SWITZERLAND	49 730
SPAIN	60 122
ALBANIA	477
ITALY	40 040
SOUTH AFRICA	5 746
CHINA	138 413
INDIA	22 950
SOUTH KOREA	
SINGAPORE	24 137
JAPAN	22 180
UNITED STATES	237 541
MEXICO	24 686
BRAZIL	34 585
CHILE	14 457

Axis: 50 000 — 100 000 — 150 000 — 150 000 — 250 000 US$/inh

Is NL attractive to foreign investors?
Even if NL is among the most attractive countries for investment, it ranks well below the United States, France, and the United Kingdom.

CONTRIBUTION OF AGRICULTURE TO GDP

This table gives the percentage contribution of agriculture to total GDP.

https://www.cia.gov/library/publications/the-world-factbook/geos/CH.html

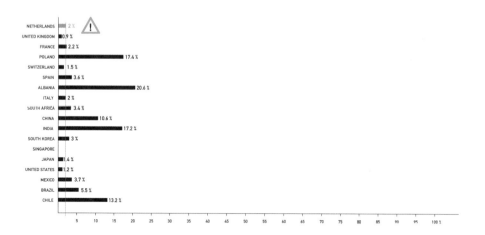

PER CAPITA CONTRIBUTION OF AGRICULTURE TO GDP

This table gives the contribution of agriculture to total GDP in US$ per capita.

https://www.cia.gov/library/publications/the-world-factbook/geos/CH.html

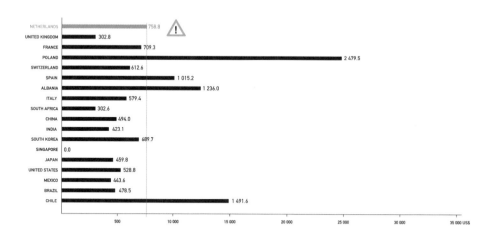

What is the contribution of the agricultural sector to GDP in NL?

In all wealthy countries the contribution of agriculture to GDP is low. Despite the fact that NL has a large portion of agricultural land (57%), the contribution of agriculture to GDP is extremely small in relation to the total income (2%). Nevertheless, looking at the agricultural sector's contribution to GDP per capita, NL ranks quite high, just below Poland, Chile, Albania, and Spain.

CONTRIBUTION OF INDUSTRY TO GDP

This table gives the percentage contribution of industry to total GDP.

https://www.cia.gov/library/publications/the-world-factbook/geos/CH.html

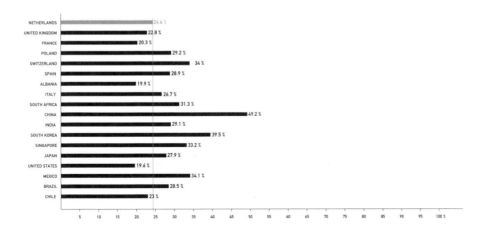

PER CAPITA CONTRIBUTION OF INDUSTRY TO GDP

This table gives the contribution of industry to total GDP in US$ per capita.

https://www.cia.gov/library/publications/the-world-factbook/geos/CH.html

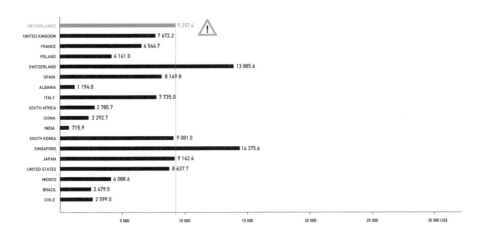

What is the contribution of the industrial sector to GDP in NL?

The contribution of industry to GDP is quite low in all the countries investigated except China, where it approaches 50%. Even if NL is average, with a contribution of just over 24%, it has the highest effective industrial contribution to GDP per capita of any rich country studied except Singapore and Switzerland.

CONTRIBUTION OF SERVICE TO GDP

This table gives the percentage contribution of services to total GDP.

https://www.cia.gov/library/publications/the-world-factbook/geos/CH.html

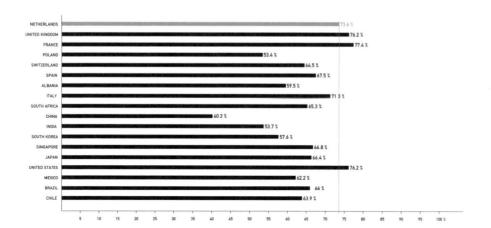

PER CAPITA CONTRIBUTION OF SERVICE TO GDP

This entry gives the contribution of the service sector to total GDP in US$ per capita.

https://www.cia.gov/library/publications/the-world-factbook/geos/CH.html

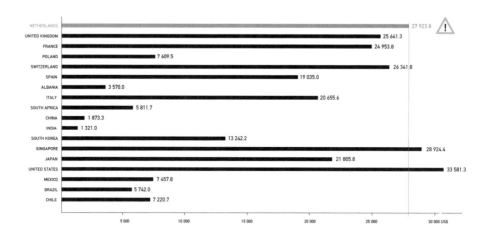

What is the contribution of the service sector to GDP in NL?

Despite the country's large proportion of agricultural land, services form NL's main economic sector. In fact, in all the countries studied except China, the service sector contributes more than 50%. Within the common trend, there is a clear difference between low and high-income countries appears in the effective contribution of services to GDP per capita. The percentage contribution of the service sector to NL's GDP is among the highest, just below France, the United Kingdom, and the United States. NL also has one of the highest contributions of services to GDP per capita, trailing only the United States and Singapore.

EXISTING AGRICULTURE

SERVICE NL

What if NL abandoned the unprofitable and land-intensive agricultural sector?
By abandoning agriculture, NL could gain 19,300 km² of space. Moreover, funding for the obsolete Ministry of Agriculture could be used for other purposes. By converting agricultural land, NL could further expand its service sector and innovative industries. This might enable NL to surpass Singapore and the United States and could be combined with new forms of urbanization. Introducing a light infrastructure in former agricultural areas could boost economic development.

Politics

The selected parameters in the Politics section give an overview of the political conditions, tax levels, and expenditures that influence spatial planning. This section describes NL's political system in relation to spatial planning, examining the level of democracy, political stability, government effectiveness and regulatory quality, and the NL's position in a political context. The next set of comparisons focuses on connections between government investment and spatial planning, such as infrastructure, natural risk protection devices, etc. What political policies could NL implement to reinforce and enhance its planning processes? How could NL become more effective in the political field, and thereby in spatial planning?

POLITICAL SYSTEM

The Economist Intelligence Unit has studied the state of democracy in 167 countries and attempted to quantify this through a democracy index focusing on five general categories: electoral process and pluralism, civil liberties, functioning of government, political participation and political culture. The countries are categorized into full democracies, flawed democracies, hybrid regimes and authoritarian regimes.

http://en.wikipedia.org/wiki/Democracy_Index

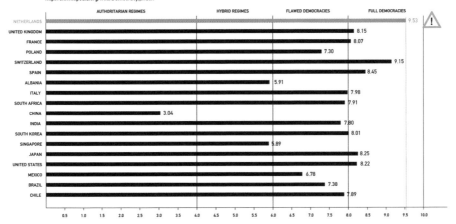

POLITICAL STABILITY AND ABSENCE OF VIOLENCE

This table shows the perceived likelihood that government will be destabilized or overthrown by unconstitutional or violent means, including domestic violence and terrorism.

http://info.worldbank.org/governance/wgi/sc_chart.asp

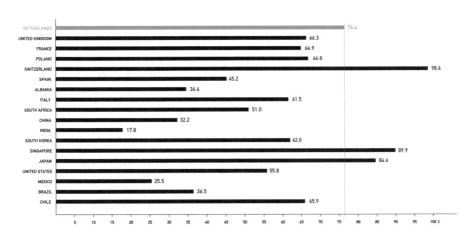

How democratic is NL?

With the exception of China (an authoritarian regime) and Albania and Singapore (hybrid regimes), all the other countries studied are either flawed or full democracies. NL is a full democracy with the highest democracy rating.

Is NL politically stable?

The level of political stability varies dramatically between India, the least stable country, and Switzerland, the most stable. NL is fairly stable, ranking below only Switzerland, Singapore, and Japan.

GOVERNMENT EFFECTIVENESS

Government effectiveness measures the quality of public services, the quality of the civil service and the degree of its independence from political pressures, the quality of policy formulation and implementation, and the credibility of the government's commitment to such policies.

http://info.worldbank.org/governance/wgi/sc_chart.asp

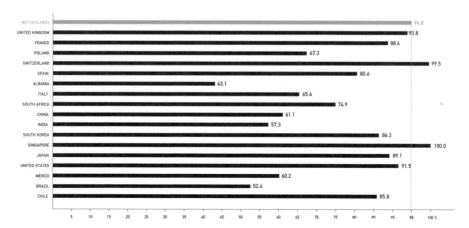

Is NL's government effective?

NLalso leads in government effectiveness, just behind Switzerland and Singapore. NL's public and civil service have a fairly high standard of quality and degree of independence from political pressure.

REGULATORY QUALITY

Regulatory quality measures the ability of the government to formulate and implement sound policies and regulations that permit and promote private sector development.

http://info.worldbank.org/governance/wgi/sc_chart.asp

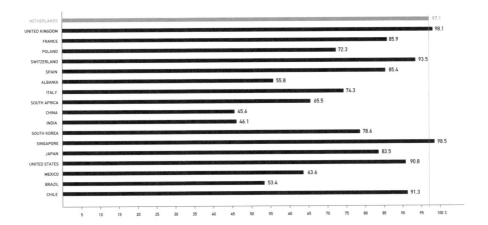

Country	Value
NETHERLANDS	97.1
UNITED KINGDOM	98.1
FRANCE	85.9
POLAND	72.3
SWITZERLAND	93.5
SPAIN	85.4
ALBANIA	55.8
ITALY	74.3
SOUTH AFRICA	65.5
CHINA	45.6
INDIA	46.1
SOUTH KOREA	78.6
SINGAPORE	98.5
JAPAN	83.5
UNITED STATES	90.8
MEXICO	63.6
BRAZIL	53.4
CHILE	91.3

What is the quality of regulation in NL?

NL scores well on regulatory quality, just below United Kingdom and Singapore.

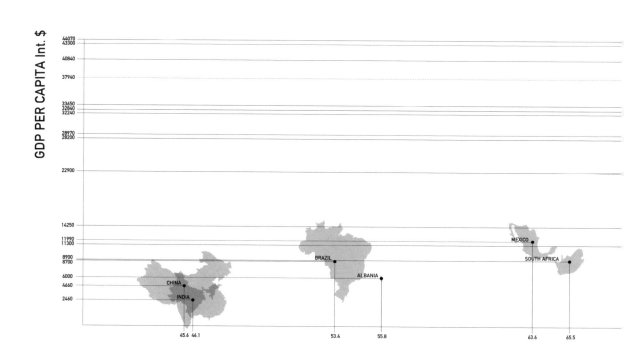

GDP PER CAPITA Int. $

44070
43300
40840
37940
33650
32840
32240
28970
28200
22900
14250
11990
11300
8900
8700
6000
4660
2460

MEXICO
BRAZIL
SOUTH AFRICA
ALBANIA
CHINA
INDIA

45.6 46.1   53.4   55.8   63.6   65.5

The relationship between GDP per capita and regulatory quality reflects the relationship between prosperity and governance. Even though NL has a very high standard of regulation, its GDP per capita is below that in the United States and Switzerland, which have a lower standard of regulation. NL should modify its regulatory practices to encourage private economic development.

308

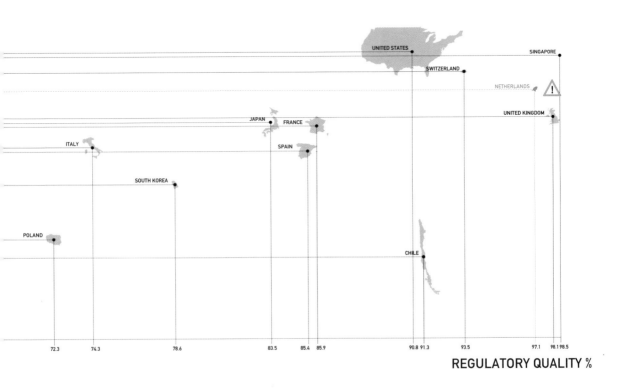

SINGAPORE

UNITED STATES

SWITZERLAND

NETHERLANDS

JAPAN   FRANCE

UNITED KINGDOM

ITALY

SPAIN

SOUTH KOREA

POLAND

CHILE

72.3   74.3   78.6   83.5   85.4 85.9   90.8 91.3   93.5   97.1 98.1 98.5

REGULATORY QUALITY %

EXISTING ADMINISTRATIVE BOUNDARIES

EFFECTIVE NL

What if NL were governed more effectively, like Singapore?
There are four levels of governance in NL: national government, provinces, water boards and municipalities. NL does not really need both provinces and water boards. The water boards could take over the role of the provinces, giving water management a fundamental role in all their activities. Simplifying the governmental system from four to three administrative levels, like Singapore, would create a more effective governance system, potentially facilitating spatial planning processes.

TOTAL GOVERNMENT EXPENDITURE

Total government expenditure is a measure of general government final expenditure that includes all government current expenditures for purchases of goods and services (including compensation of employees). It also includes most expenditures on national defense and security, but excludes government military expenditures that are part of government capital formation (US$ per capita).

http://www.nationmaster.com/graph/tra_rai_usa_sta_dis_tra_by_rai_per_inh_in_kmy_kil-per-inhabitant-km-year-kilometres

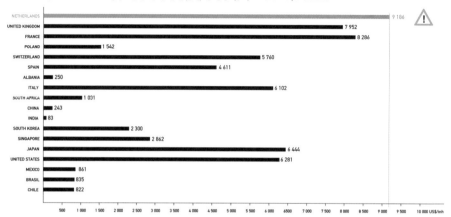

HIGHWAYS PER CAPITA

This table shows the total length of the highway system (in kilometres per 1,000 inhabitants).

https://www.cia.gov/library/publications/the-world-factbook/

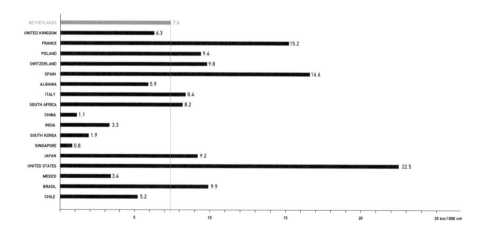

How much does NL's government spend?

The wide range of values underlines the gap between rich and poor countries, with some exceptions such as Singapore. Of all the countries examined, NL spends the most. Comparing NL's expenditure on natural risk management and infrastructure is crucial in this connection, but such data was not available at the time of this research.

312

RAIL USAGE
This table shows the distance travelled by rail per inhabitant (in kilometres per year).

http://www.nationmaster.com/graph/tra_rai_usa_sta_dis_tra_by_rai_per_inh_in_kmy_kil-per-inhabitant-km-year-kilometres

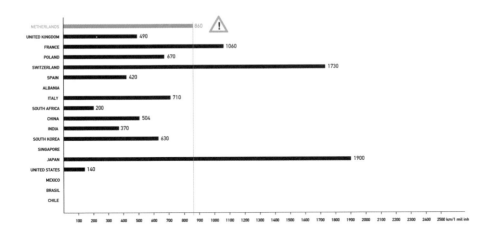

RAILWAYS PER CAPITA
This table shows the total route length of the railway network (kilometres per 1 million inhabitants).

https://www.cia.gov/library/publications/the-world-factbook/

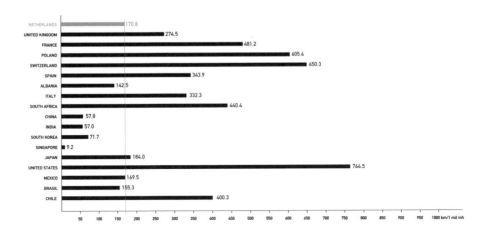

How much infrastructure does NL have and how intensively is NL's infrastructure used?
Among the countries, the highway per capita varies greatly, depending on country size and level of economic development. Compared to France, Spain, and Italy, NL has a high level of highway per capita. Both highway and railway per capita reflect a country's size and level of economic development. Compared to NL, Switzerland has four times as much railway length per capita, while Japan is comparable to NL.
Like Japan, Switzerland, and France, NL has a high level of rail use. Even though Switzerland has four times as much railway per capita as NL, its rail use is about the same. In contrast, Japan has about the same railway per capita as NL, but about twice as much rail use. NL could intensify and complete its existing railway system.

313

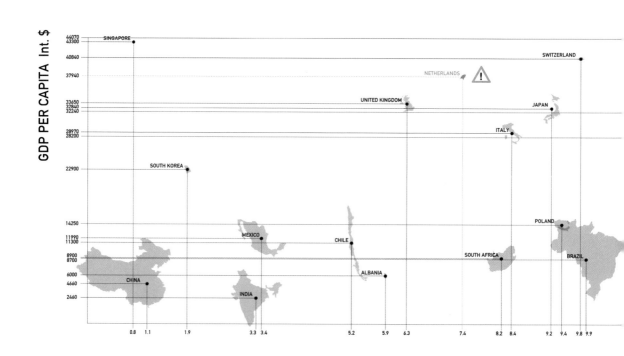

GDP PER CAPITA Int. $

44070
43300 — SINGAPORE

40840 — SWITZERLAND

37940 — NETHERLANDS ⚠

33650
32840 — UNITED KINGDOM
32240 — JAPAN

28970
28200 — ITALY

22900 — SOUTH KOREA

14250 — POLAND
11990 — MEXICO
11300
8900 — CHILE   SOUTH AFRICA
8700 — BRAZIL
6000 — ALBANIA
4660 — CHINA
2460 — INDIA

0.8 1.1   1.9   3.3 3.4   5.2   5.9 6.3   7.4   8.2 8.4   9.2 9.4   9.8 9.9

The relationship between GDP and highway per capita reflects the relationship between prosperity and infrastructure. A quite direct relationship can be observed, with interesting exceptions. NL is prosperous, but has less highway infrastructure per capita than Switzerland, a country of about the same size, and considerably less than France, Spain, and the United States. NL could thus be described as less connected.

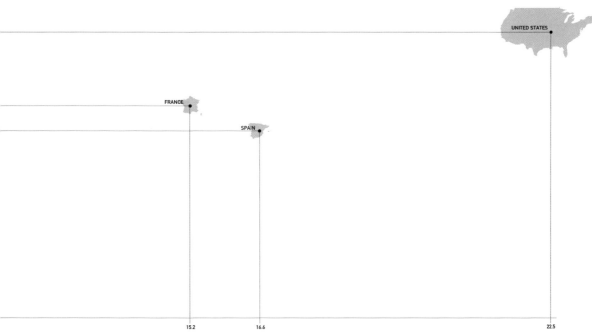

UNITED STATES

FRANCE

SPAIN

15.2   16.6   22.5

HIGHWAYS km/1 000 inh

EXISTING HIGHWAYS

CONNECTED NL

What if NL expanded its highway network to become connected, like the United States, Spain and France?
NL could invest more in infrastructure and in intensifying its transport network. By filling in some missing links, NL could rise from 7.4 to 10.3 kilometres per 1,000 inhabitants, being much closer to France. NL's improved connectivity could boost the economy and thereby promote future development, per definition leading to a more spread urban development.

EXISTING RAILWAYS

EFFICIENT NL

What if NL strongly emphasized public transport, like Switzerland or Japan?

NL's current railway system could be improved. It could have more length of railway, used more intensively, like Switzerland and Japan. Enlarging the public transport network from 171 to 198 kilometres per one million inhabitants (an addition of more than 15%), surpassing Japan and being closer to Swizerland in railwaylength. This would make NL more efficient, yielding ecological and socioeconomic benefits. NL could become road-free, slashing CO_2 emissions from automotive transport. Taking advantage of the railway network, existing and future urbanization could be organized around the railways, leading to a more spread, but concentrated urban development.

What if NL...?

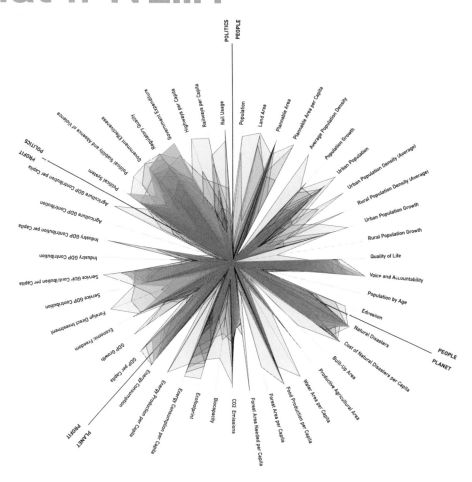

This overview of all the above scenarios sums up provocative and evocative spatial planning proposals for NL. In many cases, these spatial strategies could co-exist in synergy. Further exploration of their consequences will be necessary.

NL

EXPANDED NL

What if NL expands, in the Dutch historical tradition, in order to accommodate the growing population?

NL could consider reclaiming land, expanding into the sea to increase its plannable area while maintaining its current average density as the population grows. NL should add 8,300 km² of reclaimed land. By building a series of new polders and/or islands, NL would gain more space and coastline, which could be combined with better flood protection and greater biodiversity. Each island would present the opportunity to explore new forms of urbanization.

COMPACT NL

What if NL concentrates its built-up areas into urban areas, as China has?

If the whole population were concentrated in urban areas, this would lead to greater urban cohesion and offer cultural concentration with the potential for mixed use and spatial richness. And it would create new open spaces that could focus on different roles: agriculture, afforestation, windmill parks, etc., potentially striking a better balance between rural areas and the urban hubs that they support.

DISPERSED NL

What if NL combined a high percentage of people living in urban areas with a very low average urban density, as the United States does?

If NL continues to pursue the Dutch ideal of a detached house and a garden for every family, the country could become a vast expanse of low-rise housing, as it is the norm in the United States. New spatial forms of low-rise urbanization could be experimented with. Spread evenly over the landscape, NL could become a green and continuous city-state.

ATTRACTIVE NL

What if NL becomes more attractive in order to improve its quality of life, and accordingly its competitiveness, like Switzerland and Italy?

By investing more in health care and education, and experimenting with new forms of urbanization and renewal, NL could improve the quality of life. By investing more in research NL could become more innovative and thereby unique and exemplary. By opening its borders, not only to European citizens, NL would attract young experts from all over the world to enrich the country's human capital.

H2O ACCEPTED NL

What if the climate changes dramatically and the temperature and water level rise, having a profound impact on society?

NL would have to create a buffer and create more space for water. If the water level rises one meter from the current level, 40% of the country will be under water. NL could establish a new form of coexistence between human habitation and water, as Bangladesh has done. Living with water would present NL with social and economic opportunities. Higher patches of land within the new water area will remain as Mont-Saint-Michel-like settlements. New forms of urbanization could float on a productive waterscape, linked by raised motorways. The new coastlines could become areas of high-density urbanization.

AUTARKIC NL

What if NL would become food-wise autarkic, like Switzerland?

Though agriculture takes up about 57% of the land in NL, it only produces enough to feed 90% of the population. By intensifying and diversifying its agriculture, NL could become food-wise autarkic.

CO2 FOREST NL

What would NL need to absorb its CO2 production and become a low-CO2 emitting country like Brazil, Chile, and Albania?

In order to absorb its current CO2 emissions, NL would need 235,000 km² of forest. Considering that the existing forest only absorbs 1.5% of its emissions, NL should consider far-reaching measures to decrease its CO2 production and/or to expand its forest area. By implementing an extensive afforestation program, NL could become a more responsible country.

WIND PARKS NL

What if NL achieved energy self-suffficiency to compete with the United States, Mexico, and South Africa?

NL could compensate for its lack of natural resources by using renewable energy. A dense forest of wind turbines could be planted in the sea, taking advantage of NL's geographic potential and combining the generation of wind and tidal power. Areas along the coast and at the Doggers Bank are promising wind park locations, with advantages of strong sea winds and the answering to different constrains. Barely visible from the beaches, these zones could provide all the needed energy to meet the country's needs.

ENERGY NET NL
Or...
by using leftover spaces, such as the noise buffer zones along main transport routes, for energy production devices such as solar panels and windmills, NL could harness its transport network to produce energy. This could potentially be combined with a transport system that produces energy in its own, for instance through the movement of the train along the tracks.

SERVICE NL
What if NL abandoned the unprofitable and land-intensive agricultural sector?
By abandoning agriculture, NL could gain 19,300 km² of space. Moreover, funding for the obsolete Ministry of Agriculture could be used for other purposes. By converting agricultural land, NL could further expand its service sector and innovative industries. This might enable NL to surpass Singapore and the United States and could be combined with new forms of urbanization. Introducing a light infrastructure in former agricultural areas could boost economic development.

EFFECTIVE NL
What if NL were governed more effectively, like Singapore?
There are four levels of governance in NL: national government, provinces, water boards and municipalities. NL does not really need both provinces and water boards. The water boards could take over the role of the provinces, giving water management a fundamental role in all their activities. Simplifying the governmental system from four to three administrative levels, like Singapore, would create a more effective governance system, potentially facilitating spatial planning processes.

CONNECTED NL

What if NL expanded its highway network to become connected, like the United States, Spain and France? NL could invest more in infrastructure and in intensifying its transport network. By filling in some missing links, NL could rise from 7.4 to 10.3 kilometres per 1,000 inhabitants, being much closer to France. NL's improved connectivity could boost the economy and thereby promote future development, per definition leading to a more spread urban development.

EFFICIENT NL

What if NL strongly emphasized public transport, like Switzerland or Japan?

NL's current railway system could be improved. It could have more length of railway, used more intensively, like Switzerland and Japan. Enlarging the public transport network from 171 to 198 kilometres per one million inhabitants (an addition of more than 15%), surpassing Japan and being closer to Swizerland in railwaylength. This would make NL more efficient, yielding ecological and socioeconomic benefits. NL could become road-free, slashing CO_2 emissions from automotive transport. Taking advantage of the railway network, existing and future urbanization could be organized around the railways, leading to a more spread, but concentrated urban development.

Possible NL

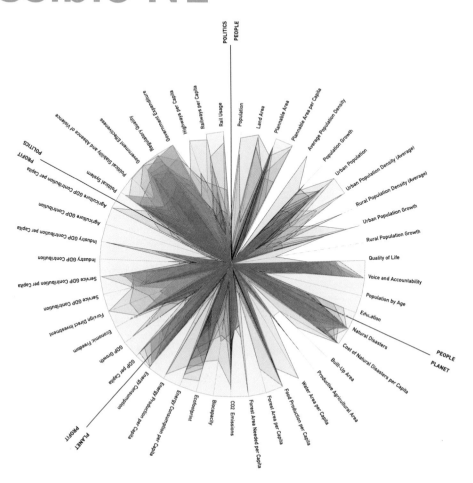

All these ideas and scenarios can be combined in a synergistic way. Their variety and flexibility makes it possible to imagine different combinations as models for future development. POSSIBLE NL combines a number of compatible scenarios in the light of the improvement of ecological and socio-economic conditions.

By intensifying its urban areas, NL could take advantage of the benefits of urbanity. By injecting the territory with diverse and innovative enterprises and amenities, NL could enrich its human capital. By increasing its production of energy and diversifying its agricultural production, NL could increase its natural capital, thus achieving energy and food-wise autarkic taking a greater responsibility globally. By intensifying its public transport network, NL could boost its future economic development and emit less CO_2 By simplifying its governance system to involve only three levels, NL could streamline the discussion and implementation of these measures. And by combining all these changes, NL could enhance its quality of life and its socio-economic and ecological performance, while radically improving its spatial quality.

It is exactly this combination of design and politics that has the potential to envisage and the power to create a new, possible future.

POSSIBLE NL

327

Mateusz Herczka.

Ruimtelijke ordening is alles tegelijk

Interview met
Henk Ovink

Spatial Planning is Everything at Once
Interview with Henk Ovink

Eric Frijters & Olv Klijn

Het ontwerp moet veel meer betrekking hebben op de opgave en veel minder op de opdracht, aldus Henk Ovink. De opgave waar we nu aan moeten werken is de stad. Daar is de confrontatie tussen de opgaven van klimaat, veiligheid, integratie, economie, gezondheid, mobiliteit, etc. maximaal. Dat het stedelijk systeem als opgave steeds dominanter wordt voor het handelingsperspectief van de rijksoverheid hangt samen met het belang van de stad voor onze economie. Succesvolle steden zijn aantrekkelijk. De stad is weer de plek waar mensen elkaar ontmoeten, kennis wordt uitgewisseld en innovatieve producten en diensten worden gecreëerd. Het ontwerp maakt deze opgave voor de ruimtelijke ordening politiek. Bovendien agendeert en expliciteert het ontwerp wat de betekenis is van deze maximale confrontatie.

U wilt terug naar een overheid die inhoudgedreven is en zich richt op de opgaven en zich dus afkeert van de procesbenadering die dominant aanwezig is in Nederland. Wat bedoelt u daarmee?

Sinds de verzakelijking van de overheid en het succes van een bedrijfsmatige aanpak vanaf de jaren tachtig heeft de overheid geprobeerd om een bedrijf te worden. Daar zitten heel goede kanten aan die gaan over effectiviteit en efficiency. Maar het is onmogelijk voor de overheid om winstgevendheid en kortetermijnsuccessen los te koppelen van de vanzelfsprekende langetermijnverantwoordelijkheid. Een gevolg daarvan is dat inhoudgedrevenheid plaats moest maken voor procesgerichtheid. Er bestaat een heilig geloof in die procesbenadering die ons stapje voor stapje voortgang brengt, maar niet gericht is op resultaat. Samen met de overheersende beleidscyclus heeft die verslaving aan processen er toe bijgedragen dat de overheid los is komen te staan van de echte opgaven. De procesbenadering leidt namelijk vooral tot voortganggedachtes in plaats van oplossingen. Als er voortgang is, per

Design should be much more challenge-oriented and much less assignment-oriented, says Henk Ovink. The challenge we need to work on now is the city. It is there that confrontation between challenges in the fields of climate, safety, integration, the economy, health, mobility, etc. is maximized. The increasing dominance of urban systems from the point of view of government has to do with the importance of cities for our economy. Successful cities are attractive. Cities have once again become the places where people meet each other, exchange knowledge, and create innovative products and services. It is through design that the challenge of spatial planning becomes political. Design also makes the significance of the above confrontation tangible and places it on the government's agenda.

You want government to abandon the process-based approach which is so dominant in the Netherlands and to return to a focus on content and challenges.

Since the professionalization of government and the success of the corporate approach of the 1980s, the government has tried to become more like a business. In terms of effectiveness and efficiency this has resulted in real gains. But the government cannot possibly detach profitability and short-term successes from the long-term responsibility that it inevitably bears. As a consequence, a content-driven approach had to make way for a process-oriented approach. This approach, which takes us forward step by step, but is not geared to results, has become something of a sacred cow. The addiction to procedures – together with the rigid demands of policy cycles – has effectively divorced government from its real challenges. That is because the process-based approach leads to a focus on moving forward rather than solutions. If we are moving forward, on a monthly or a yearly basis, then apparently everything's all right, irrespective of whether we have come closer to a solution. And no one says, hey, wait a minute, just what's going on here? What are the big issues that we need to tackle and how should we set about doing so? How do we mobilize clients? And how do we structure talks on the challenges we face? I see far too little confrontation between the parties.

So we need to aim less at moving forward and more at achieving results?
Exactly. I believe that one of the reasons that we have ended up in this situation is that we appear to have lost our ability to reflect. That certainly applies to spatial planning. We are no longer interested in our shortfalls, in where things go wrong. And we can no longer make use of this failing for the purpose of innovation, improvement or development. Making mistakes equates with failure, rather than providing the basis for new insights. If you read 'Time to Deliver' you see how Tony Blair conceived the idea of a delivery unit to tackle problems in a complex situation somewhat comparable to our own. Blair's idea of delivery, which focuses not on progress but on solutions, was strikingly successful and has brought about genuine changes in the civil service approach to numerous problem areas like health care, education and crime fighting. I know that many people will say that our approach does not differ materially from Blair's. In the Netherlands, we have translated delivery into 'doing what we agreed'. But in the process we have got into the habit of scrutinizing progress rather than results, because the latter are hard to measure. And that's just where things are going wrong. I think that we need to have the courage to look at results. We have to want to see where they don't measure up. Of course the next question is 'can we do that?' And my answer is, yes, we don't have any choice!

That sounds as if things are changing, at any rate within VROM. Would you say there was a trend that focuses on formulating challenges? A trend in which the question 'what and why' is central?

maand of per jaar, dan lijkt het alsof het goed is. Los van de vraag of we dichter bij een oplossing gekomen zijn. In plaats van te zeggen: wacht even, wat is hier eigenlijk aan de hand? Wat zijn nu de grote opgaven waar aan we moeten werken en hoe doen we dat? Hoe krijgen we opdrachtgevers gemobiliseerd en hoe organiseren we het gesprek over de opgave? Die confrontatie zie ik nog te weinig.

We moeten onze gebruikelijke aanpak van voortgang boeken dus ombuigen naar een aanpak die gericht is op het behalen van resultaten?
Precies. Een van mijn verklaringen waarom het gaat zoals het gaat is het verlies van ons reflectief vermogen. Dat gaat zeker op voor de ruimtelijke ordening. We zijn niet meer geïnteresseerd in ons deficit, in waar het mis gaat. Maar we zijn ook niet meer in staat om dit gebrek te benutten voor innovatie, voor kracht, voor ontwikkeling. Het maken van fouten wordt falen in plaats van dat het de basis vormt voor een nieuw inzicht.
Als je 'Time to deliver' leest zie je hoe Tony Blair in een min of meer vergelijkbare complexe situatie een delivery unit bedacht om de problemen aan te pakken. Blairs idee van delivery is niet gericht is op voortgang maar op oplossingen. De aanpak was heel succesvol en heeft op tal van probleemgebieden zoals gezondheidszorg, onderwijs en criminaliteitsbestrijding echt voor systeemveranderingen gezorgd binnen de departementen.
Ik weet dat vele mensen zullen zeggen dat onze aanpak niet wezenlijk van die van Blair verschilt. Delivery hebben wij in Nederland vertaald naar 'doen wat we hebben afgesproken'. Maar daarbij zijn we echter wel geneigd eerder naar voortgang dan naar resultaat te kijken, vooral omdat het laatste moeilijk meetbaar is. Juist daar gaat het dus mis. Ik denk dat we moeten durven om naar resultaten te kijken, het verschil te willen zien. Logische vervolgvraag is of we dat kunnen? Mijn antwoord is: ja, we moeten wel!

Dat klinkt alsof er in ieder geval binnen VROM sprake is van een verandering. Zou je kunnen zeggen dat er een ontwikkeling gaande is die zich concentreert rond het formuleren van de opgave waarin de vraag naar het 'wat en waarom' centraal staat?

Ja. Ik denk dat VROM steeds meer gericht is op wat de echte vragen zijn, in plaats van dat we ons laten afleiden. Wij richten ons steeds duidelijker op de opgaven, zelfs als we niet zeker weten wat die opgaven zijn. Zo hebben we op verschillende manieren bijgedragen aan de tentoonstelling 'Maak ons Land' in het NAi, waarin een zoektocht werd gestart naar de nieuwe opgaven. De tentoonstelling startte vanuit de voor de hand liggende sectoraal in te delen thema's als bedrijventerreinen, water, groen, huizen en infrastructuur. Een half jaar en vele discussies later hebben ons geleerd dat de werkelijke opgaven te maken hebben met thema's als gezondheid, voedsel en energie, en dus eigenlijk helemaal niet meer ondersteund worden vanuit de traditionele kolommen van de ruimtelijke ordening. Dat is niet zo opzienbarend natuurlijk, maar ook de aanpak begint bij die opgaven, en dat vergeten we met ons sectorale denken en werken nogal eens. Om te zien wat ontwerpers vervolgens met deze brede thema's kunnen start het Nederlands Architectuurinstituut dit najaar een vervolg op de tentoonstelling in de vorm van 'Werkplaats', aan de voet van Overhoeks in Amsterdam. Dat is maar een voorbeeld van hoe VROM probeert in onverwachte en in geëigende coalities met haar partners, waaronder het NAi, continu te werken aan het formuleren, bijstellen en opsporen van de nieuwe opgaven.

Het omvormen van een ministerie dat gericht was op processen naar een organisatie die zich bezighoudt met opgaven klinkt ingrijpend.

Dat is het ook, maar het is niet onmogelijk. De huidige economische crisis helpt ons wellicht om ingrijpender veranderingen die nodig zijn door te

Yes. I think that at VROM we're increasingly focusing on the real questions instead of allowing ourselves to be distracted. We're concentrating more and more on the challenges we face, even if we don't exactly know what those challenges are. For instance, we contributed in various ways to the exhibition 'Shape our Country' at the Netherlands Architecture Institute (NAi), which initiated a process of identifying the challenges that lie ahead. The exhibition was structured very logically, on the basis of sectoral themes like industrial sites, water, parks, houses, and infrastructure. Six months on, after much debate, we have come to realize that the real challenges relate to themes like health, food, and energy, and are therefore no longer supported by the traditional pillars of spatial planning. That's hardly a world-shattering conclusion, of course, but our approach must ultimately be based on these challenges, and we tend to forget this, accustomed as we are to thinking and operating along sectoral lines.

To find out how architects and designers will pick up these broad themes, the NAi will hold a follow-up to the exhibition this autumn, entitled Werkplaats ('Workplace'), at the site of the Overhoeks development project on the northern bank of the IJ in Amsterdam. This is just one example of how VROM continually seeks to think outside the box, to establish the right coalitions (including partners like the NAi) in efforts to formulate, adjust, and identify new challenges.

Transforming a process-driven ministry into an organization that focuses on challenges sounds like quite a challenge.

It certainly is, but it's by no means impossible. The current economic crisis may even help us to impose the necessary changes. These need to be quite drastic – I hope that they will be more far-reaching than the structural changes envisaged at the beginning of the government's current term of office, when it sought to introduce a new policy architecture in the form of pillars like 'sustainable living environment' and 'innovation'. We can now see that the government has failed to embed these pillars in its apparatus. It has also proved politically impossible to appoint an energy and innovation minister or a minister of living environment, but the current crisis provides us with an opportunity of progressing a bit further in this direction. So aside from the question of whether the current pillars are the right way of tackling the challenges we face, we have at least made a step in the right direction.

I would say that transforming the system in this way is possible, but only if we are able to translate the consequences into legislation, and thus also into policy. Instead of allowing our archaic legislative system to ramify yet further, we must at some stage have the courage to call a halt. I think that this will happen during this crisis. But the changes to the system must spring from the realization that without a focus in content, on the real questions, there can be no basis for action. It is pointless to introduce changes to structures simply, as so often happens, from a wish for change of any kind.

In VROM's case, a more content-driven set up would undoubtedly be a more effective way of tackling an increasingly complex external situation. But how does the ministry deal with all the overlapping interests within the various tiers of authority, i.e. provincial, regional, and municipal government?
I can't predict the course of politics. But it's clear that the challenges we identify nationally have to be tackled at local level. We can do that in one of two ways: by laying down even stricter guidelines for this process or, conversely, by adopting a more hands-off approach and changing the system. This would involve having more faith in others. The new Spatial Planning Act sets the tone here. Each party has to develop their own individual vision, set out their interests clearly and act accordingly. That's a good instrumental basis for that focus on content. But you can also turn it around. Challenges that are

zetten. Daarbij hoop ik dat dit verder gaat dan een verandering van de structuur, die met de start van dit kabinet reeds is doordacht. Uitgaande van pijlers als 'duurzame leefomgeving' en 'innovatie' heeft dit kabinet bij haar aantreden getracht een andere ordening aan te brengen vanuit de door haar benoemde opgaven. Inmiddels kunnen we stellen dat de vertaling daarvan naar de organisatie niet is gelukt. Ook is het politiek niet haalbaar gebleken om een minister van Energie en Innovatie of een minister van Leefomgeving aan te stellen, maar de kans die de crisis biedt is dat er nu toch een volgende stap op dit pad gezet wordt. Dus los van de vraag of de huidige pijlers de juiste adressering van de opgave zijn is het wel een heel goede eerste stap geweest. Mijn inschatting is dat zo'n systeemverandering mogelijk is, maar alleen als we in staat zijn ook de consequenties ervan door te vertalen in wetten, regelgeving en dus ook in beleid. In plaats van ons archaïsche systeem van wetten en regels te laten aangroeien moeten we er een keer een streep door durven zetten. Dat zie ik in deze crisis wel gebeuren. Maar de verandering van het systeem moet voortkomen uit het besef dat zonder de inhoudelijke gerichtheid, zonder het waarom, er geen reden is voor handelen. En niet zoals zo vaak uit een externe behoefte om verandering te zien. Structuurveranderingen zijn dan betekenisloos.

Een meer inhoudsgedreven opstelling van VROM is zonder twijfel een effectief middel om met de toegenomen complexiteit van buitenaf om te gaan. Maar hoe gaat VROM om met de over elkaar heen buitelende belangen binnen het stelsel van overheden, provincies, regio's en gemeenten?
Ik kan de politiek niet voorspellen. Maar het is duidelijk dat de opgaven die wij nationaal formuleren op lokaal niveau zullen moeten worden beantwoord. We kunnen dat op twee manieren doen; of door strikter te vertellen hoe het moet, of door juist min-

der te sturen en een systeemverandering door te voeren. In dat geval werken we meer op basis van vertrouwen in anderen. De nieuwe Wet Ruimtelijke Ordening geeft hierbij al de toon aan. Iedereen moet beginnen met zijn eigen verhaal te maken, zelf bedenken wat visie is, expliciet maken wat zijn belangen zijn en daarnaar handelen. Dat is een goede instrumentele basis voor de inhoudelijke gerichtheid. Maar het geldt ook omgekeerd. Opgaven die cruciaal zijn voor de lokale ontwikkeling en die een nationaal of internationaal verband kennen vragen om ingrijpen van het rijk. Wij gaan meer en meer die opgaven aanpakken die cruciaal zijn voor de ontwikkeling van Nederland en grijpen daarbij in in het systeem van verantwoordelijkheidsverdeling. Want het begint niet met wie er over gaat, maar het begint met waar het naartoe moet en met welk resultaat.

Binnen de geschetste nieuwe opstelling van VROM lijkt het logisch om te denken dat het ontwerp een belangrijke rol kan spelen in het richten van de gedachten en het creëren van draagvlak, maar werkt het ook zo?
Ja! Naast de fundamentele, onderzoeksmatige en soms zelfs wetenschappelijk betekenis van de ontwerper en het ontwerp heeft de ontwerper de kracht van de verbeelding. De kracht om de opgaven politiek te maken. De kracht om ruimtelijke ordening politiek te maken. We hebben verhalen en verhalenmakers nodig om onze opgaven te kunnen vertellen. Bestuurders en ontwerpers zijn verhalenmakers, ze zijn de vertellers en 'verbeelders' van het mogelijke, het wenselijke en het politieke. De confrontatie van die verhalen geeft richting aan de opgaven en verscherpt de vraagstelling. Maar wanneer brengt de overheid welke ontwerper in die positie? Dat is enerzijds een vraag naar een goede timing, maar anderzijds ook een vraag naar de capaciteiten van de ontwerpers. Het is een ingewikkeld proces maar we proberen het in de vingers te krijgen. Belangrijk is ook om ons te realiseren dat

crucial for local development and that have a national or international dimension require government intervention. We are increasingly tackling those challenges that are crucial to the development of the Netherlands and are consequently changing the system whereby responsibility is allocated. Because you shouldn't start by focusing on 'the relevant authority' but on the way forward and the desired result.

Given the new VROM set up you've just outlined, it seems logical to assume that design can play an important role in helping to shape thinking and create a support base. Does it work like that in practice?
Yes! Besides their role as basic researchers and as experts, spatial designers bring the power of imagination to the design process. The power to politicize challenges. The power to politicize spatial planning. We need narratives and creators of narratives to be able to get these challenges across. Policymakers and designers fulfil that role, they give shape to objectives, make clear what is possible and place designs in a political context. The confrontation between their narratives helps to clarify challenges and make questions more specific.

But the question is, at what point does the government put architects and designers in place, and who do they appoint? Not only does the timing have to be right, the firms and individuals they select also have to have the right capacities. It's a complex process, but we're trying to master it. It's also important to realize that a good design is not necessarily the right plan. It provides the confrontation that sparks discussion. A good design sets your agenda, because its design brings the problem into focus.

That sounds decisive, but something is still apparently holding us back.
The fear of embracing grand ideas and the fear of confrontation are very deeply anchored in the Dutch mentality. Indeed, I sometimes think that our country's greatest

skill lies in fleeing from our greatest fear: claiming ownership, facing up to confrontation. We ask ourselves: what about the neighbours? Suppose you take something over from them and they make you regret it? Suppose we assumed responsibility for their waste and energy issue – before you knew it they'd leave everything to you. We have a very strong impulse towards neutrality. And aside from the fact that we can't always maintain neutrality, there's also something laborious about it. I wouldn't go so far as to say cowardly, but it's always uphill work. An uphill search for a balance that falls somewhere in the middle.

Can you give an example of a situation like that?

OMA's proposal for an international venture to generate energy in the North Sea, a project dubbed Sea Power, is an excellent example. In brief, the idea was to build a ring-shaped wind park in the North Sea. The plan of course led to discussion, and I was impressed at how the Belgian minister Kathleen van Brempt, embraced the project and announced her intention of lobbying for it in Brussels. She immediately invited Koolhaas over, sang his praises and told him, 'We'll do it together; it's the best way – in fact it's the only way to get it done.' The design was effectively already a political issue, and her endorsement gave it the stamp of political approval. This project, which combined ambition, vision and a targeted focus on sustainable development went hand in hand with entrepreneurship, a touch of naïve bravado and a dash of healthy opportunism. VROM, too, had the chance to claim ownership of a plan for which it had paid nothing, but its tendency to adopt a neutral approach led to it passing up this chance.

That neutral tendency is also very clear in my second example. When, during his victory speech on 4 November, President-elect Barack Obama expressed his desire for a decisive approach to the climate crisis and sustainable development, we could

een goed ontwerp niet per definitie het plan is wat je moet uitvoeren. Het is een confrontatie die aanzet tot discussie. Een goed ontwerp agendeert, want het is de uitvergroting van het probleem.

Dat klinkt daadkrachtig, maar iets houdt ons kennelijk nog tegen?

De angst om grote ideeën te omarmen en de angst voor de confrontatie, die zijn heel diep geworteld in de Nederlandse mentaliteit. Sterker nog, ik denk soms wel eens dat we in dit land inmiddels het meest bedreven zijn in het ontlopen van onze grootste angst: het eigenaarschap claimen, de confrontatie aangaan. Stel je voor dat je iets overneemt van de buren, of dat je klappen krijgt van ze? Stel je voor dat we hun afval- of energievraagstuk overnemen, voor je het weet doen zij dan niets meer. Wij koesteren een sterke hang naar neutraliteit. En behalve dat we er niet altijd in slagen die neutraliteit te handhaven zit daar ook iets moeizaams aan vast. Ik wil niet zeggen laf, maar moeizaam. Een moeizame zoektocht naar de balans van het midden.

Kunt u een voorbeeld geven van zo'n situatie?

Een mooi voorbeeld is het speculatieve plan van OMA voor energiewinning op de Noordzee, genaamd Zeekracht. Kort gezegd stelt OMA voor om een internationale ring van windmolens aan te leggen in de Noordzee. Uiteraard is dit plan in de eerste plaats een aanleiding voor discussie en ik vind het bewonderenswaardig hoe de Belgische minister Kathleen van Brempt het plan omarmt en zegt: 'Het is mijn ring. Ik neem het mee naar Brussel'. Ze heeft Koolhaas onmiddellijk uitgenodigd en betoogt hoe geweldig hij is en roept: 'We gaan het samen doen, dit is het beste idee en de enige manier waarop we het voor elkaar krijgen.' Dit ontwerp was in zichzelf al politiek en is daarbij ook nog eens door de politiek omarmd. Deze ingreep vanuit ambitie, verlangen en gerichte drang naar duurzame ontwikkeling gaat gepaard met ondernemerschap, een licht naïeve bravoure en gezond opportunisme. Ook VROM was in de gelegenheid om opdrachtgever te worden van dit plan dat zij niet had betaald, maar liet de kans voorbijgaan vanwege die hang naar neutraliteit. Dat streven wordt heel duidelijk in het tweede voorbeeld dat ik jullie kan geven. Toen de president elect Barack Obama op 4 november bij zijn overwinningsspeech zijn ambitie verwoordde voor een krachtige aanpak van de klimaatcrisis en voor duurzame ontwikkeling, hadden we de telefoon kunnen grijpen en de Europese counterpart kunnen worden in een Atlantische Alliantie voor de Aanpak van klimaatverandering. Triple A climate change was binnen handbereik, maar lieten we schieten.

Dat gegeven ligt heel complex. We zijn allereerst zorgvuldig en correct. We wegen elke factor nauwkeurig en problematiseren beter dan dat we vanuit ondernemerschap en politieke gevoeligheid, soms opportunistisch maar beter nog politiek positioneel durven te handelen. Hoe krijg je die vrijheid van handelen en het acteren ernaar in een organisatie die procesgedreven, hiërarchisch dominant en dus wel recalcitrant kan zijn, maar niet in de kern ondernemend is? Dat is heel moeilijk.

Een interessante constatering in dit voorbeeld is dat Nederland niet in staat lijkt om grootse plannen te omarmen. Klopt dat?

Als men de geschiedenis van Nederland analyseert moet je constateren dat we een ruilland zijn. Op het gebied van ruimte is de ruilverkaveling daarvan het beste voorbeeld. Winnen en ondernemen zit niet in onze aard. Ruilen past bij Nederland, het zit in onze genen, we zijn een handelsnatie bij uitstek. De Nederlandse manier van onderhandelen is anders dan in andere landen. We doen er langer over, proberen in kleine stapjes steeds verder te komen. Maar handelen en ruilen ontaarden in: jij een beetje, ik een beetje, allebei een beetje tevreden. Toch heeft dit ruilen in het recente verleden een grote impact gehad op onze landinrichting en daarmee op de Ne-

have picked up the phone and become the European counterpart in an Atlantic Alliance to tackle climate change. Triple A climate change was within reach, but we allowed the opportunity to pass us by.

This stance originates from complex factors. Firstly, we are extremely careful and correct. We are better at weighing up each individual factor scrupulously and analyzing problems than at having the entrepreneurial courage to position ideas, either opportunistically or, better still, politically, in politically sensitive situations. How can you act freely in an organization dominated by a process-driven hierarchy, and which can perhaps be recalcitrant but is essentially incapable of being entrepreneurial? That's very difficult.

Your observation that the Netherlands is apparently unable to embrace grand plans is an interesting one. Is it really true?

If you study Dutch history, you are forced to conclude that we are a bartering nation. In the context of spatial issues, land consolidation is the best example. Conquest and enterprise are not in our nature.

The notion of barter is very Dutch, it is part of our genetic makeup, we are a trading nation *par excellence*. The Dutch method of negotiation differs radically from that of other countries. We take much longer about it, trying to progress by tiny steps. But trade and exchange tend to degenerate into 'a bit for me and a bit for you', the idea being that both parties get something out of the deal. And that bartering tendency has in the recent past had a huge impact on land use in the Netherlands, and thus on the Dutch culture and economy. Land consolidation meant that agriculture could long be maintained. While in the past this has impacted negatively on spatial quality and landscape diversity, it should be possible to make more intelligent use of barter as a model, thus combining the practical and the necessary.

Knowing this, we must ask ourselves, what does the current crisis have to offer? How can we utilize the barter system as a basis?

How can we use our strengths to create new situations that are rich in potential? The government and politicians need to ask themselves, 'what is our position regarding the legislative system and what scope does that offer us at this time of crisis?'. So we're making use of the current recession by getting together with the Office for Metropolitan Architecture (OMA) and Rem Koolhaas to consider this question and how it might lead to new prospects.

You mean we're neglecting to position our designs politically?
That's just it. We're brilliant at designing, but when it comes to following up, to positioning the design – that's where we tend to fall down. Luckily there's evidence to show that we can get it right sometimes. I was recently sent a publication called Intense Low-Rise, about spatial planning in Groningen. The book poses a number of intelligent solutions to the issue of increasing urban density without having to resort to high-rise construction everywhere. The responsible alderman had the vision to set up this initiative and the enthusiasm to take up its proposals. And I think that's great, because political successes are being scored on the tangible basis of a sheaf of designs. Although these are not the issues that preoccupy government on a daily basis, i.e. individual pieces of the jigsaw, it's a very good example of how to get designs into political position. For that reason, and also in the framework of the debate on structures to increase density, we are going to exhibit this initiative in VROM's atrium.

That selfsame positioning of designs is now also happening in Almere. There, alderman Adri Duivesteijn is working with his own architects and Winy Maas and Adriaan Geuze to reform Dutch design processes. The idea is maximize the political dimension, but at the same time to maximize quality. Their partnership has been robust and successful, strong on expertise and performance. Working on Almere's new position as an urban centre is in fact one of the main

derlandse cultuur en economie. Door ruilverkaveling heeft de landbouw zich lange tijd kunnen handhaven. Waar dit in het verleden gepaard ging met het verlies van de ruimtelijke kwaliteit en diversiteit van het landschap kan het ruilen als model intelligenter worden ingezet en het praktische met het noodzakelijke verbinden.

Dit wetende moeten we ons dus ook de vraag stellen: wat biedt de huidige crisis ons? Hoe kunnen we aanleiding vinden in het systeem van ruilen? Hoe kunnen we datgene waar we goed in zijn inzetten om nieuwe kansrijke posities te creëren. Voor zowel de rijksoverheid als ook de politiek is het van belang om de vraag te stellen: wat is onze positie in het systeem van wetten en regelgeving en welke ruimte biedt ons dat in deze crisis? De actualiteit van de huidige recessie grijpen we dan ook aan om met het OMA van Rem Koolhaas na te denken over deze vraagstelling en hoe dit kan leiden tot een nieuw perspectief.

Want we vergeten om het ontwerp politiek in positie te brengen?
Zeker. We zijn hartstikke goed in ontwerpen, maar de opvolging, het in positie brengen van het ontwerp, blijft vaak achterwege. Gelukkig zijn er ook voorbeelden die bewijzen dat het anders kan. Zo ontving ik onlangs de publicatie Intense laagbouw uit Groningen. In het boek zijn intelligente oplossingen verzameld om verdichting te realiseren, zonder dat dit leidt tot massale hoogbouw. De wethouder heeft dit initiatief vanuit ambitie genomen en de resultaten enthousiast omarmd en gaat helemaal met de ontwerpen aan de haal. Op mijn beurt vind ik dat weer geweldig, omdat er een politiek feestje wordt gevierd met het ontwerp onder de arm. Hoewel het niet de vragen zijn waar wij bij het rijk elke dag mee bezig zijn, puzzelen op detailniveau zal ik maar zeggen, is het wel een heel goed voorbeeld hoe het ontwerp politiek in positie te brengen. Daarom, maar ook in het kader van het debat over verdich-

ting van de stad, halen wij de tentoonstelling dus ook naar de hal bij VROM.

Diezelfde positionering van het ontwerp gebeurt nu in Almere. Daar zorgt wethouder Adri Duivesteijn met zijn eigen ontwerpers en met Winy Maas en Adriaan Geuze voor een hernieuwde Nederlandse ontwerptraditie. Het ontwerp is daar maximaal politiek maar ook maximaal gedegen. Het toont zich als een sterk samenspel van kennis, kracht en performance. Het werken aan die vernieuwde positie van de stad Almere is overigens één van de hoofdopgaven voor de duurzame ontwikkeling van de metropoolregio Amsterdam. Door deze heroriëntatie op de groei die ze tot nog toe heeft doorgemaakt, ontwikkelt Almere zich tot de vijfde stad van Nederland: een complete stad voor 350.000 mensen.

En Amsterdam?

In Amsterdam werkt de dienst DRO met een drieslag van projecten, verhalen en instrumenten aan een bijzondere ontwikkeling van het ontwerpen aan de stad. Een expliciet narratieve benadering wordt geconfronteerd met het formele proces van planvorming en de realisatie van de vele ontwikkelingsprojecten. Die confrontatie tussen verhalen, projecten en instrumenten, elke dag opnieuw, maakt ze alledrie effectief. Hierdoor is de ontwikkeling van de stad niet alleen rijk en evenzeer mogelijk, maar wordt ook aantrekkelijk voor anderen. Het verleidt tot meedoen. In de drie voorbeelden die ik tot nu toe gaf speelt het ontwerp in elk geval een cruciale maar totaal andere rol. Dat vraagt veel van een gemeentelijke dienst. Amsterdam lukt dat goed. Haar dienst kan nog beschikken over de kwaliteit en de inhoud om op het hoogste niveau te acteren.

Zijn er nog andere goede voorbeelden te noemen, bijvoorbeeld de aanpak van de lobby om de Olympische Spelen van 2028 binnen te halen?

Wat Winy Maas heeft gedaan is cruciaal voor de reflectie op de ontwerpopgave. Het is zowel inspi-

sustainable development challenges facing the metropolitan region of Amsterdam. This refocus on its growth to date is producing results; Almere is on target to develop into the fifth largest town in the Netherlands: a fully-fledged city with room for a population of 350,000.

And Amsterdam?

Amsterdam's Spatial Planning Department is combining projects, narratives, and instruments in a three-stranded approach to urban planning. The idea is achieve a confrontation between a strongly narrative approach, the formal process of planning and the implementation of numerous development projects. This daily confrontation between narratives, projects, and instruments ensures their effectiveness, enriching and facilitating urban planning, and making it attractive to third parties. It seduces others to join in. In the three examples I have given so far, design always plays a crucial role, but its role is quite different in each case. That is a lot for a municipal department to deal with, but Amsterdam is coping well. Its department has sufficiently high-calibre resources to be able to function at the highest level.

Can you think of any other good examples, like the lobbyists' approach to the 2028 Olympics bid?

What Winy Maas has done is crucially important for reflection on challenges as crystallized by design. He has come up with an inspiring and agenda-setting approach. Together with the Berlage Institute and the Rotterdam Academy of Architecture he has brought into focus what needs to be done if we want to host the Games. In this case, too, you see how well positioned his designs are.

Winy adopts a kind of shock and awe approach. He put this design bid on the table, with spectacular maquettes and models. We responded by saying, 'this is great, let's do this together'. But we are going to carry out some more basic research of the spatial significance of the Olympic Games since its modern beginnings, and of its economic and sporting impact. Looking ahead to 2028, what has happened since 1928? The aim is to show that the idea of restaging the Olympic games in the Netherlands in 2028 is a realistic one. Once we had the initial design, our policymakers and designers got together to carry out a study as a basis for a government stance. And now we're going ahead. The government expressed its approval of the idea this spring. Before this term of office is over we'll select the city in which to hold the games.

That new agenda-setting role requires non-traditional skills on the part of architectural firms. Now they need to possess the analytical capacity to pose the right question. They must moreover be able to make their designs influential, to put them in position. I imagine that at this stage only a few firms are capable of handling these kinds of assignments?
That is indeed a problem, though different firms are making efforts to rise to this challenge, ranging from established businesses to new enterprises. What is clear is that a different approach is needed. You can no longer just switch on a step-by-step procedure, stand back, and let it run its course. We're noticing that old-school consultants and architects lack the capacity to adapt. That lack of receptiveness to change makes them less able to define questions and unwilling to identify the real issues. In that respect the credit crisis is 'helping'.

Does the solution only lie with the supplier, i.e. the firms getting assignments?
No, it very much lies with the client as well. The government is a major client and we too must ask ourselves whether we can give firms the freedom to explore the future instead of seeking security in the past. But it's striking that architects and designers don't always appreciate being given that kind of space. During the final debate in the NAi on the Randstad 2040 Structural Vision, Ole

rerend als agenderend. Samen met het Berlage Instituut en de Academie van Bouwkunst Rotterdam heeft hij een uitvergroting gemaakt van de vraag wat er zou moeten en kunnen gebeuren als we de spelen zouden willen accommoderen. Ook in dit voorbeeld zie je hoe het ontwerp in positie is. Wat Winy doet is eigenlijk een beetje Shock&Awe. Er is een ontwerpbod op tafel gelegd, met spectaculaire maquettes en modellen. Daar hebben wij van gezegd: 'Dat is goed, we gaan samen op.' Wel gaan we zelf nog fundamenteler onderzoek doen naar de betekenis van de Olympische Spelen in fysieke zin door alle jaren heen. Ook gaan we na welke economische en sportieve gevolgen eruit zijn voortgekomen. Wat is er allemaal gebeurd in de periode van 1928 tot en met 2028? Doel is om te laten zien dat het idee om in 2028 opnieuw Olympische Spelen te organiseren in Nederland realistisch is. Het ontwerp heeft ertoe geleid dat we samen met ontwerpers en beleidsmensen een studie hebben verricht als voorbereiding op een kabinetstandpunt. En nu gaan we door. Voor de zomer heeft het kabinet gezegd het is een goed idee. Deze kabinetsperiode nog kiezen we de stad.

Die nieuwe agenderende rol vereist andere vaardigheden bij architectenbureaus. Nu moeten zij beschikken over het onderzoekend vermogen om de juiste vraag te stellen en bovendien in staat zijn een ontwerp ook invloed te laten uitoefenen, in positie te brengen. Het aantal ontwerpbureaus waar je dit soort vragen kunt voorleggen is nog beperkt?
Dat is inderdaad een probleem. Je ziet wel dat er verschillende bureaus zijn die proberen daar een eigen positie in te ontwikkelen, van jong tot meer gevestigd. Duidelijk is dat er een ander type benadering nodig is. Alles in een proces gieten, stap voor stap en gericht op voortgang werkt niet meer. We zien dus ook dat adviseurs en architecten die met deze aanpak groot zijn geworden nauwelijks

over adaptief vermogen beschikken. Door die on-gevoeligheid voor veranderingen zijn zij ook minder goed in staat op zoek te gaan naar dé vraag. Soms lijkt het alsof zij niet willen weten wat de opgave is. In dat opzicht 'helpt' de kredietcrisis.

Is het antwoord enkelzijdig te vinden aan de kant van de opdrachtnemers?

Nee, het ligt niet alleen aan de bureaus, maar zeker ook aan de opdrachtgevers. De overheid is een grote opdrachtgever en ook wij moeten ons de vraag stellen of wij in staat zijn om bureaus de vrijheid te geven om de toekomst te verkennen, in plaats van zekerheid te vinden in de geschiedenis. Toch is het opvallend dat ontwerpers die ruimte niet altijd kunnen waarderen.

Tijdens het slotdebat in het NAi over het ontwer-pen aan Randstad 2040 was Ole Bouman daarin het scherpst. Hij zei: 'Ik begrijp niet dat jullie niet geïnteresseerd zijn in die opgave. Dat jullie niet op zoek zijn naar wat die echte vraag is. Dat jullie als dé ontwerpers van de Randstad niet het benul én het vermogen hebben om dat op de agenda te krijgen.' Daar konden ze eigenlijk niet op reageren. Bernard Colenbrander begreep dat wel, Adri Dui-vesteijn natuurlijk ook, maar de ontwerpers hadden daar echt moeite mee.

Er is nog altijd sprake van een grote 'u-zegt-wij-draaien'-mentaliteit?

Dat is het gekke. Die beroepsdeformatie heeft al plaats bij de opleiding van architecten. We heb-ben het geagendeerd in het licht van de Archi-tectuurnota en ik heb het er uitvoerig met Wytze Patijn over gehad. Ik stelde: 'Jouw opleiding traint ontwerpers niet in het doen van onderzoek naar de opgave, jullie zijn niet gericht op de opgaven. Je wacht de vraag af waarop je antwoord moet geven.' Het werken aan en denken over de opgave staat daar niet op de agenda. En dan zeggen de Academies van Bouwkunst: wij doen het wel, want

Bouman really put his finger on it. He said, 'I don't understand why that challenge doesn't interest you, why you aren't trying to find out what the real question is. I don't understand why you, as the Randstad designers par excellence, are so clueless and unable to get that on the agenda.' No one really had an answer to that. Bernard Colenbrander got it, and so did Adri Duivesteijn of course, but the architects and designers really didn't follow his lead.

So there is still very much a 'your wish is our command' mentality?

That's the weird thing. It's a professional deformation that starts during architects' training. We raised this issue in the run-up to the Architecture Policy Document and I discussed it at length with Wytze Patijn. I put it to him as follows, 'Your training doesn't equip architects and designers to research issues and think about challenges. You're not concerned with challenges. You wait for the question that you are expected to answer.' Thinking about the nature of the challenge and fine-tuning the challenge just isn't on the agenda. And all the Academies of Architecture claim that they do these things because the nature of their work is inherently practical, but it's crystal clear that they don't. Having a practical interface is not the same thing as working on a challenge.

In the hope of turning the tide, we have said that the question of challenges must be put back on the agenda. To this end we are going to create a design and politics chair at Delft University of Technology this year.

What does all this mean in concrete terms for new-style spatial planning?

The power of the Netherlands, tiny country though it is, lies in differences. For many years spatial planning was geared to neutral-izing such differences. Spatial planning equated with socioeconomic planning, with transplanting industry and distributing it across the Netherlands. It was our policy to spread investment evenly across the entire country, because we believed this to be the best approach.

What do we believe now?

We believe in cities. The challenges now confronting us are concentrated in cities. Just as elsewhere in the world, most of the Dutch population live in cities, and cities continue to attract inhabitants. Cities are becoming a more and more important – not to say dominant – factor from the point of view of government. So the conflicting interests of climate, safety, integration, the economy, health, mobility, etc., will first have to be put on the agenda in an urban setting. And cities make the difference. They make differences tangible by distinguishing themselves from one another and from their surroundings. Those differences make targeted growth and development possible. Choice has once again become attractive, and quibbling about minor issues has made way, in many cases, for much more decisive positioning.

Can you explain a bit more fully why the city is being positioned as the challenge in your view?

Cities provide the frameworks for our economic and social development. They are the places where people want to live and work, and provide the inspiration for innovation. They are the engines of our economy. The establishment climate for international businesses and talented individuals is increasingly crucial in competition between cities. In recent decades, as the importance of international borders has diminished and the importance of knowledge has grown, small-scale and internationally-oriented urban regions have increasingly profiled themselves as centers of economic, cultural, and political power. Successful cities are very good at setting up attractive living environments for all forms of cohabitation, so that cities have once again become the places where people meet each other, exchange knowledge, and create innovative products and services.

wij werken in de praktijk, maar daar prik je ook zo doorheen, want het is gewoon niet voldoende. De praktijk binnenhalen is niet hetzelfde als werken aan de opgave.
Om het tij te keren hebben we gezegd dat de vraag naar de opgave weer op de agenda moet. Daarom ook starten we dit jaar met een hoogleraarplek aan de TU in Delft over 'Ontwerp en Politiek'.

Wat betekent dit alles nu concreet voor de ruimtelijke ordening nieuwe stijl?

De kracht van Nederland, hoe klein dit land ook is, zit in verschillen. Lang was onze ruimtelijke planning erop gericht om die verschillen te neutraliseren. Ruimtelijke planning was tegelijk sociaal-economische planning; het verplaatsen van bedrijvigheid en die uitsmeren over Nederland. Beleidsmatig werden investeringen gelijkmatig verdeeld over heel Nederland. Daar geloofden we in.

Waar geloven we nu in?

De stad. De opgaven waar we nu aan moeten werken vinden we maximaal terug in de stad. De stedelijke gebieden huisvesten niet alleen wereldwijd de meeste mensen, ook in Nederland is dat zo en die aantrekkelijkheid van de steden blijft toenemen. Ik zie het stedelijk systeem als belangrijkste opgave steeds scherper in beeld komen en dominanter worden voor het handelingsperspectief van de rijksoverheid. Dat houdt in dat de conflicterende belangen tussen klimaat, veiligheid, integratie, economie, gezondheid, mobiliteit, etc. allereerst in de stad zullen worden geagendeerd. En steden maken het verschil. Ze maken het verschil zichtbaar door onderscheidend te kunnen zijn. Ten opzichte van elkaar en ten opzichte van hun omgeving. Die verschillen maken groei en ontwikkeling gericht mogelijk. Kiezen is weer aantrekkelijk en gesteggel over een beetje meer of minder gaat over in een krachtige positionering van velen.

Kunt u in meer woorden toelichten waarom de stad wordt gepositioneerd als de opgave in uw optiek?

De steden dragen en sturen onze economische en maatschappelijke ontwikkeling. Het is de plek waar mensen willen wonen, werken, leven en de voedingsbodem voor innovaties. Ze zijn de motor van onze economie. Vestigingscondities voor internationale bedrijven en getalenteerde mensen spelen een steeds groter wordende en cruciale rol bij interstedelijke concurrentiestrijd. Kleinschalige en internationaal georiënteerde stedelijke regio's laten zich de laatste decennia steeds meer gelden als centra van economische, culturele en politieke macht, door de afname van het belang van internationale grenzen en de toename van het belang van kennis. Succesvolle steden slagen er zeer goed in om aantrekkelijk leefmilieus voor elke samenleefsituatie te realiseren, zodat de stad weer de plek is waar mensen elkaar ontmoeten, kennis wordt uitgewisseld en innovatieve producten en diensten worden gecreëerd.

Wat moeten we tenminste anders aanpakken?

Gelijktijdig moet je durven testen, risico lopen en vooruitlopen op de toekomst zoals we dat doen in het kader van de uitvoeringsallianties Randstad 2040. Je moet tegelijk ontwerpen, tegelijk onderhandelen met zowel gemeentes als andere departementen en de markt. Je moet altijd en overal het onderzoek durven blijven doen en de benodigde reflectie zowel in binnen- als buitenland halen. We moeten de opgaven en vragen van de toekomst in de praktijk testen door er een alliantie met de juiste partijen omheen te formeren, die samen naar antwoorden en acties zoeken. Parallel daaraan hebben we gesprekken gevoerd met iedereen, professionals, betrokken burgers, adviesorganen en kennisinstellingen uit binnen- en buitenland. Die continue confrontatie tussen de verschillende sporen van ontwerp, onderhandelingen, onderzoek, reflectie, dialoog en allianties heeft uiteindelijk geleid tot een

What needs to be done differently?

You need to do a lot of things at the same time: you must have the courage to test your ideas, to run risks, and to anticipate the future as we do within the framework of the implementation alliances in the Randstad 2040 project. As you design, you also have to negotiate simultaneously with municipalities, other authorities, and the market. You must have the courage to keep researching the issues and to achieve the necessary reflection, by floating ideas at home and abroad. We need to test challenges and future issues in practice, by forming alliances with the right parties, to search jointly for solutions and determine the right course of action. That ongoing interaction between the various strands of design, negotiation, research, reflection, dialogue, and consortia ultimately led to a strong vision of the future of the Netherlands in the shape of the Randstad 2040 Structural Vision.

So the answer is to think, do and act at the same time?

To act effectively in the here and now, you need to look to the future while also taking account of the past. As I said, we are not very good at reflecting and that's a pity. I think it is important to think, to assess and to act simultaneously; almost like performance art. It's strange how fearful people are of reflection. That certainly applies to our institutionalized form of reflection: planning offices. We don't politicize either the questions we put to them or the responses we receive from them. The resultant distance has the undesirable effect of allowing us to evade the issue of agenda setting. But the offices themselves also lack political sensitivity. Establishing truths, adopting an academic approach and engaging in apolitical reflection do not lead to the desired confrontation, nor to the right debate. We really need to improve our performance in this respect. It's in establishing connections and bringing everything into line that real benefits can ensue during this process.

Why's that?

We've got the wrong idea about reflection. Making people reflect on their ideas is almost always seen, in the Netherlands at the least, as a rap on the knuckles. Yet reflection is essentially a form of seduction; it can persuade you to adopt new insights, to change your perspectives. Design also facilitates that reflection. In addition to putting new issues on the agenda, a design seduces you to do things quite differently. So from that perspective, too, design is highly relevant; it is a catalyst for change.

So the trick is to get designs back on the political agenda, and to use them to seduce citizens and administrators to engage in debate?

The topics that currently get a lot of political attention mainly relate to social, economic or financial matters. Security and immigrants are two other issues that guarantee packed houses of parliament. Politicians tend to let things slide a bit, however, when it's a matter of spatial planning. So the question is 'how do we re-politicize spatial planning?' That's really the job in hand. It starts with challenges, because the confrontation they entail makes spatial planning political. When your back garden or your pavement is at stake, this really affects you as a person: it impacts on your life, your way of thinking, your position in a community. That makes it political. And that brings me back to the city. The city is what politicizes spatial planning. The question is, is this reciprocal?

Does the adaptive approach you advocate also represent a considerable communicative challenge?

I notice that those who work in spatial planning still have a strong 'blueprint' mentality. We recently had a debate with former Directorate Generals, and to a man they all wanted to know what the future concept was. Everybody seemed desperate for a set of guidelines – 'the Netherlands 2050'. I don't like this mindset at all; I firmly believe

krachtig perspectief op de toekomst van Nederland met de structuurvisie Randstad 2040.

Het antwoord is dus gelijktijdig denken, doen en handelen?

Zeker. Wil je vandaag de goede dingen kunnen doen dan doe je dat met een perspectief van overmorgen en het geheugen van gisteren. Zoals ik al aangaf zijn wij maar matig reflectief en dat is jammer. Naar mijn idee is het belangrijk gelijktijdig na te denken, te testen en te doen op een haast performanceachtige manier. Het is merkwaardig hoe angstig met reflectie wordt omgegaan. Dat geldt zeker voor onze geïnstitutionaliseerde reflectie: de planbureaus. We maken de vraagstelling aan, noch de antwoorden van onze adviesorganen politiek. De distantie helpt ons op een verkeerde manier om te kunnen ontsnappen aan de agenderende kwaliteit. Maar de bureaus missen zelf ook de politieke gevoeligheid. Vanuit waarheidsvinding, wetenschap en apolitieke reflectie ontstaat noch de juiste confrontatie, noch het juiste gesprek. De performance wordt hier helaas nog vaak gemist. Daar moeten we echt beter in worden. In de verbinding en het gelijkschakelen zit in het proces de echte winst.

Waar ligt dat aan?

Er heerst een verkeerde opvatting over reflectie. Reflectie wordt, zeker in Nederland, bijna altijd opgevat als een tik op de vingers. Terwijl reflectie eigenlijk een wijze van seductie is, welke je verleidt tot een nieuw inzicht, tot een verandering van je perspectief. Ontwerp geeft die reflectie natuurlijk ook. Naast het agenderen van de nieuwe dingen is een ontwerp een verleiding om zaken echt anders te doen of te benaderen. Dus ook vanuit dat perspectief is het ontwerp zeer relevant, het zet aan tot verandering.

De kunst is dus om het ontwerp weer op de politieke agenda te krijgen, om burgers en be-

stuurders naar aanleiding van het ontwerp weer te verleiden met elkaar te discussiëren?

De onderwerpen die op dit moment op politieke aandacht mogen rekenen zijn vooral sociaal, economisch of financieel van aard. Ook veiligheid en immigranten garanderen een volle zaal met Kamerleden. Maar politici laten het beetje lopen als het gaat over de ruimtelijke ordening. De vraag is dan ook: 'Hoe maak je ruimtelijke ordening weer politiek?' Daar zit echt de opdracht. Dat begint bij de opgaven, want de confrontatie van die opgave maakt ruimtelijke ordening politiek. Wanneer jouw achtertuin of jouw stoep wordt geraakt, dan gaat het over jezelf, over jouw manier van leven, denken, samenleven, dan wordt het politiek. En dan ben ik weer terug bij de stad, de stad maakt de ruimtelijke ordening politiek. De vraag is of dit wederkerig is.

Impliceert de door u gepropageerde adaptieve aanpak tevens een behoorlijk communicatieve uitdaging?

Ik merk dat men in de ruimtelijke ordening nog heel sterk denkt in termen van concepten. We hadden onlangs een discussie met oud-DG'ers en zij vroegen allemaal: wat is het nieuwe concept? Iedereen leek heel erg op zoek naar het recept voor de aanpak of de structuur van Nederland 2050. Maar ik zie niets in deze bijna blauwdrukachtige hantering van het concept. Mijn overtuiging is dat we moeten werken aan een meer en meer adaptieve opvatting van het begrip concept. Het concept is niet een vaststaand gegeven. Je bedenkt niet de Randstad in 2050 op een ontwerptafel en gaat daar uitvoering aan geven.

Dat is helder, maar betekent dit het einde van de oneliners? Want eigenlijk is het concept nu: 'rechtdoen aan de complexiteit van meerdere verhaallijnen'?

Mijn overtuiging is dat er niet één verhaal is. Het zijn er inderdaad vele en het is een samenstel van alles

we need to adopt a more adaptive approach to planning. Plans are not a given. You don't draw up a blueprint for the Randstad in 2050 and then just implement it.

That's clear, but does this mean the end of 'one-liners' because the challenge now is to do justice to the complexity of multiple narratives?

I'm convinced that there's no single narrative, there are indeed many, and you have to do everything at once, in combination. That process of evolution has its own permanent dynamic. Its multiple strands moreover make it a complex issue, because it doesn't give much to hold on to. It's harder to believe in. Spatial planning is complex to start with, and not very political, and then you get someone saying, we're not going to do just one thing, we're going to do everything simultaneously. But spatial planning involves drawing up narratives and working on projects and reflecting. So it's about today, tomorrow, and the day after tomorrow. That's how you build on challenges. But that in turn makes the challenges change. So we have to learn to be very adaptive, time and again. An adaptive approach of this kind does not lead to a single, all-encompassing blueprint – it makes planning much more contextual.

tegelijk doen. Dat ontwikkelingsproces is onderhevig aan een voortdurende dynamiek. Het meervoudige karakter ervan maakt het bovendien ingewikkeld en biedt bij gevolg weinig houvast. Het is moeilijker om in te geloven. Ruimtelijke ordening is al complex en weinig politiek en dan is er ook nog iemand die zegt: 'We gaan niet één ding doen, maar alles tegelijk.' Ruimtelijke ordening is én verhalen maken én werken aan projecten én reflectie. Het is dus zowel vandaag, als morgen, als overmorgen. Daarmee bouw je aan de opgave. Maar daarmee veranderen de opgaven ook. We moeten dus leren elke keer heel adaptief te zijn. Zo'n adaptieve benadering leidt niet tot één concept maar maakt planning veel meer contextgevoelig.

Mateusz Herczka.

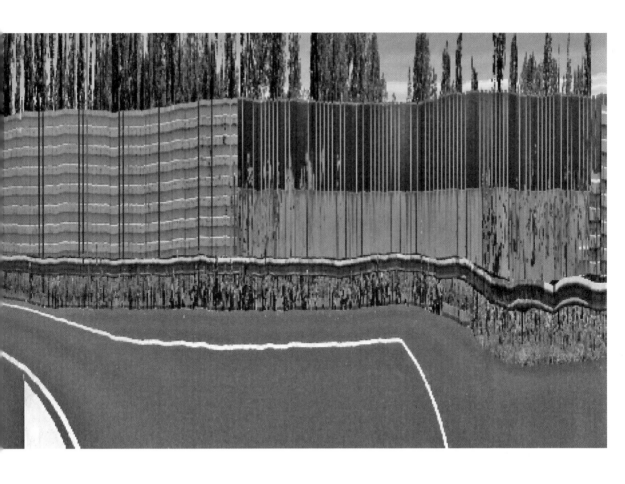

Colofon

Credits

Mieke Dings Mieke is architectuurhistorica en werkt vanuit Bureau Dinges aan verschillende projecten op het snijvlak van (landschaps)architectuur, stedenbouw en communicatie. Ze schreef verschillende artikelen en boekbijdragen, onder andere voor *De stad* (2005) en *NL28. Olympic fire* (2008). Daarnaast werkte ze aan verschillende tentoonstellingen in het Nederlands Architectuurinstituut, waaronder 'Team 10: een utopie van het heden' (2005) en 'Maak ons land' (2008/2009). Momenteel werkt ze onder andere aan een onderzoek naar vakantieparken in Nederland.

Eric Frijters studeerde cum laude af aan de faculteit Bouwkunde van de Technische Universiteit Eindhoven. Hij studeerde ook architectuur aan de faculteit Architectuur van de Universität Karlsruhe en filosofie aan de faculteit Geesteswetenschappen van de Universiteit van Amsterdam. Hij publiceerde al tijdens zijn studie artikelen in diverse architectuurtijdschriften. Na zijn architectuuropleiding verrichtte hij onderzoek bij achtereenvolgens Alterra en het Nederlands Instituut voor Ruimtelijke Ordening en Volkshuisvesting. Daarna deed hij bij verschillende architectuurbureaus ervaring op als architect en stedenbouwkundige. Hij is nu partner/oprichter van .FABRIC, docent aan de Academie van Bouwkunst Amsterdam en gastdocent aan de Academie van Bouwkunst Arnhem.

Mateusz Herczka heeft zich beziggehouden met een variëteit aan projecten, met als rode draad zijn belangstelling voor de biowetenschappen en onderzoek naar kunstmatige intelligentie, die hij probeert te verbinden met de realiteiten van het menselijk bestaan en de menselijke waarneming. Zijn werk bereikt internationale kunstcentra en musea maar verschijnt ook in nieuwemediacontexten. Daarnaast werkt hij met enkele prominente Zweedse choreografen aan dansprojecten waarin hij nieuwe systemen om beweging op te wekken verkent en

Mieke Dings Mieke is an architectural historian whose agency Bureau Dinges works on a variety of projects at the interface of architecture (including landscape architecture), urban planning, and communication. She has written numerous articles, contributed to edited volumes such as *De stad* (2005) and *NL28. Olympic fire* (2008), and participated in exhibitions at the Netherlands Architecture Institute, including *Team 10: A Utopia of the Present* (2005) and *Shape our Country* (2008/2009). She is now working on a study of holiday parks in the Netherlands.

Eric Frijters graduated *cum laude* from the faculty of Architecture, Building and Planning of the Technical University of Eindhoven. He also studied architecture at the Fakultät für Architektur of the Universität Karlsruhe and philosophy at the faculty of Philosophy of the University of Amsterdam. Even as a student, he published articles in various architecture magazines. After graduating, he conducted research at Alterra and later at the Netherlands Institute for Planning and Housing. He subsequently acquired experience as an architect and urban planner at several architectural firms, and he is now a founding partner of .FABRIC, an instructor at the Amsterdam Academy of Architecture, and a guest instructor at the Arnhem Academy of Architecture.

Mateusz Herczka has a diverse project history, the common denominator being an interest in bioscience and artificial intelligence research, exploring ways to connect those topics with the realities of human existence and perception. His works appear internationally in art spaces and museums, as well as new media contexts. He also collaborates in dance projects with some of Sweden's main choreographers, designing and exploring new systems for generating movement. The project *110 36 Zuidvleugel*, discussed in this book, is part of his ongoing research into the relationship between landscape and personal time; that is, the passage of time as one moves through the landscape. One experiences landscape differently when moving through it at different speeds, but one also experiences time as a function of the passing landscape. Landscape influences the people passing through it on a daily basis, but people also continually change the landscape. Such relationships and symbioses form the conceptual basis for this project. Landscape as a function of time is visualized with time-cube and slit-scan photography techniques, using public transportation as the main slit-scanning device.

Olv Klijn graduated *cum laude* from the faculty of Architecture, Building and Planning of the Technical University of Eindhoven. During his studies there, he began writing articles for various architecture magazines. He has spent time as an artist in residence at the Canadian Banff Centre, where he studied the impact of the process of urbanization on the West Coast of the United States. After that, Klijn worked as a junior architect at the Office for Metropolitan Architecture in Rotterdam. In 2004 he began work as an independent architect and founded OK-studio. He is now a founding partner of .FABRIC, an assistant professor at Delft University of Technology, and an instructor at the Arnhem and Amsterdam Academies of Architecture.

MVRDV is an architectural firm established in Rotterdam in 1993 by Winy Maas, Jacob van Rijs, and Nathalie de Vries. It produces designs and studies in the fields of architecture, urbanism, and landscape design and has won international recognition with its groundbreaking projects for the VPRO public broadcasting company and the WoZoCo housing complex in Amsterdam. MVRDV takes a conceptual approach, 'creating designs that envisage or call into question the changing world or shifting relations, often translated quite literally into the structure of a diagram' (*De Volkskrant*, September 2009). Its past designs include the Dutch Pavilion for Expo 2000 in Hanover, Flight Forum Busi-

ontwerpt. Zijn bijdrage aan deze publicatie, '110 36 Zuidvleugel', maakt deel uit van zijn voortgaand onderzoek naar de relatie tussen landschap en persoonlijke tijd, dat wil zeggen de tijd die verstrijkt terwijl men zich door het landschap voortbeweegt. Men ervaart het landschap anders naar gelang de snelheid waarmee men zich beweegt verandert, maar men ervaart de tijd ook als een functie van het voorbijtrekkende landschap. Het landschap beïnvloedt de mensen die er dagelijks doorheen trekken, maar de mensen veranderen het landschap ook voortdurend. Die relaties en vormen van symbiose vormen de basis van dit project. Het landschap als functie van de tijd wordt gevisualiseerd met behulp van *time cube*- en *slit scan*-technieken, waarbij het openbaar vervoer wordt gebruikt als belangrijkste scan-instrumentarium.

Olv Klijn studeerde cum laude af aan de faculteit Bouwkunde van de Technische Universiteit Eindhoven. Hij begon tijdens zijn studie artikelen te schrijven voor diverse architectuurtijdschriften. Hij verbleef als *artist in residence* in het Banff Centre in Canada, waar hij een studie verrichtte naar de effecten van het verstedelijkingsproces aan de Amerikaanse westkust. Daarna werkte Klijn als junior architect bij het Office for Metropolitan Architecture in Rotterdam. In 2004 vestigde hij zich met OK-studio als zelfstandig architect. Momenteel is hij partner/oprichter van .FABRIC, docent aan de TU Delft en aan de Academies van Bouwkunst in Arnhem en Amsterdam.

MVRDV is in 1993 in Rotterdam opgericht door Winy Maas, Jacob van Rijs en Nathalie de Vries. Het bureau realiseert studies en projecten op het gebied van architectuur, stedenbouw en landschapsarchitectuur. Met projecten zoals Villa VPRO en het wooncomplex WoZoCo in Amsterdam heeft MVRDV een richtinggevende positie verworven in de internationale architectuur. MVRDV gaat projecten conceptueel aan door 'de veranderende wereld of verschuivende verhoudingen te verbeelden of juist ter discussie te stellen in een ontwerp, vaak heel letterlijk vertaald in de bouw van een diagram,' aldus *De Volkskrant* in september 2009. Projecten van MVRDV zijn onder andere het Nederlands Paviljoen voor de wereldtentoonstelling in Hannover, het Flight Forum business park in Eindhoven, het Matsudai cultuurcentrum en het Gyre Shopping Centre in Japan, het Mirador wooncomplex in Madrid, en de Silodam en het Lloyd Hotel in Amsterdam. Lopende projecten zijn onder andere een televisiecentrum in Zürich, de Markthal van Rotterdam, een groot aantal woon- en kantoorprojecten in onder andere Nederland, Oostenrijk, Frankrijk, Spanje, Engeland, India, de VS en China, een masterplan voor een kantoorcampus bij München, de Eco-City in Logroño, Spanje, de Xinjin Water City bij Chengdu, China, en visies voor de agglomeratie van Parijs en de schaalsprong van Almere. Het werk van MVRDV wordt wereldwijd gepubliceerd en heeft internationale prijzen verkregen. De monografische publicaties FARMAX (1998) en KM3 (2005) illustreren het werk van het Rotterdamse bureau dat ook software voor architectuur en stedenbouw ontwikkelt. De 65 architecten, ontwerpers en medewerkers van MVRDV creëren projecten in een multidisciplinair collaboratief ontwerpproces en passen innovatieve en duurzame technologieën toe.

Henk W.J. Ovink is directeur Nationale Ruimtelijke Ordening bij het Ministerie van Volkshuisvesting, Ruimtelijke Ordening en Milieubeheer (VROM). Hij is verantwoordelijk voor de nieuwe architectuurnota *Een cultuur van ontwerpen*, de nieuwe Wet Ruimtelijke Ordening (WRO), de langetermijnvisies en -verkenningen waaronder de structuurvisie *Randstad 2040*, de kennis- en onderzoeksagenda, twee leerstoelen aan de Universiteit Utrecht (Planologie) en de Technische Universiteit Delft (Ontwerp en Politiek) en de Nederlandse Olympische strategie

ness Park in Eindhoven, Matsudai Cultural Centre and Gyre Shopping Centre in Japan, the Mirador housing complex in Madrid, and Silodam and the Lloyd Hotel in Amsterdam. Among its current projects are a television centre in Zurich, a central market hall in Rotterdam, numerous residential and commercial developments in the Netherlands, Austria, France, Spain, England, India, the United States, and China, a master plan for a corporate campus in Munich, Logroño Montecorvo Eco City in Spain, Xinjin Water City near Chengdu, China, and large-scale visions for Greater Paris and the Dutch city of Almere, which is set to double in size. MVRDV's work is published worldwide and has received international awards. The monographs FARMAX (1998) and KM3 (2005) illustrate the achievements of this Rotterdam firm, which also develops software for architecture and urban design. The sixty-five architects, designers, and others who work there create projects through a collaborative, multidisciplinary design process, using innovative and sustainable technologies.

Henk W.J. Ovink is the Director of National Spatial Planning for the Ministry of Housing, Spatial Planning and the Environment (VROM). He is responsible for the new architecture policy paper *Architecture and Spatial Design: A design-based culture*, the new Spatial Planning Act (WRO), long-term plans and studies including the Randstad 2040 Structural Vision, the knowledge and research agenda, two academic chairs at the University of Utrecht (Planning Studies) and the Delft University of Technology (Design and Politics) and the Dutch Olympic strategy (Olympic Plan 2028). Henk Ovink studied mathematics, art, and architecture. He has worked for provincial and municipal government and for an international engineering consultancy. He also ran his own firm for many years.

Elien J. Wierenga studied architecture at Delft University of Technology, graduating in Urbanism in 2004. She has since worked for the Ministry of Housing, Spatial Planning, and the Environment (VROM). As a member of the Randstad 2040 project team, she is currently working on the implementation of the Randstad 2040 Structural Vision. She was project leader for the design pathway during development of the Structural Vision. She is also responsible for the *Design and Politics* series.

(Olympisch Plan 2028). Henk Ovink is opgeleid in de wiskunde, kunst en architectuur, werkte bij provincie, gemeente en een internationaal ingenieursbureau en had vele jaren een eigen bureau.

Elien J. Wierenga studeerde Bouwkunde aan de Technische Universiteit Delft waar zij in 2004 afstudeerde als stedenbouwkundige. Sindsdien is ze werkzaam bij het Ministerie van Volkshuisvesting, Ruimtelijke Ordening en Milieubeheer (VROM). Als lid van het projectteam Randstad 2040 werkt Elien Wierenga momenteel aan de implementatie van de Structuurvisie Randstad 2040. Tijdens de ontwikkeling van deze structuurvisie trad zij op als projectleider van het ontwerpspoor. Ze draagt ook zorg voor de publicatiereeks *Design and Politics*.

Mateusz Herczka.

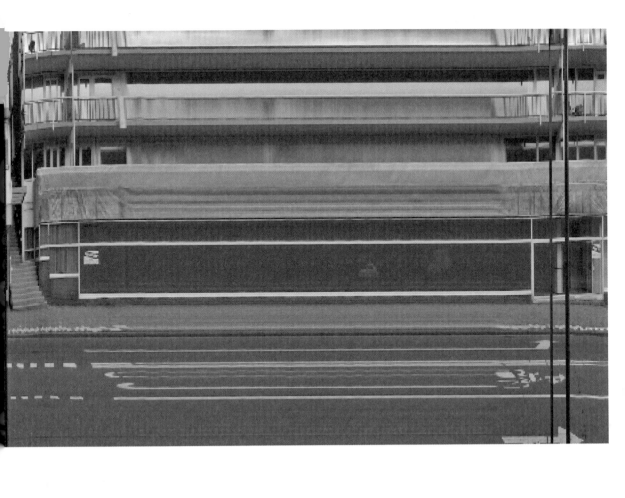

An initiative of the
Ministry of Housing, Spatial Planning and the
Environment

Editorial team
Henk Ovink, Elien Wierenga

Contributors
Mieke Dings (Bureau Dinges),
Olv Klijn (.FABRIC), Eric Frijters (.FABRIC)
Winy Maas (MVRDV), Jeroen Zuidgeest
(MVRDV), Sabina Favaro (MVRDV),
Carlo Maria Morsiani (MVRDV),
and many others

Pictorial essay
Mateusz Herczka

Translation
Open Book Translation, Bookmakers

Design
Robert Beckand

Printing
Lecturis, Eindhoven

© 2009 authors and 010 Publishers,
Rotterdam

ISBN 978-90-6450-701-4
www.010.nl

Een initiatief van
Ministerie van Volkshuisvesting, Ruimtelijke
Ordening en Milieubeheer (VROM)

Redactie
Henk Ovink, Elien Wierenga

Met bijdragen van
Mieke Dings (Bureau Dinges), Olv Klijn (.FABRIC),
Eric Frijters (.FABRIC), Winy Maas (MVRDV),
Jeroen Zuidgeest (MVRDV), Sabina Favaro
(MVRDV), Carlo Maria Morsiani (MVRDV),
en vele anderen

Beeldessay
Mateusz Herczka

Vertaling
Open Book Translation, Bookmakers

Opmaak
Robert Beckand

Druk
Lecturis, Eindhoven

© 2009 auteurs, Uitgeverij 010, Rotterdam

ISBN 978-90-6450-701-4
www.010.nl

Ministry of Housing, Spatial Planning
and the Environment